社会学入門

盛山和夫／金 明秀／佐藤哲彦／難波功士
［編著］

ミネルヴァ書房

　　　　　は じ め に

　社会とは，人びとが共同生活を営んでいるある一定の社会空間のことを言うが，それは何か自然物のようにそこにあるものではなく，人びとが作るものであり，人びとによって作られていくものである。したがって，社会学を学ぶということは，たんにそこにある社会の現状や実態を知るということに留まるのではなく，それらの知識を基盤としながら，どうしたらよりよい社会を作ることができるかを考え，探求し，学ぶことである。
　社会生活を営むという点だけなら，それは人間だけでなく多くの動物にもあてはまる。類人猿はもとより，群れを作って生活する多くの哺乳類や，ハチやアリのような昆虫など，場合によっては人間社会よりも優れているかに見える集団生活を営んでいるようなケースすらある。
　しかし，人間の社会と動物の社会とには非常に大きな違いがある。最大の違いは，人間の社会は潜在的にきわめて多様な可能性に開かれているということだ。これは可塑性(かそせい)と言ってもいい。たとえば，家族や家族と関わる個人の生き方をとってみよう。そこには，見合いか恋愛か，いかなる婚姻を望ましいと考えるか，そもそも結婚して家族を営む人生を「当然」と見るかそれとも「個人の自由」と考えるか，核家族か３世代家族かといった同居のしかた，既婚女性は働くべきかどうかという規範意識，世代を超えた「家」の継承や相続のしかた，老親扶養のあり方，同性婚の可否，セクシュアリティの問題など，さまざまな点において多様な可能性がある。しかも今あげたのは戦後から今日にかけての日本社会における変化や差異に限ったもので，全世界を見渡せばはるかに大きな多様性がある。
　このような多様性あるいは可塑性は，人間社会の重要な特性と密接に関連している。それは，人間社会には，たとえば「結婚や家族に関してどのような社会的な制度や文化が望ましいか」といった規範的な問題が避けられないということだ。言うまでもなくこうした規範的問題は動物社会には生じようがない。しかし，人間社会は多様な可能性に開かれているのだから，その中でどれが規範的に望ましいかという観点が常に存在するのである。

よく，社会学とは社会の実態や実情を客観的な観点から実証的に解明する学問だと説明される。その説明はむろん間違いではないけれども，しかししばしば見落とされがちなのは，「いったい何のために〈実証的に解明する〉のか」という点である。社会学とは，たんなる正確で厳密な事実の収集にとどまるのではない。それは，社会のさまざまに異なる実態や実情を正確かつできるだけ客観的に解明することを通じて，「よりよい共同生活のありかた」とはどんなものか，それはどのようにして可能か，何がその実現を妨げているのか，というような規範的な問題に答えようとする学問なのである。

　社会学は19世紀の半ばに誕生したが，そこにあったのは，市民革命や産業革命など巨大な社会変動や混乱のなかで，「いったい社会はどうなっていくのだろうか。どうしたらよりよい社会が可能だろうか」という切実な問いであった。同じように切実な問いが今日でも受け継がれている。先進諸国の多くでは，かつての熾烈な革命運動や残虐な世界大戦の記憶は薄れ，人びとの生活はそれなりに豊かで安定しているけれども，グローバリゼーションやICT化の進展などによって階層や不平等のような古くからある問題が再び深刻化しつつあり，また新しいさまざまな問題も生まれている。グローバリゼーションは，移動やコミュニケーションの飛躍的な増大を通じて世界の人びとを密接に結びつけるようになったものの，差別された移民や難民の居住のゲットー化，移民排斥意識と運動の高まり，自国第一主義，非寛容などももたらしており，それに呼応するかのように，世界各地でテロや民族的ないし宗教的対立が激しく続いている。また，新しいコミュニケーション・ツールとしてのSNSの発達をはじめとするインターネット社会の進展は多くの面で人びとの生活の利便性や効率性を改善したけれども，他方では，人びとのあいだでのコミュニケーション様式の変容，デマや間違った情報（フェイクニュース）の拡散，ポスト真実の政治と呼ばれるような形での人びとの政治意識や市民意識への影響などが指摘されている。ほかにも，富や所得における格差の拡大，生き方の多様性をめぐる社会的軋轢，家族やコミュニティの衰退，あるいは社会保障制度の持続可能性なども大きな関心を集めている。

　世界全体を見渡せば，さらに戦争，無秩序，貧困，不衛生など，古典的とも言える人間社会の悲惨な局面にさらされている社会は少なくない。

　もっとも，社会学はいつもそのように深刻で重大な問題だけに関わっているのではない。身近な問題の多くも「よりよい社会のあり方」の正当な一部を構

はじめに

成する。ともかく何であれ，社会には「何か変だな」「おかしくないか？」「間違っていないか？」「なんでこうなっているの？」「どうしたらよくなるの？」といった違和感や疑問を抱かざるをえない出来事や状態や制度や仕組みが至るところに存在している。むろん，具体的にどんな現象にそうした違和感や疑問を抱くかは，人によってまちまちだ。みんなが同じように感じたり考えたりしているわけではない。しかし，社会学という学問の出発点にあるのは，そうした疑問や戸惑い，あるいは違和感なのである。

　社会学がカバーしている領域は非常に広い。ミクロな自己や個人心理からマクロなグローバル社会までのさまざまなレベルの現象を含み，ある介護現場の微細な人間関係や隠れたルールについての詳細な探求もあれば，きわめて抽象的なシステム理論もある。そうした多様性のため，「社会学ってよくわからない学問だね」という感想を抱かれることもある。

　しかし，学問としての社会学における実際の研究のそれぞれは，過去の膨大な社会学的探求の成果を踏まえつつ，日夜，新しい知見，データ，分析，解釈，説明，理論などの発見や創造に携わっている。多くの研究は，上で述べたようなさまざまな問題関心に基づいて，現実の社会におけるアクチュアルな問題や現象を繊細な感覚をもって鋭く切り込んでいっているのである。個別の領域に焦点を当てれば，そこで何が探求され何が明らかになっているかはよくわかる。ただ，社会学全体があまりにも広大なため，「わかりにくい」という感想を抱かれてしまうのだ。

　そういうわかりにくさもあって，残念ながらこれまでの少なくない教科書では，「社会学とはどういう学問であるか」という問いに真正面から答えることを避け，これまでの社会学的研究で発見され集積されてきた社会の多様な諸現象を（丁寧かつ多角的にではあるが）ただたんに紹介するに留まろうとする傾向がみられなくもない。しかし，それでは教科書としての基本的な任務を果たさないことになってしまう。

　本書は，社会学という学問の現実の姿を正しく紹介するなかで，そのディシプリンとしての特性を確認しつつ，社会学の魅力と知的探求の楽しみとを生き生きと伝えることをめざしている。すなわちこれまでの社会学がいったいどのような問題関心のもとでどのような探求を展開し，何が知られ，何が未解決として残されているかを読者に明解に知識として提供することを第一の目的としながらも，それと同時に，社会学という学問がいかに現実へのアクチュアリ

ティに満ちた探求を深化させているかというその特性・特徴もできるだけ感じ取ってほしいと願っている。

　そうした観点から，本書では，とくに盛んな取り組みが見られてめざましく進展しつつある研究領域を選び，かつそれらの全体構成によって今日の社会学をバランスよく知ることができるような21の章を立てた。そして，それぞれの領域において研究を最先端で展開している方々に各章の執筆をお願いした。テキストとしての使いやすさや分量などの制約があるため，必ずしも社会学のすべての領域がカバーされているわけではないが，基本的で重要な領域やテーマを含んで社会学の全体の姿がわかるような構成になっている。ただし，できるだけ多くの事項を含みながらも，各章の記述はきわめて絞り込んだ簡潔なものになっている。したがって，授業のテキストとして利用される教員におかれては，学生の理解にとって有益となる補完的な資料を適宜用意していただければ幸いである。

　本書の企画・編集から刊行にあたっては，ミネルヴァ書房の元編集者水野安奈さんと現編集者の涌井格さんとにたいへんお世話になった。記して厚く感謝申し上げたい。

　　　2017年1月

　　　　　　　　　　　　　　　　　　　　　　　　　　　編　者　一　同

社会学入門

【目　次】

はじめに

第1章　社会学とは何か……………………………………………盛山和夫　1
　　1　共同性の学としての社会学　1
　　2　近代社会と社会学の成立　5
　　3　実証的研究の発展と理論的統合の挫折　8
　　4　現代社会学の展開と課題　11
　　5　学問としての社会学　14

第2章　自己と社会……………………………………………………浅野智彦　17
　　1　社会学の対象としての自己——ミードの自己論　17
　　2　相互行為儀礼と自己——ゴッフマンの自己論　20
　　3　自己の変容についての理論　22
　　4　物語としての自己　26
　　5　多元化する自己　30

第3章　家族とジェンダー……………………………………………村田泰子　33
　　1　家族とジェンダーの深いかかわり　33
　　2　変わりゆく家族を捉えるこころみ　36
　　3　新しい歴史学とジェンダー　41
　　4　現代の家族と残された課題　43

第4章　市民社会と公共性……………………………………………筒井淳也　49
　　1　公共性についての社会学的問い　49
　　2　公共性と市民社会の歴史的展開　53
　　3　公共圏・市民社会と社会学における理論展開　57
　　4　公共圏と市民社会の課題　59

第5章　階級・階層……………………………………………………渡邊　勉　65
　　1　階級・階層とは何か　65
　　2　階級論と階層論　67
　　3　階級・階層研究は何を問題にしてきたのか　69

4　日本の階級・階層研究は何を明らかにしてきたのか　74
　　　5　階級・階層研究の現在　76

第6章　教育と労働………………………………………………………長松奈美江　79
　　　1　「教育と労働」における基本的問題　79
　　　2　社会経済的背景と教育達成　80
　　　3　学校から仕事への移行　84
　　　4　日本における働き方　87

第7章　都市と地域社会……………………………………………………新　雅史　95
　　　1　人口減少とコンパクトシティ　95
　　　2　都市の成長と都市の空間構造　96
　　　3　都市はコミュニティを衰退させているのか　100
　　　4　日本の都市・地域研究　102
　　　5　都市の政治経済的分析　105
　　　6　都市・地域研究の課題　108

第8章　社会運動……………………………………………………………本郷正武　111
　　　1　社会運動へのさまざまなアプローチ　111
　　　2　合理性／非合理性への着目——集合行動論と資源動員論　114
　　　3　アイデンティティへの着目——「新しい社会運動」論　116
　　　4　資源動員論のさらなる展開　119
　　　5　現代の社会運動の持つ意義　121

第9章　エスニシティ………………………………………………………金　明秀　127
　　　1　エスニシティをめぐる3つの根源的な問題意識　127
　　　2　人種や民族と呼んでよいのかという戸惑い　128
　　　　　——エスニシティの内実論
　　　3　なぜ同化しないのかという驚き——エスニシティの形成論　132
　　　4　何を求めているのかという疑問——エスニシティの運動論　137
　　　5　日本におけるエスニシティ　140

第10章　福祉国家と社会福祉 ……………………………… 盛山和夫　145
1. 福祉社会の成立と福祉の社会学　145
2. 福祉の思想と論理　147
3. ソーシャルワークとその理念　150
4. 福祉国家の危機とレジーム論　153
5. 福祉社会のゆくえ　157

第11章　貧困と社会的排除 ……………………………… 山北輝裕　161
1. 社会的排除論の背景　161
2. 貧困や社会的排除はどのように調査されてきたか　164
3. 障害者の自立生活運動　168
4. 包摂の行方　171

第12章　セクシュアリティ ……………………………… 赤枝香奈子　175
1. セクシュアリティとは何か　175
2. セクシュアリティ研究の歴史　177
3. セクシュアリティ研究の展開　179
4. ジェンダー研究との交差　182
5. 性の多様性　185

第13章　健康と医療 ……………………………… 進藤雄三　191
1. 健康と医療　191
2. 医療社会学の基礎概念　194
3. 医療社会学の焦点——精神医療，慢性病経験，健康格差　198
4. 健康と医療をめぐって——医療社会学の到達点と展望　202

第14章　環境と科学技術 ……………………………… 立石裕二　207
1. 科学技術と環境をめぐる問題　207
2. 環境問題に対する社会学的アプローチ　209
3. 科学技術に対する社会学的アプローチ　213
4. リスク社会における社会的意思決定　215

第15章 災害とボランティア ……………………………… 関　嘉寛 223
　　1　災害はなぜ社会学の対象になるのか　223
　　2　災害サイクルと社会学的災害研究　225
　　3　災害ボランティアと被災者への寄り添い　231
　　4　災害に対して社会学は「役立つ」のか　235

第16章 メディアと文化 ……………………………… 難波功士 239
　　1　メディアとは，文化とは　239
　　2　メディアを産み出す社会　241
　　3　メディアを介した文化　244
　　4　メディアが産み出す社会　248
　　5　メディアと文化を社会学するとは　251

第17章 宗教 ……………………………………………… 白波瀬達也 255
　　1　宗教社会学の基本的な考え方　255
　　2　現代日本の宗教の概況　257
　　3　変化にさらされる宗教　260
　　4　現代宗教の新しい意義　265

第18章 犯罪と逸脱 ……………………………………… 佐藤哲彦 271
　　1　売春をどう考えるか　271
　　2　「犯罪とは何か」という問い　272
　　3　逸脱研究の基礎的発展　274
　　4　逸脱研究の新展開　279
　　5　犯罪と現代社会　283

第19章 政治と国家 ……………………………………… 高原基彰 289
　　1　政治は選挙とデモだけなのか　289
　　2　国民国家の形成と暴走　290
　　3　冷戦と民主主義の多様化　292
　　4　ポスト・フォーディズムとグローバリゼーション　298
　　5　討議と決定　302

第20章　グローバリゼーション……………………………………鈴木謙介　307
　　1　グローバリゼーションとは何か　307
　　2　1980年代──地球規模の課題の出現　309
　　3　1990年代──自由化という不自由　310
　　4　2000年代──テロ以後の国際秩序　314
　　5　社会学の新たな課題　316

第21章　社会学の理論と方法……………………………………盛山和夫　323
　　1　理論と方法をめぐる模索の歴史　323
　　2　社会学にはどんな理論があるか，もしくはあったか　327
　　3　社会調査の意義と方法　333
　　4　経験科学から構想の学へ　335

索　　引　339

第1章

社会学とは何か

盛山和夫

> **キーワード**
>
> コミュニティ，共同性，多様性，国民国家，近代性の学，コント，機能主義，経験科学

1　共同性の学としての社会学

多様性のもとでの共同性

　社会学とは，多様性のもとでの共同性を探求する学である。人々は，年齢，性，人種，民族などの属性においてはもちろん，生き方，信仰，価値観，性格などの文化的側面や，学歴，職業，収入，生活水準などの階層的・経済的側面においても異なっている。そうした**多様性**（diversity）のもとでなおかつ「共同の社会」を構築し，ともに生活していく。そこには一定の**共同性**（英語ではcommunality）がなければならない。その仕組みを探求するのが社会学である。

　もっとも，共同性は「いつどこでも在る」ものでもない。たとえば家族は「多様性のもとでの共同性」が成立している最も身近な事象であるが，家族も共同性が失われて壊れることがある。また内戦状態にある地域に「共同性が成立している」とは言えない。

　いつどこでも在るわけではないのにそれを探求するというのは，「共同性」が「理念的」な概念だからである。規範的と言ってもいい。「理念的」というのは，「思念において想定されたもので，必ずしも経験的に実在しているとは限らない」ことを意味している。現実の社会には「共に生きる仕組みとしては望ましくないもの」もある。そうしたとき，われわれは「共に生きる仕組み」

としてより望ましいものを想定し，それを「探し求める」ことができる。それが「理念的」という言葉の意味である。

　共同性が理念的な概念であるのに対して，多様性はまずもって実際の社会的現実である。もっとも，しばしば人は「社会を構成している諸個人の多くは似たような性質を持っているはずだ」という「同質的社会観」を抱いている。たとえば1980年代の日本には「一億総中流」とか「単一民族国家」というようなイメージが広まっていたことがある。しかし，バブルが崩壊した後は格差社会イメージのほうが強くなり，「日本は一億総中流社会だ」などとは誰も言わなくなった。そして，今日では日本の芸能界やスポーツ界などさまざまな場で活躍している人々が「多民族化」してきていることは，誰もがよく知っている。

　生き方や価値観の多様性はもっと顕著で，たとえばかつては「大人になったら結婚すべきもの」「女性は結婚したら退職するもの」「長男が家のあとを継ぐもの」といった考え方が支配的だった。しかし今日では「結婚しない」という選択肢も開かれているし，女性が結婚しても働き続けることはむしろ当たり前になってきた。また「あとを継ぐ」という観念自体が弱くなってきている。

　いつどこでも，人々が共に生きようとするならば，「多様性を前提としつつも共同性を維持する」という課題が存在する。わかりやすく身近な例は，結婚して新しい家族として共同生活を始める場合だ。食事の好み，起床と就寝の時間，見たいテレビ番組など，当然夫婦のあいだで異なっていることが多いだろう。しかしその多様性は一定程度克服されたり調整されたりしなければ，一緒の生活を営むことはむずかしい。結婚するとは，そうした調整を行ってもなおかつ新しく生じる共同生活の価値を重視することである。

　家族の次に基本的なのが，地域社会である。そこでは，日常生活において頻繁な接触と交流がみられる。とりわけ前近代の農業や漁業を中心とする生活においては，経済的生産活動にとって集落単位での「協働」が不可欠であり，そのためのさまざまな仕組みが発達してきた。今日では，経済活動の主体は集落ではなく会社や役所などの組織に取って代わられている。とはいえ，地域社会の重要性がなくなったということではない。

共同性の破れという問題

　社会学が扱ってきた中心的なテーマのひとつに，社会的不平等の問題がある。貧困，差別，階級，階層，格差なども広い意味の社会的不平等問題に含まれる。

今日では「不平等はよくない」というのは当たり前になっているが，歴史的には，社会的不平等が問題とされるようになるのは，18世紀，近代社会が生まれようとするころからである。それまでは「神の前の平等」や「仏の救済は平等」というような宗教的な平等思想はあったけれども，貧富や地位など社会経済的な平等思想が主張されることはなかった。

平等思想を真正面から唱えた代表的な思想家が，J-J・ルソーである。彼の『人間不平等起源論』(Rousseau 1755 = 1957, 1966) は，人間は自然状態においては平等であるはずなのに文明化によって不平等化したと論じて，「本来あるべき平等」という理念を鮮明に打ち立てた。ルソーの思想は，アメリカ独立宣言 (1776年) やフランス革命時の人権宣言 (1789年) に大きな影響を与え，その後の近代社会の政治的原理として中心的な役割を果たすことになった。

平等思想は，近代的な**国民国家** (nation state) の形成とも密接に関連している。国民国家という概念にはふたつのポイントがある。ひとつは，多民族を包含した「帝国」や同一民族が異なった「領邦国家」に分かれている状態とは対比的に，「それぞれの国家は，共通の文化と歴史を有する**国民** (nation) ＝民族を基盤とすべきだ」という民族主義的な考えである。もうひとつは，「国家は人々が基盤であると同時に主体だ」という民主主義的あるいは国民主権的な思想である。これは王権神授説のような絶対王権や，封建領主のような一部の貴族層だけを基盤とする国家と対比される。

国家の基盤は国民（英語ではしばしば people の語も用いられる）にあるという考えは，国民である個々人は「共通の政治的共同体を平等な資格で構成する成員（メンバー）」と見なされなければならない，という平等主義的観念と結びつく。つまり国民国家の共同性にとって，基本的な平等は不可欠の要素なのである。もっとも理論のレベルでは，ルソーや独立宣言や人権宣言などは「平等は天賦のものだ」という類の神学的な理屈が展開されてきた。そうした理屈が一定の説得力を持ったことは事実だが，経験的に見れば平等思想は国民国家形成にとって不可欠の理念なのである（日本でも明治維新において「四民平等」が謳われた）。

平等思想は共同性の理念の重要な柱をなしている。逆に言えば，現実の社会に存在するさまざまな不平等に対する批判と嫌悪とは，本来あるべき共同性が破れていることへの告発にほかならない。近代国民国家フランスは，旧体制における教会や貴族の身分的特権を暴力的に解体する中で生まれていった。19世

紀以降，資本家・経営者と労働者との階級格差，選挙権など法的政治的権利の格差問題，あるいは貧困問題など，社会的不平等はつねに大きな社会問題であった。それは社会（＝国民国家）というコミュニティの共同性の破れという問題だったのである。

たとえば正規‐非正規雇用

　今日の日本にもさまざまな格差，不平等，差別が存在するが，そのひとつに，収入が低く就労の不安定な非正規雇用が増大しており，しかも安定的な正規雇用への道が閉ざされているという問題がある。

　もっとも「正規雇用」の概念は曖昧である。日常的には「正社員」という言葉のほうがなじみがあるが，その意味も明確ではない。公的には，常勤で（定年制を除く）期間の定めのない雇用形態が正規だと定義されることが多い。しかしそれだと，近年の大学で増えている任期付き准教授・助教はたとえそれなりの給与や処遇を得ていても「非正規」ということになり，しっくりとはいかない。

　じつは，日本における正社員の概念は，常勤か，期間が限定されていないか，社会保険がついているかといった「外見的な条件」では判断できない。より本質的なのは，「会社という**コミュニティ**の十全なメンバーであるか否か」という基準である。したがって，「正社員ではない」ということはすなわち「十全なメンバーではない」ということで，そのために給与，待遇，昇進，雇用の安定性，社会保険等の福祉などで恵まれないが，同時に「正社員ほどの責任は持たなくていい」とされるのである。

　このような意味での正社員という概念は，会社が「ひとつのコミュニティだ」というきわめて日本的な前提の上に成立しており，欧米では必ずしも一般的とはいえない。また，経済学の教科書的考えでも会社はコミュニティではなく，「雇用されている」労働者はたとえ幹部社員であっても，単に「報酬と引き代えに企業に労働力を売っている〈外部の〉人」である。むろん，欧米でも実際の会社にはコミュニティ的側面があるのだが，日本ほどには強くない。労働経済学者の濱口桂一郎は，欧米のようにそれぞれの仕事に応じて雇用するやりかたを「ジョブ型雇用」，それに対して，「会社というコミュニティのメンバーとして採用する」という意味での雇用を「メンバーシップ型雇用」と呼んでいる（濱口 2013）。

日本の正社員とは，あえて極端に言えば，かつての武士のように，終身雇用で通常の勤務時間を越えて常住坐臥24時間，会社のために働くことが当たり前とされるような人々である。それに対してパートやアルバイトはそこまでの勤務は期待されていないし，一般的に「短期で辞めていく可能性が高い」とみなされている。給与，社会保険，雇用保護などの面での待遇の劣悪さは，そのことの結果にすぎない。

　もっとも日本における正社員型の雇用慣行はそれほど古くからのものではない。ブルーカラーも含めたかたちでは高度経済成長期に確立されたものだ（本当は新しい現象があたかも伝統的なものであるかのようにみなされることを「創られた伝統」という）。それは「一億総中流」というような日本社会イメージとも連動していた。しかしバブルの崩壊ののち，30代，40代の男性でも，会社というコミュニティの保護を受けることのできない非正規の労働者が増えていく。正規と非正規との格差が問題になっていったのは，だいたい2000年以降である。社会学的にみて重要なことは，その問題は単なる給与や安定性の問題ではなく，根本にあるのは「会社という共同体におけるメンバーシップの度合いにおける格差」だということである。それはまさに「共同性の破れ」にほかならないのである。

2　近代社会と社会学の成立

コントの実証哲学とスペンサーの社会進化論

　社会学という学問（フランス語でSociologie）は，19世紀の半ばごろ，オーギュスト・コントというフランスの哲学者によって始められた。コントはそれまでの哲学を批判して新しく「実証哲学」という体系を打ち立て，その中核をなす学問として社会学を位置づけたのだった。「実証的 positive」というのは，語源的には「否定的 negative」とは逆の意味からきているが，実質的には「神学的」および「形而上学的」と対立して，「観測される経験的事実に適合する科学的な知識に基づいたもの」というほどの意味を持っている。

　この対比は，フランス革命に対するコントの評価に由来する。コントの時代でも今日の日本でも，フランス革命は「自由，平等，博愛」や「人権宣言」などの普遍的な価値を掲げて歴史を大きく前進させたとして高く評価されることが多いが，コントはそうした側面があることは認めつつも，過去のものを徹底

的に否定し破壊しようとして大虐殺，テロ，大量処刑などをいとわない恐怖政治が続いたことを問題にする。その背後には空想的で形而上学的な啓蒙主義思想があったというのがコントの見立てであった（Comte 1822＝1970）。

　つまり，フランス革命は空理空論の啓蒙主義思想に依拠したために悲惨な結果を招いてしまった。これからの社会は，そうではなく実証的な学問体系とその成果を基盤として構築されなければならない。そうした学問の中核にあるのが社会学だ，というのである。

　コントはあるべき社会変革を「秩序と進歩」という標語で表しているが，社会学とは科学的な根拠に基づいてそうした改革を実践していく役割を担うものとされたのである。その観点から「予見するがために見る」という有名なスローガンが提示され，また社会静学と社会動学の概念，神学的・形而上学的・実証的という人間精神の発展とそれに対応する軍事的・法律的・産業的という歴史の3段階説が主張されたのであった。

　コントの思想はフランスとイギリスの知識層に一定の影響を与えたが，「社会学」という学問名称を広めたのはイギリスの在野の思想家ハーバート・スペンサーだった。スペンサーの社会学的著作はその膨大な『総合哲学大系』の中の『社会学原理』のほか，『社会学 The Study of Sociology』（1873年）で展開されている。スペンサーの思想は「社会進化論」あるいは「社会的ダーウィニズム」として知られている。「適者生存」の語もスペンサーによる。スペンサーの社会学はとくにアメリカにおいて広く受け入れられ，W・サムナーをはじめとする草創期のアメリカ社会学者たちの多くはスペンサーリアンだった。ちなみに，明治初期に日本にはじめて社会学を伝えたのは美術史で有名なアーネスト・F・フェノロサであるが，彼が東京大学で教えたのもスペンサー社会学であった。その時期の日本の青年たちにとっては，スペンサー理論に見られる「個人個人の才能と努力をもとにした自由な活動とその競争こそが，社会全体の進歩をもたらす」という考えが魅力的だったようである。

学問としての社会学の成立――近代性の学としての社会学
　コントもスペンサーも大学には籍を持たない在野の学者だった。その社会学の中身も，今日一般に知られている社会学とはかなり異なっていた。その後，中身において今日の社会学の礎を形成したのは，19世紀末から20世紀初頭にかけてのドイツとフランスの4人の社会学者，すなわちF・テニエス，G・ジン

メル，M・ヴェーバー，そしてÉ・デュルケムである。この4人に共通する問題意識は「近代社会とはいかなる社会か」というものであった。そしてこの問題に取り組む学術研究の柱として，それぞれの流儀で新しく「社会学」という学問を立ち上げていったのである。

フランス革命から100年ほどを経て，19世紀の終わりごろのヨーロッパ世界では産業と科学技術の発展，都市化その他の生活様式の変化は誰の目にも明らかだった。資本主義と呼ばれる新しい経済社会の仕組みが成立し，交通・通信は発達し，生活水準も次第に向上していき，「近代」という新しい時代が到来したのだという認識が広がっていった。

何がそうした時代変化の本質なのか，新しい「近代社会」の秩序はどのように成立しうるか，そもそもこの歴史的変動にはどんな意味があるのか。そうした問いが「社会学」という学問の形成に向かわせたのである。

もっとも，この問題関心は社会学だけではなく，19世紀の社会理論・社会思想に共通のものであった。なかでもK・マルクスは唯物史観という壮大な歴史観のもとに経済学的分析を組み込み，『共産党宣言』（Marx and Engels 1848＝1951）や『資本論』（1867-1894年）などにおいて，資本主義は人々の不平等と貧困を必然的に拡大し，最終的には崩壊すると予言したが，彼の思想は，共産主義あるいは社会主義の名で現実社会に大きな影響を与えていった。

社会学に立ち返ると，テニエスの『ゲマインシャフトとゲゼルシャフト』（Tönnies 1887＝1957）は資本主義の発展をやや批判的に見るという点では社会主義と共通する面がある。しかし，理論の中身はまったく異なっている。彼は，結合そのものの精神的な意義（「本質意志」）を通じて自然的に成立している（家族や古くからの村落共同体のような）「ゲマインシャフト」と，個人的利益がそこから得られるがゆえに（「選択意志」）人為的に形成される（企業のような）「ゲゼルシャフト」というふたつの社会類型を包括的に比較分析した。

テニエスとはやや異なって，ジンメルは『社会分化論』（1890年）や『貨幣の哲学』（1900年）あるいは『社会学』（Simmel 1908＝1994）などにおいて，「心的相互作用」や「社会圏の交差」などの概念を用いながら，分化の進展や自由な個性の発達と両立する近代的な社会結合のあり方を肯定的に捉えている。近代社会とは「分化」が進展する社会だという捉え方はデュルケムの『社会分業論』（Durkheim 1893＝1989）にも見られ，「同質的であるがゆえに連帯する」という前近代的な「機械的連帯」ではなく，近代社会は異質なものが相互に結び

つく「有機的連帯」で成り立っていると論じた。彼は，経済的に発展していく近代社会は個人主義化が不可避であるとともに，道徳的規制が弱まった状態である「アノミー」が生じやすいと論じている。また，『宗教生活の原初形態』(1912年) では，（近代であっても）「社会への信仰」こそが社会を成立させているのだという議論を展開した。

「近代社会の意味」を真正面から問題にしたのがヴェーバーである。彼は「なぜ資本主義は西欧にのみ生まれたのか」という問いを『プロテスタンティズムの倫理と資本主義の精神』(Weber 1904=1955) において探求し，営利を主目的とする資本主義の成立には，16世紀カルヴァン派（プロテスタント諸宗派の源流のひとつ）の中核的教義である「予定説」を基盤として，「世俗内禁欲主義」という生活態度（エートス）が成立していったことの意味が大きいと論じた。ヴェーバーはさらに「近代的なものの特性」を明らかにすることを目指して，ヨーロッパだけにとどまらない広い比較社会学的な観点から宗教，経済，政治，社会構造，生活態度などのあいだの関係を実証的かつ理論的に分析している。

これらの人々の学問活動により，ドイツやフランスではアカデミズムのなかに「社会学」が確立されていった。アメリカの大学にはすでにスペンサー的な社会学が成立していたが，そこにも新たにジンメル，ヴェーバー，デュルケムなどの社会学が浸透していった。

3 実証的研究の発展と理論的統合の挫折

経験科学としての社会学の成立

社会学の発展にとって，石油王ロックフェラーの資金提供によって1890年に設立されたシカゴ大学にいち早く社会学部が設立されたことの意味は大きい。同学部を基盤に（1905年のアメリカ社会学会の設立に先立って）1895年には学術誌 *American Journal of Sociology* の刊行が始まり，同誌はその後今日に至るまで，世界で最も権威のある社会学ジャーナルであり続けている。

シカゴとその周辺では当時，急速な工業化と都市化さらにはヨーロッパからの大量の移民流入など，大きな社会変動が起こっていた。そこから生じるさまざまな問題に目を向けて，コミュニティの存立と解体，移動，貧困，逸脱などをテーマとする社会学研究が展開されていった。これらの一群の研究および研

究者は「シカゴ学派」と呼ばれる。代表的な研究には，W・I・トマスとF・W・ズナニエッキの『ヨーロッパとアメリカにおけるポーランド農民』(1918-1920年)，R・E・パークの一連の都市社会学研究 (Park 1986)，E・W・バージェスの「同心円地帯理論」，L・ワースの「アーバニズム理論」などがある。

ほぼ同時期，いわゆる未開社会を対象とする人類学的研究も盛んに展開されるようになり，マリノフスキーの『西太平洋の遠洋航海者』(Malinowski 1922 = 2010) をはじめとして，社会学にも大きな影響を与えていった。シカゴ学派以外からも実証的階層移動研究の嚆矢というべきソローキンの『社会移動』(1927年) や地方都市の階層構造を包括的に研究したリンド夫妻の『ミドルタウン』(1929年) などが現れていた。このような実証的研究の発展を背景に，「経験的社会調査」こそは社会学の固有の方法だという見方が確立する。そしてこの方法を武器にして，家族，農村，都市，地域社会，階級・階層，産業・労働，社会意識など，さまざまな分野への社会学的研究が広がっていったのである。

経験的社会調査という方法は，今日でも社会学という学問の主要なアイデンティティの基盤となっているが，この観点の確立に大きな役割を果たしたのは第二次世界大戦後に現れた R・K・マートンの『社会理論と社会構造』(Merton [1949] 1957 = 1961) であった。マートンはそれまでのさまざまな社会学的調査研究を参照しながら，「アノミー」「相対的剥奪と準拠集団」「予言の自己成就」「官僚制」「影響の形式」などについて自らの理論を展開していっただけではなく，社会学における理論は（巨大理論ではなく）「中範囲の理論」が望ましいと論じたのだった。こうしたマートンの議論は，経験的調査研究がいずれは何らかの理論形成に通じるはずだとしてその学問上の意義を根拠づけるという意味を持っていた。

体系的理論構築の試みとその失敗

他方で，1950年代から60年代にかけては体系的な社会学理論を構築しようとするこころみも大いに盛り上がった。その中心にいたのは，ともにハーバード大学にいた二人の社会学者，T・パーソンズと G・C・ホマンズであった。もっとも二人の理論化の方向はまったく対立していた。

パーソンズの理論は「構造機能主義理論」（あるいは単に機能主義）として知られ，代表的著作に『社会体系論』(Parsons 1951 = 1974) がある。このタイト

ルからわかるように,「社会をシステムとして見る」ところに最大の特徴があり,それはまた当時の多くの社会学者を魅了した最大のポイントだった。「システム」という概念を用いることで,「〈社会〉はひとつの秩序あるまとまりからなり,内的に整合的な諸関係で結ばれた諸要素によって構成されている」というイメージが立てられ,その前提のもとで,秩序を成立させるメカニズムや構造が論じられていくのである。

　パーソンズ理論の特徴は「機能要件」という概念に最もよく現れている。これは,生物有機体のホメオスタシスのように,外界とは区別されたシステムの内的な秩序が維持されるためには「遂行されるべきいくつかの機能（function）が存在する」という考えを表している。パーソンズはこれをさらに「A適応,G目標達成,I統合,L潜在パターン維持」からなる4機能図式にまとめて,古今東西の社会に関する適応的進化を論じるとともに,ロシアのマトリョーシカ人形もしくは仏教の曼荼羅に似た入れ子的かつ重層的なシステムをなす壮大な行為体系の理論を展開していった。

　パーソンズ理論のようにあらかじめ「システム」のような「集合的なもの」の存在を前提にし,それにかかわる「機能」を中心に命題を構築していくやり方は,社会学の方法論的立場として「集合主義」と呼ばれる。それに対して,社会というものはむしろ「個人」と諸個人の相互作用から生まれてくるもので,社会学の理論は個人から出発して構成されなければならないという立場を「方法論的個人主義」と呼ぶ。

　ホマンズは「個人主義的」であることにこだわって理論を展開していった。つまり,個人行動に関する法則的な命題を打ち立て,そこから社会にかんする体系的な理論を構築するという方法である。『ヒューマン・グループ』（1950年）では,メイヨーらのホーソン実験,ホワイトの『ストリート・コーナー・ソサイエティ』（1943年）など著名な実証的研究におけるさまざまな観測事例を活用して社会的場面における個人行動のパターンを命題化した。そして,『社会行動』（Homans 1961 = 1978）では,ユークリッド幾何学の公理のようにミクロレベルでの社会的相互作用に関する5つの基本命題を立て,そこから権力や不平等など社会のマクロ的な構造に関する命題を演繹的に導き出すという構成をとっている。

　パーソンズとホマンズは,その方法において両極に対立しながらも,社会学の諸領域をカバーする一般理論の構築を目指すという点で一致していた。しか

し残念ながら，その試みは両者とも失敗したと言わざるをえない。

　パーソンズにかんしては，そもそも「システム」や「社会」を何か個人を超えた「実体」とみなすという観点がさまざまな問題を孕んでいたことが，その失敗の最大の理由である。たとえば，社会の秩序が「前提」とされてしまうと，それに対する人々の違和感や抵抗はすべて「逸脱」で望ましくないものとみなされてしまう。これは，パーソンズ自身がそう考えていなくても，その理論がそうしたインプリケーションを含んでしまうのである。さらにパーソンズ理論には，経験的検証の問題も小さくない。「システム」や「機能」はそれ自体としては観測ができないものであるから，それらの概念を基に組み立てられた理論がはたして経験的に正しいかどうかをチェックすることがむずかしい。そのため，その種の理論は一種の神学のようになってしまう。これは，実証性を重視する学問として成長してきた社会学にとっては好ましくないものとなる。

　他方，ホマンズ理論の一番の問題は，個々のミクロな命題の妥当性に問題があるとともに，演繹的な体系を目指したにもかかわらず，数学を使わない通常言語だけで組み立てられていたため，諸命題を導出する論理が曖昧だったことにあった。

4　現代社会学の展開と課題

近代的なものの見直し

　1960年代の後半くらいから，社会学は新しい展開を見せる。それはパーソンズやホマンズの失敗を乗り越えようとするこころみであると同時に，現実の社会そのものの変化に対応する動きでもあった。現実社会の変化とは何か。それは「第二の近代」とか「後期近代」と呼ばれるような変化だといっていい。先進諸国のあいだでは1960年から1970年代はじめにかけて，全般的な生活水準の向上と消費社会の出現，工業からサービス・情報が重要となる経済構造への変化，高等教育の普及，女性の社会進出，福祉国家化の進展，環境問題の深刻化など，大きな社会変化が起こっていた。

　一方，全地球的には今日「ポストコロニアリズム」と呼ばれる変化が起こっていた。すなわち，第二次世界大戦まで植民地であった多くの地域が1970年までにほとんど独立する。1973年には第一次オイルショックが起こり，それまで欧米の資本に支配されていた石油に対する原産地国の力が強まる。1965年から

70年代にかけては NIEs と呼ばれた台湾，韓国，香港，シンガポールが急速な経済発展をみせる。これらは基本的にそれまでの「近代化した西欧 vs. 伝統的で遅れた非西欧」という対立図式を崩壊させることになった。

そうした社会変化を象徴するのが，1968年の全世界的な学生叛乱であった。アメリカの学生たちはベトナム反戦運動のなかで，それまで自明視されていたアメリカ的な価値や文化そのものへの根底的な懐疑や批判を深めていったが，同様の心情は，世界的な対抗文化の隆盛や日本の「大学解体」のスローガンにも見てとることができる。ほぼ同時に，環境保護運動，フェミニズム運動，エスニック・マイノリティ運動，障害者運動なども盛んになる。そこにあったのは「近代的なものや近代社会の仕組みへの根源的な懐疑」であった。

「客観性」のゆらぎ

こうした変化のなかで，社会学的探求の「客観性」が問題になる。というのも，社会学とは共同性を探求する学問であるが，その場合，ややもすると「現存の秩序を無批判に肯定してしまう」という傾向が起こりうるのである。たとえば，1950年代までの家族のあり方を前提にすれば，性別役割分業が当たり前になってしまう。あるいは，西欧のみが近代化に成功したという前提で見れば，非西欧の社会には文化的・価値的に何か「劣ったものがある」かのような見方が生まれてしまう。自らが生まれ育った社会や文化が他よりも優れているという考え方を**自文化（民族）中心主義**（ethnocentrism）というが，社会学者自身が無意識のうちにそれに陥るという問題が起こる。

この問題には，社会学が対象とする「社会的世界」とは，もともと自然的世界のように「客観的」に存在するものではなく，人々によって「意味的に構成されることで存在している」ものだという重要な特性がかかわっている。たとえば会社は「解散」すればなくなるし，家族は「離婚」によってそれぞれの個人に戻る。個々の会社や家族は自然界のモノのように客観的に存在しているのではなく，人々が思念において作り出しかつ支えていることで存在しているのである。基本的に同じことが，国家をはじめとするさまざまな組織，あるいは法やルールなど，一般的に「制度」と呼ばれるものにあてはまる（盛山 1995）。

社会的世界のこうした特性については，H・ベッカーのレイベリング論（『アウトサイダーズ』1963年）やバーガー＝ルックマンの『現実の社会的構成』（1966年）などを通じて次第に明らかとなっていったのだが，それと併行して，それ

まで社会学が真理だとみなしてきた知識や理論が，むしろ日常生活者の自文化中心主義や通俗的常識をなぞっただけのものではないかという根源的な批判や疑問が沸き起こっていった。それは，ジェンダー，障害者，エスニシティなどのマイノリティ研究，エスノメソドロジー，社会問題の構築主義などの展開，「脱構築」に見られる学問の政治性の告発など，じつに多様な形態をとって展開された。1970年代以降，社会学は深刻なある種の「文化革命」を経ることになる。

グローバリゼーションと文化的多様性

1960年代の後半以降に起こった世界的な社会変化は，社会学において「第二の近代」「後期近代」あるいは**再帰的近代**などと呼ばれることが多い（Beck, Giddens and Lash 1994＝1997）。それは現実社会の変化であると同時に，社会学という学問そのものの変化でもあった。その変化とは，真の意味での共同性とは何かという問いを，本当に普遍的な立場で探求する学問としての再出発ということだと言える。

この点，グローバリゼーションがもたらすさまざまな問題と，**文化的多様性**の問題とは，現代社会学のそれぞれの個別領域が直接的間接的に取り組むべきふたつの重大な共同性問題を構成している。グローバリゼーションとは，どちらかといえばもともとは多様性を削ぎ取って一元的なものを押しつけようとする変化である。そこには経済を中心とする一定の合理性がある一方で，守るべきあるいははぐくむべき多様性が危機にさらされているという問題がある。また，現代の社会では，人々の個人レベルでの生き方や文化の多様性を尊重することがますます重要になってきている。セクシュアリティや婚姻においてだけではなく，移民などを通じての異なる宗教や文化の共存という問題もある。

現代社会は，好むと好まざるとにかかわらず，グローバルにもまたローカルにも，いかにして文化的多様性を尊重しながら共同の社会的世界を構築していくかという課題にさらされている。この問題に取り組むことが今日の社会学に共通する課題である。

5　学問としての社会学

秩序構想の学としての社会学

　今日の社会学には可能性と危機とが併存している。研究がばらばらで方向性が見えないという点では危機である。その一方で，実践的な問題関心に導かれた多様な研究が遂行されているという点では，可能性に開かれている。今日の社会学の特徴のひとつは，格差，差別，貧困，あるいはボランティア，介護，福祉など，「社会問題」とされる領域での実証研究が盛んなことであるが，これらは冒頭で述べたように，現実の「亀裂」を見定めつつ「新たな共同性」を探求する研究である（盛山 2011）。

　ここで重要なことは，社会学は，社会的世界を「すでに決まってあるもの」としてではなく，「基本的には別様にありうるもの」と捉えるということである。これは対象世界が客観的なものとして存在する自然科学の学問観とは大きく異なる。社会科学の一部にも，社会的世界があたかも自然のように確固として存在していて，人々とくに政府の介入は無意味だと考える立場があるが，それは社会学の立場ではない。

　社会学は，社会的世界はさまざまな可能性に開かれているという前提で考えるので，現実における問題の構造を実証的に明らかにし，その知見をもとに，よりよい共同性のための方策，考え方，制度，概念，理論などを探求するのである。この意味で，創始者であるコントが考えていたのと同じように，社会学とはよりよい共同性のための秩序構想の学である。今日の社会学はその対象領域においてきわめて多様で，一見すると共通のものがあまりないように感じられるかもしれないが，丁寧に諸研究を見てみると問題関心の共通性は高い。ただ，それぞれの領域には固有の現象があり，それをめぐる概念や理解のしかたは独自の発展をとげている。これからの社会学，とりわけ理論的な志向を持った研究には，そうした多様性を踏まえながらも共通の概念や理論を作り出していくことが課題になる。

社会学を学ぶ醍醐味

　社会学は必ずしも理論や概念が数学のように順序を追って組み立てられているわけではない。ニュートン力学のようなエレガントな理論体系があるわけで

はない。そのかわり，社会学という学問は，近代社会が成立し変容していく中で現実社会に生じるさまざまな共同性の亀裂問題との知的な格闘を通して発展してきた。社会学を学ぶということはまずもってそうした現実社会との格闘の歴史をたどり，そこで生み出された探求の成果（ときには失敗）を知ることである。

　もっともはじめから社会学の全体を知りたいと思って学び始める人は少ないだろう。何らかの現実的な問題意識があって，その問題をどう捉えたらいいのか，それについてはこれまで何がわかっているか，どのような解決策があるのかといった関心から出発することがふつうである。その場合には，今日のきわめて広く分化した社会学の中に，それぞれの問題意識に対応する一群の探求からなる個別の研究領域を見つけることはむずかしくない。そして，それにかかわるテキストを導き手としながら，文献，レポート，データ，言説，記事，その他もろもろの資料について，自分自身で探索しつつ読んでいけば，さまざまなことが新しくわかっていくと同時に，さらなる問題意識の深まりが生まれる。

　その一方で，個別的問題の探求と並んで，他のさまざまな領域を俯瞰して，社会学が取り組んできた問題と探求の蓄積を知り，そこで展開されてきた諸概念や諸理論，あるいは現実の捉え方や視点の置き方など，総体としての社会学の「学問文化」の歴史と特性を学ぶことは，きっと大きな知的喜びとなるはずである。

　今日，社会学の最先端では，これまでの長い探求の歴史を背景に持ちながら，現代的な問題への関心に導かれた研究が鋭くかつ詳細に展開されている。社会学を学ぶということは，そうした最先端の研究が備えているわくわくするような醍醐味を感じることができるようになることだと言えるだろう。

文献

Beck, Ulrich, Anthony Giddens and Scott Lash, 1994, *Reflexive Modernization : Politics, Tradition and Aethetics in the Modern Social Order*, Polity Press.（＝1997，松尾精文・小幡正敏・叶堂隆三訳『再帰的近代化――近現代の社会秩序における政治，伝統，美的原理』而立書房。）

Comte, Auguste, 1822, "Plan des travaux scientifiques nécessaires pour réorganiser la société"（＝1970，霧生和夫訳「社会再組織に必要な科学的作業のプラン」清水幾太郎責任編集『世界の名著36　コント・スペンサー』中央公論社，47-139。）

Durkheim, Émile, 1893, *De la Division du Travail Social*.（＝1989，井伊玄太郎訳『社

会分業論』上・下，講談社学術文庫。)
濱口桂一郎，2013，『若者と労働』中央公論新社。
Homans, George C., 1961, *Social Behavior : Its Elementary Forms,* Routledge. (Revised ed., 1974, Harcourt Brace Javanovich.)（＝1978，橋本茂訳『社会行動――その基本形態』誠信書房。)
Malinowski, Bronislaw, 1922, *Argonauts of the Western Pacific,* Routledge & Kegan Paul.（＝2010，増田義郎訳『西太平洋の遠洋航海者』講談社学術文庫。)
Marx, Karl, and Friedrich Engels, 1848, *Manifest der Kommunistischen Partei.*（＝1951，大内兵衛・向坂逸郎訳『共産党宣言』岩波文庫。)
Merton, Robert K., [1949] 1957, *Social Theory and Social Structure,* revised ed., Free Press.（＝1961，森東吾ほか訳『社会理論と社会構造』みすず書房。)
Park, Robert E., 1986, 町村敬志・好井裕明編訳『実験室としての都市――パーク社会学論文選』お茶の水書房。
Parsons, Talcott, 1951, *The Social System,* The Free Press.（＝1974，佐藤勉訳『社会体系論』青木書店。)
Rousseau, Jean-Jacques, 1755, *Le Discours sur l'origine et les fondements de l'inégalité parmi les hommes.*（＝1957，本田喜代治・平岡昇訳『人間不平等起源論』岩波文庫；＝1966，小林善彦訳「人間不平等起源論」平岡昇責任編集『世界の名著30 ルソー』中央公論社，97-227。)
盛山和夫，1995，『制度論の構図』創文社。
盛山和夫，2011，『社会学とは何か――意味世界の探究』ミネルヴァ書房。
Simmel, Georg, 1908, *Soziologie.*（＝1994，居安正訳『社会学』上・下，白水社。)
Tönnies, Ferdinand, 1887, *Gemeinschaft und Gesellschaft : Grundbegriffe der reinen Soziologie.*（＝1957，杉之原寿一訳『ゲマインシャフトとゲゼルシャフト』上・下，岩波文庫。)
Weber, Max, 1904, *Die Protestantische Ethik und der 《Geist》 des Kapitalismus.*（＝1955，梶山力・大塚久雄訳『プロテスタンティズムの倫理と資本主義の精神』岩波文庫。)

第2章

自己と社会

浅野智彦

> **キーワード**
>
> 主我・客我，相互行為儀礼，再帰的プロジェクトとしての自己，液状化近代，自己物語，多元的自己

1 社会学の対象としての自己
――ミードの自己論――

自己の時代の社会学

　就職活動中の大学生にとっていまや定番ともいうべき営みのひとつに自己分析がある。自分自身のこれまでの人生を振り返り，さまざまな経験に基づいて強みや弱みを再認識するとともに，職業についての希望と適性とを明らかにしていく，というものだ。大学生のこのような営みが一般化したのは1990年代半ば以降のことである。大学生のみならず小中高校でのキャリア教育においても，自分の希望と適性について知ることは重要だとされ，フリーターを続ける若者たちもその理由を「やりたいこと」をみつけたいからと語るようになった。この傾向は，仕事だけではなく恋愛や結婚など生活のさまざまな局面で進行しているものだ。その意味で私たちは，**自己の時代**を生きているといってよい（牧野 2012）。

　社会学はその歴史の早い段階から自己を研究対象としてきた（片桐 2011）。その知見は，自己の時代を理解する上でどのように活かせるだろうか。

　自己（self）が社会学の対象であると考えられるようになったのは，19世紀末から20世紀初頭にかけてのことだ。それ以前には宗教的あるいは形而上学的

な思考の対象であった自己を,プラグマティズムの影響を受けた人々が経験的な研究の対象として設定し直したのである (Holstein and Gubrium 2000)。とりわけ重要なのはジョージ・ハーバート・ミードの仕事である。本章でもまずはミードの議論を紹介することから始めることにしよう。

ミードの自己論

 ミードの自己論は3つの命題とそれらを構成するいくつかの概念に整理できる。

 すなわち,第一の命題は,自己とは他人との関係であるというもの。第二の命題は,自己とは自分自身との関係であるというもの。第三の命題は,それらふたつの関係は役割取得によって接合されるというものである。順番に説明していこう。

(1) 他人との関係としての自己

 ミードは,自己とはその成り立ちの最も根底において他人との関係であると考える。一般的な通念としては,「自己とは,まず存在していて,その次に他者と関係をむすんでいくようなもの」と考えられている。だがミードはその発想を逆転し,自己とは「社会的潮流のなかの,いわば小さな渦で,したがって社会的潮流の一部」なのだ,と論じる (Mead 1934=1973:195 一部改訳)。すなわち,第一次的に存在しているのは社会的諸関係(「社会的潮流」)であり,自己はそこから第二次的に,いわば派生的に(「小さな渦」として)現れるものと考えるのである。

 このことは誕生の場面に遡って考えてみればわかりやすい。人は,社会的な諸関係の中に産み落とされ,そのなかでさまざまな他人とかかわり合うことを通して,自分を何者かとして形成していく。自己は誕生したとたんにすでにあるものではなく,社会的経験や活動の過程で生じるものであり「その過程に含まれている他の個人たちとの関係形成の結果としてある個人のなかで発達するものである」(Mead 1934=1973:146)。

 幼児期に限らず自己はいつでも他者とのかかわり合いの中ではじめて像を結ぶ。たとえばよき学生であるという自己像は,彼が教師とどのようにかかわり合っているかによって規定されるだろう。あるいは,よき子,よき恋人であるという自己像は,親や恋人とのかかわり合いがどのようなものであるのかに

よって規定されるだろう。

(2) 自分自身との関係としての自己

ミードは，自己という現象に固有の特徴を「それ自身にとって対象だという」点に求めた。つまり，自己とは主語であり得ると同時に，自分自身にとっての目的語にもなれるという点で他の対象とは異なるというのである（Mead 1934＝1973：147）。

主語としての自己と目的語としての自己。この見方から引き出されるのが，**主我**（I）と**客我**（me）という自己のふたつの側面だ。ミードは次のように説明している。

> 「I」とは，他者の態度にたいする生物体の反応であり，「me」とは，他者の態度（と生物体自身が想定しているもの）の組織化されたセットである。他者の態度が組織化された「me」を構成し，人はその「me」にたいして「I」として感応する。（Mead 1934＝1973：187）

たとえば鏡の前で身だしなみを整えるとき，人は他人の目を意識しながらそうする。その際の他人の目は実際の他人ではなく，自分自身の中にある他人の目（と自分が「想定しているもの」）であろう。これが客我（me）である。人は，客我に対して従順にしたがう場合もあるだろうし（恥ずかしくないかっこうをしよう！），あえて反抗する場合もあるだろう（人の目を気にせず個性を追求したい！）。しかしいずれにしても重要なことは，身だしなみを整える自己が肯定的にせよ否定的にせよ「『me』にたいして『I』として感応」しているということである。

(3) 役割取得

では他人たちの視線はどのようにして自分自身の中に入ってくるのだろうか。この問いに対する答えが第三の命題となる。すなわち，人は**役割取得**（role-taking）によって他人の視線を自分のものとする。

注意すべきは，ここで取得される役割が自己の役割ではなく，他者の役割であるということだ。たとえば野球においてピッチャーは他のプレイヤーたちの役割を自分の中で思い描けるようになってはじめて自分自身の役割を円滑に遂

行することができる。つまり役割取得によって人は「自分自身のコミュニケーション過程を制御することができる」ようになり，「自らの応答に対してふるうことのできる制御」を手に入れることになるのである（Mead 1934＝1973：254）。

　他人の役割を自分の中に取得することで客我が形成され，それを通して対他関係の円滑な遂行が可能になる。その意味で役割取得は先行するふたつの命題をつなぎとめる蝶番のような役割を果たすものだ。

　ところで「他人」といってもさまざまな種類の他人がいる。ミードは，その中でもふたつの水準を区別すべきであると論じた。ひとつは**重要な他者**（significant others），もうひとつが**一般化された他者**（generalized others）と呼ばれるものだ。重要な他者とは「自分のまわりの人びとの態度，とくにある意味でかれを支配し，かれの側でも頼りにしている人びとの役割」である（Mead 1934＝1973：171）。発達段階の初期における養育者がその典型的な事例となる。

　一般化された他者とは人が所属する社会の全体を代表するような他者である。それはあれこれの具体的な他人ではなく，それら他人たちがあるまとまり（共同体あるいは社会）を構成する際に，そのまとまりそのものに帰属されるような視点を指す。その意味で「一般化された他者の態度は，全共同体の態度である」（Mead 1934＝1973：166）。

2　相互行為儀礼と自己
――ゴッフマンの自己論――

演技と儀礼

　自己とは他人たちとの関係である。ミードのこの命題を演技および儀礼として観察したのがアーヴィング・ゴッフマンである。やや長くなるがまず初期の著作から一節を引用してみる。

> 「この自己『のイメージ』自体はその所有に由来するものではなく，彼の行為の全場面に由来するものである。（中略）適正に演出され演ぜられた場面は，ある一つの自己『のイメージ』を演じられた役柄に帰属させるようにオーディエンスを仕向ける。しかしこの帰属内容――この自己『のイメージ』――は生起する場面の産出結果 product であって，その場面の原

因 cause ではない。(中略) 自己は呈示される場面から『さまざまの印象を』寄せ集めて生ずる一つの劇的効果 dramatic effect であ」る。(Goffman 1959 = 1974 : 298)

　「自己」と「場面」との論理的な順序に注意してほしい。自己（のイメージ）は，場面に先立つ「原因」ではない。むしろそれは場面の成立によって生み出される「産出効果」「劇的効果」なのである。したがって重要な関心事となるのは次の問いである。人々は与えられた場面の中でいかに自分自身の役割を演じているだろうか，自分自身が与える印象をいかに操作しているだろうか，あるいは**役割演技**や**印象操作**に失敗したとき人はどのようにそれを修復しているだろうか。自己についての社会学は，ゴッフマンによれば，このような問いによって導かれるものとなる。

　演劇の比喩を用いて語られたこのような記述の方法は，後に「**儀礼**」という概念によって定式化し直された (Goffman 1967 = 1986)。たとえば，公共の場に居合わせた人々はお互いに対して過剰な関心を向けないように注意を払わねばならない。逆に，友人が髪型にせよ服にせよいつもと違った様子をみせているなら，ただちにそれに気づき，それについてほめなければならない。このような相互行為上の儀礼（各自己の神聖性に敬意を払うこと）によって自己は維持される。

アイデンティティ・ペグ

　ゴッフマンにとって自己とは相互行為（演技や儀礼）の産物であり，それを離れて「ほんとうの」自分など存在しない。では，場面ごとに自己が成り立つのなら，自己とは複数の自己に断片化してしまうのであろうか。そうではない，とゴッフマンは答える。それらの複数の自己は，木釘 (peg) に複数のものがかけられるように，一人の身体の上にかけられているのである。これをゴッフマンは**アイデンティティ・ペグ**と呼ぶ。

　注意すべきは，アイデンティティ・ペグがそれ自体としては空虚であり無内容であるということだ。にもかかわらず，それなくしては自己が断片化してしまうような，重要な役割を果たしているとも考えられている。

　この役割について理解するために，ゴッフマンが「個人的アイデンティティ」の成り立ちについて与えた説明を見てみよう。ゴッフマンによれば，そ

れは，「アイデンティティ・ペグ」とその助けを借りて個々人に帰せられる「生活史上の諸事件のかけがえのない組合せ」によって定義される（Goffman 1963＝1970：95）。そして個人が「事実上ただ一つしか生活誌をもつことができない」がゆえに，それはその個人の「包括的単一性」を示すものとなる（Goffman 1963＝1970：104）。したがって，人は彼の演じる役割においては多様であるかもしれない（multiplicity of selves）が，「生の軌跡」としての彼／彼女は「包括的単一性」を保ちつづけるのである。

アイデンティティ・ペグはそれ自体としては空虚だが，個々人の生活史を可能にすることで人々に個人的なアイデンティティ，いわばかけがえのない個性や固有性を与えている。ゴフマンはそう論じたのである。

3　自己の変容についての理論

社会的性格論

社会的性格とは，ある社会においてそこに適応して生きていく上で最低限身につけるよう明示的あるいは黙示的に要求される性格の型のことだ。どのような社会も，それぞれに見合った性格の型を持ち，そこに生きる人々はそれを共有していると考えるのである。

このような発想は，精神分析学の影響を受けたナチズム研究の中で提案され，理論として彫琢されてきたものであるが，その対象は必ずしもナチズムのような特異な事例に限定されるわけではない。その発想の射程範囲は論理的にはあらゆる社会におよぶものである。そのように一般化された社会的性格論のうち，ここではまずリースマンの議論を紹介する（Riesman et al. 1960＝1964）。

リースマンの議論が対象としているのは1950年代以降の消費社会化していくアメリカであった。その特性を歴史的に描き出すために，リースマンは次のような段階を想定し，それぞれに対応する社会的性格を抽出した。その段階の定義は，人口変動のパタンを参照しながらなされている。すなわち，

1．高度成長潜在期：多産多死型で人口が一定水準に安定しているような時代
2．過渡的成長期：死亡率が下がり人口爆発が起こっている時代
3．初期的人口減退期：人口爆発後に出生率が下がり，人口が減少してい

く時代

　これら3つの段階は,それぞれに対応する固有の社会的な性格をその内部に発達させるとリースマンはいう。高度成長潜在期に対応するのは,非近代的な共同体社会で典型だったような伝統に準拠するような社会的性格である。**伝統指向**とリースマンが呼ぶこの性格の型は,行動の決定に際して,共同体の中で共有され,維持されてきた伝統にまずは依拠するという方針によって特徴づけられる。

　近代化の初期的な段階である過渡的成長期に対応するのは,自分自身の内部に行為の決定基準を持つような社会的性格である。これを**内部指向**(自己指向)と呼ぶ。この時期の社会は流動性の高まりによって特徴づけられ,人々は,変動する環境の中で伝統をあてにせず自分の進路を決定する必要に迫られる。内部指向はこのような必要に応えるように発達してきた性格の型であるとリースマンは考えた。伝統指向の人々が,特定の共同体に内属することを前提にして特定の伝統に依拠するのに対して,内部指向の人々は環境の変化を前提として抽象的で普遍的な指針を内面に据えつけられている。リースマンはこのような指針をジャイロスコープになぞらえた。

　しかし近代化が進み,社会全体の生産力が向上し,一定水準以上の豊かさが達成されると,内部指向の人々の型はあまりに剛直すぎるように感じられるようになる。とくに,産業構造の変化にともなって,労働の中心がモノを対象にしたものから人を対象にしたものへと重心を移したことの影響は大きい。人を相手にして仕事をするときには,自分自身の内側にある基準だけではなく,相手の基準をも考慮に入れないとうまくいかないだろう。自分自身の基準によってのみ行為を選択する人々は,そのような労働環境においては融通の利かない人とみなされることになる。

　内部指向の剛直さにかえて,他人の意向を柔軟に考慮できる性格の型がこのような社会の中では形成され,次第に優勢になっていく。リースマンはこれを**外部指向**(他者指向)と呼んだ。自分の周囲の他人たちのふるまい方をつねに観察し,それを踏まえながら自分の行為を決定するような人々がそれだ。外部指向のふるまい方はレーダーのように機能するとリースマンはいう。

　リースマンのこのような議論は,パーソナリティの型を社会のあり方との関係で捉えようとする議論のひな形を提供した。

再帰的プロジェクトとしての自己

　近代社会が新しい段階・局面に入ったのではないかという議論が1990年代以降，盛んになされるようになった。その変化を言い表すために，「第二の近代」「再帰的近代」「液状化する近代」などさまざまな言葉が発案された。これは社会全体の変化であると同時に，そのなかで生きる個々人にとっては新しい状況に見合った自己のあり方の拡大・浸透を意味していた。この新しい自己のあり方について体系的に論じているアンソニー・ギデンズおよびジグムント・バウマンの議論を紹介する。

　近代の新しい局面を**高度近代**と呼ぶギデンズは，この変化を断絶とは捉えていない（Giddens 1991＝2005）。むしろ近代が徹底化されたことにより引き起こされた諸帰結の総体としてそれを捉えようとしている。それが新しく見えるのは，近代の前半において抱かれていたのとは異なる（ときには正反対にさえ見える）事態をもたらしたことによるのだが，それはあくまでも近代を徹底させたことの帰結なのである。

　たとえば，近代初頭において描かれていた未来像は，自然科学が世界のあり方を合理的に説明しつくすことによって宗教的な世界観が駆逐されてしまうことだった。だが，20世紀後半以降，高度な自然科学を習得した人々による宗教的なテロリズムが出現し，「自然科学がこの世界のすべてを説明できるわけではない」といった自然科学の相対化とでもいうべき感覚が台頭した。

　しかし，それはむしろ近代社会を駆動してきた論理の徹底された結果として，近代社会に内在的にもたらされた諸帰結であるとみるべきなのである。

　では近代を駆動してきた論理とは何か。それは「再帰性」である。再帰性とは，行為や制度，社会の仕組みなどを，つねにその都度の情報に照らし合わせてよりよいものに変えていこうとする志向性を指す。伝統指向的な社会においては，行為，規則，制度などは過去においてもそうしてきたという事実によって正当化される。それに対して，再帰的な志向性が優勢な社会にあっては，現時点で知られている情報に照らしてそれ以上によいものはないという限りにおいてのみ正当化される。逆に，よりよいものがあるときには，これまでのやり方を変えることが選択される。

　近代化とは，このような再帰性をつねに拡大深化していく運動のことである。その結果として，近代の出発点で描かれていた近代社会像から乖離する現象が顕在化するようになった時代，それがギデンズの言う高度近代である。

自己という現象もまたその例外ではない。高度近代における自己は、近代の前半まで想定されていたようないわゆる「近代的自我」とはかなり異なった性質を持つようになる。「近代的自我」は、リースマンが「内部志向」として描き出したものに対応しており、自己の内奥におかれた不変の核をさまざまな行為において実現することが望ましいあり方とする。だが、高度近代における自己は、そのような不変の核をあらかじめ与えられているとは想定しない。むしろ人は、自分自身が何者であるのかについて、さまざまな場面に応じて、不断に問いかけまた問いかけられるようになる。ギデンズは、「自分が何者であるのか」という問いへの答えは、たえず書き換えられる自伝のようなものであるという。

この自伝の比喩は二重の意味で再帰的だ。第一に、自己とはつねに現時点から過去を振り返って再帰的に構成された物語である。第二にそれはつねに再帰的に書き直され続ける。このようなあり方を指してギデンズは「**再帰的プロジェクトとしての自己**」と呼んだ。

断片化する自己

ジグムント・バウマンは、ギデンズが自伝としての一貫性を備えた自己を見出したところに、取り返しのつかないほどの分裂と断片化を見出す（Bauman and Vecchi 2004＝2007）。バウマンにとって自己とはバラバラになってしまった上に、ピースがいくつか欠けてしまったパズルのようなものである。

バウマンは近代社会を流動性によって特徴づける。伝統的共同体が、固体のように諸個人をその内部に閉鎖する社会であったとすると、近代化とはそのような固体を溶解し、諸個人をその外部へと解放／放逐するものであった。しかし近代の第一段階においては、伝統的共同体にかわる別の中間集団が再度諸個人を包摂することによって、社会の流動化に歯止めをかけていた。企業組織、労働組合、地域の共同体、家族などがそのような中間集団には含まれる。

だが、そのような中間集団自体もまた流動化の圧力によって徐々に溶解していく。先進諸社会において1970年代後半に進行したケインズ型福祉国家から新自由主義的な諸政策への転換は、この溶解に拍車をかけた。このように近代的な中間集団の固体性が解体していく第二段階の過程をバウマンは**液状化近代**と呼ぶ。

ところで自己アイデンティティは所属によって支えられる。たとえば近代国

民国家の成立にとって重要な作業のひとつは，人々のアイデンティティを伝統的な共同体から切り離し，成立期の国家へと結びつけ直すことであった。ポーランド人，イギリス人等々といったアイデンティティのあり方は，国民国家の成立期に相応の労力を払って形成されたものであった。中間諸集団もまた，人々を包摂する力の強度に応じて彼らの自己アイデンティティの拠り所にもなっていたが，液状化する社会において自己アイデンティティはその拠り所を失うことになる。

　徐々に低減していく中間集団の包摂力を補完するために，人々は他の選択肢を求めるようになる。なかでもバウマンが注目しているのが，関心の共有をベースに短期的・断続的に成立するコミュニティへの参加だ。彼はこれをペグ・コミュニティと呼び，たとえばライブ，コンサート，スポーツイベントなどの熱狂的な盛り上がりをその例に挙げている。この参加の強度に応じて人は自らのアイデンティティを実感しうる。しかしそのコミュニティは必ずしも持続的ではないし，個々人の生活を全面的に包摂しているわけでもない。そのため，そこで実感されるアイデンティティはあくまでもその場面に限定されるものとなる。かつて期待されていたような生活のあらゆる場面を貫通し，安定的に一貫性を保つアイデンティティは，ここでは成り立ちようもない。こうしてアイデンティティは全体を見通せない，かつ断片的なものとなる。

　ギデンズもバウマンもともに後期近代論の立場に立つ点では認識を共有している。しかし自己のあり方についての見立てにおいて両者は大きく分岐する。すなわち，バウマンが自己を断片化していくもの（ピースの欠けたジグソーパズル）とみていたのに対して，ギデンズはそれを再帰的に統合され続けるもの（書き換えられ続ける自伝）とみる。断片化（多元化）か統合（「自伝」）か。後期近代における自己について軸となる問題をここに読み取ることができる。

4　物語としての自己

自己物語

　ここまで見てきた自己論を通してある比喩が重要な役割を果たしてきたことに気づかされる。その比喩は物語あるいは自伝というものだ。

　たとえば，ゴッフマンは役割演技の効果として成り立つ自己が，にもかかわらず場面ごとに断片化されてしまわない理由を「アイデンティティ・ペグの助

けをかりて特定個人に帰せられるに至る生活史上の諸事件のかけがえのない組合せ」に求めていた。ここでいう「生活誌」は，人の人生に起こった諸々の出来事の物語である。

　あるいはギデンズは「再帰的なプロジェクトとしての自己」を絶えず改訂される自伝であると考えている。現代社会においてはある意味ですべての個人が自分自身について物語を語らなければならない，とギデンズはいう。この物語を通して自己アイデンティティは一貫性を維持できるのである。その意味で「自伝──特に，書き留められていようといまいと，当の個人によって作りだされる解釈的な自己史という広い意味での自伝──は実際には，近代社会生活における自己アイデンティティの中核に位置している」（Giddens 1991＝2005：84）。

　実際，後期近代社会は自己について物語る機会や要請にあふれた社会であると見ることもできる。たとえば大学入試を考えてみるとよい。いまや一般的な学力試験によって大学に入る受験生は少数派であり，多くは AO 入試に代表される多様な選抜方法によって入学を許可されている。後者の入試において重視されるのが「人物を見る」ということであり，そのために受験生はさまざまなやり方で自分自身について語ることを求められる。就活における自己分析も同じだ。就活中の学生たちは，自分の人生を振り返り，面接で呈示すべき自己についての物語を磨き上げる。彼らは自分が何者であるのかをさまざまなエピソードを語りつつ示さなければならないのである。

　ゴッフマンもギデンズも自己やアイデンティを考える際のいわば核となる比喩として自己についての物語に言及している。これを比喩ではなく理論的な概念として洗練させようとするこころみが1980年代以降に活発化する。この流れに属する諸理論を**自己物語論**と呼んでおこう。

制度の中の自己物語

　自己物語論は複数の理論的な潮流を横断するようにして形成されたものだが，ここではジェイムズ・ホルスタインとジェイバー・グブリアムの議論を紹介する（Holstein and Gubrium 2000；Gubrium and Holstein eds. 2001）。

　彼らは日常生活にあふれる自己物語をさまざまな実践として取り出し分析した。彼らはまず物語を，きっかけ／序／持続／終結という構造を持った語りであると定義する。それは「解釈的な実践の形式」であり，「物語を語るという

行為」,「物語を語るために用いられる資源」,「物語を語るための名分」によって特徴づけられる。

　たとえば,入試の面接で試験官に語られる自己物語,就職試験で人事担当者に語られる物語,心理療法の場でカウンセラーに語られる物語はそれぞれ異なっている。それらはいずれも自己について物語るという実践であるが,それぞれ異なった「名分」のもとで語られ,その「名分」の違いに応じて異なった資源を必要とする。自傷経験はカウンセリングの場では語りの資源として動員され得るが,入試や就活の場面においては必ずしもそうではないだろう。

　ホルスタインとグブリアムは,したがって,自己物語は制度との関係で分析すべきであるという。自己が物語であるというのは,自己が虚構であることを意味しない,と彼らは考える。なぜならその物語は語り手が自由に語りうるものではないからだ。それは物語が埋め込まれた制度によって制約され,その限りにおける現実的な固さや安定性を持つことになる。

　この現実的な固さや安定性が,しかし,一貫した一枚岩のものではない,という点にも注意が必要である。なぜなら彼らは,現代社会を制度の多様性によって特徴づけているからだ。そして,どのような個人も複数の制度に同時に所属し,それぞれの制度に応じて異なった物語を語ることになるので,自己物語はひとつでもないし,一枚岩でもない。そして同時所属している制度間の関連性が小さくなればなるほど（相互の整合性が小さくなればなるほど）,それぞれの制度の中で語られる自己物語の間の違いは大きくなっていくであろう。このことは自己が多元的になり得ることを含意している。

固有性と語り得ないもの

　物語によって構成されたものとして自己をみる観点からは,自己についてふたつの重要な特性が示唆される。ひとつは,自己物語が自己についての固有な同一性を表しているということ。ゴッフマンによれば,ある人がほかでもなくこの自分であるといいうるのはアイデンティティ・ペグとセットになった自己物語のゆえである。もうひとつは,それが多元的であること。グブリアムらによれば,自己物語の埋め込まれた社会的文脈に応じて異なった複数の自己が同じ人に属するものとして現れる。

　ところでもし固有性が単一性を含意するなら,それは多元性とはなじまないはずである。自己の理論が自己の固有性と多元性とをともに見出すとしたらそ

れはどのような論理によってなのだろうか。ここでは，両者の齟齬について，固有性のほうに注目しながら補足的に論じておく。多元性については次節で扱うことにする。

　自己物語において示される自己の固有性とは何だろうか。その人だけの人生の物語であるがゆえに固有なのである，とゴッフマンならば答えるかもしれない。だがここで注意すべきは，どのような物語も他者に向かって語られるものであり，したがって理解可能なものでなければならないということだ。そして物語が理解可能であるということは，それが一定の型にしたがっているということを意味している。これは固有性（かけがえのなさ）とは正反対の事態である。

　この問題に別の角度から手がかりを与えるのは，臨床的な実践の場における物語の活用法である（詳細については浅野 2001を参照）。たとえば精神治療の一流派である家族療法において，治療の過程を物語の書き換えとして理解しようとする運動が1990年代以降，広い支持を集めるようになった。**物語療法**（narrative therapy）と呼ばれるこのような実践において，自己はドミナントストーリーによって縛られていた状態から解放され，自分なりの代替物語（オルタナティブストーリー）を構成するようセラピストによって支援される，とされる。ここでもまたあるストーリーが別のストーリーに書き換えられるのであり，いずれにせよ型にはまったままであるのは先に論じた通りだ。しかし，ここで重要なのは，書き換えの手がかりとして「ユニークな結果」に着目するというこの療法の技法だ。

　ユニークな結果とはドミナントストーリーにおいてはうまく語り切れない出来事，いわば物語にとっての余剰物，ノイズである。この出来事に着目し，そこに光を当てることによってドミナントストーリーは内側から崩されていくのである。ユニークな結果はその意味で物語の中に現れながら物語に回収されないもの，いわば自己物語にとっての「語り得ないもの」である。

　自己物語が自己の固有性を表すとしたら，それは物語によってではなく，物語の中に現れる（しかし物語に回収されない）語り得ないものによってではないか。ゴッフマンの議論をもう一度思い返してみよう。彼にとって人生の物語は，アイデンティティ・ペグによってつなぎとめられてはじめて形をなすものであった。しかしそのペグは，それ自体としては内容を持たない，空虚なものであるとされる。多元性が自己の内容の多元性であるとするなら，固有性は個々の内容とは異なった次元におかれた何かなのである。

本章の冒頭で，現代は自己の時代であると述べた。自分自身について知ることが求められる時代であると。しかし，その「知る」ことが「かけがえのない（固有の）自分」を対象とした営みであるとしたら，それはつねにこの「語り得ないもの」にたどり着くほかないということになるだろう。

5　多元化する自己

グブリアムとホルスタインはさまざまな制度に即して自己が物語られる様子を描きだした。現代社会が多様な制度に同時に属しながら生きることを常態としている限り，自己物語は多元化せざるをえない。だが，ギデンズのように，現代社会における自己を多元化ではなく，統合の相において捉える社会学者もいる。

社会学者だけではない。世界最大のソーシャルメディア Facebook の創立者，マーク・ザッカーバーグは，アイデンティティを複数持つことは欺瞞であり，彼の提供するシステムはただひとつのアイデンティティですべての「友人」たちとつき合うことを可能にするものだ，と言う。この宣言は，ギデンズの社会学的な見立ての情報通信技術的な実装とみなすこともできよう。

多元化と統合。どちらの見立てが妥当なのだろうか。

この問いに経験的・実証的に答えるひとつの方法が計量的な調査のデータを用いることだ。

自己が多元化しているかどうかという問いは，計量的調査になじむかたちで定式化するのがむずかしいので，あくまでも参考程度ということになるが，ここではある調査の結果を紹介したい。参照するのはモバイルコミュニケーション研究会が2001年と2011年に行った調査である（詳細は松田・土橋・辻編 2014）。この調査において，自己意識にかんする質問を尋ねているのだが，そこから自己の多元性について見るための指標を作成してみる。もちろん自己意識という対象の性質上，測定や指標の構成には困難がともなうので，以下に紹介する分析はひとつのこころみとして受け取ってもらいたい（以下の手順については浅野 2014aを参照）。

まず自己意識にかかわる質問項目を因子分析によって整理し，自己の多元性を示すと考えられる因子を確認する。その上で，多元性因子とかかわりが深いと考えられる質問項目を合算し，多元性の高低を見るための得点を算出する。

第 2 章　自己と社会

表 2-1　年齢層別自己多元性得点の比較

	2001年		2011年	
	度数	平均値	度数	平均値
10代	208	10.6	168	10.4
20代	283	10.5	163	11.1
30代	347	9.7	224	9.9
40代	359	9.5	274	9.8
50代	355	8.7	267	9.0
60代	285	8.4	329	8.1

出所：モバイルコミュニケーション研究会調査データより筆者作成。

ついでこの得点の平均値を年齢層別に算出し，2時点間で比較してみたものが表2-1である。

　時点間の違いについて検定を行っていないので，厳密な比較はむずかしいが，およそ3つの傾向を確認することができる。第一に一時点ずつみてみると，若い人ほど多元性は高くなっている。第二に，同じ出生コーホートに属すると思われる回答者を二時点で比較してみると，多くのコーホートで多元性が下がっている。第三に，同じ年齢層同士を二時点間で比較してみると，多くの年齢層で多元性が上がっている。

　最初のふたつの知見は，多元性が相対的に若年層において顕著に現れる傾向であることを示すものだろう。他方，3つ目の知見は，全体としては多元性が上がる傾向を示しており，発達論的な論理とは別に社会全体が多元性を許容する（あるいは要請する）ようになってきていることを示唆している。

　では，このような状況を「病理」とみるべきだろうか。日本の若年層を対象とした調査の結果をみる限り，多元性はむしろ肯定的な効果を持っているように思われる（浅野2014bも参照）。リースマンの「外部指向」がそうであったように，多元的自己もまた（少なくとも若年層においては）現在の社会的諸条件に適合する自己の形式なのではないだろうか。

　本章では，自己についてのいくつかの社会学理論を概観してきた。自己を知れ，自己を語れという社会の要請に素朴にしたがう前に（したがいつつも），そのような要請を前提にして自己が成り立つ仕組みについて見通す視点をそれらは与えてくれる。自己の時代にあって自己の社会学が教えてくれるのはそのような視点の持ち方なのである。

文献

浅野智彦，2001，『自己への物語論的接近』勁草書房。

浅野智彦，2014a，「SNS は『私』を変えるか」松田美佐・土橋臣吾・辻泉編『ケータイの2000年代』東京大学出版会，117-148。

浅野智彦，2014b，「多元的自己と移行過程」溝上慎一・松下佳代編『高校・大学から仕事へのトランジション』ナカニシヤ出版，183-213。

Bauman, Zygmunt and Vecchi, B., 2004, *Identity*, Polity.（＝2007，伊藤茂訳『アイデンティティ』日本経済評論社。）

Giddens, Anthony, 1991, *Moderity and Self-Identity*, Stanford University Press.（＝2005，秋吉美都・安藤太郎・筒井淳也訳『モダニティと自己アイデンティティ』ハーベスト社。）

Goffman, Erving, 1959, *The Presentation of Self in Everyday Life*, Doubleday & Co.Inc.（＝1974，石黒毅訳『行為と演技——日常生活における自己呈示』誠信書房。）

Goffman, Erving, 1963, *Stigma*, Prentice-Hall.（＝1970，石黒毅訳『スティグマの社会学』せりか書房。）

Goffman, Erving, 1967, *Interaction Ritual*, Aldine Transaction.（＝1986，浅野敏夫訳『儀礼としての相互行為』法政大学出版局。）

Gubrium, Jaber and James Holstein eds., 2001, *Institutional Selves*, Oxford University Press.

Holstein, James and Jaber Gubrium, 2000, *The Self We Live By*, Oxford University Press.

片桐雅隆，2011，『自己の発見』世界思想社。

牧野智和，2012，『自己啓発の時代』勁草書房。

松田美佐・土橋臣吾・辻泉編，2014，『ケータイの2000年代』東京大学出版会。

Mead, George H., 1934, *Mind, Self, Society*, The University of Chicago Press.（＝1973，稲葉三千男・滝沢正樹・中野収訳『精神・自我・社会』青木書店。）

Riesman, David, Nathan Glazer and Reuel Denney, 1960, *The Lonely Crowd*, Yale University Press.（＝1964，加藤秀俊訳『孤独な群衆』みすず書房。）

第3章

家族とジェンダー

村田泰子

> **キーワード**
>
> 近代家族，ジェンダー，フェミニズム，人口転換，ケア，標準家族

1　家族とジェンダーの深いかかわり

家族はむかしから変わらなかったのか？

　タルコット・パーソンズというと，社会を「全体」と「要素」に分け，全体としての社会システムの均衡や存続という観点から社会を分析するマクロな社会理論で知られているが，彼は意外にも，**家族**というミクロな小集団について多くのことを語っている。

　パーソンズは，核家族の最も主要な機能として，**子どもの社会化**（socializatoin）と**成人のパーソナリティの安定化**機能を挙げている。まず，子どもの社会化について，生まれたばかりの子どもはいきなり複雑で大きな社会のなかに投げ込まれるのではなく，家族という愛情に満ちた小さな集団・状況がその子を受け入れる。家族とは，「子どもがその最初の段階で自分の情動的資源（emotional resources）のすべてを『投資』できるような社会集団，全面的にそれに『よりかかる』ことのできる社会集団」（Parsons 1956＝1970：39）であるのだ。

　つづいて，成人のパーソナリティの安定化について，家族は，企業や学校といった「外の世界」とは明確に隔てられたプライベートな空間と位置づけられ，諸個人に安らぎと休息を与える機能が期待される。成人のパーソナリティの安定化という点では，「子どものいる結婚生活」が，最も理想的であるとも述べ

られている。

　なお，パーソンズによれば，家族のなかで実質的に子育てをするのは女性である。女性は一家の主婦として，母親として，その人間的要素（優しさや細やかさといった魅力）をフルに活用して家族や子どもの世話に当たる（**表出的役割**）。子どもにとって，母親は「もっとも好きな人物」であり，母親が乳幼児の世話をするのが一番ふさわしい。それに対し，男性は，職業を通じて家族に収入を持ち帰るとともに，家族に社会的地位を与える（**道具的役割**）。むろん，男性にも，親としての役割が求められないわけではないが，パーソンズは当時流行していたジークムント・フロイトの**精神分析理論**に依拠して，少なくとも子どもが言語を話すようになるまでは母親の関与が決定的に重要だと考えていた。

　こうした家族観は，それ自体，非常によく完成されたもので，これ以上，何も付け加える必要はないかのようにみえる。

　しかしながら，それがいかに「自然」なものにみえようとも，家族はむかしからずっとそのようであったとか，これからもずっとそのようでありつづけると考えるのは間違っている。パーソンズが描き出した家族はあくまで，1950年代半ばのアメリカ都市部に誕生した「現代家族」であった。パーソンズ理論から半世紀以上経過したいま，家族は再び大きな変動のなかに置かれている。日本でも，戦後の一時期，サラリーマンの夫と専業妻，それに二人の子どもの組み合わせからなる家族（いわゆる**近代家族** modern family）が，不動の地位を獲得したかのようにみえた時代があったが，長引く不況や人口学的条件の変化を背景に，家族は好むと好まざるとにかかわらず，変化にさらされている。本章では，近代家族という概念を導きの糸として，その成立の経緯や特性について考えるとともに，その限界についてもあわせて考察することにしたい。

ジェンダーの視点から

　本章を貫くもうひとつの重要なキーワードである，ジェンダー（gender）という概念について説明しておこう。

　日本語で，**社会学的性差**（sociological gender）とも訳されるジェンダーは，戦後のフェミニズム運動のなかで編み出された，分析のための概念である。従来，「おとこだから」，「おんなだから」という一言で片づけられてきた性差の問題について，それが社会的に構築・維持されている側面があると論じることで，現状について批判的に考察したり，必要とあらば変革を主張したりするこ

第3章 家族とジェンダー

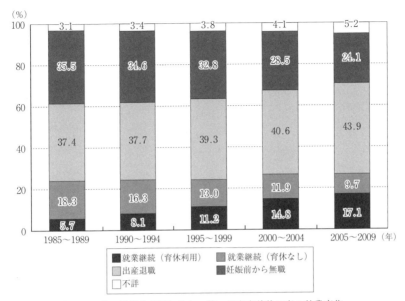

図3-1 第一子出生年別にみた，第一子出産前後の妻の就業変化
出所：国立社会保障・人口問題研究所「平成22年 第14回出生動向基本調査」をもとに筆者作成。

とが可能になった。

　ジェンダーの問題は，最もわかりやすいところでは，公的領域における女性の参加度合いを示す一連の数字として理解することができる。たとえば，20世紀初頭の**第一波フェミニズム運動**で中心的に取り組まれたのは，**女性参政権**（かつては「婦人参政権」と言っていた）と**女子進学率**の問題だった。今日，日本では，男女に等しく参政権が認められ，高等教育についても，短大進学者を合わせれば女性のほうがむしろ男性より多く大学に進学している。

　しかし，ジェンダーの問題は，じつは公的な領域だけではなく，私的な領域，すなわち，家族をはじめとする私的な関係性のあり方にも深くかかわっている。一例を挙げれば，日本女性の働き方に強固にみられるいわゆる「M字型」労働力率曲線のパターン（学卒後いったん男性同様の働き方を実現したのち，30代で一時的に仕事から離れ，その後再び仕事に就くときには不安定で条件の悪い職に就く）は，女性が家族のなかで果たしている一連の役割と関連づけることなくして十分に理解することはできない。日本では，とくに子どもが小さいうちは母親が子育てをすべきとの考えが根づよく，21世紀を迎えた今日でも，第一子出産を機に

全女性の 4 割超が「出産退職」している現状がある。出産前から働いていなかった女性を合わせれば，じつに 7 割弱がさまざまな事情から専業での子育てを選択しているのである（図3-1）。

　パーソンズの家族論に戻ると，パーソンズは女性の母親業について，生物学の直接の反映とは言わないまでも，社会学的にみてさほど重視すべき問題とは考えていなかったようである。時代的にみて，彼が活躍したのはジェンダー概念が普及する以前であったから，それは無理のないことかもしれない。戦後の**第二波フェミニズム運動**を通じてジェンダーという考え方が普及していく過程で，家族のなかで女性が担う一連の営みについても，パーソンズの時代にはなかった一連の新しい概念や理論を用いて，まったく新しい議論がなされるようになった。以下では，家族と女性のあいだの自然化されたつながりがいかに解体されてきたのか（されてこなかったのか）に注意を払いつつ，家族についての社会学研究の展開を紹介する。

2　変わりゆく家族を捉えるこころみ

古典的家族研究と核家族化への関心

　はじめに，近代家族論が登場する以前の家族研究が，家族について何を明らかにしたのかを確認しておきたい。欧米では20世紀初頭，急激な**産業化**や**都市化**を背景に，社会学者たちは核家族化をはじめとする家族を取り巻く新しい諸変化に関心を寄せ，理論や概念の整備に努めている。

　まず家族の類型とその変動について，家族は基本的に産業化によって「大規模で複雑な構成の親族集団」から「小規模で単純な構成の家族」へ推移するという見方が示された。前者のうち，一組の夫婦と一組の既婚子家族だけが同居する家族を**直系家族**，一組の夫婦と複数の既婚子の家族からなる家族を**複合家族**と呼んでいる。両者をあわせて**拡大家族**と呼ぶこともある。これに対し，産業化のすすんだ社会で一般的にみられる一組の夫婦と未婚の子どものみから形成される家族は，夫婦家族あるいは**核家族**と呼ばれている。

　また，家族の機能については，**家族機能の縮小と専門分化**が論じられた。多くの原始的な社会では，**親族集団**（kinship group）が宗教や経済活動，成員の生活保障，教育，育児や介護など多岐にわたる機能を担っていたが，近代化の過程で機能の外部化が進行した。経済活動は企業へ，教育は学校や塾へ，また

看護や介護は病院などの施設へといった具合にである。

そうしてさまざまな機能がそぎ落とされた結果，家族は機能喪失の状態に陥っているとみる者もいたが，パーソンズはむしろ，家族は高度に**専門分化**した，家族にしか担うことのできない機能を担うようになったと主張した。すなわち，冒頭でも触れた，人間の再生産という機能である（Parsons 1956）。

都市家族の社会的ネットワーク

こうして都市部では一般的となった核家族という家族形態について，パーソンズは，都市化の進行にともない，家族は親族や近隣といった第一次集団的でインフォーマルな人間関係から徐々に切断されていくとして，「核家族の孤立化」仮説を唱えた（Parsons 1956）。これに対し，一見孤立したようにみえる都市家族が，じつは柔軟に**拡大家族**（extended family）的なネットワークを構築し相互に緊密に支えあっていると主張する研究も数多く行われている。アメリカについてはホワイト（Whyte 1943 = 2000）やリトワク（Litwak 1960）の研究が有名だが，ここではイギリスの都市スラムを扱ったマイケル・ヤングとピーター・ウィルモットの研究（Young and Willmott 1992）を取り上げ，紹介する。

研究の舞台は，ロンドン東部の郊外の町，ベスナル・グリーンである。当時，移民のなかでも最も貧しいバングラデシュ系移民の集住区だった。地方政府による度重なるスラム一掃計画を経て，1945年から51年にかけてついに大規模な都市計画が実施されることとなる。政策により，古い住宅は一掃され，過密住居の割合やシャワー・トイレのない住宅の割合も劇的に低下した。ただし，この計画には数字にはあらわれない重大な問題があったとヤングらは指摘する。すなわち，何千という家族がロンドン内外の見知らぬ地域に出て行くことを余儀なくされた点，また，新しく用意された住宅の多くは住民同士の行き来をまったく考慮しない，高層アパートだった点である。

もともとこの地域では，居住や生活全般にわたり，母娘関係を軸にしたインフォーマルなケアやサポートのやりとりが盛んだった。ヤングらが住民633名を対象に実施した調査によれば，住民の多くが親の家の近くに居住し，夫方と妻方で比べると，妻方の親との同居や近居が夫方の約2倍あった。また，住宅取得に際しても，妻方の親が代々住んでいた住宅を受けついだケースが夫側の約2倍に上るなど，明らかにそのつながりは母系的だった。日々の生活においても，たとえば，アパート1階に住むウィルキンス夫妻の近くには，妻の両親

のほか，妻の姉一家，妻の妹，夫の兄が暮らしており，妻ら姉妹は，日に幾度となく母親（Mum）のもとを訪ねる。朝に一緒に買い出しをして，午後に母親のところでお茶を飲み，子どもが病気になれば相談し，ちょっとした仕事に出るときには子守りを頼むといった具合である。

　このように，母系親族を中心とするインフォーマルなネットワークを活用した子育ては，イギリスでは非白人・非エリート層の家族に多くみられるという。背景には，公的サポートからの排除や経済的資源の少なさに加え，階級社会で再下層に位置づけられた移民や労働者階級の男性が，差別やきびしい労働条件への不満や劣等感から**男性性**（masculinity）に固執し，子育てに協力しないことなど，複雑な要因が指摘されている。そうしたなか，支配的文化のもとで生き延びるためのひとつの有効な方法として，母系的ネットワークが活用されていたと見ることができる。

日本の「家制度」研究と家族の民主化

　日本でも，戦後家族をめぐる議論が盛んになるが，このとき問題にされたのは，産業化や都市化にともなう家族のアクチュアルな変動というよりは（日本で本格的な産業化が進展するのは1960年代以降である），戦後制定された民主的な憲法のもと，日本の伝統的な家族制度である**家制度**（*ie* system）をいかに乗り越えるのかという問題意識であった。

　家制度とは何か。その起源は，平安末期の天皇家までさかのぼるとする説や，鎌倉時代に武家階層が地位や財産を子孫に残す目的で始めたという説など諸説ある。歴史的には，江戸時代中期に広く農民層にも家制度的な慣行が見られ，明治期以降，壬申戸籍法（1872年）や明治民法（1898年）などの制定を経て，国家の支配体制のなかに組み込まれていったとされる。

　日本の「家」は，類型上は直系家族に分類される。**家長**である男性が，家産の管理や家の維持存続等にかかわるすべての権限を掌握し，さらにその権限が，直系の男子によって代々継承される。家の構成員には，家長とその妻，長男夫婦，その子どもといった複数世代にわたる血縁者のほかに，必ずしも血縁関係のない住み込みの奉公人などが含まれていた点が特徴的である。家における第一の命題は**存続**することであり，本家や分家，別家からなる**同族団**と呼ばれる親族組織が一丸となってこの目的のために奉仕した（比較家族史学会 1996）。

　それは，個人の側からみれば，自由の大幅な制限を意味していた。家制度の

第3章　家族とジェンダー

もとではとりわけ**女性の地位**が低く，**跡継ぎ**となる男児が生まれない場合，女性が一方的に離縁されることもあった。ただし，男性とて自由であったわけではなく，男性もまた，つねに家制度のもとでの自身の地位や序列との関連で，あらゆる行動を決定しなければならなかった。戦後の民法改正により家制度は形式上廃止されたが，**夫婦同姓**や**親族の扶養義務**など，一部，家制度的な規定は残されている。

歴史人口学の成果

　やがて1960年代に入ると，日本でも，家族をより**実証的**に捉えようとする動きが出てくる。落合恵美子は，この時期家族研究の「固い土台」を築くことに貢献したふたつの研究潮流として，歴史人口学と家族史とを挙げている（落合 2009：1）。

　歴史人口学（historical demography）は，マクロな人口データに基づき，過去の個人や家族生活を再現することをこころみる学問である。分析に使われたのは，西洋では，教会が個人の名前や洗礼，結婚，埋葬などを記録した教区簿冊，日本では，17世紀から19世紀にかけて，全国各地の名主が作成した**宗門人別改帳**である。

　日本における分析事例を紹介しておこう。江戸時代中期，岐阜県湯舟沢村に生まれた伝二郎の事例では，**離婚の多さ**が際立っている。伝二郎は，21歳で初めて妻を迎えるも翌年離縁し，その後64歳で死亡するまで，じつに6回の結婚・離婚を繰り返している。面白いことに，離縁された側の女性たちもまた，再生産年齢にあるうちは，すぐさま次の結婚に踏み切っている（鬼頭 2012：126-131）。

　また，江戸時代末期，信州諏訪郡の庄兵衛の事例からは，当時の**出生**の事情を垣間みることができる。庄兵衛は22歳のとき近くの村に住む14歳の女性と結婚した。女性の名前は記されていない。庄兵衛夫婦は結婚して10人の子どもを設けた。以下，生まれた順に，名前と性別，出生時の母親の年齢を示しておけば，「まん」女児（母16歳），「庄之助」男児（母20歳），「つき」女児（母22歳），「はる」女児（母25歳），「さよ」女児（母26歳），「ちよ」女児（母29歳），「はな」女児（母30歳），「五兵衛」男児（母33歳），「つな」女児（母38歳），「せん」女児（母39歳）となっている。このように，女性が若くして結婚し多くの子どもを産んでいることは驚きであるが，もっと驚くのは，生まれた子の半数が5歳まで

表 3-1　人口転換と 3 つの人口学的世代

世代区分	第一世代	第二世代	第三世代
出生年 2015年時点の年齢	〜1925年 90歳以上	1925〜1950年 65〜89歳	1950年〜 65歳未満
人口学的特徴	多産多死	多産少死 人口規模が親の2倍 「団塊の世代」	少産少死 人口規模が親とほぼ同数 「長男長女世代」
成人するきょうだいの数	約3人	約4人	約2人

出所：伊藤達也，1994，『生活の中の人口学』古今書院を参考に筆者作成。

に亡くなり，あとの1人は6歳で夭逝しているという，その事実である（速水 1997：135-138）。むろん，これらの事例は断片的なものにすぎないが，夫婦や親子のあいだのきずなは永続して当たり前と考えがちな現代の家族観を相対化するのに役立ってくれる。

人口学における重要な理論に，**人口転換理論**（Demographic Transition Theory）がある。多くの社会は，その発展過程で，出生率・死亡率がともに高い**多産多死**の段階から，多く生まれた人口がほぼすべて育ち上がる多産少死の段階を経て，出生率・死亡率がともに低い**少産少死**の段階へと移行する。

日本の近代家族の形成過程も，この人口転換のプロセスに照らし，次のように説明することができる。1950年代半ば，第二世代にあたる1925〜1950年代生まれの男女が，こぞって都市に出て，家族を築いた。その多くは，きょうだい数が多く，家業を継ぐことができない次男坊，三男坊や娘たちであった。このとき，男性の多くは被雇用者となり，女性の多くは主婦になった。背景には，社会が豊かになり，一家が夫の収入だけで生活してゆくことが可能になったことに加え，妻は夫と死別する心配が大幅に減少し，また子どもも少数産んでおけば，あとは手間をかけて育ててやりさえすれば死ななくなったことなどがかかわっていた。このように，人口学的にみて特異な条件に恵まれた男女が，高度経済成長期の経済的安定を支えとして築いたのが，日本の**近代家族**の正体だったのである（落合 2004：18-22）（表 3-1）。

3 新しい歴史学とジェンダー

新しい歴史学とは

　家族を実証的に把握するもうひとつのこころみとして，**新しい歴史学**と呼ばれる研究潮流のもとで行われた，家族史の研究が挙げられる。新しい歴史学の何が新しかったのかというと，まずは研究対象である。オーソドックスな歴史学が，男性の英雄や事件史中心の歴史を扱ってきたのに対し，庶民や女性の日常生活に光が当てられた。また，歴史のなかの長期的な持続的要素と考えられてきた，出産や育児，個人の私的な感情などに光が当てられた。さらに，人口統計などの公的な資料に加え，個人の日記や手紙，自伝など，私的な資料も積極的に活用するなど，使用した資料も新しかった。

　フランスの歴史学者フィリップ・アリエスの『〈子供〉の誕生』（Ariès 1960 = 1980）は，新しい歴史学の嚆矢をなす研究である。アリエスは，歴史人口学の知見をベースに，中世フランスの絵画や日記，文学などの分析を行い，「中世フランスに子どもはいなかった」と結論づけた。それが意味するところは，その時代，生物学的な意味での子どもがいなかったという意味ではもちろんなく，社会の側に，「子ども期」を特別な配慮や保護を要する時期とみなすまなざしが不在であったという意味である。アリエスが分析した絵画のなかには，歩けるようになるや否やの子どもが，賭け事など夜の遊びに興じる大人や危険な仕事に従事する大人たちと同じ空間に描かれているものが多数ある。

　また，エリザベート・バダンテールは，子どもを育てる母親の側に焦点を当て，『母性という神話』（Badinter 1980 = 1991）を書いた。バダンテールによれば，18世紀フランスでは，あらゆる階層の母親が，さまざまな事情から，子どもを自分では育てず，里子に出していた。裕福な階層では社交や夫の世話を優先させるため，住み込みの乳母を雇った。また，経済的に困窮した階層では，女性が産後すぐから生活のために働かなくてはならないため，子どもはさらに貧しい田舎の家に預けっぱなしにされることが多かった。里子先で子どもが病気になったり，亡くなったりするケースも多々あった。これらのことから，バダンテールは，**母性**は通常考えられているよりも，ずっと不確かな，あてにならない感情であると論じている。

第二波フェミニズム運動と「個人的なことは政治的なこと」

　社会学における家族研究の新しい展開は，1970年代以降のいわゆる**第二波フェミニズム運動**と重ね合わせることで，よりよく理解することができる。

　第二波フェミニズム運動は，「**個人的なことは政治的なこと**」(The personal is political) をスローガンに，親密な関係性内部にひそむ権力の問題に光を当てた。アメリカでは，フェミニスト法学者のキャサリン・マッキノンが，性的ということを意味するセクシュアル (sexual) という形容詞に嫌がらせを意味するハラスメント (harassment) という名詞を組み合わせ，**セクシュアル・ハラスメント**というまったく新しい概念をつくった。これによって，賃労働の仕組みが出現して以来，女性たちが受けてきた身体的・性的な搾取の実態調査や法的規制化が可能になった (MacKinnon 1979＝1999)。さらに，夫婦や恋人のあいだで行使される暴力についても，**ドメスティック・バイオレンス**(DV)という新しい概念の下，法制化が進められた。

　イギリスではアン・オークレーが，主婦および家事の社会学に取り組んだ。オークレーによれば，主婦とは，使用人がいる場合には使用人を監督し，使用人がいない場合には自ら家事を行い，家庭の内部のことがらに責任を持つ人間のことである。近代社会では，その仕事はもっぱら女性に割り振られ，かつ，女性にとって最優先の仕事とされてきた。また不思議なことに，家事は，労働として認知されていない（それゆえ賃金が支払われない）。たとえば洗濯ひとつとってみても，クリーニング店に外注すればたちまち何がしかの賃金が発生するが，主婦が家で行う限り，無賃の仕事にとどまっている。このことは，主婦の夫への経済的依存とセットで理解されねばならない。そうした現状がしばしば，「尊い労働」などと美化して語られてきたことに対し，オークレーは苛立ちを隠さない。オークレーは，女性解放論者の言葉を引用して，「いったいそれは，どんな類の尊さであるのか。無給の労働者が，ベッドを共にしている者の慈善に，経済的な意味での生存を頼るという不安定な状況が，いったい他のどんな職業にあるだろうか」と問いかけている (Oakley 1974＝1986：11)。

　同じころ，アメリカでは，イヴァン・イリイチが同様の関心を持って，マルクス主義の市場分析をベースに，家事と市場の分析を行った。イリイチは，主婦が家庭で行う家事などの労働を**シャドウ・ワーク**と呼び，この隠された労働こそが，男性の賃労働を支えていると主張した (Illich 1981＝1982)。

　この分野での育児についての研究として最もよく知られているのは，アメリ

カの社会学・人類学者で，精神分析家でもあるナンシー・チョドロウの『母親業の再生産』(Chodorow 1978＝1981) である。そもそも妊娠や出産とは異なり，必ずしも女性でなければ担うことができないわけではない育児が，かくも広範にかつ長期的に一方の性によって担われてきたことは，考えてみれば不思議なことである。チョドロウは具体的に，家族という小集団内部のインタラクションに目を向け，すでに社会的性別を身につけた両親（とくに母親）との緊密な情緒的交流を通じて，女児が母親業へと向かう，複雑な心理的・社会的メカニズムの解明をこころみた。

一方，育児において生物学的なきずなを過度に強調することには注意が必要である。すでに多くの社会で，離婚の増加やそれにともなう家族関係の複雑化により，ひとりの子どもが「産みの母親」と「育ての母親」を同時に持つケースは珍しくなくなっている。また，近年の**生殖補助技術**の進歩は，「遺伝子上の母親」（卵子の提供者）と「代理母」（子宮の提供者），「社会的な母親」（子どもが生まれたのち養子縁組をして，子どもを育てる母親）といった新しい区別を生み出している。さらに，日本ではいまだ法的承認を得るには至っていないが，同性同士のカップルが養子を得て，あるいは新しいテクノロジーを用いて親になる権利も世界では広く認められ，実践されている。これら**複数の母親**について考えるにあたって，生物学的きずなにかわり，実際にケアを担っている人に社会保障を提供するという，**ケアのきずな**という考え方 (Fineman 1995＝2003) は有用であるだろう。

4　現代の家族と残された課題

家族の時代から個人の時代へ？

　以上みてきたように，1960年代以降，家族やジェンダーについての研究が蓄積されていくなかで，家族とは何か，親密な関係性とは何かについての数々の思い込みがあぶりだされていった。公私領域の分離や成員間の強い情緒的きずな，男女の性別役割分業などを特徴とする家族のかたちは，結局のところ，近代産業社会が成立する過程で誕生した，特殊なものにすぎなかったというのが大方の出した結論である（落合 2004）。

　その後の変化について，近代家族の時代は終わり，いまや個人の時代になったと高らかに宣言する向きもある。たしかに，日本でも，家族が次なる段階に

入ったことを示唆する一連の変化は報告されている。**若者の未婚率の上昇**は，日本のように出生のほとんどが結婚のなかで起こる社会ではすぐさま**出生率の低下**につながっているし，近代家族の時代，極端に低く抑えられていた**離婚率**は，再び明治並みの水準にまで高まっている。

しかしながら，現代は個人が何ものにも縛られず，自由に選べる時代になったと結論づけるのは早計であるように思われる。未婚化というが，日本の場合，共同体によるサポート・システムの衰退や若者の雇用の不安定化による，いわば**強いられた未婚化**であるという指摘がなされている（加藤 2011）。また離婚について，離婚後の生活に対する保障は決して十分とは言えず，とりわけ経済力を持たない女性にとって容易に選択できる選択肢とはなっていない。

少子化についても，既婚者に限って言えば，女性は変わらず二人程度は産みつづけており，いまだ「二人っ子」の圧力は健在である。子どもを一人も持たない人の割合も増えたとはいえ，子どもを十人以上も産む人もいれば，全く持たない人もいた，そうした明治時代のような多様性を回復するには至っていない。子育てにおいて**男性の育児参加**がもてはやされるようになって久しいが，企業における男性の働き方が改善されていない以上，「参加」の域を超え出ることは容易ではない。現代家族の変わりゆく側面について考えるとき，これら現代家族の変わらない側面についても，注意深くみていく必要があるだろう（岩間・大和・田間 2015）。

近代家族を超えて

最後に，近代家族のもとでの排除の問題に触れておきたい。近代家族は，単にある時代に最も流行した家族のかたちであったというだけでなく，家族の最も標準的なかたち（**標準家族**）として，税制や福祉，賃金制度などさまざまな面で優遇されてきた。逆に言えば，そこから外れる家族や個人の実践は，不当に排除されてきた側面がある。

たとえば，**ひとり親**について，ひとり親世帯の8割以上は母子世帯で，じつにその6割が**貧困**状態に置かれていることがわかっている（厚生労働省「平成23年度全国母子世帯等調査」）。その貧困は，親が働かないこと，怠けていることに起因するとみられがちであるが，そうではない。実際には，母子ひとり親世帯の親の8割が就労しているにもかかわらず，多くの場合，夫による扶養を前提とする「既婚女性向け」の仕事にしか就けないため，変わらず貧困状態に置か

また，子育ての面でも，「標準」のプレッシャーは大きい。一般的に，日本で「よい子育て」とされるのは，二親そろった家庭での，専業主婦型の子育てである。ひとり親の場合，低年齢からの保育サービスの利用に加え，経済的にも困窮しがちであることなどから，たとえ子どもはきちんと育っている場合でも，その子育てに疑いのまなざしが向けられることが多い（神原 2014）。同様に，移民など外国につながりのある家族の子育てもまた，標準との違いゆえに周縁化されている。

　ここで，あらためて強調すべきは，家族を支える**社会**の役割である。動物の世界では，子育ては「群れ」で行うのが基本であり，霊長類においても多くの種で，母親以外の個体が子育てを手伝う**共同子育て**（アロ・マザリング）が行われている（Hrdy 1999 = 2005）。人類の歴史を振り返ってみても，母親がたったひとりで子育てをした時代など存在しなかった。その点，近代という時代は，やはり特殊であったと言わねばならない。日本の近代家族の全盛期，核家族の母親は，祖父母やきょうだい，おじおば，いとこなどの**親族ネットワーク**から，じつは強力な育児支援を受け取っていた。80年代以降，親族が衰退し，本当の意味での**孤立核家族**が増加したのにともない，**公的保育**の拡充を求める声が強まっている（落合 2000）。

　子育て支援は，決して社会の「お荷物」ではない。子どもは次世代を担う，大切な資源でもあるからこそ，そこに社会的に投資していくことが不可欠である。その際，これまでのように特定の形態の家族を前提とするのではなく，共働きやひとり親，養子など，多様な形態の家族あるいは家族的つながりをサポートしていく視点が不可欠である。さらに，さまざまな事情から養育困難を抱えやすい層への重点的支援が大きな課題と言えるだろう。

文献

Ariès, Philippe, 1960, *L'enfant et la vie familiale sous l'Ancien Régime,* Plon.（= 1980, 杉山光信・杉山恵美子訳『〈子供〉の誕生――アンシァン・レジーム期の子供と家族生活』みすず書房。）

Badinter, Elisabeth, 1980, *L'amour en plus : histoire de l'amour maternel, XVIIe-XXe siècle,* Flammarion.（= 1991, 鈴木晶訳『母性という神話』筑摩書房。）

Chodorow, Nancy Julia, 1978, *The Reproduction of Mothering : Psychoanalysis and the Sociology of Gender,* University of California Press.（= 1981, 大塚光子・大内菅

子訳『母親業の再生産——性差別の心理・社会的基盤』新曜社。)

Fineman, Martha, 1995, *The Neutered Mother, the Sexual Family and Other Twentieth Century Tragedies,* Taylor and Francis Books Inc.（＝2003, 上野千鶴子監訳・解説『家族, 積み過ぎた方舟——ポスト平等主義のフェミニズム法理論』学陽書房。)

速水融, 1997, 『歴史人口学の世界』岩波現代文庫。

比較家族史学会, 1996, 『事典家族』弘文堂。

Hrdy, Sarah, 1999, *Mother Nature: A History of Mothers, Infants, and Natural Selection,* Pantheon.（＝2005, 塩原通緒訳『マザー・ネイチャー——「母親」はいかにヒトを進化させたか』上・下, 早川書房。)

Illich, Ivan, 1981, *Shadow Work,* Marion Books.（＝1982, 玉野井芳郎・栗原彬訳『シャドウ・ワーク』岩波書店。)

岩間暁子・大和礼子・田間泰子, 2015, 『問いからはじめる家族社会学——多様化する家族の包摂に向けて』有斐閣ストゥディア。

神原文子, 2014, 『子連れシングル——ひとり親家族の自立と社会的支援』明石書店。

加藤彰彦, 2011, 「未婚化を推し進めてきた2つの力——経済成長の低下と個人主義のイデオロギー」『人口問題研究』67 (2): 3-39。

鬼頭宏, 2012, 『人口から読む日本の歴史』講談社学術文庫。

小山隆, 1948, 「家族研究の回顧と展望」民族文化調査会編『社会調査の理論と実際』青山書院, 74-92。

Litwak, Eugene, 1960, "Occupational Mobility and Extended Family Cohesion", *American Sociological Review,* 25 (1): 9-21.

MacKinnon, Catharine, 1979, *Sexual Harassment of Working Women: A Case of Sex Discrimination,* Yale University Press.（＝1999, 村山淳彦訳『セクシャル・ハラスメント・オブ・ワーキング・ウィメン』こうち書房。)

Oakley, Ann, 1974, *Housewife, Allen Lane.*（＝1986, 岡島茅花訳『主婦の誕生』三省堂。)

落合恵美子, 2000, 『近代家族の曲がり角』角川叢書。

落合恵美子, 2004, 『21世紀家族へ——家族の戦後体制の見かた・超えかた 第3版』有斐閣選書。

落合恵美子, 2009, 「序論——歴史人口学と比較家族史」比較家族史学会監修, 落合恵美子・小島宏・八木透編『シリーズ比較家族 第Ⅲ期 歴史人口学と比較家族史』早稲田大学出版部。

Parsons, Talcott and Robert F. Bales, 1956, *Family, Socialization and Interaction Process,* Routledge and Kegan Paul.（＝1970, 橋爪貞雄ほか訳『核家族と子供の社会化』上・下, 黎明書房。)

上野千鶴子，2011，『ケアの社会学——当事者主権の福祉社会』太田出版。
Whyte, William Foote, 1943, *Street Corner Society : The Social Structure of an Italian Slum,* University of Chicago Press.（＝2000，奥田道大・有里典三訳『ストリート・コーナー・ソサエティ』有斐閣。）
Young, Michael Dunlop and Peter Willmott, 1992, *Family and Kinship in East London,* University of California Press.

第4章

市民社会と公共性

筒井淳也

> **キーワード**
>
> 公共圏,市民社会,権力,非営利組織,福祉国家,ソーシャル・キャピタル,中間集団

1　公共性についての社会学的問い

公共性とは何で,何が問題となっているのか

　私たちは,社会で暮らす中で,「学校に行く」「友だちと遊ぶ」「恋人と付き合う」「結婚する」「会社で働く」といった私的な活動をこなすのと同時に,多かれ少なかれ公共的な活動にも関与している。「町内会の集まりに出てゴミ捨てのルールを決める」「募金活動などのボランティアに参加する」「選挙に行く」といった活動は,他の人たちと一緒に暮らす上での決まりを作ることを通じて,私たち自身の生活のあり方に強く影響する。こういった活動が公共的な活動である。

　公共的な活動の重要な要素には,公共的な決定がある。たとえば「子どもを作るかどうか」は(少なくとも先進国では)私的な決定であり,法律で「何人子どもを作らなければならない」と決められているわけではない。しかし教育費をどれだけ公的に(つまりみんなから集めた税金で)負担するかは公共的な決定であり,しかもその決定は子どもを作るかどうかという私的決定に強く影響する。スウェーデンのように教育費の公費支出が大きい社会では,人は子どもを多く作るかもしれない。

　公共的な決定を通じてルールを作らなければならないのは,私たちが多くの

人たちと同じ場所で生活し，多かれ少なかれ協力し合いながら「社会」を作り上げているからだ。私たちは，ただ単に同じ場所を共有して暮らすだけでさまざまなルールを必要としている。都市は互いに知らない人たちどうしがともに生活する公共の場，あるいは**公共空間**を多く含んでいる。アメリカの社会学者アーヴィング・ゴッフマンは，公共空間での人々のふるまい方を記述して，そこに複雑な規則があることを見出した（Goffman 1963＝1980）。

　さらに私たちは，公共空間で単に一緒に居合わせるのみならず，ともに協力し合いながら生活することで，そうしない場合よりもずっと幸福に生活することができる。たとえば私たちは，一人では自動車を作ることができない。しかし多くの人々が協力しあうことで，自動車や飛行機を作ったり，橋やビルを建てたりすることもできる。

　しかしともに暮らすことで生じてくる問題もある。まず，価値観が異なる人々が共存することの問題がある。自由だと言われる欧米社会でも，宗教やその他の理由から離婚や人工妊娠中絶に反対する人がたくさんおり，そのために鋭い主義主張の対立が存在する。それぞれの国の政府は，その国に住む人々の選択に対して何らかの規則を設けているのだが，人工妊娠中絶を禁止すれば，それを容認すべきだ（人々の私的な選択に委ねるべきだ）と考える人の価値観を毀損する。逆に容認すれば，禁止すべきだと考える人々の価値観に抵触する。こうした対立の中で，私たちは非常にむずかしい公共的選択，あるいは**社会的選択**を行う必要がある。

　価値観のみならず，利害の調整をすることも必要である。分業を通じて協力してモノを生産した結果，多くの富が得られるのだが，その富をどのように分配するのかという問題である。個々人が別個に自給自足しているのならばこういった分配の問題は生じないが，ひとつの組織（会社）のなかでも，また社会全体でも人々は複雑な分業を通じて生産活動を行っている。したがって得られた富が誰に属するのかを決めることはかなりむずかしい。

　たとえば自動車を一緒に作るほうがそれを個別に作るよりも効率がよいことは明らかで，個々の工程に特化して分業をしないと複雑な製品は作れないが，しかしそうして得られた利益を私たちはどのように受け取るのがよいのだろうか。あるいはみんなが作りたがらないモノや提供したがらない労働についてはどのようにしたらよいのだろうか。こういったことも公共的意思決定が必要になる事柄だ。

以上のように，私たちがともに暮らすことによって生じる問題を解決する仕組みこそが，公共性である。私たちは公共的な決定によってルールを定めて，特定の選択（たとえば中絶）を禁止したり，税の徴収を通じて再所得の分配を行うかどうかを検討し，人々の価値関心や利害を調整したりするのだ。

市場，政府，非営利活動

多様な価値観の調整は公共的決定における困難な課題だが，利益の分配については多くの国で共通して採用されている仕組みがある。それが**市場**（market）である。市場には，「売れるものは高く，売れないものは安く」という価格メカニズムを働かせることで，無駄なモノの生産を避ける働きがある。働く人々にとっては，能力の高い人やがんばった人は高い報酬（分配）がもらえるという仕組みとしてあらわれる。自動車について言えば，単純な組立工程を担当する人よりも，専門知識を要する設計を行う人のほうが高い報酬を得る。

市場という協働と分配の仕組みは，経済活動をかなり効率的に調整する上に，人々の直感としてもわかりやすいものであるが，さまざまな問題も抱えている。まず市場は自然と成り立つようなものではない。市場メカニズムがきちんと機能するためには，やはり公共的な規則がそれを支えなければならない。たとえば「何が誰に属しているか」という所有の規則を守らせ，不正に他人の財産を取得した人を罰する規則などがある。この規則がなければ，人は働かずに他人の所有物を略奪したほうがよい，ということになりかねない。フランスの社会学者エミール・デュルケムは，市場の契約にはこれに限らず，はっきりとは明示されていないさまざまな**非契約的要素**があると論じた（Durkheim 1893＝1971）。

また，市場に分配を任せてばかりだと，障害その他の理由で働くことが難しい人は市場労働によって報酬を十分に受け取ることができないため，生きていくことが困難になる。このため，先進国では政府が税金や社会保険料というかたちで人々から一定額を徴収し，不利な人々にそれを分け与える（所得の再分配）ということをする。道路，橋，警察のような**公共財**については，「誰かがそのコストを負担してくれるだろう」とみなが考えると誰も提供してくれないという状態が生じやすいため，何らかのかたちで強制的に人々から財を徴収して供給しなければならない。

所得の再分配や公共財の供給という公共性の問題を解決するのは，多くの場

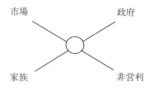

図4-1　社会の4つのセクター
出所：筆者作成。

合各国の政府である。そしてそのあり方，つまりどういった人から多く税金を徴収してどういった人にそれを与えるのか，政府として何を公的に供給するのかを決めているのは，ほかならぬ私たち国民である。日本では小泉政権のときに，当時は公営であった郵政三事業を民営化する決定がなされた。政治家の中での反対が多かった郵政民営化は，2005年の衆議院総選挙において有権者の多数の支持を得て推し進められたのである。

　このように，何が民間（市場）セクターから供給され，何が公的セクターから供給されるかということ自体を，私たちは公共的に決定している。とはいえ，私たちの生活で必要になる財やサービスのすべてが市場や政府を経由して得られているわけではない。私たちは，政府が助けてくれないならば家族に頼ることが多い。現在のすべての先進国においても，子どもを育てるのは基本的には家族の責任だ。親は，自らの市場労働から得られたお金で購入したミルクや服を子どもに与え，また「お風呂に入れる」「おむつを替える」といった無償労働で私たちを育ててくれた。

　市場，政府，そして家族の3つが，先進国で私たちが生活していく上で必要になる財やサービスを供給する主要な領域である。しかし近年では，これらに分類されない領域にも注目が集まっている。そのひとつが**非営利セクター**あるいは**サード・セクター**と呼ばれている領域である（図4-1）。「サード」（第三）という表現は，日本ではしばしば「第三セクター」（半官半民の組織）を指すこともあるが，一般的には民間セクター（家族と民間企業）でも公的セクターでもない，という意味である。いわゆる**ボランティア活動**（Salamon 1999）も，非営利セクター，具体的にはNPO（非営利組織）やNGO（非政府組織）の活動に分類できる。非営利セクターの組織が提供するサービスは多岐にわたる。安定した仕事がない人に食料を提供したり，あるいは職業を斡旋したりするといった活動が典型的である。

権力と討議——公共的意思決定のふたつのあり方

　公共的な意思決定というと，民主的な討議を想像する人が多いかもしれないが，しかし人々の価値観や利害を調整するためのルールを決めることと，どういった手続きでそれを決めるのかは別の問題である。

　私たちは**公権力**という言葉も頻繁に目にするが，公権力という言葉によって私たちが思い描くのは，一部の権力者が国民の利益を顧みずに決定をしたり，あるいは多数派の価値観が少数派のそれに優越したり，といった状況であろう。

　たしかに，どんなに民主的な政府や組織でも，権力，あるいは意思決定権の格差がそこに入り込むのは避けられない。すべての国民がまったく同じ意思決定の権限を持っている国は存在しないし，それは民間企業のような組織においても同じである。課長は係長よりも，部長は課長よりも強い決定力を持っている。政治家はたしかに選挙で選ばれてはいるが，決定のすべての局面で国民の意志を反映させているわけではない。他方で，部長はその管轄範囲の決定をすべて独断で行っているわけではない。政治家も同じで，多くの公共的な意思決定は会議や委員会での討議を経て決められるという側面を持つ。とくに国や自治体の政治では，討議での決定事項が優先だ。

　このように，現代社会では権力による決定と討議による決定の両者が何らかのバランスの中で入り混じっている。それを反映して，私たちが「公」あるいは「公共」という概念に含み込む意味は二義的になる。たとえば公権力という一方的な決定のあり方と，公共的決定という民主的な決定のあり方の両方を指している。次の節で述べる**市民社会**という概念も交えて，一般の人々，さらに研究者が公共性，市民社会という言葉に込める意味はさまざまである（平子 1991；花田 1996；植村 2010）。

　次節以降では，歴史的経緯を踏まえつつ，公共のあり方についての理解を深めていくことにしよう。

2　公共性と市民社会の歴史的展開

「市民的公共圏」の誕生

　人類の歴史の中で，公共的意思決定に多くの人が参画できた時期は決して長くはない。古典的な民主制は古代ギリシャ社会にもみられたが，最初に民主主義を大規模に進めたのはヨーロッパ社会，とくにイギリスとフランスであった。

それ以前の中世や近世の社会では，社会全体の意思決定権は領主や貴族，王族など一部の特権階層に集中していた。再分配は（イギリスの救貧法などの例外を除けば）ほとんどなかったし，公共財の供給は（治水や城壁の建造など）あくまで支配層の利益にかなう範囲でのものが多かった。

この権力集中状態に変化をもたらしたのは，商品経済の発達であった。中世の経済は農業が中心であり，領主層は農地から得られる収穫物の量を増やすことに関心があった。そのため地域を横断した人々の行き来は制限され，商業や工業の発達が阻害されていた。近世の絶対王政期では，国王は自らが抱える官僚や軍隊を維持するために商人による交易活動を促した（いわゆる重商主義）。そうしたなかで，力を持つようになった商人や都市に住む官僚や法律家などの専門的知識を持つ専門職層が，次第に王権に対して批判的な意識を持つようになる。彼らはジョン・ロックやシャルル・ド・モンテスキューなどの先進的な思想家に導かれ，コーヒー・ハウスやサロンに日々集まっては政治的な討議に花を咲かせていた（小林 2000）。商人，あるいは商業資本家は，たしかに莫大な財を所有していたものの，王に与えられた特別な交易許可をあてにしていたために，王から独立した力を持つことはなかった。ところが，18世紀の後半から力を持つようになった工業を生業とする工業資本家は違う。当時「ブルジョア」と呼ばれた工業資本家は，尊重すべきは市場であり，政府はできるだけそこに介入しないほうが望ましい，という自由放任経済の思想を持つようになった。当時の資本家は，工場で繊維製品を効率よく大量生産し，それを市場経由で売ることで富を得ていたので，政府が市場に規制や税の徴収というかたちで介入することを嫌ったわけである。

ドイツの社会学者ユルゲン・ハーバーマスは，このような社会的な変化を背景に**市民的公共圏**が成立したと論じた（Habermas 1990 = 1994）。この場合の「市民」とは，主に都市に居住する官僚，専門家，そして自らの資本（財産）を元手に工場や商店を経営する家長の男性であった。農民や，資本家に雇われて働く労働者，そして女性はこの意味での市民社会には参加していなかった。資本家たちは政府に対立し，議会での討議を通じて公共的な意思決定を行う仕組みを追求するようになった。「公権力と対峙する市民」という構図は今日でもよく聞かれるものであるが，「市民的公共圏」という討議を通じて政府を批判するこの公共性のあり方は，私的（民間）セクターにおける市民（資本家や専門職層）の経済的な自立を前提としており，また少なくともその発端ではきわ

めて限られた集団にのみ開かれたものであった。

福祉国家化と民主化

ハーバーマスによれば，市民的公共圏において自由な討議を通じて意思決定を行おうとする市民社会のかたちは，早くも19世紀にその基盤を失った。これをハーバーマスは**公共性の構造転換**と呼ぶ。ハーバーマスから見て，公共性の構造転換の背景にあった社会変化のひとつが**福祉国家化**であった。

資本主義経済の発達と同時に民主主義の進展もみられたのだが，そうすると当然，資本家と違って財産を持たない労働者階級は，選挙を通じて所得の再分配政策への支持を強める。福祉国家とは，政府が国民の生活の安心を保障するような国である。典型的な福祉国家はスウェーデンなどの北欧諸国であり，国民は高い税負担と引き換えに手厚い公的福祉を受け取る。学費は大学まで無償で，育児・介護・医療サービスや失業手当も充実している。他の先進国では北欧諸国ほど公的福祉が充実していないが，それでも国民に対する公的支援は多かれ少なかれどの国でもみられる。

ハーバーマスはなぜ福祉国家化が市民的公共圏の成立基盤を掘り崩したと考えているのだろうか。それは，経済的に政府から自立していた市民階級（資本家）が市民的公共圏を形成していた時代とは異なり，福祉国家においては国民や諸団体が政府に経済的に依存しており，そのことが自由で自律的な公共的意思決定を妨げてしまうと考えているからだ。たしかに，運営費の補助を政府から受けている人や団体は，そのために政府の（他の）方針に対して異論を提起することを避けるようになるだろう。民間企業も，自由な市場経済での取引にのみ従事して政府から自立するよりも，何らかのかたちで政府に影響力をおよぼして自らにとって有利な政府介入を引き出そうとするようになった。

このように，民主化にともない導入された普通選挙を基盤とした公共的意思決定の仕組み，つまり公式的な政治的意思決定は，たしかにかつての市民的（資本家的）公共圏と比べれば格段にその参加の範囲を広げている。しかしそこではメディア企業を含む政治への参加者は，政府に対して経済的に依存する度合いが強いため，批判の力を失うという側面もある。

「第三」の領域

こうして，自由な討議を通じて政府に対峙することができたかつての市民的

公共圏は，徐々に弱体化していった。ハーバーマスのいう市民的公共圏が初期資本主義社会における資本家の経済的基盤を前提としていたことを考えれば，そういった経済条件が変化すれば市民的公共圏が基盤を失うことは予測できることであった。

　ところが，第二次世界大戦後，人々は公共性の新たな担い手として，別の意味での市民社会を見出すことになった。それが，経済的に自立した資本家による市民的公共圏とは異なる，非営利セクターにおける個々人（労働者を含む）の自発的な活動による市民社会であった。市民社会の「再発見」のきっかけはさまざまである。東欧の独裁的社会主義体制を終わらせた1989年の社会革命は，教会や市民フォーラムなどの中間団体によって可能になったという側面がある。日本では1995年の阪神・淡路大震災の被災者支援に積極的活動をみせたボランティア団体が脚光を浴びた。

　今日の市民社会という概念は，このように政府でも民間企業でもない領域（サード・セクター）での人々の活動や組織を指している。NGO，NPO，ボランティア団体，市民会議，民間研究機関（シンクタンク）などがそれにあたる。こういった団体や討議体は政府から目立った援助を受けていないために自律した支援や政策提言をすることができ，また民間企業のように営利を目的としていないために，利益を上げにくい多様な公共的活動に参画することができる。

　以上のように，公共的意思決定のあり方は社会の変化とともに移り変わってきた。また，「市民」という概念もかつてといまとでは違う意味を持たされている。かつては市民とは「都市に住む者」あるいは「資本家」を指す言葉であったが，徐々に政治に参加する権利と意思を持つ者，という広い意味を獲得するようになった。さらに現在では，「政府でも民間でもない」という意味合いが市民社会という概念に反映されるようになった。

　このような変遷を受けて，**新しい公共論**や**現代的市民社会論**が盛んになった。ハーバーマスは『コミュニケイション的行為の理論』において，道具的合理性が支配するシステム領域にコミュニケイション的合理性の世界（生活世界）を対置し，市民的討議空間に理論的な基礎づけを与えようとした（Habermas 1981＝1985）。政治哲学者のマイケル・ウォルツァーはこれに対して，討議空間に限らない多様な視点を包摂する存在として市民社会を捉えようとした（Walzer ed. 1995＝2001）。

3 公共圏・市民社会と社会学における理論展開

中間集団論

　社会学には，近代化以降の社会の変化を「自己理解」するための学問という側面がある。さらに社会学は，政治学のように公共的な意思決定のあり方そのものを論じることよりも，近代化にともなう人々の関係のあり方の変化に関心を持つ傾向が強かった。たとえばデュルケムは，前近代的な社会における共同体的つながりが都市化や資本主義化によって解体されたあと，どのような社会的つながりがありうるのかという問いを立て，社会分業を通じた個々人の相互依存こそが人々のつながりの基盤となると考えた（Durkheim 1893＝1971）。同時に，政府から相対的に独立した**中間集団**が，個人と国家とのあいだに介在することによって，秩序の形成に寄与するとも考えていた。

　人々の生活を何らかのかたちで取り囲んできた共同体が解体すると個々人が国家権力に直接にさらされて無力化されるといった見方，あるいは不安定化した個人が強力な指導者を求めて独裁制が帰結するといった見方を背景にした社会学的研究は**大衆社会論**と呼ばれる。社会学では，非営利組織が活躍を始めるよりも前から，第三の領域にある中間集団の必要性が認識されてきた。中間集団とは，いわゆる非営利組織のほか，職業団体，労働組合，商店街振興組合，宗教系の団体などを含む広い概念である。中間集団は，国家と個人のあいだに立って個人の意思を調整して政府に伝えたり，逆に公権力の露骨な圧力から個人を守ってくれる役割を持っている。中間集団は何らかの目的を持った組織であり，その意味でロバート・M・マッキーヴァーのいう**アソシエーション**にあたる（MacIver 1917＝2009）。

　ただ，中間集団が実際に社会学者が期待するように機能するのかどうかについては，議論がある。ギルドに由来するドイツの職業団体は，女性を有償労働の世界から排除するように作用したことがあった。宗教団体をはじめとして多数の中間集団を有するオランダでは，政治の一部が民衆から乖離した中間集団のリーダーどうしの密室の会談で行われ，そのために逆に中間集団をスキップして民衆の直接的支持を得ようとするポピュリスト政党が躍進するなどの動きが見られた（水島 2012）。日本でも，正規雇用者で構成される労働組合が非正規労働者の権利を十分に守ることができていないといった問題がある。

コミュニティ問題とソーシャル・キャピタル

「第三の領域」に対する社会学者の関心は、人々がおりなすコミュニティや社会的ネットワークの研究としても展開を見せた。感情的に緊密な絆からなる共同体（ゲマインシャフト）が経済的利益による関係（ゲゼルシャフト）に取って代わられることを嘆いたフェルディナント・テニエス（Tönnies 1887＝1957）以降、さまざまな社会学者が地域的コミュニティの崩壊についての研究を発表してきた。

最初に実証的なコミュニティ研究が盛んに行われたのは、アメリカの社会学においてであった。近代化にともなって人間関係のコミュニティがどう変化するかということは、いわゆるコミュニティ問題と言われ、社会学者が取り組むひとつの問いになっていた。

戦前から戦後の社会学では、「都市化が人間関係を希薄にする」という見方が有力であった。これに対してクロード・S・フィッシャーは、都市はその人口密度のゆえに関心を共有する人々が接触する確率を高め、下位文化の集団が形成されやすいという下位文化仮説を提起した（Fischer 1984＝1996）。また、バリー・ウェルマンは、現代社会では人々は地域コミュニティではなく、（自動車での移動を前提として）地理的に拡散した**社会的ネットワーク**というかたちで人間関係を再構築しているというコミュニティ解放論を唱えた（Wellman 1979）。

市場でも政府でもない人々の関係のあり方の探求という意味では、**社会関係資本**（ソーシャル・キャピタル）論も重要である。とくにロバート・D・パットナムの社会関係資本論は、人々の市民的な活動、つまり市民参加や市民運動が、その地域での政治や経済の成熟度にも影響するという見方を提起し、大きな反響を引き起こした。パットナムはイタリア国内の地域格差を事例にとり、自発的アソシエーションが盛んな地域のほうが政治的意思決定がスムーズで、経済発展の潜在力も高いと論じた（Putnam 1993＝2001）。

パットナムの理論がインパクトを持ったのは、それまでの社会の近代化の見方は、市場での経済的関係や政府を媒介した生活保障体系の発達はむしろ市民共同体的な絆を不要にし、それに対してときに破壊的に働くというものであったからだ。テニエスは経済的利害関係が人格的な人間関係を破壊すると考えたし、福祉国家化が政府と個人の依存関係を促し、市民的公共性の基盤を掘り崩すとしたハーバーマスの見解もそうしたものであった。これに対してパットナ

ムは，逆に自発的な市民的アソシエーションの形成が人々のあいだでの信頼や互酬性の感覚を促し，それが政治や経済など社会の骨格にあたる部分のパフォーマンスに良い影響を与える，と論じた（Putnam 2000＝2006）。

　パットナムの社会関係資本の概念は，信頼，規範意識，ネットワークのような地域社会の特徴や質を表した広い概念である。そのなかで，ネットワークを構成する社会関係の分類としては，橋渡し型（bridging）の社会関係資本と結合型（bonding）の社会関係資本という区分がなされることが多い。結合型の社会関係資本が同じ組織や集団の内部での濃密な人間関係を指しているのに対して，橋渡し型の社会関係資本は異なった組織や集団をつなぐ役割を持っている。このうち，異質な集団のあいだをとりもつ橋渡し型の社会関係資本のほうが，排他的で同質的な結合型社会関係資本よりも経済や政治によい影響を与える質の高い社会関係である，と考えられることが多い。

4　公共圏と市民社会の課題

分配と意思決定──市民的公共圏からサード・セクターへ

　「市民社会」や「公共性」（あるいは公共圏）という言葉は，社会学およびその近隣領域できわめてさまざまな意味合いで使われているが，それでも，これまでの議論を踏まえれば，以下のようなまとめをすることができるだろう。

　人々が自らの生活を豊かにするためには，何らかのかたちで協働あるいは分業をする必要がある。そこで，主にふたつの課題が出てくる。ひとつはみんなで協力して働くことによって得られる成果をどのように分け合うか，である。これを分配の問題という。次に，みんながともに暮らす上でのルールをどのように決めるか，という公共的意思決定の問題がある。

　公共的意思決定について，それを支配者の権力独占から解き放ったのは「多数派が決定権を持つ」という意味での民主制であった。それに対して，討議という民主制の別の側面の可能性を示したのが，17〜18世紀のヨーロッパで市民（主に専門職層や資本家）らが形成した市民的公共圏という市民社会のひとつのかたちであった。ただ，当時の市民的公共圏では自分たちが活動する民間経済の領域からいかに政府の影響力を排するかに焦点が置かれていて，分配のあり方についての議論は弱かった。

　その後，第二次世界大戦後に福祉国家化が進むにつれて，多くの国で政府を

経由した富の再分配が進むことになった。この段階においては，多数派である労働者が多かれ少なかれ政府からの福祉に依存するようになり，経済的に自律した市民（資本家）からなる初期の市民社会のなかで展開されてきた批判的な討議空間は影を潜めることになった。

かわりに新たな市民社会の領域として登場したのが，非営利セクターであった。「政府でも民間」（私企業と家族）でもないという意味での非営利＝サード・セクターの領域では，市民（資本家に限らず，さまざまな階層の個人）はさまざまな自発的アソシエーションを形成し，あるときには政治すなわち公共的意思決定に参画し，別のときには分配の活動に携わるようになった。すなわち，政府や民間企業による財・サービス提供だけでは安定した生活を送ることができない人たちに対して，寄付金の分配やボランティア・サービス等を通じて支援を行うほか，社会問題を政治の場面に提示する新たなかたちでの市民的公共圏の担い手になっているのである（この場合の「市民」はもはや専門職層や資本家だけではない）。また，公共的意思決定と分配という機能のほかにも，社会関係資本論が明らかにしたように，アソシエーションの形成はその地域での政治や経済の効率的運営を支える要素となる可能性がある。

これからの市民社会の役割と社会学の課題

市民社会の公共的機能については，いまだ考察すべき課題が多く残されている。

第一に，経験的な検証である。たとえばパットナムは，ボランタリーなアソシエーションが経済や政治に対して良い効果を持つということを，さまざまな数量データや事例研究を通じて証明しようとした。しかしいくつかの疑義も出されている。測定すべきもともとの概念についても検討の余地がある。パットナムの議論では社会関係資本のなかに社会的ネットワークや信頼などのさまざまな要素を入れ込んでいるために，社会関係資本を構成する要素どうしの影響関係を論じにくいという理論的な問題も指摘されている（筒井 2007：124）。

第二に，市民社会の担い手についてである。現在の市民社会はかつての市民的公共圏と異なり，必ずしも経済的に自律した個人に担われているとは限らない。したがって恵まれない人たちへの支援といった社会サービスについても，個々人は限られた時間を犠牲にして，つまり自分の経済的利害に反して自発的に活動に従事する必要がある。このため，ボランティア活動の担い手は時間に

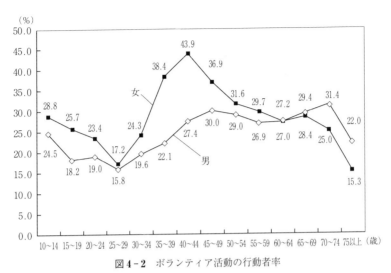

図4-2 ボランティア活動の行動者率
出所：平成23年社会生活基本調査。

余裕のある女性に偏りがちになる（図4-2）。

　それに，自発的な活動はどうしても社会階層が高い人に偏る傾向もある。とくに欧米社会では「ノブレス・オブリージュ」（高貴な者の義務）という考え方があり，恵まれた地位にある者は社会奉仕をすべきだ，という考え方が根強いことが背景にある（三谷 2013：121）。非営利セクターのなかの市民社会が公共的課題解決にとって重要であるのなら，その担い手が一部の集団や階層に偏ることは望ましくないだろう。したがって今後は，市民社会の担い手をいかにして拡充していくのかがひとつの課題となる。また，自発性は非営利セクターにおいて質の高いサービスを提供する際の強みではあるが，同時に低賃金の「やりがい」搾取に結びつく可能性も否定できない（上野 2012）。

　次に，市民社会の位置づけや働き自体に対して，一定の距離から批判的に見る視点を確保しておく必要がある。最初に述べたように，市民社会＝公共性ではない。現在の非営利セクターのなかにある市民社会は，紛れもなく歴史的産物であって，そのかたちがずっと続くとは限らない。肝心なのは，私たちがいかにして「共に生きる」ことから生じる公共的な課題を首尾よく解決できるかである。もし特定の課題の解決については非営利セクターではなく政府や市場のほうが適しているのならば，そういった活動を行うNPO団体を優遇することは社会的な損失になる可能性がある。たとえば老後の生活保障の基盤となる

年金システムは，多かれ少なかれ政府による強制的な所得移転を必要としている。そうした活動をすべて自発的団体に任せてしまうことはできない。

また，すでに述べたように，中間集団のすべてが公共的に望ましい機能を果たすとは限らない。職業団体，経済団体，労働組合など歴史的な厚みのある中間団体は，場合よっては既得権を持つ者の利益を優先した意思決定を推し進めることもある。地域の住民組織についても，それがつねに公共的に望ましい意思決定を提案するとは限らない。

肝心なのは，政府，市場，場合によっては家族を含めて，市民社会を通じた意思決定や再分配の仕組みがどのような特徴を持っているかをきちんと理解することである。その理解を通じて，どういった財やサービスについてはどういったセクターが主に担当すべきか，といった討議をする必要がある。また，中間集団が自らの利害のみを政治に反映させることのないように，公正な討議のシステムを構築するべきであろう。

文献

Durkheim, Émile, 1893, *De la division du travail social : Étude sur l'organisation des sociétés supérieures,* Presses Universitaires de France.（＝1971，田原音和訳『社会分業論』青木書店。）

Fischer, Claude S., 1984, *The Urban Experience,* 2nd edition, Harcourt Brace Jovanovich. （＝1996，松本康・前田尚子訳『都市的体験――都市生活の社会心理学』未來社。）

Goffman, Erving, 1963, *Behavior in Public Places : Notes on the Social Organization of Gatherings,* The Free Press.（＝1980，丸木恵祐・本名信行訳『集まりの構造――新しい日常行動を求めて』誠信書房。）

Habermas, Jürgen, 1981, *Theorie des kommunikativen Handelns,* Suhrkampf.（＝1985，河上倫逸ほか訳『コミュニケイション的行為の理論』上，未來社。）

Habermas, Jürgen, [1962] 1990, *Strukturwandel der Öffentlichkeit : Untersuchungen zu einer Kategorie der Bürgerlichen Gesellshcaft,* Suhrkamp Verlag.（＝1994，細谷貞雄・山田正行訳『公共性の構造転換――市民社会の一カテゴリーについての探求』未来社。）

花田達朗，1996，『公共圏という名の社会空間――公共圏・メディア・市民社会』木鐸社。

小林章夫，2000，『コーヒー・ハウス』講談社学術文庫。

MacIver, Robert M., 1917, *Community : A Sociological Study,* 4th edition, Macmillan.

（＝2009，中久郎・松本通晴訳『コミュニティ――社会学的研究』ミネルヴァ書房。）

水島治郎，2012，『反転する福祉国家――オランダモデルの光と影』岩波書店。

三谷はるよ，2013，『現代日本におけるボランティア行動の生起メカニズム』大阪大学大学院人間科学研究科博士学位論文。

Putnam, Robert D., 1993, *Making Democracy Work : Civic Traditions in Modern Italy*, Princeton University Press.（＝2001，河田潤一訳『哲学する民主主義――伝統と改革の市民的構造』NTT出版。）

Putnam, Robert D., 2000, *Bowling Alone : The Collapse and Revival of American Community*, Simon and Schuster.（＝2006，柴内康文訳『孤独なボウリング――米国コミュニティの崩壊と再生』柏書房。）

Salamon, Lester M., 1999, *America's Nonprofit Sector : A Primer*, 2nd edition, Foundation Center.

平子友長，1991，『社会主義と現代社会』青木書店。

Tönnies, Ferdinand, 1887, *Gemeinschaft und Gesellschaft*, Nabu Press.（＝1957，杉之原寿一訳『ゲマインシャフトとゲゼルシャフト』岩波書店。）

筒井淳也，2007，「ソーシャル・キャピタル理論の理論的位置づけ――効率性と公平性の観点から」『立命館産業社会論集』42（4）：123-135。

植村邦彦，2010，『市民社会とは何か――基本概念の系譜』平凡社。

上野千鶴子，2012，「ケアの社会化と新しい公共性」盛山和夫・上野千鶴子・武川正吾編『公共社会学――少子高齢化社会の公共性』東京大学出版会，107-128。

Walzer, Michael ed., 1995, *Toward a Global Civil Society*, Berghahn.（＝2001，石田淳・越智敏夫・向山恭一・佐々木寛・高橋康浩訳『グローバルな市民社会に向かって』日本経済評論社。）

Wellman, Barry, 1979, "The Community Question : The Intimate Networks of East Yorkers," *American Journal of Sociology*, 84 (5) : 1201-1231.

第5章

階級・階層

渡邊 勉

キーワード

機会の不平等，結果の不平等，社会移動，世代間移動と世代内移動，教育達成，階級・階層意識

1 階級・階層とは何か

不平等という問題

　2011年9月，アメリカ・ニューヨークで「ウォール街を占拠せよ」(Occupy Wall Street) という大規模な抗議運動が行われた。アメリカの若者たちを中心に「私たちは99％だ」というスローガンのもと，政府の金融機関や富裕層を優遇する政策に対する批判を行った。この運動は世界中に報道され，大きな注目を浴びた。この「私たちは99％だ」という主張は，「私たちではない」上位1％の富裕層がアメリカの富を独占していること，所得の不平等への批判である。ピケティらによれば，アメリカにおいて所得上位1％の総所得に占める割合は1945年から70年代にかけて低下傾向にあったけれど，1978年を底に増加に転じているという (Piketty and Saez 2006)。また2013年の Newsweek の記事によれば，2009年から12年までの上位1％の所得の伸び率は31.4％であったのに対して，残りの99％の伸び率は0.4％であった。このように所得の格差は年々拡大している。

　こうした状況は，アメリカに限らない。所得の不平等をあらわす代表的な指標である**ジニ係数**（社会の不平等の程度をあらわす指標）の，過去20年の変化を見ると，先進諸国はおおむねどの国でも増加しており，不平等の程度が上昇して

いる。

　こうした所得の不平等の歴史的変動について，かつてクズネッツは，資本主義経済の発展は所得の不平等を大きくしていくが，次第にその差は縮小されて不平等は是正されると論じた（Kuznets 1955）。それに対してピケティは，資本主義システムは経験的に「資本の収益率＞経済成長率」という関係があるために，格差拡大は必然であると主張している（Piketty 2013＝2014）。資本の収益率＞経済成長率が成り立つということは，低所得層が経済成長によって得る所得の増加分よりも，多くの資本を持つ高所得層が，資本から得る利益（土地や株からの利益）のほうがつねに大きいということであり，格差は広がるばかりになることを意味する。

　階級・階層研究とは，所得のような**社会的資源**の不平等な配分に焦点を当てる。ここでいう資源には，所得だけでなく学歴，資産，職業といったさまざまな資源が含まれる。

機会の不平等と結果の不平等

　社会の不平等には，2種類の不平等がある。

　第一に，**機会の不平等**であり，社会的資源を得るための手段や過程としての機会が不平等に配分されている状況を指す。たとえば学歴は職業や収入を得るための手段という側面がある。学歴を達成する機会は現代日本では法的には平等である。しかし実際には，性別，親の所得，人種，地域などによって大学進学率は異なっており，教育機会には違いが生じている。このように，社会的資源を得るための機会が不平等に配分されている状況を，機会の不平等という。

　第二に，**結果の不平等**である。人々がさまざまな活動（仕事）を行った結果として獲得できる社会的資源が不平等に配分されている状況を指す。たとえば，収入や資産，社会的地位などの不平等な配分がある。同じ時間働いても，正規雇用と非正規雇用では賃金が異なる。男女でも異なる。社長と平社員では何倍もの所得の差がある。こうした結果の不平等は努力や能力の違いによっても生じるが，冒頭の抗議運動やピケティの主張のように，高所得者がより多くの配分を受ける仕組みによっても生じることが指摘されている。

階級と階層

　社会における社会的資源の不平等な配分を記述，説明するための理論として，

表5-1 それぞれの理論による階級・階層カテゴリー例

マルクス主義階級論	ゴールドソープの階級論 (Erikson et al. 1979)	階層論における階層分類 (SSM総合職業分類)	階層論における職業威信スコア (1995年SSM調査)
資本家階級	サービス階級	専門的職業	医師　90.1
新中間階級	単純ノンマニュアル	大企業ホワイト	技術者　72.0
旧中間階級	自営	中小企業ホワイト	…
労働者階級	自営農民	自営ホワイト	獣医師　65.7
	上層マニュアル	大企業ブルー	図書館司書　63.6
	下層マニュアル	中小企業ブルー	…
	農業労働者	自営ブルー	会計事務員　52.9
		農業	…
			給仕係　38.1

階級論あるいは階層論がある。階級と階層は，ともに人々の資源の不平等な配分状況にかかわる概念である。所得のように社会的資源を多く持つ者と少なく持つ者という不平等が存在することはもちろんであるが，そうした資源には社会的価値が付随するので，持つ者と持たざる者のあいだにはさらなる上下の差が生まれる傾向がある。社会的地位の高い者と低い者という差である。

　階級論と階層論との基本的な違いは，階級論では資源を持つ者と持たざる者のあいだに分断と対立が必然的に生じていると考えるのに対し，階層論では所有する資源の差は地層のように比較的連続的に層化されていて，分断と対立は必ずしも必然ではないと考える点にある。それぞれの理論は，分析のための階級・階層概念とそれに基づく階級・階層分類を提案している。イメージしやすいように，それぞれの理論（分析枠組み）による階級あるいは階層の具体的な分類カテゴリーを，表5-1に例示した。

2　階級論と階層論

マルクス主義階級論

　マルクス主義における階級は，ふたつの軸によって決まる。生産手段の有無と労働力購入の有無である。生産手段とは，農民であれば土地，町工場の社長であれば工場や生産設備などである。マルクスは，このふたつの軸から，次の3つの階級を定義した。すなわち，①生産手段を持っていて労働力を購入できる人々＝資本家階級（経営者），②生産手段は持っているが，労働力を購入する

余裕がない人々=旧中間階級（自営業，農業），③生産手段を持たず，労働力を購入することができず，自らの労働力を売ることで賃金を得る人々=労働者階級（賃金労働者）である。

　マルクス主義階級論では，資本家階級と労働者階級の対立を想定する。労働者階級は資本家階級に労働力を提供して商品を生産するが，生産された商品からの利益のほとんどをとるのは資本家階級だ。つまり搾取する。そして資本主義経済の発展とともに，旧中間階級は没落し，資本家階級はますます労働者階級からの搾取を強め，労働者階級はますます貧しくなっていくとされる。しかし現実には，そうはならなかった。ひとつには，資本主義が発展すると，管理職や専門職といった賃金労働者であると同時に資本家階級と同じように経営や管理にかかわる権限を持った新中間階級と呼ばれる人々が生まれたからだ。そのため，現代の代表的マルクス主義階級論者であるライトは，組織内での力と技能の要素を加えることで新中間階級を位置づけた新たな階級分類をこころみている（Wright 1984）。

ヴェーバーの階級論

　マックス・ヴェーバーの階級論は多元的で，まず基本的に財産階級と営利階級とがあると想定し，それらを基盤にして総体としての社会階級という捉え方があると考えている。経済的な市場で階級的状況が決まっているような階級が営利階級で，職業を基盤にして形成される階級ないし階層と対応している。つまり，市場の中で財の獲得や所得が決まっていくが，その財や所得を獲得する機会は人によって異なり，その機会が類似する者のまとまりがひとつの営利階級となる。ヴェーバーはまた階級状況は生活機会や生活様式によっても異なると考えている。このような考えのもと，ヴェーバーは主な社会階級として具体的に次のような階級が存在すると考える。①資産を持たない労働者階級，②独立した農民や手工業者，③資産を持たない知識層および専門家，④資産および教育によって特権づけられた階級である。

　ヴェーバーの階級論を継承する研究として，たとえばゴールドソープの階級分類がある（Erikson et al. 1979）。ゴールドソープは雇用主，自営業者，被雇用者に分けた上で，さらに雇用関係のあり方，技術水準，産業を考慮した分類を提案している。EGP（Erikson, Goldthorpe, Portocarero）分類として，現在，実証的な国際比較研究などで最もよく利用されている階級分類である（表5-1を参

照)。

　またヴェーバーの階級論は，日本の階層論にも通じている。日本の階層研究は，アメリカの階層研究の影響を受けつつも，独自の階層分類によって研究を発展させてきた。SSM 職業大分類や総合職業分類（表5-1参照）といった分類は，同等の地位を持つ社会的位置群として階層を定義する。こうした階層の考え方は，ヴェーバーの階級論に類似している。

社会階層論

　マルクスもヴェーバーもヨーロッパ社会を念頭においていた。それに対してヨーロッパのような階級社会ではないという観点から，アメリカの社会学においてはアメリカ社会の不平等状況をあらわすために社会階層の概念を使うようになる (Sorokin 1927)。またアメリカ社会は移民社会で，流入，流出といった移動が頻繁に行われる社会であるところから，そうした社会を記述するために，社会移動への関心も大きいという傾向が生まれた。

　先にも述べたように，社会階級は，集団（階級）間の切れ目があることを前提としている。持つ者と持たざる者のあいだには，断絶がある。それに対して社会階層は，集団間に大きな切れ目がない連続的な変化，違いを想定する。それゆえ，社会階層概念のほうが社会移動の起こりやすさという問題関心と適合している。

　階層を，連続的に上下に分かれている社会的資源の配分状況だと考えると，それを一次元の連続的な尺度によって表そうとする試みが生じる。そうした連続的な尺度として代表的なものに，**職業威信スコア**と**社会経済的地位指標**がある。職業威信スコアとは，人々に個々の職業の威信を評定してもらい，その平均値を各職業のスコアに割り当てるという方法である。一方，社会経済的地位指標とは職業，学歴，収入などの変数を組み合わせて，一次元の地位指標をつくるという方法である。表5-1の職業威信スコアは1995年のSSM調査で測定された実際の値である。

3　階級・階層研究は何を問題にしてきたのか

　階級・階層研究は，社会学の関心が主として機会の不平等にあったことから，親の職業や所得，あるいは本人の学歴を階層的地位達成の原因と考え，所得や

資産，職業などを結果として達成された地位とし，両者のあいだの関係に大きな関心を寄せてきた。それゆえ，父階層と子階層の関係，父階層と子学歴，子学歴と子階層の関係など，社会移動と教育の問題が，階級・階層研究においては最も大きな課題であった。また，階級・階層と人々の意識の関係に着目する研究の蓄積も多い。さらに近年ではジェンダー，人種（エスニシティ）といった属性における不平等の問題も大きなテーマである。

階級・階層構造と社会移動

1950年代以降の階級・階層研究は，長期的な機会の不平等の歴史的変動，つまり世代間の社会移動の変化に関心を寄せてきた。世代間移動の分析は，**世代間移動表**の分析や**パス解析**といった分析手法によって行う。ここで世代間移動表とは，父階級・階層と子階級・階層のクロス集計表を指す。父と子の階級・階層が異なる社会ほど社会移動が多く（社会の開放性が高く），一致している社会ほど社会移動が少ない（社会の閉鎖性が高い）とされる。

世代間移動に関しては，移動表の分析から，主に3つの命題が検討されてきた。まずひとつは，もとの著作の著者たちの名をとってLZ命題と呼ばれ，「産業化が一定の水準に達した社会では共通に，一定の高い世代間階層移動が見られる」と主張する（Lipset and Zetterberg 1956）。第二は産業化命題と呼ばれ，産業化の進展とともに社会移動が増加し続けると考えている。最後に，やはりもとの論文の執筆者の名からFJH命題と呼ばれるもので，これは産業化の度合いが一定の段階に達すると社会移動の量とパターンには大きな変化はないと考える（Featherman, Jones and Hauser 1975）。実証的な検証では，FJH命題を支持するものが多い（Erikson and Goldthorpe 1992）が，否定する研究もある（Breen ed. 2004）。

移動表ではなく，階層的地位を職業威信スコアなどによって連続的な変数として分析する**地位達成モデル**による研究がある（Blau and Duncan 1967）。ブラウとダンカンは，アメリカ社会の不平等構造を分析するために，社会経済的地位指標によって階層を表現し，地位達成過程に関するモデルを提示した。

図5-1はブラウとダンカンが作成したパス（path 経路）図である。矢印は影響関係を表現し，数字は影響の程度をあらわしており，パス解析という統計的方法によって分析する。父親の社会的地位（学歴，職業）が本人の学歴に影響し，初職，現職へと影響する。ブラウは1962年のアメリカのデータの分析

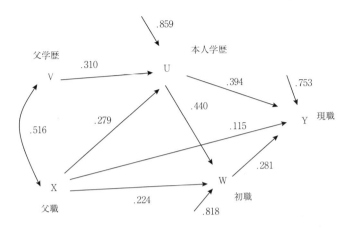

図 5-1 地位達成モデル

出所：Blau and Duncan（1967：170）

から，父親の影響は大きいものの教育の影響も大きく，アメリカ社会が基本的に業績主義的社会であると論じた。

一方，教育達成から職業への接続や職業経歴に注目した**世代内移動**の研究もある。世代内移動とは個人内の社会移動であり，主に職業キャリアを指す。教育から初職，初職から現職への経路などがテーマとなる。教育から職業への接続については，制度（たとえば，新規学卒一括採用）からのアプローチや，人的資本論やシグナリング論からのアプローチがある。人的資本論は，教育によって知識や技能を身につけると，その能力が地位達成を大きく規定すると考える。それに対してシグナリング論は，大学での教育内容や効果とは関係なく，大学卒であるということそのものが一定の潜在的な能力を有しているというシグナルになり，そのシグナルによって地位達成が決まると考える。

その後のキャリアについては，たとえば，労働市場は内部で同質的ではなく，近代的セクターと伝統的セクター，大企業と中小企業，あるいはホワイトカラーとブルーカラーといった企業のタイプや職種のあいだで断絶があって相互の移動が乏しいという二重構造論などがある。

教育達成

世代間移動のパターンを決めるのは父と子の階級・階層の直接的な関連（職

業の継承）ばかりではない。教育達成の役割が大きくなるにしたがって，親の階級・階層ではなく本人学歴によって社会的地位が決まる傾向が強くなる。いわゆる**学歴社会**である。学歴社会とは，学歴をめぐる競争が激しく行われ，学歴の高い者が高い地位や高い階級・階層に到達することができる社会である。

ただし，本人の学歴が父の階級・階層に強く規定されているという議論もある。ブルデューは，父から子へは経済資本（資産）の継承だけでなく**文化資本**の継承があり，それが学歴達成に影響すると考える（Bourdieu and Passeron 1970＝1991）。文化資本とは，各階級・階層の家庭環境によって作られる文化的趣味，言語能力，あるいは思考様式や行動様式などを指しており，こうした文化資本の継承が学校制度の中では上層には有利に下層には不利に働くことから，階層再生産が起きると考えるのである（**文化的再生産論**）。

出身階級・階層と学歴の関係については，この文化的再生産論だけではなく，一般的に教育機会の不平等という枠組みで，産業化の進展や進学率の上昇にともなってどのように出身階級・階層と学歴の関係が変化してきたのかについての実証的な研究が盛んに行われている。シャヴィトとブロスフォルドらは，日本を含めた13ヶ国についてデータを分析し，スウェーデンとオランダを除いた11ヶ国については，産業化，進学率の上昇にもかかわらず教育達成の階級・階層間格差は変化していないと主張している（Shavit and Blossfeld eds. 1993）。また近年，格差はむしろ縮小しているという研究もある（Breen et al. 2009）。

学歴と到達階級・階層の関係については，産業化の進展とともに関連が強くなるという説（Treiman 1970）と産業化の進展にともない高学歴化が進むことで，学歴インフレが生じ学歴の価値が下がり，関連が弱くなるという説（Jackson et al. 2005）がある。日本では，学歴の到達階級・階層への影響は安定しており，高学歴だから高階級・階層という関連がある。ただその影響の大きさは他国に比べると小さい。

階級・階層意識

それぞれの階級あるいは階層に属する人々が自らの社会的地位，利害関心，（場合によっては）歴史的使命などに対して持つ社会的自覚やそれらによって形成される社会的意識のことを階級意識あるいは階層意識という。階級・階層意識研究は，大きくふたつに分けることができる（原 1990）。第一は，階級・階層との関連で捉えられる社会意識研究で，たとえば政治意識がある。政治意識

とは，政治関心，政党支持意識，政治的有効性感覚（自らの政治行動がどれくらい実際の政治に影響力を持っているかの主観的認知）といった意識であり，これらが，階級や学歴や職業などの階層的地位からどのような影響を受けているかを研究する。第二は，たとえば**階層帰属意識**やアスピレーション（出世意識）のような「階級・階層についての意識」についての研究である。階層帰属意識とは，社会における，主観的な自己の階層的な位置を指す。具体的には，「上」「中」「下」といった位置の認知で，そうした意識や認知の構造や階級・階層変数との関係を明らかにすることを通じて，階級や階層自体がどのように捉えられているのかを探求する。

ジェンダーとエスニシティ

　長い間，階級・階層論では，階級・階層を構成する属性として職業が最も重視されてきた。しかし生産関係や生活機会・生活様式を規定するのは，職業ばかりではない。ジェンダーやエスニシティも重要な属性である。

　また，これまでの階級・階層論は，家族の階級・階層＝世帯主の階級・階層＝男性の階級・階層という捉え方を前提としていた。そのため，階級・階層構造における男女間不平等の存在は無視され，そもそも女性の階級・階層は検討すらされてこなかった。しかし，女性の就労が当たり前となっている現代においては，女性の階級・階層を無視することはできない。女性の階級・階層は，職業の男女間不平等を明らかにするとともに，晩婚化，非婚化，少子化といった家族形成の問題ともつながっている。また女性の階級・階層問題は，夫婦の階級・階層の相違，無職者（専業主婦）の階級・階層同定の問題といった階級・階層の定義自体をも再考させる課題を提起している（盛山 1994）。

　一方，エスニシティについては，移民問題や外国人労働者問題のように差別や排除の問題と位置づけられる傾向が強く，必ずしも階級・階層との関連で検討されてきたとは言い難い。しかし，アメリカにおけるアフリカ系アメリカ人やヨーロッパにおける移民のように，エスニック・マイノリティであってしかも当該社会では恵まれない階層を形成しているという状況がある。日本においてもアイヌ，在日コリアン，在日中国人，あるいは在日ブラジル人など，社会の中で相対的に恵まれない階層的地位にあるとされる人々がいる。つまり階級・階層とエスニックグループのあいだには関連がある。その背景には，階級・階層を構成する生産関係，生活機会，生活様式において，マジョリティと

のあいだに分断があり，それが地位達成において不利に働いてしまうことによる。グローバル化の中で，国家間での社会移動がますます増加していくことを考えれば，日本においても単一民族を想定した階級・階層論では社会の不平等を捉えることはできず，エスニシティの視点が今後重要となる。

4　日本の階級・階層研究は何を明らかにしてきたのか

階層構造の変化と社会移動

　日本の実証的な階層研究を中心的に担ってきたのは，**社会階層と社会移動全国調査（SSM調査）**であった。SSM調査は，1955年に第一回の調査が行われ，その後10年おきに行われている。2015年の調査が7回目の調査になる。1975年調査までの調査対象者は男性に限られていたが，1985年からは女性も対象者に加えられた。質問項目は，対象者の学歴，職業，収入，社会意識などに加えて，父親，母親，配偶者といった家族についても学歴や職業などの属性の項目がある。

　1950年代以降の日本の社会移動研究の主たる関心は，はたして日本社会の**近代化**が進み，社会の開放性が高まったのかということであった。とくに富永健一は，1955年から1975年までのSSM調査データにおいて社会移動の増大が見られるとし，それは日本社会が平等化し近代化してきたという要因を重視する産業化命題によって説明できると論じた（富永編 1979）。他方，1995年のSSM調査データを含めた再分析などから，社会移動の量は必ずしも増大してはいないという議論もある（原・盛山 1999）。さらに2000年代に入ると，格差社会論が脚光を浴びるようになる。その端緒となったのは，佐藤俊樹著『不平等社会日本』（佐藤 2000）で，専門職や管理職といった上層ホワイト層において，世代間の階層再生産（固定化）が強まってきたことが指摘された。ただこの指摘に対しては，その後賛否両論あり，決着していない。また国際比較の観点からみると，1970年代，1990年代の分析から，日本は急速に発展した後発社会の特徴を有し，産業化の進展とともに社会移動の全体量は大きく増加している。ただ，日本は産業諸国の中でとくに開放性が高いわけでも低いわけでもなく，特段階層再生産が強まってきたとはいえない（石田・三輪 2009）。

中流論争と階層意識研究

　日本の階層意識研究の中で大きな研究蓄積があるのは、階層帰属意識研究であるが、なかでも1977年を中心とする**中流意識論争**が有名である。内閣府が毎年実施している「国民生活に関する世論調査」において、1970年代に入ると「中」と回答する人が9割に達するようになった。同時期のSSM調査でもそれ以前の調査結果と比べてやはり「中」という回答が増大した。そうした調査データに表れた「中」の増大が、はたして日本社会のどのような変化を表しているのか、あるいは表していないのかをめぐる論争である。ある人々は、それは日本社会が真に近代化したことを意味していると論じたが、他方では、「中」の増大はある種の幻想だという論者もいた。この論争は結論が出たわけではないが、これ以降、「中」と回答する人の割合は高止まりし、マスコミでは「一億総中流社会」というような表現が好んで用いられるようになった。

　その後1990年代に入り、1975年から1995年までの階層帰属意識の比率は大きく変わっていないものの、職業、学歴、収入といった階層変数との関連が強まったと指摘されている（吉川 1999）。

　日本の階層意識研究は、階層帰属意識以外にも、政治意識（政党支持、政治的有効性感覚等）、生活満足度（幸福感）、教育意識、公平感、格差意識など、多様な社会意識を扱い、意識から日本社会の特徴を明らかにしている。

教育の不平等

　戦後、高校進学については平等化が進んだ。1950年には42.5％であった進学率が、2015年には96.6％となり、大部分の生徒が高校へ進学している。一方大学への進学率も1950年には10.1％であったものが、2015年には56.5％にまで増加しており、平等化が進んだかに見える。しかしこうした進学率の増加は、出身階級・階層間の教育機会の不平等を解消したわけではない（原・盛山 1999）。近年においても大学進学の不平等はあまり変わっていない。その一方で、戦後の「大衆教育社会」（苅谷 1995）は、子どもの能力の無限の可能性＝平等観を推し進めることで、その背景にある階級・階層間の不平等を覆い隠してきた。また、学歴による職業選択への影響は、長期的には強まる傾向があるともいわれている（原・盛山 1999）。日本社会は高卒以下と大学・短大卒以上のふたつの階層に分断され、それが再生産（親子間で継承）されることで、学歴による不平等が固定化しているとの議論もある（吉川 2009）。このように教育をめぐ

る不平等は，近年においても解消されているというよりは，維持されていると言える。

5　階級・階層研究の現在

最後に，これからの階級・階層研究において重要と思われる論点をまとめておこう。

第一に，非正規雇用労働者の問題である。日本では1996年の派遣法改正による派遣労働業種の増加や経済のグローバル化の影響などから，2000年代以降，パート・アルバイトや派遣労働といった非正規雇用労働者の比率は大きく増加している。基本的にそれは先進諸国に共通している。かつての階級・階層研究では非正規雇用に焦点を当てることが少なく，正規雇用とは異なり，短期間による職の移動や複数職の従事といった特徴を考慮に入れた研究は乏しかったが，今後階級・階層の再定義も含め，検討する必要がある。

第二に，貧困層の増大である。日本は2000年代以降，**相対的貧困率**が先進諸国の中では最悪に近い水準にある。相対的貧困率とは，ある国において相対的に貧しい人々の全体に占める比率を指しており，具体的にOECDでは，当該の国の所得（正確には等価可処分所得）の中央値の半分以下の所得で生活している人の比率である。2000年代以降に格差への関心が高まる中で，貧困層への関心も高まっている。まず新卒就職の超氷河期世代のフリーター，ワーキングプアから，若者の貧困に注目が集まる。その中で，非正規雇用で働く母親が家計を支える母子家庭の貧困への関心が広がり，さらに子どもの貧困や貧困の再生産が問題とされるようになっていった。またこれまでほとんど取り上げられてこなかった若年女性の貧困も取り上げられている。そして高齢化社会が進む中で，老人の貧困問題も社会的な関心事である。このように，日本社会にとって貧困問題は大きな社会問題となっている。

第三に，**少子高齢化問題**である。高齢化が進む中で，社会的資源の不平等分配は，世代間の不平等を顕在化させている。また，かつての階級・階層研究は現役で働いている年齢層に焦点を当ててきたが，今日では退職して年金などを主な収入源としている高齢者層のあいだでの不平等問題も大きい。さらには晩婚化，非婚化，少子化は，戦後日本の典型的な家族形態である核家族というあり方も変えようとしている。それはこれまで階級・階層論が前提としてきた家

族という分析単位の妥当性を問題化することにもなる。このように，これからの階級・階層研究は，人口構造や家族の変化を抜きにしては考えられない時代に入っている。

第四に，グローバル化である。政治，経済，文化とさまざまな面でグローバル化が進んでいる現代社会では，階級・階層研究における不平等の捉え方もグローバル化の影響を考慮しなければならない。とくに，経済のグローバル化は，経済政策，市場，労働者の移動など，さまざまな面で，日本社会の階級・階層と密接に関連している。たとえば外国人労働者の受け入れや非正規雇用労働者の増大などは，グローバル化と切り離すことはできない。国内の不平等だけではなく，国家間，国際的な不平等が重要な論点となっていくだろう。

文献

Blau, Peter M. and Otis Dudley Duncan, 1967, *The American Occupational Structure*, Free Press.

Bourdieu, Pierre and Jean-Claude Passeron, 1970, *La Reproduction*, Editions de Minuit. (＝1991, 宮島喬訳『再生産』藤原書店。)

Breen, Richard ed., 2004, *Social Mobility in Europe*, Oxford University Press.

Breen, Richard and John H. Goldthorpe, 1997, "Explaining Educational Differentials: Towards a Formal Rational Action Theory," *Rationality and Society*, 9: 275-305.

Breen, Richard, Ruud Luijkx, Walter Muller and Reinhard Pollak, 2009, "Nonpersistent Inequality in Educational Attainment: Evidence from Eight European Countries," *American Journal of Sociology*, 114 (5): 1475-1521.

Davis, Kingsley and Wilbert E. Moore, 1945, "Some Principles of Stratification," *American Sociological Review*, 10 (2): 242-249.

Erikson, Robert, John H. Goldthorpe and Luciennce Portocarero, 1979, "Intergenerational Class Mobility in Theree Western European Societies: England, France and Sweden," *British Journal of Sociology*, 30: 415-441.

Erikson, Robert and John H. Goldthorpe, 1992, *The Constant Flux*, Oxford University Press.

原純輔, 1990, 「序論——階層意識研究の課題」原純輔編『現代日本の階層構造2 階層意識の動態』東京大学出版会, 1-21。

原純輔・盛山和夫, 1999, 『社会階層——豊かさの中の不平等』東京大学出版会。

Featherman, David L., F. Lancaster Jones and Robert M. Hauser, 1975, "Assumptions of Social Mobility Research in the United States: The Case of Occupational Status," *Social Science Research*, 4: 329-360.

石田浩・三輪哲，2009，「階層移動から見た日本社会——長期的趨勢と国際比較」『社会学評論』59（2）：648-662。
Jackson, Michelle, John H. Goldthorpe and Colin Mills, 2005, "Education, Employers and Class Mobility," *Research in Social Stratification and Mobility*, 23：3-33.
苅谷剛彦，1995，『大衆教育社会のゆくえ』中公新書。
吉川徹，1999，「『中』意識の静かな変容」『社会学評論』50（2）：216-230。
吉川徹，2006，『学歴と格差・不平等——成熟する日本型学歴社会』東京大学出版会。
吉川徹，2009，『学歴分断社会』ちくま新書。
Kuznets, Simon, 1955, "Economic Growth and Income Inequality," *American Economic Review*, 45：1-28.
Lipset, Seymour Martin and Hans L. Zetterberg, 1956, "A Theory of Social Mobility," International Sociological Association, *Transactions of the Third World Congress of Sociology*, 2：155-177.
Piketty, Thomas and Emmanuel Saez, 2006, "The Evolution of Top Incomes: A Historical and International Perspective," *American Economic Review*, 96 (2)：200-205.
Piketty, Thomas, 2013, *Capital in the Twenty-First Century*, translated by Arthur Goldhammer, The Belknap Press of Harvard University Press.（＝2014，山形浩生・守岡桜・森本正史訳『21世紀の資本』みすず書房。）
佐藤俊樹，2000，『不平等社会日本』中央公論新社。
盛山和夫，1994，「階層研究における『女性問題』」『理論と方法』16：111-126。
Shavit, Yossi and Hans-Peter Blossfeld eds., 1993, *Persistent Inequality: Changing Educational Attainment in Thirteen Countries*, Westview Press.
Sorokin, Pitirim A., 1927, *Social Mobility*, Free Press.
富永健一編，1979，『日本の階層構造』東京大学出版会。
Treiman, Donald J., 1970, "Industrial Stratification," Edward O. Laumann ed., *Social Stratification: Research and Theory for the 1970s*, Bobbs-Merrill, 207-234.
Wright, Eric Olin, 1984, "A General Framework for the Analysis of Class Structure," *Politics and Society*, 13：383-423.

第6章

教育と労働

長松奈美江

> **キーワード**
> 教育機会の不平等，学校経由の就職，新卒一括採用，日本的雇用慣行，非正規雇用

1 「教育と労働」における基本的問題

労働――社会参加のひとつの形態

　労働とは，私たちの生活において欠かすことのできない活動のひとつであり，個人の生活や考え方，そして人生に大きな影響を与えている。その影響の仕方には，主に以下の3つがある。第一に，人は働くことによって他人とかかわりを持つ。事務職であれば主にオフィスの人と，販売職であればお客さんとかかわるだろう。また，職場には上司と部下の関係も生じる。このような職場における人間関係は，個人の意識や態度に影響を与えている。

　第二に，働くことはさまざまな資源と結びつく。労働の対価の主たるものは収入であるが，対価はそれだけではない。多くの国では，労働は社会保障制度とかかわりを持っており，就労形態によって受けられる社会保障サービスが異なる場合がある。また，ある職業は高い社会的評価を得るというように，働き方は社会的な評価や威信とも結びついている。ゆえに，人が就いている職業は，その人の社会経済的地位を表す指標としても機能している。

　第三に，労働とは，社会の必要や欲望を満たすための活動である。私たちが生き，人とかかわりを持って社会を形成・維持していくためには，さまざまなものを消費しなければならない。生活するためには，食事や衣服，住居などが

必要になる。それだけではなく，教育を受けたり，バスや電車を利用したりなど，公共サービスも必要になる。私たちが消費する物やサービスを生み出す活動が労働である。こうして考えると，労働とはいわゆる有償労働（報酬の発生する労働）だけを意味しない。無償労働，たとえば家庭内でなされる報酬の発生しない家事労働や介護労働も，私たちの必要を満たす重要な「労働」である。

　以上のように，人は働くことによって社会に参加し，他人とのつながりや果たすべき役割を得る。労働は社会参加のひとつの重要な形態であるといえよう。

労働と教育の分かちがたい関係性

　私たちの社会において，労働は教育と深く結びついている。その理由を2点挙げよう。第一に，親の職業やそれに付随する社会経済的資源の多寡が子世代の教育に大きな影響を与えている。第二に，受けた教育によって学校卒業後に就く職業の選択肢が左右される。個人が達成した教育は，就くことができる職業の種類を左右する「学歴要件」として，また，人々の人的資本の多寡を示すシグナルとして，社会経済的地位の達成に影響を及ぼしている。人的資本とは，高い生産性をもたらす個人の能力のことを指し，一定程度，教育・訓練によって高められると考えられている。つまり，親の社会経済的地位が子どもの教育達成に影響を与え，教育達成が子どもの地位達成へと影響を与えている。労働と教育のつながりは個人および世帯間に不平等をもたらすだけではなく，不平等を強固にし，再生産しているのである。

2　社会経済的背景と教育達成

根強く残る教育機会の不平等

　これまで日本を含む多くの国で，社会経済的背景によって子どもの教育達成が異なっているかどうかが探求されてきた。日本は戦後，長期にわたる進学率の上昇を経験した。図6-1によると，四年制大学（学部）と短大への進学率は，1960年から1975年まで急激に上昇し，その後停滞した後，1990年代で再度上昇した。2000年代以降は男女ともに短大への進学率が減少する一方，四年制大学への進学率が上昇し続けている。男子では，2005年には四年制大学への進学率が過半数を超えた。戦後からの長期的な趨勢をみれば，教育拡大は社会経済的背景による教育機会の不平等を縮小することに貢献してきた。教育が拡大

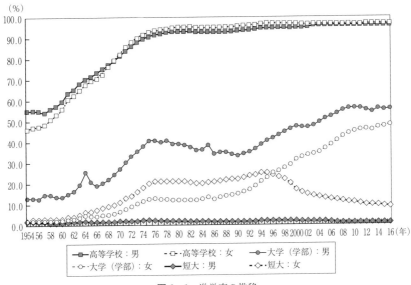

図 6-1　進学率の推移

注：大学（学部），短大進学率は過年度高卒者等を含む。
出所：文部科学省「学校調査」より作成。

するにつれて，多くの家庭の子どもがより高い教育段階へ進学するようになり，親の社会経済的地位が子どもの教育達成に与える効果が弱まった（近藤・古田 2011）。

しかし，進学率が上昇し，ますます多くの人々が教育を受けるようになってきたものの，社会経済的背景による教育達成の差は依然として残り続けている。なぜ，社会経済的背景は教育達成に影響を与えているのだろうか。レイモン・ブードンは，格差生成のメカニズムとして以下のふたつの効果を指摘している（Boudon 1974＝1983）。第一に，社会経済的背景によって子どもの学力が異なる（第一次効果）。第二に，学力が同じでも，社会経済的背景が直接的に教育達成に影響を与える（第二次効果）。このふたつの効果によって，社会経済的背景による教育機会の不平等が形作られている。

現代社会では，生まれ持った属性ではなく，努力や能力（業績）によって個人の地位が決定されるべきと考えられている。この考え方は**業績主義**と言われ，近代社会の基盤となる価値と見なされてきた（竹内 1995）。もちろん学校への入学の際には，生徒の成績や能力に基づいて選抜が行われている。しかし，そ

の成績や能力そのものに生徒が生まれ育った家庭環境の影響が潜んでいるならば，教育を受ける機会は，依然として社会経済的背景によって不平等に配分されていると言えるだろう。

　では，社会経済的背景による教育機会の不平等はなぜ生じているのだろうか。社会経済的背景が子どもの教育に与える影響の仕方は単純ではなく，両者の関係を媒介する多数の要因が考えられる。たとえば，母子家庭の子どもほど達成する教育水準が低い。しかし，それは経済的状況が厳しいためなのか，家庭での教育環境によるものなのか，この結果をもたらすメカニズムは自明ではない。以下では，教育機会の不平等をもたらすと考えられている3つの要因——文化的再生産論，家庭教育，家庭の経済的資源——を検討する。

教育機会の不平等をもたらす要因(1)——文化的再生産論

　第一に，出身家庭の文化的環境に注目した説明がある。ピエール・ブルデューは文化的再生産論を提唱し，個々人が出身家庭において獲得した文化資本の不平等が，地位達成の不平等の再生産とその正当化をもたらすと主張した。文化資本とは，個人が所有するさまざまな文化的資源を指し，①身体化された状態（無意識のふるまい方や感じ方＝「ハビトゥス」），②客体化された状態（絵画や書物など具体的な物），③制度化された状態（学歴や資格など）という3つの形態をとる。出身家庭における文化的環境の違いが，個人のふるまい方や考え方，芸術や美術に対する趣味の形成に影響を及ぼす。そして出身家庭で獲得された文化資本が教育達成に有利に働き，それが卒業後の地位達成にも影響を与えるという議論である（Bourdieu 1979＝1989-90）。

　ブルデューの議論に依拠して，文化的再生産論の有効性を検証する実証研究が国内外で行われてきた。文化資本の量を，家にある本の冊数やコンサート・美術館に行った経験，高尚文化（ハイカルチャー）に慣れ親しんでいる程度やそれに関する知識などで捉え，これらの違いが生徒の成績にどのような影響を与えるかが研究されている。たしかに，多くの国で家庭の文化資本と生徒の成績とに関連があるという傾向が確認されている。しかし，文化資本の違いが世代間再生産に与える影響力については，対象国や文化資本として用いられた変数，子どもの年齢層などによって異なる結果が出されている。日本国内では，欧米ほど階層間の文化的差違が明確ではなく，また学校文化が特定階層の文化と親和的である度合いも低い（竹内 1995）。文化資本の指標や性別によっても異な

る調査結果が出されており，家庭の文化的環境が子どもの成績や教育達成に与える影響は単純ではないと考えられる。

教育機会の不平等をもたらす要因(2)――家庭教育

　教育機会の不平等をもたらす第二の要因として，家庭教育（育て方）の違いが挙げられる。アメリカなどでは，家族内での親子関係のあり方を子どもの教育達成を左右する重要な要因と考え，親が子どもをどのように育て，子どもの教育に対してどのように関与するかによって子どもの学力や教育達成が異なるかどうかを検証する研究が増えている（本田 2008）。

　海外の研究に影響を受け，日本でも，近年では親の育て方の違いが子どもの成績や教育達成に与える影響を検証する研究が増えている。なおこれらの研究では，**量的調査**だけではなく，参与観察法やインタビュー調査などの**質的調査**に重きを置いた調査研究が行われている。社会経済的地位による親の育て方の違いを詳細かつ多面的に捉えるためである。

　本田由紀は小学校高学年の子どもを持つ母親へインタビュー調査を行い，母親の学歴によって子育ての仕方が異なることを明らかにしている。調査結果によると，四大卒以上の高学歴の母親は，子どもの可能性を最大限に伸ばし，主体性や専門性を将来身につけさせたいと考えている一方で，高卒の母親は，対人関係や思いやりを重視した子育てを行う傾向がある。高学歴の母親の子育てのほうが，「有利な」将来を子どもにもたらしがちであることも指摘されている（本田 2008）。また，竹ノ下弘久と裵智恵は日本と韓国で中学生・高校生を対象にした調査票調査を行い，子どもの教育に対する親のかかわり方が子どもの成績にどのような影響を与えているかを明らかにした（竹ノ下・裵 2013）。分析の結果，日本においては父親の職業（専門職，管理職，事務職）は，子どもの教育への関与（子どもとの討論や子どもへの情緒的支援）を経由して，子どもの成績を高めていることを示している。つまり，親の社会経済的地位によって子どもの教育に対する親のかかわり方が異なり，そしてそのかかわり方が，子どもの教育達成に影響を与えていると考えられる。

教育機会の不平等をもたらす要因(3)――家庭の経済的資源

　教育機会の不平等をもたらす第三の要因として，家庭の経済的資源に注目した説明がある。リチャード・ブリーンらはヨーロッパ諸国を対象とした国際比

較研究を行い，社会経済的背景による教育機会の不平等が縮小傾向にあることを明らかにした。この背景には，福祉国家の発達によって家庭が負担する教育の金銭的コストが減少していることがある (Breen et al. 2009)。一方，ヨーロッパ諸国と比べると，日本は公的な教育支出が低く家庭の教育費負担は重い (中澤 2014)。教育に対する家計の負担割合の大きな社会では，子どもの教育達成が出身家庭の経済状況に左右される度合いは大きくなると考えられる。

日本においても，親の経済的資源によって子どもの教育達成が異なることは指摘されてきた (小林 2008)。近年，日本社会においても所得格差が拡大し，貧困のなかで親が授業料を払えずに，高校を中退する者も少なくないことが指摘されている。家庭の教育費負担が重いなかで所得格差が拡大すると，家庭の経済的資源が教育達成に与える影響が強まることが予想される。

以上のように，社会経済的背景と子どもの教育達成との関連を媒介する要因として，文化的環境，家庭教育，経済的資源が挙げられる。教育機会の不平等をもたらす要因は複数あり，それらが互いに関連し合って影響を与えていると考えられる。日本においては，教育機会の不平等が近年では拡大しているかどうか，はっきりとした調査結果は出ていない。長期的な趨勢でみると不平等が縮小しているという報告がある。一方で，近年では文部科学省が「生きる力」といった新たな能力観を提唱し，教育現場で生徒が自ら学ぼうとする主体的な意欲が重視されるなかで，親の社会経済的地位が子どもの教育に与える影響がますます強くなっているという指摘もある (苅谷 2008)。さまざまな要因を考慮して，親の地位と子どもの教育との関連がどのようなメカニズムで生じているか，また今後はこの関連がどのように変化していくかについて，検討する必要があるだろう。

3　学校から仕事への移行

日本における若者の就職

個人の人生において教育が重要なのは，教育によって知識を獲得し，文化的・精神的に豊かな生活を送ることができるからだけではない。達成された教育が将来の仕事や，仕事から得られる社会経済的資源の量を左右するからでもある。

日本における学校から仕事への移行のシステムは，以下の2点において，他

の先進諸国と比べてユニークであると指摘されてきた。第一の特徴が，**学校経由の就職**と呼ばれるものである。これは，学校が学生・生徒の就職に組織的に関与し，学校卒業後に空白の期間を経ることなく学生・生徒を就職させるという仕組みを指す。第二に，企業が新規学卒者を定期的に一括採用する，**新卒一括採用**である。

　まず，日本における学校から仕事への移行のシステムの成り立ちについて説明しよう。高学歴者に関しては，明治時代の後半，財閥系企業が帝国大学や慶應義塾大学部など有名私学の卒業者を，企業内で管理的職務を担うホワイトカラー層へと定期採用するようになったことに始まる。その後，1920年ごろまでには，財閥系以外の中規模の企業までが定期採用を開始するようになった。大学は企業から求人の依頼を受け，大学教授が優秀な学生を選んで企業に推薦するという仕組みである。ただし戦前では，このような仕組みは高学歴者が一握りのホワイトカラー層へ採用される場合に限られていた。工場の製造現場で働くブルーカラーについては新卒者を一括で採用するということはせずに，臨時工と呼ばれる非正規労働者を生産上の必要に応じて柔軟に採用・解雇するのが一般的であった。

　ところが戦後，ブルーカラーに関する採用慣行は転換していく。高度経済成長下の人手不足のなかで，新規学卒者を学校の出口で待ちかまえ，卒業とともに即座に採用するという戦略を多くの企業が採るようになった。戦後すぐの時期は，ブルーカラー労働者の供給源は主に中卒者であった。しかし，1960年代には高校進学率が急激に上昇し，企業は中卒者の代わりに高卒者をブルーカラーとして採用するようになった。現在でも高校で採用されている仕組みとして，「推薦指定校」や「一人一社制」がある。「推薦指定校」とは，高校生が高校に寄せられた求人から仕事を選んで学校との長年の継続的関係を持つ企業に就職する仕組みであり，「一人一社制」とは，基本的に一人は一社しか選べず，いくつもの会社を同時に受けることができないという仕組みである。

　このように，高校と大学は，学生・生徒の成績に応じた学内での選抜によって適任者を選び出し，彼らを企業へと送り出すという役割を担ってきた。日本では，普通教育が重視され職業教育の比重が相対的に小さく，学校教育における職業能力形成が弱体である。その代わりに学校と企業との組織的連携が強力であり，そのような組織間の連携が，若年者の教育から仕事へのスムーズな移行を下支えしてきたのである。

85

1990年代以降の変化

　しかし1990年代以降，学校から仕事への移行のシステムに綻びがみられるようになる。第二次ベビーブーマー（団塊ジュニア）の労働参加や1986年の「男女雇用機会均等法」施行による女性の就労行動の変化などにより，労働供給が増加した。それにもかかわらず，1990年代はバブル崩壊後の不況のなかで労働市場が急激に冷え込む時期であった。企業の経営状況は急速に悪化し，日本各地で倒産する企業が続出した。この時期から，企業は中高年者のリストラを進める一方で，新卒一括採用を縮小するようになる。さらに，1990年代に進行したサービス産業化や労働法制の規制緩和は，パート・アルバイトや派遣社員などの**非正規雇用者**の増加をもたらした。結果として多くの若者が，学校卒業後に正社員として就職せずに，無業となるか非正規雇用者として働くことになった。

　以上のような時代背景のなかで，高校と大学における学校経由の就職が変化していった。高校に向けた求人が激減し，仕事を見つけることができずに卒業する者が増加した。大学に関しては，1997年には大卒就職協定が廃止され，大学卒業予定者の採用選考を開始する期日に関する大学と産業界のあいだでの取り決めが消滅した。ただし，大卒就職協定が定められていたころにも，その協定を破って，OBを通じて企業が大学生に接触することは頻繁に行われていた。しかし90年代半ば以降，OBを通じた採用は急速に後退し，企業は自由応募方式の採用を行うようになる。近年では，インターネットを通じた直接応募制を採る企業が増えている。学校によって就職が仲介されていた時代と比べて，現在のシステムでは採用基準が多様化・複雑化し，大学での教育活動が就職活動によって阻害されるだけでなく，多くの若者が就職活動に多大なストレスを感じていることが指摘されている（本田 2010）。

卒業後の仕事を左右する要因——フリーターに注目して

　日本において学校から仕事への移行のシステムが機能しなくなってきたことを表すのが，**フリーター**の増加である。フリーターは，「フリーアルバイター」の略であり，1980年代後半から徐々にマスメディアで取り上げられるようになった。厚生労働省はフリーターを15～34歳の者で就学しておらず（女性の場合は結婚しておらず），次の3つのうちひとつに当てはまる者として定義している。すなわち，①パート・アルバイトか臨時労働者，②失業しているがパー

ト・アルバイトか臨時的仕事を探している者，③家事も通学も就業内定もしておらず，パート・アルバイトか臨時的仕事をしたいと考えている者である。『平成20年版 厚生労働白書』（厚生労働省）によれば，フリーターは1987年の79万人から2003年には217万人と倍増し，その後は微減して2006年以降は180万人前後で推移している。

　1990年前後までのフリーターのイメージは，企業に縛られずに自由に働き，自分のやりたいことを優先させるというライフスタイルを強調するものであった。これは，休日出勤もいとわず長時間働いて，私生活や家庭を犠牲にして企業からの広範な要請を何よりも優先させるという「**会社人間**」へのアンチテーゼでもあった。しかし，1990年代から急速に景気が悪化すると，正社員になれずにやむをえず非正規社員になる者が増加した。さらに，非正規社員は正社員と比較して，賃金が低いだけではなく，社会保障が得られない，雇用が不安定であるなど，さまざまな不利益があることが問題となっていった。

　フリーターや若年非正規雇用に関してはさまざまな調査研究が行われている。調査結果からは，誰もがフリーターや非正規雇用になりやすいわけではなく，特定の属性がフリーターや非正規雇用へのなりやすさに影響を与えていることが示されている。とくに，若者で非正規雇用になりやすいのは，出身階層が低く，女性であり，大卒に比べて高卒で，卒業から就職までに間断があった者である。また，初職が非正規雇用であると，現職も非正規雇用となりやすいことも明らかにされている。

　以上から，若者が教育を終えて最初に労働市場に入ったときの条件が，その後の雇用経験に長く影響を与えていることがわかる。非正規雇用から正規雇用への移行は多くはなく，初職就業まで3ヶ月超の無職期間があること，また年齢が高いことは正規雇用への移行にマイナスに作用することが示されている（小杉・原編著 2011）。

4　日本における働き方

日本の雇用システム――「企業コミュニティ」という視点

　3節で説明した学校から仕事への移行のシステムは，日本の企業における働き方とも深く結びついている。本節では，日本における働き方の特徴とその近年の変化について説明する。

社会学では，日本企業を「コミュニティ」として捉える視点が重視されてきた（稲上編 1999）。労働者は自分の就いている職業よりも企業に帰属意識を持ち，職場には強い仲間意識が生じている。このような「コミュニティ」は，コミュニティ内部の仕組み——**日本的雇用慣行**——によって支えられている。日本的雇用慣行とは，戦後に確立され，日本の企業が守ってきた雇用に関する慣行であり，長期的雇用慣行，年功賃金制，企業別労働組合という3つの要素によって特徴づけられている。

　コミュニティが有効に機能するには，使用者は労働者に長期にわたる雇用を保障する必要がある（**長期的雇用慣行**）。さらに，企業内で経験を積むことが昇給・昇進につながる処遇システム（**年功賃金制**）や**企業別労働組合**が存在することで，企業コミュニティの存立基盤は強固なものとなる。企業別労働組合とは，それぞれの企業を単位として独立しており，組合員資格を当該企業の特定の従業員にしか与えない労働組合である。この3つの雇用慣行により，従業員は長期的な雇用保障や昇進・昇給，会社の成長を前提とした福利厚生の向上を期待することができる。だからこそ，労働者はこういった恩恵に与るために会社に忠誠を尽くし，モーレツに頑張るという働き方が存在してきたのである。

　1960年代に日本とイギリスの工場を比較して研究を行ったロナルド・ドーアは，日本の雇用システムの特徴を組織志向型と名づけ，イギリスなどの市場志向型雇用システムとの違いを明確にした（Dore 1973＝1993）。ドーアによると，組織指向型の雇用システムは，労働者の移動率（転職率）が低く，人材は企業の外部ではなく内部から調達される。つまり，内部で昇進を繰り返し，上位の地位に就くという慣行が成立している。長期的な雇用が保障されているので，労働者の質が高まることが企業の利益となり，教育訓練は企業内訓練が中心となる。一方，市場志向型の場合は，企業外の公共の職業訓練が重視される。賃金の支給原則については，市場志向型では「同一労働同一賃金」であり，仕事で要求される技能に応じて企業横断的に賃金が決められている。組織志向型の場合は，賃金決定の整合性は組織内に求められる。組織内では勤続年数，年齢，「功労」などが評価される。以上のように，組織志向型雇用システムの場合は，賃金支払い，教育訓練，昇進などにおいて，組織内の規範が重視されている。

　日本の雇用システムの本質は，雇用契約が職務の限定のない企業のメンバーになるための契約であるという見方がある。どのような職務に就いているかよりも，どのような企業に勤めているかが重視されるのである。このような日本

の雇用システムは，職務を基準にして採用や解雇，賃金などが決められる欧米の「ジョブ型」と対比して，「メンバーシップ型」雇用システムと言われている（濱口 2011）。

日本的雇用慣行の成り立ちとその特徴

　日本的雇用慣行の3つの要素は戦前・戦中にその萌芽がみられ，高度経済成長期に確立されていった（濱口 2011）。この3つの慣行の成り立ちやその特徴について説明しよう。

　戦後すぐの時代は，正社員としての雇用や，ひとつの企業で長く働くという長期的雇用慣行が支配的であったわけではない。3節で説明したように，1960年代以降，企業は新規学卒者を定期的に採用するという慣習を確立させていった。臨時工からの正社員登用も積極的に行われ，正社員として採用された者は，特段の事情がない限り定年までの雇用が保障された。不況で生産が減少し，雇用調整をしなければならなくなったときも，配置転換や残業時間削減，非正規労働者の採用停止によって対処し，正社員の解雇は極力回避されてきた。長期的雇用慣行は，学校卒業後に採用された企業で定年までの雇用が保障されているという意味で，**終身雇用**とも呼ばれている。ただし，企業の労働者すべてに，この慣行が同じ程度に適用されてきたわけではない。長期雇用が前提とされたのは男性正社員であり，女性や非正規雇用者は，長期に雇用が保障されていたわけではなかった。

　しかし，臨時工が次第に減少し，女性の就労も一般的ではない時代では，長期的雇用慣行が企業の人材育成の基礎となっていたことも間違いない。従業員がひとつの企業で長期に働くということを前提として，企業は男性正社員に対する能力開発を積極的に行ってきた。成員の長期雇用を前提として，**オン・ザ・ジョブ・トレーニング**（OJT），役職昇進や資格昇格，異なる職場への計画的ローテーションといった，長期にわたるキャリア形成の仕組みが機能していった。

　長期雇用と企業内での能力開発重視の規範は賃金・処遇の制度設計にも表されており，その代表的なものは「年と功」で決まる賃金制度，すなわち年功賃金制である。年功賃金制といえば，年齢に応じて自動的に賃金が上がると考えられることも多いが，日本企業で採用されてきた賃金制度は個人の功績や能力をまったく無視した制度ではなかった。実際に，企業内部では激しい昇進競争

があり、同期入社でも昇進や昇給に差があるということは珍しくなかった。

この「功」の部分を評価する制度が、**職能資格制度（職能給）**である。職能給とは職務を遂行する上で要する能力を一定の査定基準で評価して支給する給与項目であり、職能資格制度とは職能を評価する企業内の資格制度を意味する。欧米で一般的に採用されている職務給とは異なり、職能給は「潜在的な職務遂行能力」をランクづけることによって個人の報酬を決定する仕組みである。ただし「職能」は、特定された職務に対応していないので抽象的なものとされやすく、個人の能力が評価される際に評価者の主観性や恣意性が混入する可能性が高いことが指摘されている（遠藤 2005）。また、男性正社員の能力が高く評価される一方、女性の能力は高く評価されずに賃金や役職も据え置かれたままとなる傾向があり、年功賃金制が男女間の格差を拡大する装置であることも指摘されている。

ただ、男女間の処遇格差は存在していたとはいえ、日本の企業で特徴的なことは、長期的雇用慣行や能力開発の仕組みと年功賃金制がホワイトカラーだけでなくブルーカラーにも適用されたことである。それには、戦後、各企業に設立された企業別労働組合の役割が大きい。企業別労働組合は、欧米諸国における産業別組合や職種別組合とは異なり、さまざまな職種の労働者がひとつの企業別労働組合に所属しているという特徴がある。戦前までは、学歴別・職種（職員・工員）別に給与や昇進の制度が異なっており、企業内福利施設の利用にも身分上の差別が存在していた。労働組合はそれに対して、ホワイトカラー（職員）もブルーカラー（工員）も同じ従業員であり平等な処遇を受けられることを主張し、実際に企業における処遇制度の変革に寄与してきたのである（熊沢 1993）。

ただし、企業別労働組合ということは、労働組合の要求が企業の経営状況に左右されやすいことを意味する。日本の労働組合は企業にとって協調的であり、経営状況が悪化したときには進んで給与・賞与削減の案を受け入れ、企業に対して強い要求をしない傾向にある。とくに1990年代後半以降、日本の労働組合は企業に対して従業員の処遇改善に関する積極的な要求を行わなくなり、「疎隔化した労使関係」へと変容したとも指摘されている。

日本的雇用慣行のゆらぎと雇用・処遇格差

以上のように、日本的雇用慣行は戦後、日本の経済が発展し労働者が経済的

に豊かになる過程で発展してきた。しかし現在では，企業を取り巻く状況は大きく変化している。経済のグローバル化が進行し，日本社会は少子高齢化による人口減といった変化にも直面している。とくに，バブル崩壊後の長期不況は，企業の雇用戦略に変更を余儀なくさせた。たとえば近年では，**成果主義**を採用するなど，年功賃金制を見直そうとする動きがある。長年維持されてきた制度を急激に変更することは困難であるが，日本的雇用慣行の周辺において徐々に変化があり，それがシステム全体を揺るがしつつあることは否めない。

日本の雇用システムに関する近年の状況については，以下の3点が指摘できる。第一に，増加する非正規雇用の存在が，日本的雇用慣行がおよぶ範囲を縮小させている。非正規雇用は1980年代の後半から増加し続け，2014年では労働者全体に占める非正規雇用の割合は4割に達した（厚生労働省「就業形態の多様化に関する総合実態調査」）。日本においては非正規雇用に対する法的規制が弱く，労務コストが安く柔軟性を確保できるため，非正規雇用の活用は企業にとって魅力的なものとなっている。学生，既婚女性，高齢者など，フルタイムで働くことを望まず，進んで非正規雇用として働く者もいる。しかし，正社員になれずに，やむなく非正規雇用者として働き続ける者も存在している。非正規雇用の待遇が改善されないままでその数が拡大することは，日本社会における貧困拡大の原因となっている。

一方で，近年では自営業や個人請負など，企業に依存しない働き方が注目されている。サービス産業化や企業による業務の外部化の進展，フランチャイズシステムを活用した開業などによって，新しい類型の自営業が拡大する可能性が指摘されている。このような自営業に対しては，それが**ワーク・ライフ・バランス**の実現を図りやすい，自立した自由な働き方を提供するものであるという肯定的な見解がある。一方では，組織のリストラが進むなかで正社員となる機会が得られず，不本意に自営業や個人請負という働き方を選択した結果という否定的な見解もある。

第二に，日本における男女間の雇用・処遇格差の存在がある。少子高齢化による労働力不足を背景にして，「女性の活躍」の必要性が主張されているものの，男女間の賃金格差や女性の管理職割合という点でみると，他の先進諸国と比べて日本は男女間格差が大きい。その背後には，男女に課される家庭責任の違いがある。女性が，転勤がなく昇進が期待できない職を自ら進んで選択するのは，彼女たちが家庭責任を引き受け，その責任を重視しているからでもある。

さらに、育児中の労働者をサポートする制度がようやく整ってきた現在においても、女性は出産を機に退職する者が多く、復職する場合も正規雇用ではなく非正規雇用を選択する場合が多い。女性が正社員として働き続けることの足かせになっているもののひとつは、少数精鋭化した正社員に課せられる過大な労働である。

最後に、正社員の長時間労働について指摘しよう。国際的に見ても、日本の正社員の労働時間は長く、現代でも**過労死**や**過労自殺**がなくなっていない。さらに近年では、残業代未払いや過重な労働、ハラスメントのなかで労働者を働かせる「**ブラック企業**」が問題視されている（今野 2012）。日本の会社員がモーレツにがんばって長時間働いてきたのは、長期の安定した雇用が確保され、年齢や勤続に比例して昇進・昇給が期待できたためでもあった。しかし近年は、「ブラック企業」という問題提起に見られるように、どんなに会社に尽くしてもその見返りが得られないという絶望が若者のあいだに広がっている。今後、企業はワーク・ライフ・バランスを重視し、育児や介護などの家庭責任を持つ男女に配慮した職場づくりを行うとともに、業務量やワークスケジュールの見直しを通じて労働時間を削減していく必要がある。また、労働時間の総量規制を行う法整備も必要であろう。

以上のように、戦後成立した教育や労働に関するさまざまな仕組みが、現在は揺らぎつつある。安定的な経済成長のなかで男性正社員を中心とする雇用システムが成立していた時代は終わり、非正規雇用、男女間格差、長時間労働という歪みがシステムの存続自体を脅かしている。今後、現在の経済や社会の状況を見据えた上で、これからの社会に見合った教育と労働のシステムを確立していくことが、日本の大きな課題であるといえよう。

文献

Boudon, Raymond, 1974, *Education, Opportunity, and Social Inequality*, John Wiley & Sons.（＝1983, 杉本一郎ほか訳『機会の不平等——産業社会における教育と社会移動』新曜社。）

Bourdieu, Pierre, 1979, *La Distinction : Critique sociale du jugement*, Editions de Minuit.（＝1989-90, 石井洋二郎訳『ディスタンクシオン——社会的判断力批判』Ⅰ・Ⅱ, 藤原書店。）

Breen, Richard et al., 2009, "Nonpersistent Inequality in Educational Attainment : Evidence from Eight European Countries," *American Journal of Sociology*, 114 (5):

1475-1521.
Dore, Ronald, 1973, *British Factory-Japanese Factory: The Origins of National Diversity in Industrial Relations*, University of California Press.（＝1993，山之内靖・永易浩一訳『イギリスの工場・日本の工場——労使関係の比較社会学』上・下，ちくま学芸文庫。）
遠藤公嗣，2005，『賃金の決め方——賃金形態と労働研究』ミネルヴァ書房。
濱口桂一郎，2011，『日本の雇用と労働法』日本経済新聞出版社。
本田由紀，2005，『若者と仕事——「学校経由の就職」を超えて』東京大学出版会。
本田由紀，2008，『「家庭教育」の隘路——子育てに脅迫される母親たち』勁草書房。
本田由紀，2010，「日本の大卒就職の特殊性を問い直す——QOL問題に着目して」苅谷剛彦・本田由紀編『大卒就職の社会学』東京大学出版会，27-59。
稲上毅編，1999，『講座社会学6　労働』東京大学出版会。
苅谷剛彦，2008，『学力と階層』朝日新聞出版。
小林雅之，2008，『進学格差——深刻化する教育費負担』筑摩書房。
近藤博之・古田和久，2011，「教育達成における階層差の長期趨勢」石田浩・近藤博之・中尾啓子編『現代の階層社会2　階層と移動の構造』東京大学出版会，89-105。
今野晴貴，2012，『ブラック企業——日本を食いつぶす妖怪』文春新書。
小杉礼子・原ひろみ編著，2011，『非正規雇用のキャリア形成——職業能力評価社会をめざして』勁草書房。
熊沢誠，1993，『新編　日本の労働者像』筑摩書房。
中澤渉，2014，『なぜ日本の公教育費は少ないのか——教育の公的役割を問いなおす』勁草書房。
竹ノ下弘久・裵智恵，2013，「子どもの成績と親のサポート」渡辺秀樹ほか編『勉強と居場所——学校と家族の日韓比較』勁草書房，40-71。
竹内洋，1995，『日本のメリトクラシー』東京大学出版会。

第7章

都市と地域社会

新　雅史

キーワード

社会解体論，人間生態学，アーバニズム，都市の下位文化理論，結節的機関，自然村，イエ連合，構造分析，集合的消費，アーバン・マネージャー，世界都市

1　人口減少とコンパクトシティ

　21世紀の日本は人口減少という大きな課題に直面しており，そのなかで，いかに地域を維持・管理するかという問題が浮上している。日本政府が2014年に発表した「国土のグランドデザイン2050」によれば，現在，約38万 km^2 の国土のうち約18万 km^2 で人が居住しているが，将来人口推計では，2050年にその約6割で人口が半分以下となり，約2割で人が住まなくなるという。このデータから危惧されるのは「地域消滅」である（国土交通省 2014）。それだけでなく，空き家の増加，小中学校の統廃合，商店街やスーパーの消滅による「買物難民」の存在など，地域をめぐる課題が噴出しているのが現状である。

　こうした課題の背景には市街地の過度な拡がりがある。再び国土交通省の資料によれば，長野県飯田市では，1960年と2005年で人口はほぼ変わらないが，市街地（人口集中地区）は4倍も拡大した。ここまで極端でなくても，人口にくらべて市街地の拡がりが目立つ地域が多い（国土交通省 2013）。市街地が拡がると上下水道・道路や公共施設といったインフラの維持管理に多くの費用がかかる。こうしたなかで政府は，人口減少のもとで各種サービスを効率的に提供するためには市街地を集約（コンパクト）化することが不可欠だと主張する（国土交通省 2014）。

人口が減少しているのだから都市の縮小も仕方がないのでは。そう考える人は多いだろう。しかし，ここで考えるべきは，コンパクト化の中身である。たとえば，東京の都心部では，いままでにないスピードで超高層ビルが建設されている。それはコンパクト化なのか。また，コンパクト化とは郊外市街地の放棄を意味しているのか。

　ここで述べていることはマクロな問題であると同時に，一人一人に突きつけられたミクロな問題でもある。私たちはどの地理的な範囲を「大切な地域」と考えるのか。私たちは，その「大切な地域」にどれだけのコストをかけることができるのか。そして，「大切な地域」を維持していくために，誰と，どの地域と，つながっていけばよいのか。以上のことを，マクロな趨勢を踏まえつつひろく議論する必要がある。

　本章では，「都市の拡大」が終焉を迎えつつあるなかで，都市・地域をいかに考えればよいかという点について，社会学の方法・視点を確認する。その際，①19世紀から20世紀の欧米社会における過密化と郊外化，②日本の高度経済成長と工業都市の勃興，③オイルショック以降の世界的な都市変容，という状況を踏まえて，都市・地域理論を紹介する。

2　都市の成長と都市の空間構造

都市と原子化

　都市にはいつも人が溢れている——この圧倒的な事実を，スペインの批評家であるオルテガ・イ・ガゼットは次のように強い危機感でもって受け止めていた。

> 　都市は人で満ち，家々は借家人で満ちている。ホテルは泊り客で，汽車は旅行者で，喫茶店はお客で，道路は歩行者で満ちている。有名な医者の待合室には患者があふれ，映画，演劇には，出し物がそれほど時代おくれのものでないかぎり，観衆がむらがり，海浜は海水浴客であふれている。以前には問題にならなかったことが，つまり，空いた場所を見つけるということが，いまや日常の問題になり始めているのである。（Ortega 1930＝1995：12）

この現象は18世紀のイギリスで目立ち始め、その後、世界中にひろがる。イギリスでは、農業就業人口は18世紀中頃は7割程度だったのが1831年に24.6%に低下した。その一方で、19世紀中頃の都市人口は総人口の75%までに達した。

ただ、オルテガは、人口の過密だけを問題にしたわけではなかった。彼が注目したのは価値の激変である。都市に集中した大衆は権利ばかりを主張して自らに要求することが少なく、伝統的な文化を堕落させている。大衆は、その定義上、自らを指導することができないのに、政治や経済の表舞台にあらわれる。また、文化面でも、自分の希望と好みを社会に押しつける。こうした大衆が跋扈する舞台こそが都市であるというのだ。

他方、ドイツの社会学者であるゲオルグ・ジンメルは、20世紀はじめに、人とモノが大都市に集中することで大都市の刺激が高まっていると指摘した。大都市への人口集中は、農村が困窮したこともあるが、それ以上に、大都市が人々を吸引させる魅力を持っていたからである。ただ、大都市の刺激は、人々から自律性や個性を奪い取るおそれがある。そのため、大都市の人々は自己の殻を強くするが、それは他人への無関心につながる。つまり、ジンメルは、大都市の持つ磁力が人々に自由と孤立の感覚を同時にもたらすと考えたわけである（Simmel 1903=1976）。

オルテガとジンメルは、その論のニュアンスは異なるが、前近代的な固いつながりがくずれて人々の原子化が進むという点で、同じ見立てをしていた。こうした不可逆的なプロセスが集約的に現れる場として都市を捉えたのである。

原子論から人間生態学へ

こうした見方を引き継いだのが、シカゴ大学の研究グループであった。その代表的論者であるロバート・エズラ・パークがいうには、産業化と都市化によって家族、近隣といった古い型の社会統制が弱まっているが、その象徴が、大都市の商業地区の周辺である。そこには、老朽化した住宅が残っていて、貧困、売春、犯罪がうずまく。パークは、スラム地区は、都市が成長する際に不可避的に生じた「社会的な廃棄物」であるという（Park 1936=1986）。

だが、パークの先駆性は、さきほど引用したオルテガのように、都市化が社会を一方的に解体させると考えなかったことだ。都市では、「古い諸制度が弱体化したり修正されたり消滅したりするとともに、新しい諸制度が誕生する」というのである（Park 1936=1986：30）。

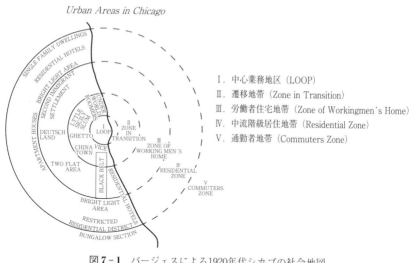

図7-1 バージェスによる1920年代シカゴの社会地図

　こうしたパークの考えを明確にあらわした概念が，**コミュニティとソサエティ**であった。このふたつの概念に，パークは独特の意味を込めた。彼によれば，コミュニティとは無意識的な競争の結果として形成される共生的秩序のことである。対して，ソサエティはコミュニケーションと合意によって意識的に作り出される道徳的秩序のことである。

　このうち，パークが重要視したのはコミュニティ概念であり，そこから次の方法が導きだされた。それが**人間生態学**（Human Ecology）である。この方法は，植物生態学の「植生」（どんな場所にどんな植物が生えているか）がヒントになって構想された。人間も，植物と同じように，限られた資源のなかで競争を行い，住み分けを行う。その住み分けは，人々の相互依存・共生的関係（＝コミュニティ）に基づく。かつ，その住み分けは，地理的分布として地図上に表現できる。このような社会現象を地図化したものを**社会地図**と呼ぶ。そして，その最も有名なモデルが，パークの同僚であったバージェスによる**同心円地帯理論**だった（Burgess［1925］1984＝2012）。バージェスの同心円地帯理論を図示したものは図7-1の通りである。

　同心円地帯理論は，20世紀はじめのシカゴにおいて人々の共生関係がいかに再編成されたかを説明するものであったが，より一般化した命題として重要なことは次の点となる。それは，中心の近くに移民を中心とした貧困層がつどい

（遷移地帯），都市の外周部に豊かな層がつどう（通勤者地帯），ということだ。同心円地帯理論とは，都市が成長するにしたがって高階層の住民が**郊外**に移動する，というモデルの提示だった。

都市の拡大と郊外化

　バージェスのモデルは，人口増加にともなって都市空間がいかに構造化するかという問いに対するひとつの答えとなっているが，そのモデルにはひとつの仮説が隠れている。

　すなわち，人口密度が高まれば，その過密の状況をきらって新たな居住地を獲得するための競争がおきる。ただ，中心部すぐ近くの土地は，老朽化した建物・道路をすぐには改善できないため，貧困層や移民が住む場所となる。では，そこから出て行くものはどこに住むのか。それは都市の外周部である。そこには住宅に特化した空間（＝郊外）が作られる。また，勤務地への移動のために，鉄道や高速道路といった近代的な交通機関が発達する。

　以上のように，バージェスは，都市構造の分化をあたかも自然現象のように捉えたが，そこには，都市の過密に対する都市計画の理念があった。ここではその理念として，エベネザー・ハワードの「田園都市」（Howard [1898] 1902＝1968）とル・コルビュジエの「輝く都市」（Le Corbusier 1946＝1968）のふたつを概観しておこう。

　「田園都市」とは，過密化したスラムや腐敗した街区の人々を，低密度の独立都市へと移動させるという計画理念である。ハワードは，田園都市を，都市と田舎の結婚であるという。都市には仕事や娯楽はあるが，不潔な空気と暗い空ばかりで，人々も孤独である。一方，田舎には新鮮な空気はあるが，娯楽が欠如し，都市のような社交もない。両者の長所を取り出したのが「田園都市」というわけだ。ただ，この考えも，独立都市の建設にほとんど向かわず，都市周辺部における郊外建設に用いられた。

　一方，ル・コルビュジエの「輝く都市」は，高層の街をつくることでオープン・スペースを確保して幅広い街路を整備し，自動車と歩行者を分離しようというものである。その考えは高密度な街を肯定しているように見えるが，空間を垂直に増やして土地利用をゆるやかにするという点で，ハワードと同じく低密度な快適さを求めていた。

　ハワードは「横の空間拡大」によって，ル・コルビュジエは「縦の空間拡

大」によって，高密な状況を改善しようとした。ただ，先進諸国における住宅整備として進んだのは高層化よりも郊外化であった。高層化を行うには一定の敷地が必要である。つまり，狭あいな敷地を集約しなければならない。だが，そのためには権利者を調停するための膨大なコストがかかるのである。

3 都市はコミュニティを衰退させているのか

アーバニズム論

　シカゴ学派の都市論には，地理的・空間的な議論にとどまらず，人々の心理面から都市の影響を捉えようとするパースペクティブがある。シカゴ学派の初期指導者だったパークは，都市を，単なる個々人の集まりでも街路や建物の集まりでもないという。都市とは，心の状態であり，伝統や慣習の集合体であり，人々の態度や感情の集合体である（Park 1936＝1986）。以上の観点に基づけば，都市の拡がりは，人々の生活と意識にいやおうなしに影響を与える。

　このパークの見立ては，ルイス・ワースの**アーバニズム論**に引き継がれる（Wirth 1938）。ワースがいう「都市」とは，人口規模が大きく，人口密度と異質性の高い空間のことであるが，都市が拡がることで地理的な変化が起きると同時に，社会集団，および人々の心理に変化が生じる，という。

　具体的に見よう。①地理的な変化として，住み分け，土地利用の分化が起きる。そのことで，多様なライフスタイルが併存するようになる。②社会集団の変化として，家族・親族など伝統的な社会集団の絆が弱くなる。その結果，人々は，生活を市場に依存せざるをえなくなり，また，マスメディアの影響力が強くなる。③心理面として，無関心・孤独・不安が増える。都市の匿名性は，人々を自由にするが，参加の感覚を失わせる。

　総じていうと，ワースの議論は，都市度の高まりに応じて第一次的接触（親族・地域集団における対面的関係）が衰退し，第二次的接触（非人格的・間接的・功利的な関係）が増加する，というものだった。こうした立場を後の論者は**社会解体論**と呼んだ。

社会解体論への批判

　パーク以来，シカゴ学派の社会学者は，都市化の影響に基づく社会解体に注目してきたが，一方で，都市における新たな文化に着目して厚い記述を積み重

ねてもいた。たとえば，都市の寄せ場に集まる野宿労働者についての研究，ダンス・ホールの客と踊り子たちの織りなす空間についての研究などである。こうした事例は，ありふれた人々が規範と文化を刷新した例としても読み解くことができるはずだった。ワースのアーバニズム論は，明快な理論化という点でシカゴ社会学のひとつの達成であったが，一方で，その整理によってシカゴ学派の豊かな実証研究という資産を切り落とすという問題を生じさせた。

　こうした観点からのワースに対する批判的論者として，ウィリアム・F・ホワイトとハーバード・J・ガンズを挙げておこう。

　ホワイトは，ボストンのスラム地区（「コーナヴィル」という仮名で呼ばれる）においてイタリア系移民の非行青少年グループへの参与観察を行い，社会解体の象徴に見えるコーナヴィルが，じつは，高度に組織化された地域であることを明らかにした。コーナヴィルの非行グループは，家庭，近隣社会，職場に寄りつかず，喫茶店，バー，ボウリング場，公園などをたまり場にしている。それは，外部からみれば無法者のふるまいに見えるが，じつは決まったルールに基づいて行動している。実際，彼らは，毎晩，同じ時間に，同じカフェやバーにつどって，同じ席を占拠する。また，できる限り友人を助ける，という規範もある。よって，コーナヴィルを無秩序と見なすことはできない。ホワイトがいうには，コーナヴィルの問題は，青少年が，外部の社会構造や価値観とうまく調和できないことにある。それに加えて，外部からは「イタリア系移民」という劣位のラベルが貼られている。こうした状況のために一部が逸脱行動に走っている，とホワイトは指摘した（Whyte [1943] 1993＝2000）。

　ホワイトと同じように，都市生態学に依拠したシカゴ学派都市社会学に対して反論を提示したのがコロンビア大学出身で都市計画も学んでいたハーバード・J・ガンズであった。ガンズは，『都市の村人たち』（Gans [1962] 1982＝2006）において，イタリア系移民が親類関係や第一次集団を重視しながら生活を送っている姿を，イキイキとした筆致で描写した。調査地であったボストンのウェストエンドは，匿名性に欠けていて，公的機関の存在感が弱い。また，そのコミュニティに変化を与えようとする圧力には，ハッキリとした抵抗を見せる。都市計画家や行政は，こうした第一次集団を重視した生活様式こそ「スラム」の特徴とみなして，ウエストランドの再開発を断行したのだった。ここには何を「スラム」と考え，何を改善の対象とするか，という点をめぐってのあつれきがある。バージェスは，都市が構造化するプロセスを自然現象のよう

に論じたが，ガンズは，都市を権力の闘争場として描いたのである。

　ガンズは，ウェストエンド以外にも，郊外化の圧力に対して抵抗力を持つコミュニティが存在すること（ガンズは「社会的文化的停泊地」と呼んだ）を指摘した。こうした知見をもとに，ガンズは，ワースの「都市度の高まり→都市的生活様式」という図式ではなく，経済的条件と生活周期こそが生活様式を説明すると反論した。それは，都市変数はそれほど重要でないという，都市社会学の否定にもかかわる言明であった。

都市の下位文化理論

　こうしたホワイト，ガンズの立論に対して，ワースの議論を批判的に継承しつつ都市社会学を再構築したのが，クロード・S・フィッシャーであった（Fischer 1975＝2012）。

　フィッシャーがいうには，ガンズが指摘するように階級やエスニシティは重要であるものの，人口規模と密度があることで都市には多様な下位文化が生まれる。人口が1万人の街と1000万人の街のどちらで趣味的コミュニティが成り立ちやすいかを考えれば，フィッシャーの主張はすぐに了解できるだろう。こうした，都市度が高いほど下位文化が成立するという仮説のことを**都市の下位文化理論**と呼ぶ。フィッシャーは，これらの下位文化のあいだでは共通する社会通念が成立しにくい（それを「非通念性」と呼ぶ）という。この理論は，接触可能な人口量が多くなるとコミュニティが衰退するというワースの立論と異なるし，人口量が高まってもコミュニティの抵抗力は高いままであるというガンズの議論とも異なる。フィッシャーの議論は，都市変数の重要性をあらためて再認識させたという点で，都市変数を重視する社会学者に大きな影響を与えた。

4　日本の都市・地域研究

村落研究と社会構造

　さて，ここまでシカゴ学派を中心に都市社会学の流れを見ていったが，日本では，シカゴ学派の知見から一定の距離をとる論者も少なからずいた。その理由に，日本の都市論が村落研究の影響を受けつつ発展したという経緯がある。

　村落研究というと，人口の乏しい地域をフィールドにした研究だと思われがちだ。しかし，そこには，村落の構造から全体社会の基底を探るという問題関

心があった。ここでは，そうした関心に基づく研究として，(α)自然村，および(β)イエ連合，について整理しておこう。

自然村とは，鈴木栄太郎が提唱した概念である（鈴木 1940）。彼によれば，村落とは社会集団と社会関係が地域内に蓄積されることで成立した社会的統一体である。村落がまとまりを持つのは，人々が当該地域に関心を持ち，その地域に何らかの働きかけを行い，その関心と働きかけを持続させるからである。鈴木によれば，それを支えるのは「村の精神」という社会意識である。鈴木はこうした社会意識を有する共同体を「自然村」と呼び，行政の枠組みである「行政村」と区別した。アメリカの社会学者であるマッキーヴァーはコミュニティを「心的なもの」と定義したが，鈴木の議論はこれに近い。

次にイエ連合であるが，「イエ」とは，親族関係をベースに生業・資産管理を行う持続的な関係のことである。日本の村落では，生活を維持するため，イエどうしが協力しあっていた。有賀喜左衛門はこうしたイエの連合を「同族団」と「組」のふたつに類型化して論じた（有賀 [1948] 1969）。同族団は，本家 – 分家といった身分的主従関係を持つ，イエの連合体である。具体的にいえば，本家は分家の創設に際して財産を分与し，イエが自立するための援助も惜しまない。その恩に報いるべく分家は，本家の繁栄のために労力を差し出す。その一方で，組は，同族団に比べれば平等的なイエのつながりであり，宗教的行事の実施や資産の共同管理のために形成されるものである。また，福武直は有賀の議論を発展させて，イエ連合を「同族結合」と「講組結合」に類型化した。福武は，イエの独立性が高い西日本では「講組型」が多いと指摘したが，それは，生産力の格差が関係しているという（福武 1949）。

村落研究から地域構造分析へ

こうした全体社会の基底を探ろうとした村落研究は，後の都市論に大きな影響を与えた。

鈴木栄太郎は戦後，都市研究に踏み出し，都市を「逸脱」から捉えようとするシカゴ学派の視点は一面的であるとして，「正常人口の正常生活」からの都市を把握しようとした（鈴木 1957）。それは，都市＝異常，村落＝正常，という見方から距離をとるためであった。

以上の視座から鈴木がたどり着いたのが**結節的機関**という概念であった。鈴木がいうには，都市も村落もひとつの集落であるが，社会的な交流をになう組

織や拠点（＝結節的機関）があるかどうかに違いがある。社会的な交流とは，商品流通，交通通信，娯楽などがある。こうした結節機関にはヒエラルキーが存在していて，それが都市の関係を決める。たとえば，デパートでいえば本店と支店であり，行政機関（裁判所）であれば最高裁判所－高等裁判所－地方裁判所，という具合である。この議論に基づけば，東京や大阪といった大都市は人口や異質性だけでなく，上位の結節的機関が存在するという点で他都市と質的な違い（よりいえば，「支配 － 被支配」）がある。

　鈴木栄太郎のマクロな関心は後続の研究者に強く影響を与えた。戦後の村落社会は，農地改革にはじまり，若手労働力の農村から都市への流出，農業生産過程における機械化の進展など，はげしい変容を経験した。村落と都市の（不均等をともなう）変動を分析することが，当時の若手社会学者にとっての実践的課題になったのである。

　以上の時代背景のもと，鈴木広は，戦後急速に増加した第二次産業中心の都市について総合的分析を行った（鈴木 1959）。鈴木によれば，おなじ産業都市といっても明治維新以後に産業都市に変貌したタイプ（A型）と幕政期からの産業都市のタイプ（B型）とで異なるし，巨大工場が存在して都市経済を掌握するタイプ（α型）と複数の工場が併存するタイプ（β型）とで異なる。以上から，「Aα型都市」の岩手県釜石市（富士製鉄の釜石製鐵所が立地）を対象に，財の生産と流通をめぐる経済過程と，政策形成と執行プロセスの政治過程，経済過程と政治過程をつなぐ社会集団や政治意識の媒介過程，という3つのフェーズで，地域社会の全体構造を明らかにした。

　また，島崎稔を中心とする研究グループは，マルクス理論に基づき，農村共同体の解体と近代産業都市の成立とを，矛盾と軋轢をはらんだ一連のプロセスとして捉えようとした。具体的には，都市社会においていかなる階級構造が生成されているか，また，共同体を欠いた都市居住者が生活を成り立たせるためにいかなる社会集団・社会関係を取り結んでいるかを，地域社会構造としてあぶりだした（島崎・北川編 1962など）。

　加えて，似田貝香門は，地方自治体の財政分析を行うことで，階層・階級に依拠した社会集団が補助金などを通じて行政部局といかに連結しているか，また，行政の支援によって地縁組織の再生がはかられたり，住民運動が組織化されるプロセスについて詳らかにした（似田貝 1983）。

　以上，農村社会学に出自を持ちつつ，都市・地域社会の構造変容に注目をし

て総合的・包括的分析を行った研究群のことを**構造分析**と呼ぶ。これらの研究は，日本における資本主義の展開が地域の社会構造をどう変化させたかについて強い関心を持っていた。この研究潮流は日本に「地域社会学」という領域を形成させるが，現在，「構造分析」と言えるほどの大がかりな調査はほとんど行われていない。そのため，都市社会学と地域社会学の違いは不明瞭になりつつある。

5 都市の政治経済的分析

郊外の拡大と新都市社会学

日本における「構造分析」と類似した問題関心は，欧米の社会学にもある。そこでの関心は，現代の資本主義を支えるにあたり，各地域社会でいかに公共財や住宅が分配されているのかということだった。

たとえば，マニュエル・カステルは，都市を**集合的消費**から分析しようとこころみた。集合的消費とは，道路，住宅，公園，文教施設など，生産活動や生活環境の基盤をなす社会的施設のことである。共同体が崩壊した近代では，中央政府が住宅などの消費手段を共同化することで，企業や世帯のコストを下げようとこころみた。わかりやすい例としては国家主導による郊外の団地整備がある。国家が市民や企業のかわりに消費手段を整備することはよいことに思うだろうが，カステルによればそこにはふたつの問題があった。

第一は，国家が「日常生活のマネージャー」となる問題である。国家は都市計画に基づいて日常生活の基盤を整備しようとするが，それが人々の実際の必要に対応しているとは限らない。郊外建設では，行政が想定した生活と，市民が送る生活とのギャップが浮き彫りになるのである。第二は，国家の財政負担の問題である。国家が日常生活の基盤を整えることで企業や世帯はコストを負担せずに済んでいるが，それは，国家に重い財政負担を突きつけることになる。そして，国家がその負担に耐え切れなくなったとき，一部の市民層に負担が生じることで，社会にあつれきが起きる。そして，そうした矛盾をきっかけにして，都市に新たな社会運動が生まれるという (Castells 1977＝1984)。

また，イギリスの社会学者であるレイ・パールは，社会生活を営む上での「必要」な財がどのように配分されるかは，国家というよりも地方自治体の裁量が大きいという。たとえば住宅供給の場合，どの土地を用いて住宅を整備す

るのか，またそこで用意された住宅をどういった基準で分配するかはそれぞれの地域で調整をはかる必要がある。こうした調整を行うのが「アーバン・マネージャー」である。それゆえ，アーバン・マネージャーがいかなる決定権を持つのか，またいかなる政治的イデオロギーを有しているかが地域の資源分配を決定する上で重要となる，とパールは指摘した（Pahl 1975）。

　カステルとパールの議論の特徴は，都市変数を重要視するシカゴ学派から距離をとって，政治・経済的な変数を明示的に取り入れたことだった。こうした研究潮流を**新都市社会学**と呼ぶ。その潮流の背景には，国家主導による郊外の急速な拡大があった。郊外開発は20世紀初頭から進められていたが，大規模に展開したのは大規模団地の開発が進む第二次世界大戦後のことであった。こうした状況下で，集合的消費やアーバン・マネージャーという概念が醸成されたわけである。

インナーシティ問題への対応

　第二次世界大戦後，急速な郊外開発の一方で**インナーシティ**の問題が浮上する。インナーシティとは，狭あいな敷地に住居，店舗，工場などが渾然として低開発となった地区のことである。日本でも，第二次世界大戦後からオイルショックごろまで，都市の外周部で開発が進む一方旧市街地において「インナーシティ」の衰退が目立った。東京圏の人口密度は，1920年から1965年のあいだで，下町の台東区では436人／ha→284人／ha と減り，郊外の横浜市が15人／ha→45人／ha と増えた。かくして，大都市の中心部では，地価は上昇するものの狭あいな敷地や道路が残り，良好な商環境・住環境をつくることができずに空洞化が進むことになる。

　こうしたインナーシティ問題に対して，アメリカでは1950年代から大規模な商業施設（ショッピングセンター）を設けて再生を図ろうという動きが生まれた。ショッピングセンターには，建物のデザインや売り場の配置などをトータルマネジメントできるメリットがある。魅力ある商業施設ができたならば，それは街の顔になり，周辺の住民も足を運んで「危険と荒廃」のエリアも改善されると，都市計画家は考えた。

　一方，ジャーナリストであったジェイン・ジェイコブズは次のように語る。活気ある地域をつくるには以下の4つの条件が必要である。①ふたつ以上の機能（住宅と商業など）は混ざり合うべき，②細く曲がった路地で囲まれたブロッ

クを設けるべき，③多様な人が住んだり事業ができるように低家賃の古い建物を残すべき，④活気の源である人口密度は高いままにすべき。これら4つの条件は，ショッピングセンターのような既存市街地の再開発とは真っ向から対立する。それは，商業，住宅，ビジネスだけに特化した空間を作るからだ（Jacobs 1961＝2010）。

　ジェイコブズの議論は，インナーシティにおける過度な開発に対して一定の抑止力を持ったが，オイルショック前後を境にして，ジェイコブズの主張と矛盾しない都市再生が進んだ。その例としてニューヨーク市のソーホーを挙げよう。ソーホーはもともと零細工場や倉庫が集まっていた地区であったが，家賃が安かったこともあり，1960年代ごろから芸術家が未利用の倉庫をアトリエに改装しはじめる。こうして文化の発信地となったソーホーは1980年代にはニューヨークの観光名所となって，高級路面店が出店することになる。結果，ソーホーの地価は上がっていき，資金のない芸術家だけでなく，古くからの貧しい住民もソーホーを出て行かざるを得なくなった。こうした，低家賃地区のインナーシティが古い街並みのまま家賃が高くなり，それまでの住民・事業者が出て行ってしまう現象をジェントリフィケーションと呼ぶ。東京，大阪，京都といった大都市インナーシティのまちづくりは，外部からの資本が急激に流入しやすいため，ジェントリフィケーションの問題にたえず晒されている。

オイルショック以後のグローバル化と「世界都市」
　こうした中心部の空洞化と郊外化という問題に加えて，オイルショックをきっかけにした経済構造の変化が，先進国の都市構造に大きな影響をあたえる。オイルショックは先進国の物価を上昇させて，世界は低成長の時代に巻き込まれていく。それと同時に，生産拠点の海外移転が進展する。
　イギリスを典型として，製造業が凋落するなかで，先進国では国家主導で金融，情報，サービス業などの「高度サービス部門」を集積させようとする動きが起こる。また，製造業の海外移転にともない，グローバルな管理部門が必要となる。そうしてこうしたグローバルな管理部門が集積しているのが，サスキア・サッセンのいう**世界都市**である。「構造分析」は，近代化・産業化にともなって国内における都市のヒエラルキー化が進むことを指摘したが，サッセンは，オイルショック以後，資本主義の変容により，世界の諸都市がグローバルな規模でヒエラルキー化すると指摘した（Sassen［1991］2001＝2008）のである。

こうしたグローバル化の影響を受けた日本の大都市として大阪がある。オイルショック以前まで，国内製造業の本社部門が集積していた大阪は，製造業の海外移転にともなうグローバル化によって，相対的な地位低下をこうむった。また，大阪に集積していた本社部門も，グローバルな管理部門が要請されるなかで，東京への移転が相次いだ。サッセンが指摘するグローバル化の圧力は，オイルショックから40年以上経つ現代において弱まるどころか強まっている。

6　都市・地域研究の課題

都市と地域社会にかかわる社会学的研究として本章で紹介した内容は，おおきく次の3つの論点に整理できる。

1. 「都市は人を原子化させる原理である」（シカゴ学派など），あるいは「都市にも豊かなコミュニティが存在している」（ガンズなど）という論点。
2. 「近代化・産業化は国内の諸都市をヒエラルキー化する」（鈴木栄太郎など），あるいは「現代の資本主義は，住宅や公共財の分配といった，公共による地域介入によって支えられている」（カステルなど）という論点。
3. 「オイルショック以後，国内だけでなくグローバル経済の構造に諸都市が直接的な影響を受けていく」（サッセン）という論点。

第一の論点は，都市問題のベーシックな対立点である。ただ，この論点は，都市を独立した領域としてみなすという問題がある。第二の論点は，都市を国内の経済構造と関連させて捉えるべきというものであり，公共の都市政策も，資本主義との関連のなかで理解すべきであるという見方である。第三の論点は，オイルショック以後は，グローバル経済の文脈を踏まえないと都市の現代的な変化は理解できない，という考えである。オイルショック以前は国家内の経済分業によって都市が成立していたのに対して，オイルショック以後はグローバルな経済分業のなかで都市が再編成されているという見方である。

冒頭に述べたように，現代の日本は，人口減少という課題に苛まれるなかで，各都市が生き残りをはかるべくコンパクトシティを推進している。一方で，都市としての魅力を高めるべく，都市間競争も激しくなっている。

各都市が創意工夫で競争を行うことは重要なことである。しかし，全体構造に対する関心を見失ったまま，個々が「まちおこし」や「まちづくり」という名のもとに競争しても，マクロとしては失敗に終わる可能性が高い。現代社会における都市の連結のあり方を踏まえた取り組みでなければ，それぞれの地域・都市の孤独な闘いになるからである。そして，こうした孤立した地域・都市観のなかで全国一律にコンパクト化しても，やはり事態は改善しない。

また，あらためて議論すべきは，「地域」や「都市」とは何かという根源的な問いであるように思う。コンパクトシティというが，人口100万人と人口1万人の街にそれぞれ「中心」を置くという発想に問題はないのか。そこには，自治体の地理的範囲を都市とみなす錯誤はないだろうか。また，「中心」をテコ入れするのはいいが，すでに拡がった市街地を，誰がどのように管理していくのか。こうした問いは，結局，「都市」とは何であり，他者と共有しうる「地域」が何か，そして誰が管理者なのか，という問題に行き着く。人口減少と行政の財政難という状況のなか，以上の問いはいっそうの切実さを持つにちがいない。

文献

有賀喜左衛門，［1948］1969，「都市社会学の課題」『有賀喜左衛門著作集Ⅷ　民俗学・社会学方法論』未來社，145-203。

Burgess, Ernest, [1925] 1984, "The Growth of the City: An Introduction to a Research Project," Robert E. Park and Ernest Burgess eds., *The City: Suggestions for Investigation of Human Behavior in the Urban Environment*, University of Chicago Press.（＝2012, 松本康訳「都市の成長——研究プロジェクト序説」松本康編『近代アーバニズム』日本評論社，21-38。）

Castells, Manuel, 1977, *La question urbaine*, François Maspéro.（＝1984, 山田操訳『都市問題』恒星社厚生閣。）

Fischer, Claude S., 1975, "Toward a Subcultural Theory of Urbanizm," *American Journal of Sociology*, 80: 1319-1341.（＝2012, 広田康生訳「アーバニズムの下位文化理論に向かって」森岡清志編『都市空間と都市コミュニティ』日本評論社，127-164。）

福武直，1949,『日本農村の社会的性格』東京大学協同組合出版部。

Gans, Herbert J., [1962] 1982, *The Urban Villagers: Group and Class in the Life of Italian-Americans*, Updated and Expanded edition, Free Press.（＝2006, 松本康訳『都市の村人たち——イタリア系アメリカ人の階級文化と都市再開発』ハーベ

スト社。)

Howard, Ebenezer, [1898] 1902, *Garden Cities of To-morrow : A Peaceful Path to Real Reform*, Swan Sonnenschein & Co.（=1968, 長素連訳『明日の田園都市』鹿島出版会。)

Jacobs, Jane, 1961, *The Death and Life of Great American Cities*, Random House.（=2010, 山形浩生訳『アメリカ大都市の死と生』鹿島出版会。)

国土交通省, 2013, 『国土交通省におけるコンパクトシティの取組について』国土交通省。

国土交通省, 2014, 『国土のグランドデザイン2050——対流促進型国土の形成』国土交通省。

Le Corbusier, 1946, *Manière de penser l'urbanisme*, Clermont, Éditions de l'architecture d'aujourd'hui, coll. «Ascoral».（=1968, 坂倉準三訳『輝く都市』鹿島出版会。)

似田貝香門, 1983, 「地域政策と都市の社会的編成」蓮見音彦編『地方自治体と市民生活』東京大学出版会, 429-459。

Ortega y Gasset, 1930, *La Rebelion de las Masas*.（=[1967] 1995, 神吉敬三訳『大衆の反逆』ちくま学芸文庫。)

Pahl, Raymond E., 1975, *Whose City ?*, 2nd ed., Penguin.

Park, Robert E., 1936, "Human Ecology", *American Journal of Sociology*, 42 (1): 1-15.（=1986, 町村敬志・好井裕明編訳『実験室としての都市——パーク社会学論文選』御茶の水書房, 155-180。)

Sassen, Saskia, [1991] 2001, *The Global City : New York, London, Tokyo*, Princeton University Press.（=2008, 伊豫谷登士翁監訳『グローバル・シティ』筑摩書房。)

島崎稔・北川隆吉編, 1962, 『現代日本の都市社会』三一書房。

Simmel, Georg, 1903, "Die Grossstädte und das Geistesleben," *Brücke und Tür*, 1957, SS. 227-242.（=1976, 居安正訳「大都市と精神生活」『橋と扉 ジンメル著作集12』白水社。)

鈴木栄太郎, 1940, 『日本農村社会学原理』時潮社。

鈴木栄太郎, 1957, 『都市社会学原理』有斐閣。

鈴木広, 1959, 「都市研究における中範囲理論の試み」『社会学評論』9 (3): 26-43。

Whyte, William Foote, [1943] 1993, *Street Corner Society*, 4th ed., University of Chicago Press.（=2000, 奥田道大・有里典三訳『ストリート・コーナー・ソサエティ』有斐閣。)

Wirth, Louis, 1938, "Urbanism as a Way of Life," *American Journal of Sociology*, 44 (1): 1-24.

第8章

社会運動

本郷正武

> **キーワード**
>
> 薬害，資源動員論，良心的支持者，「新しい社会運動」論，集合的アイデンティティ

1　社会運動へのさまざまなアプローチ

個から集合へ

　近年，子宮頸がんの原因となるHPV（Human Papilloma Virus）の一部に対応するワクチンの接種が原因とみられる激しい頭痛やけいれん，視覚障害などの副反応問題が数多く指摘されている。この副反応は診断名がまだないために，国による救済策はおろか，まともな医療も提供されていない。副反応問題は，かつての**公害**問題や**薬害**問題と同じように，訴訟運動による問題開示とその解決という道をたどるのであろうか。言い方を変えれば，個人の病いが集合的な社会運動（social movement）へと転換する，医療をめぐる論争（contestation）を私たちは目撃していることになる。

　本章では，社会運動を「変革／防衛を目的とする非制度的な組織的活動」と暫定的に定義した上で，社会運動が持つ多様な側面とそれらを考察するためのさまざまな理論や分析概念の変遷を紹介する。この定義は，「その使用者に，経験的な事例にアプローチする際に，どこを参照するかとか，どのように接近するかというような概括的な意味を与える」（Blumer 1969＝1991：192）という**感受概念**（sensitized concepts）としてまずは理解してもらえればよい。

多様なかたちをとる社会運動

アルベルト・メルッチは集合行為（collective action）を，①連帯（solidarity）／寄せ集め（aggregation），②コンフリクト／合意，③システムの限界の突破／システムの限界の維持，という3つの次元から分析することを提案する（Melucci 1996：22-33）。①は，目的の共有やわれわれ意識（we-consciousness）が形成されているか否かが問われる。先の例で言えば，自分がワクチンの副反応「被害者」であると自覚するのみならず，被害者の会の結成に協力し，参加することで帰属意識を持つようになれば，たまたま同じ場に居合わせただけの寄せ集めから連帯へと変化したことになる。②では，ある社会資源をめぐって，競合するのか，あるいは合意の下でルールや手続きに則って管理するのかの違いがある。HPVワクチンは国民の健康を守るための医薬品であるとされるが，副反応被害の訴えはワクチンの必要性を説く立場と鋭く対立し，コンフリクトを引き起こす。③は，政治体制や文化，伝統的な規範に改変を迫るものか否かに着目する。現行の医療体制を超えて，HPVワクチンの副反応を公的に認めさせ，救済策や治療体制を確立させるよう求める運動は，限界突破の動きである。これらのうち，①連帯＋②コンフリクト＋③システムの限界の突破の組み合わせが社会運動となる。他にも，3つの次元の組み合わせから合計8つのパターンが想定でき，これらの総称が集合行為となる（図8-1）。

次にハンスピーター・クリージによる社会運動組織の分類（図8-2）では，運動の目的が構成員や支援対象／政府当局に向かうのかという軸と，構成員が直接参加する／参加しないという軸で4象限に区分し，社会運動組織の変質を議論している（Kriesi 1996：154-157；角 2004：177）。この図で社会運動（組織）は右下の象限に位置づけられ，対当局指向を持ち，構成員の直接参加が要件となる。これはデモ行進や座り込みなどのような可視的な抵抗活動が想像しやすい。左下の象限の制度化（institutionalization）としては，反原発や環境保護を訴える社会運動が政党化した「緑の党」，あるいは全米ライフル協会のように表向きには敵対的な運動に訴えることはなくとも，アメリカ政治に隠然たる力を持つ利益集団（interest group）がある。左上の象限の商業化（commercialization）は，NPO法人（特定非営利活動法人）や社会福祉法人を設立することで，それまで個人の持ち出しで運営されていた当事者支援活動を社会サービスとして有償労働化していく動きが考えられる。さらに右上の自閉化（involution）は，同じ病いあるいは障害，子や肉親などの喪失経験を持った当事者からなる**セル**

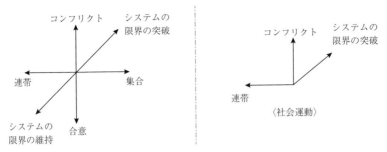

図8-1　集合行為の分析次元

出所：Melucci（1996）

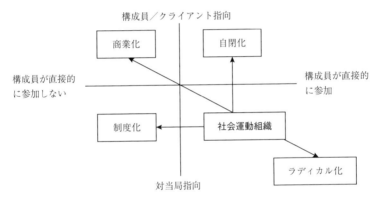

図8-2　社会運動組織の目標達成と行為レパートリーの移行類型

出所：Kriesi（1996）；角（2004）

フヘルプ・グループのような原則クローズドな組織がこれにあたる。セルフヘルプ・グループ自体は通常，対当局的な活動を展開しないが，早期の乳がん検診を訴えるピンクリボン運動のように，社会啓発を訴える社会運動を行うこともある。最後に，右下奥のラディカル化（radicalization）は，投票行動や行政手続きにしたがう制度化の真逆を行くような，敵対的で過激な運動形態に進むことを指す。

　このように社会運動とは，さまざまな集合行為の一形態であると同時に，抵抗活動だけにとどまらない各種活動や組織形態を持っていることになる。

2　合理性／非合理性への着目
　　　　——集合行動論と資源動員論——

非合理性に着目する（伝統的）集合行動論

　スポーツイベントでは競技レベルのいかんにかかわらず，ある「熱狂」を観客に引き起こし，他の観客と一時的にせよ一体感を味わえることもある。その一方で，ブーイングが渦巻いたり，観客同士で小競り合いが始まったり，果てには選手・関係者にも危害が及ぶような事例もある。とくにサッカーではフーリガンと呼ばれる一団による騒乱が頻発していて，人種差別チャント（chant：かけ声）や発煙筒の投げ込みなどの危険行為が問題視されている。このようなフーリガンは1960年代イギリスで急激に増加したことが指摘され，「乱暴な男性の労働者階級」による集合行為と名指されてきた（Elias and Dunning 1986＝[1995] 2010：352-355）。（伝統的）**集合行動論**は，フーリガンたちが抱える鬱屈した感情や不満のはたらき，すなわち非合理性に着目したアプローチである。

　（伝統的）集合行動論は「集合行動がなぜ生じるか」という原因論であり，とくに個人の不安や不満に着目し，不景気や政権交代などの社会の不安定さと社会心理的要因とを直接結びつける議論構成をとる（片桐 1995：4）。代表的な立論としては，パニック行動などを扱う群集心理（論）や，ナチズムや政治的無関心層のように孤立した個人が権力やマスコミにより煽動されることで引き起こされる精神病理的行動に着目する大衆社会論，現在の自身の境遇と比較する対象——輝いていたころの自分や，バラ色の未来，手の届かないような人など——による不満の感じ方のメカニズムを探求した**相対的剥奪**（relative deprivation）論などがある。さらに，ニール・スメルサーは「価値付加プロセス」（value-added process）で運動発生の諸要因を整序したなかで，特定の問題解決を一足飛びに暴力やテロといった非制度的な行動により訴えるという問題の短絡化が，一般化された信念（generalized belief）にまで人々のあいだに広まるという非合理性を説明図式に組み込んでいる（Smelser 1962＝1973：17-21）。

　（伝統的）集合行動論によれば，上流・中産階級にいる人々や過去の自分と比較して，恵まれない自分に対する鬱屈や不満を娯楽であるフットボール観戦で合法的に解消しようとしたにもかかわらず，危険行為による発散という問題解決の短絡化を起こした人々が多数現れたのがフーリガンということになる。こ

のような「不満即運動」とでも言うべき図式は説明力が高い反面,「どのくらい不満が蓄積すれば暴発するのか」といった「閾値(いきち)」問題や,個から集合へ不満が変質するプロセスを十分に説明できない。そのため,個々人の一過性の激情が連帯化するプロセスを描くためには,社会運動の合理性に着目する必要があった。

合理性を強調する資源動員論

　第二次世界大戦後の経済成長により,先進諸国では一定の豊かさを享受できるようになったにもかかわらず,1950〜60年代の公民権運動をはじめ,第二波フェミニズム,ゲイ解放運動,反原発運動,環境運動などさまざまな社会運動が産み落とされた。相対的にわずかしか勢力を持たないマイノリティによる運動がなぜ高揚し,目標を達成しうるのか。それは「直接的な利害当事者や運動のメンバーをこえた,外部からの支持獲得,資源動員に成功するからではないのか」(長谷川 1985：128)。この問題意識は,(伝統的)集合行動論が不満など非合理性に着目したのに対し,支援者や資金など運動の展開にとって効果的な資源を,効率よく調達する社会運動組織の存在に焦点を合わせている点で大きく異なる。これが,今日の社会運動論の中心をなす**資源動員**(resource mobilization)論である。

　(伝統的)集合行動論は,急激な社会変動により孤立した個人が運動に参加すると考える崩壊(breakdown)モデルに基づく一方,資源動員論は,所属する既存の集団やネットワークに参加をはたらきかけるブロック動員(Obershall 1973：125)の様相を描く連帯(solidarity)モデルを提唱する(Useem 1980)。資源動員論が想定する運動の(潜在的)動員対象は,賠償金や謝罪,制度変革による恩恵といった直接の利益(運動参加のプロセスで間接的かつ結果的に得られるやりがいや友人・知人の増加などは含めない)を得る層と得られない層とに類別することができる。これを,運動に参加するか否かと組み合わせると表8-1のようになる。

　従来の運動論は,利益を得る×参加する,もしくは利益を得ない×参加しない,というふたつのセルを中心に考えていたが,資源動員論を通じて,他のふたつのセル,とくに利益を得る×参加しない,という**フリーライダー**(free rider)の問題が注目されることになった。たとえば掃除当番をサボる人が増えれば,早くかつきれいになった環境にいられるという集合財(collective goods)

表 8-1 運動から得られる利益と運動参加との関係

		運動からの直接の利益	
		得る	得ない
運動参加	する	手段的支持者／構成員	**良心的支持者／構成員**
	しない	フリーライダー／傍観者	傍観者／敵対者

出所：本郷（2007：43）

を参加者全員が享受しづらくなる。フリーライダーが組織の多数派を占めれば，企業は経営の危機に瀕するであろうし，社会運動であれば目標達成はおぼつかなくなる。この現象をマンサー・オルソンがフリーライダー問題として問題提起したことで，その後，社会運動論や合理的選択理論の立場からさまざまな問題の解法が提案されてきた（Olson 1965）。オルソンは，①フリーライダーを監視できるくらい集団が小規模である，②共通利益以外に，貢献度に応じて選択的誘因（selective sanction）を提供する，③強制という3つを解決法として挙げているが，ネガティブな罰よりもポジティブな報酬を与える，あるいはインフォーマルなネットワークをはたらかせるなどの方法ものちにほかの論者から提示されている。

さらに，利益を得ない×参加するという**良心的支持者**（conscience adherent）が存在する。今日でいえば，ボランティア活動が想像しやすいだろう。資源動員論の考え方では，運動のコアメンバーである当事者は少数であり，自身を公にさらすような表立った活動は危険なので参入できないことが多いため，この良心的支持者をいかに数多く動員できるかが，運動成功の可否を握るというわけである。

3 アイデンティティへの着目
――「新しい社会運動」論――

ヨーロッパ発の「新しい社会運動」論

重度の障害を持った人たちが施設や親元を離れて自立して生活することはほとんど不可能なことと考えられていたが，1957年に発足した脳性麻痺者からなる「青い芝の会」を中心に，1970年代には自立生活を求める**自立生活運動**が展開されていく。先のクリージの類型を用いれば，障害当事者たちの交流や結束

を求める自閉化と，健常者中心の文化と社会に異議申し立てを行うラディカル化とを往復する運動体であると言える。重度障害者にとっての自立生活は，日常生活のさまざまな局面で差別や排除に直接さらされ，介助者が見つからなければすぐに生活が破綻しかねない。障害者として地域に住まうということは，障害者のみによる「問題の内部処理」（石川 1990：309）ではなく，社会の支配的な枠組みや文化，制度に変革を求めることである（石川 1990：305）。ここには障害を受け入れつつも，積極的に社会に向けて問題解決を求めていく姿勢が確認できる。

　自立生活運動に限らず，「どのような人々が社会運動に参加するのか」は，社会運動論の最大の関心事であり続けている。先述したフットボール・フーリガンでは「男性労働者階級」が注目されたように，社会階級は参加者を語る上で主要なキーワードであった。とくにマルクス主義は，資本主義社会で抑圧を受けている労働者階級（プロレタリアート）と資本家階級（ブルジョアジー）との対立を，生産手段を「持つ者と持たざる者」の**階級闘争**と描出した。

　しかし産業社会の進展にともない，1960年代には労働者カテゴリーに属さないさまざまな社会的マイノリティたちを担い手とする運動が世界各国で顕在化してきた（濱西 2016：63-64）。この状況を踏まえてフランスのアラン・トゥレーヌは，所有関係で決まる「持つ者と持たざる者」の対立ではなく，意志決定や知識，権力の集中した中心機構にいるテクノクラートとそれらから疎外された周辺圏域にいる社会的マイノリティとの対立を新たに提示した（Touraine 1978）。近年，テロに揺れるフランスは，長らく移民をめぐる諸問題を抱えている。トゥレーヌはこのような状況に対し，積極的に介入していくことで，支配され，秩序へ従属したもの，それに抗議するもの，それから排除されるものに目を向け，これらの関係を浮上させる**社会学的介入**が必要であると主張している。このような社会運動の担い手の変化に着目する議論は，アメリカで資源動員論が台頭したほぼ同時期にヨーロッパで起こり，それらは「**新しい社会運動**」論と総称されている。「新しい社会運動」論と資源動員論は，反原発運動や環境運動，女性運動など分析対象は同じでも，異なる見地から社会運動を論じており，社会運動のさまざまな特質をそれぞれが浮かび上がらせている。

集合的アイデンティティ

　社会運動の担い手を論じる際，分析者は「男性労働者階級」「重度障害者」

など説明に便利なカテゴリーに大概は押し込めがちである。しかし，上流階級が好むとされるラグビーがサッカーよりも好きという労働者階級もいるであろうし，自立生活を志向しない障害者もいるように，参加者たちを一枚岩的なカテゴリーで理解することには注意が必要である。むしろこうしたカテゴリーは，参加者たちの意味づけにより後天的に作られるという点が重要である（Melucci 1996：70）。

　たとえば，血友病患者の1400人あまりが HIV（Human Immuno-deficiency Virus）感染した日本の「**薬害 HIV**」問題は，血友病患者の止血管理に不可欠な血液凝固因子製剤に HIV が含まれていたために起きた悲劇であった。しかし1984年ごろまで，HIV/AIDS は未知の病いであったことや，医師からの感染告知が大幅に遅れたり不完全であったりしたために，HIV 感染者という自己認識はすぐ確立することはなく，当該の問題が「薬害」であり，自分たちが「被害者」であることの認識が確立したのも訴訟運動（1989～96年）を経ることによってであった。つまり，HIV 感染者であることで差別を受けることを単なる「不運」と片付けて泣き寝入りするのではなく，「不正」と捉えるプロセス（成 2004：65）の存在に着目する必要がある。このことからわかるのは，社会運動こそが自分たちが何者であるかを指し示すことが多く，最初から社会運動に適合的な「わたし」があって，社会運動に参加するのはむしろ稀なケースであるということである。こうした，自分たちが何者であるかを定義する命名権を取り戻すプロセスを**集合的アイデンティティ**（collective identity）と呼ぶ（Melucci 1996；川北 2004）。

　命名権を「取り戻す」と表現したのは，社会や周囲から与えられた意味づけにより否定的な関係性を結ばされる**スティグマ**ではなく，自分たちで紡いだアイデンティティで自分たちを名指すことを求めているからである。たとえば，アメリカで展開された男性同性愛者を中心とするゲイ解放運動では，自前の集合的アイデンティティとして「クィア」（queer）という言葉が1990年代ごろから採用されている（河口 2003：54）。本来クィアは「変態」といった蔑称であり，あえて自称するような言葉ではない。それでもクィアを掲げるのは，社会から付与される否定的な評価をくつがえし，自前の肯定的なアイデンティティを創り出すことで，自分たちについての新たに創り出した意味づけを社会に訴えることが目的であったからにほかならない。このような**アイデンティティ・ポリティクス**（Anspach 1979；西田 1992：5）は，意味づけの転換をはかること

で，何者かで「ある」のではなく，何者かに「なる」という「アイデンティフィケーション」(identification)（坂本 2005：215）を志向している。

4 資源動員論のさらなる展開

政治的変数の導入

　組織社会学や合理的選択理論の知見を取り入れることにより社会運動の非合理性を強調する議論への批判を軸に登場した資源動員論や，階級闘争モデルを踏襲しながら担い手の変質に着目した「新しい社会運動」論では，1980年代になると相互の理論的対話や枠組みの修正が盛んに行われるようになる。とくに資源動員論に関しては，1990年代末には「政治的機会構造」「動員構造」および「文化的フレーミング」という3つの分析概念が発展していく（McAdam et al. 1996）。

　政治的機会構造（political opportunity structure）概念は，資源動員論が軽視していた政治的要因を導入するという観点から展開された。まず，資源動員論が中心的な分析対象とした社会運動組織を，政治体との相互関係に組み入れ直した。次に，政治体が運動に対して，すぐに戦車を出動させて運動を鎮圧するような抑圧的姿勢なのか，聞く耳を持った親和的姿勢なのかという政治的機会の有無を問う。さらに，社会状況を踏まえて，自分たちの主張が政治体に受け容れられる見込みがあるとみなす認知的解放（cognitive liberation）が起こるかどうかを考慮する。たとえばイランのパーレビ朝は，アメリカをはじめ西欧諸国の後押しを受けて盤石の体制と思われていたが，イスラーム回帰を求める革命運動により1979年に打倒される。このイラン革命の事例は，客観的な政治体の強固さよりも，政治体に対する主観的な認知のほうが優越するということを示している（Kurzman 1996）。これらをモデル化したのが「政治過程モデル」（McAdam［1982］1999：48-51；小野 2001：63-65）であり，資源動員論の発展形を示している。

運動組織・ネットワークの社会学

　次に，**動員構造**（mobilizing structure）概念は，資源動員論の組織社会学的観点を発展させ，動員に適した組織構造やネットワークの探求を焦点化する。今日，運動参加者や運動組織に関するネットワーク分析による調査研究が数多く

発表されている。これらの調査研究は、この系譜に位置づけることができる。

たとえばミシシッピ州のアフリカ系アメリカ人の選挙登録を支援するために1000人以上の白人中産階級出身の大学生たちがボランティアとして参加した「フリーダム・サマー」(1964年)に関する詳細な個人データを分析したところ、ボランティア希望者たちの出身世帯の平均年収は8417ドルであるのに対し、1960年当時のセンサスによると全米の平均世帯年収は5660ドルであり、かなり開きがあることがわかった (McAdam 1988：41)。事前の「思想調査」を兼ねた詳細な参加登録書により、緊急連絡先をたどって追跡調査もなされ、そうした分析を総合することで、人間関係が運動参加に及ぼした影響や運動参加経験が結婚や就職などその後の人生にどのような影響を与えたのかについても知見を得ることができたのである。つまり、運動参加のような重大なライフイベントが、その後の人生をどのように左右したかを数量的に考察する**ライフコース分析** (Giele and Elder 1998＝2003) にも社会運動論は展開可能ということになる。

意味論的・相互行為論的展開

最後に、**文化的フレーミング** (cultural framing) という概念では、社会運動における意味づけのプロセスに着目する。人々の解釈活動や相互行為プロセスを考察の対象にする**シンボリック相互行為論** (symbolic interactionism) の現代における主唱者の一人であるデイヴィッド・スノウは、新宗教運動への入信プロセスの参与観察から、ゼロの状態から信仰心がどのように醸成されていくのかを明らかにした。それは運動組織の理に適った解釈活動を身に付けていくプロセスであった。サークルなどの勧誘でも、最初は友達に誘われただけの参加動機であったのが、歓待を受けたり、重要な役割を任されるようになる過程で、しだいにのめり込んでコアメンバーとなっていく様子を想像すればよいであろう。

このようにスノウらは、個人と運動組織のあいだでの価値観や問題意識の解釈フレームの相互調整 (alignment) プロセスとして運動参加を理解する視点を提示する (Snow et al. 1986)。たとえば、鍵穴 (＝運動体) と鍵 (＝運動参加者) とが最初から合致することはきわめて稀であり、運動体側のはたらきかけや、参加者側の歩み寄りを経て運動参加に至るという理解である。この**フレーム調整プロセス**は、価値観の上書きや改変を必要とする社会的マイノリティの支援活動への参加を説明する際に威力を発揮する。HIV/AIDS をめぐる**ワーク**

ショップなどへの参加者には，自身が抱える薬害に対する無理解やセクシュアリティへの偏見などを相対化することを求められるが，参加者が自ら参加・体験して共同で何かを学びあったり創り出すエイズワークショップの数々は，HIV 感染の有無を問うことなく，「HIV/AIDS の当事者性を探求する人々」として自己規定することを可能にしている（本郷 2007）。

さらに，HIV/AIDS に対して無策だった1980年代のアメリカのレーガン政権下，「ACT UP」（AIDS Coalition To Unleash Power）は「Silence＝Death」という有名なスローガンを掲げてラディカルな社会運動を展開した。HIV 感染した男性同性愛者たちが抱えるセクシュアリティに対する恥の感情や，異性愛規範的な社会からの社会的軽視と非承認に対する恐怖の感情を，あえて敵対的な活動を見せつけることにより，自身のセクシュアリティに対する誇りや社会への怒りへと転換させた（Gould 2009）。この考察は，資源動員論が軽視した感情を「資源」として再取り込みを行った点で興味深い分析となっている。

5　現代の社会運動の持つ意義

社会運動が時代を映す鏡であるとするならば，社会運動論によって現代社会はどのように描けるであろうか。ここでは近年に特徴的な議論を4つ挙げたい。

第一に，反 WTO シアトル闘争（1999年）にはじまり，オキュパイ・ウォールストリート（2011年）など，座り込みやサウンドデモによる公共空間の占拠での表出的・祝祭的側面が強調されている（毛利 2009）。拡声器で主張を展開する街宣車と異なり，サウンドデモでは DJ が流すダンスミュージックに合わせてみなで踊りながら主張を繰り広げる。ほかにも過激な文言の踊るプラカードよりも，敵手を模したパペット（人形）を使用するなどお祭りのようにも感じるこのようなこころみは，参加障壁を下げるほか，政治闘争である社会運動に文化的要素を色濃くしみこませた「文化的コードへの挑戦」（Melucci 1996）の意味合いも込められる。加えて，パペットづくりや運動拠点の設営では，短時間ではあるものの食事など生活をともにすることで，運動参加者間の文化的対立とその融和の場が形成される。

第二に，敵手を明確に設定する「社会を変える運動」に対して，自分たちの「社会を創り出す運動」の側面が強調される点である（伊藤 2012：194-198）。先に見た自閉化で示したように，一足飛びに社会変革を訴えることと，日常の小

さな活動の積み重ねとは遠からず結びついている。とくに社会的マイノリティを支援する活動の場合，エイズワークショップのように，まずは HIV/AIDS とともに生きる「小さな社会」を創り出すことから始めるという手法が現実的である一方，大上段に社会変革を語らない，遠回りで軟弱な姿勢であるとみなされることもある。しかし，運動に対して必ずしも能動的でない「弱い個人」（西城戸 2008：249-251）や従来の運動への批判の受け皿（富永 2013：122-123）を，いかに運動側が提供できるかが，運動の展開には重要であるということになる。

　第三に，**ライフスタイル運動**（Haenfler et al. 2012）で指摘されているような，確固とした集合的アイデンティティや，可視的な連帯がない運動形態への着目である。1986年に北イタリアで始まったスローフード運動は，希少作物や生産者の保護，味覚教育などを標榜し，世界的な規模で展開されている。日本でもスローフードを掲げたさまざまな催しが行われ，地元固有の食材や調理法，オーガニックな食材への関心が高まっている（碓井・星 2013）。これまでの社会運動論はある意味で非日常的な営みを注視してきたが，スローフード運動のように，社会変革の一手段として食べるものを選ぶという「ライフスタイルの選択」も分析対象に加えることをライフスタイル運動の分析視角は提案する。たとえば，不買運動やウェブ上でのつながりのように実際の担い手は見えずとも，たしかに運動が存在する場合もある。社会変革のポテンシャルはまだ解き明かされているとは言えないが，不可視で脆弱なつながりからなる社会運動の存在にも目を向ける必要性をライフスタイル運動は提起している。

　最後に忘れてはならないのが，2011年の東日本大震災および福島第一原子力発電所事故の影響である。原発事故以後の反原発運動の盛り上がりは周知の通りであるが，敵対的なだけではない動きも注視したい。さらに，原子力発電所が産出する膨大な電力による恩恵と，事故による汚染という被害やリスクが，**受益圏／受苦圏**というかたちで特定の地域に地理的・空間的に分配され，固定化されるという事態は，今を生きるわたしたちに重大な課題をなお突きつけてくる（舩橋 2012：178-179）。また，震災後は1995年の阪神・淡路大震災と同様，被災地救援ボランティアが活躍していて，地域社会に溶け込んだ継続的な支援活動がいまもなお求められている。このようなボランティアをつなぎとめる工夫も，後世に引き継がれてゆくであろう。

文献

Anspach, Renee, 1979, "From Stigma to Identity Politics: Political Activism among the Physically Disabled and Former Mental Patience," *Social Science and Medicine,* 13: 767-773.

Blumer, Herbert, 1969, *Symbolic Interaction: Perspective and Method,* Prentice-Hall. (＝1991, 後藤将之訳『シンボリック相互作用論――パースペクティヴと方法』勁草書房。)

Elias, Norbert and Eric Dunning, 1986, *Quest for Excitement: Sport and Leisure in the Civilizing Process,* Basil Blackwell.（＝［1995］2010, 大平章訳『スポーツと文明化――興奮の探求』法政大学出版局。)

舩橋晴俊, 2012, 「原子力エネルギーの難点の社会学的検討――主体・アリーナの布置連関の視点から」舩橋晴俊・長谷川公一・飯島伸子『核燃料サイクル施設の社会学――青森県六ヶ所村』有斐閣, 171-207。

Giele, Janet and Glen Elder Jr., 1998, *Methods of Life Course Research: Qualitative and Quantitative Approaches,* Sage Publications.（＝2003, 正岡寛司・藤見純子訳『ライフコース研究の方法――質的ならびに量的アプローチ』明石書店。)

Gould, Deborah, 2009, *Moving Politics: Emotion and ACT UP's Fight against AIDS,* The University of Chicago Press.

Haenfler, Ross, Brett Johnson and Ellis Jones, 2012, "Lifestyle Movements: Exploring the Intersection of Lifestyle and Social Movements," *Social Movement Studies: Journal of Social, Cultural and Political Protest,* 11 (1): 1-20.

濱西栄司, 2016, 『トゥレーヌ社会学と新しい社会運動理論』新泉社。

長谷川公一, 1985, 「社会運動の政治社会学――資源動員論の意義と課題」『思想』737: 126-157。

本郷正武, 2007, 『HIV/AIDS をめぐる集合行為の社会学』ミネルヴァ書房。

石川准, 1990, 「自助グループ運動から他者を巻き込む運動へ――ある障害者グループの活動から」社会運動論研究会『社会運動論の統合をめざして』成文堂, 281-311。

伊藤昌亮, 2012, 『デモのメディア論――社会運動社会のゆくえ』筑摩書房。

角一典, 2004, 「非日常と日常のはざまで――社会運動組織の変化」大畑裕嗣・成元哲・道場親信・樋口直人編, 2004, 『社会運動の社会学』有斐閣, 175-190。

片桐新自, 1995, 『社会運動の中範囲理論――資源動員論からの展開』東京大学出版会。

河口和也, 2003, 『クイア・スタディーズ』岩波書店。

川北稔, 2004, 「社会運動と集合的アイデンティティ――動員過程におけるアイデンティティの諸相」曽良中清司・長谷川公一・町村敬志・樋口直人編著『社会運動

という公共空間——理論と方法のフロンティア』成文堂, 53-82。

Kriesi, Hanspeter, 1996, "The Organizational Structure of New Social Movements in a Political Context", McAdam, Doug, John McCarthy and Mayer Zald, eds., *Comparative Perspectives on Social Movements: Political Opportunities, Mobilizing Structures, and Cultural Framings,* Cambridge University Press, 152-184.

Kurzman, Charles, 1996, "Structural Opportunity and Perceived Opportunity in Social-Movement Theory: The Iranian Revolution of 1979," *American Sociological Review,* 61 : 153-170.

McAdam, Doug, [1982] 1999, *Political Process and the Development of Black Insurgency, 1930-1970,* Second ed., The University of Chicago Press.

McAdam, Doug, 1988, *Freedom Summer,* Oxford University Press.

McAdam, Doug, John McCarthy and Mayer Zald, eds., 1996, *Comparative Perspectives on Social Movements: Political Opportunities, Mobilizing Structures, and Cultural Framings,* Cambridge University Press.

McCarthy, John, and Mayer Zald, 1977, "Resource Mobilization and Social Movements: A Partial Theory," *American Journal of Sociology,* 82 (6) : 1212-1241.（＝1989, 片桐新自訳「社会運動の合理的理論」塩原勉編『資源動員と組織戦略——運動論の新パラダイム』新曜社, 21-58。)

Melucci, Alberto, 1996, *Challenging Codes: Collective Action in the Information Age,* Cambridge University Press.

西城戸誠, 2008, 『抗いの条件——社会運動の文化的アプローチ』人文書院。

西田芳正, 1992, 「アイデンティティ・ポリティクスの中のアイデンティティ——被差別部落出身者の生活史調査を手がかりに」『ソシオロジ』37 (2)：3-19。

毛利嘉孝, 2009, 『ストリートの思想——転換期としての1990年代』日本放送出版協会。

Oberschall, Anthony, 1973, *Social Conflict and Social Movements,* Prentice-Hall.

Olson, Mancur, 1965, *The Logic of Collective Action: Public Goods and the Theory of Groups,* Harvard University Press.（＝1996, 依田博・森脇俊雅訳『集合行為論——公共財と集団理論』ミネルヴァ書房。)

小野耕二, 2001, 『比較政治——社会科学の理論とモデル11』東京大学出版会。

坂本佳鶴恵, 2005, 『アイデンティティの権力——差別を語る主体は成立するのか』新曜社。

Smelser, Neil, 1962, *Theory of Collective Behavior, The Free Press.*（＝1973, 会田彰・木原孝訳『集合行動の理論』誠信書房。)

Snow, David, Burke Rochford, Jr., Steven Worden, and Robert Benford, 1986, "Frame

Alignment Process, Micromobilization, and Movement Participation," *American Sociological Review*, 51: 464-481.

成元哲，2004，「なぜ人は社会運動に関わるのか――運動参加の承認論的展開」大畑裕嗣・成元哲・道場親信・樋口直人編『社会運動の社会学』有斐閣，53-71。

富永京子，2013，「社会運動のイベント性が生み出す運動参加――2008年北海道洞爺湖G8サミット抗議活動を事例として」『ソシオロジ』57（3）：109-126。

Touraine, Alain, 1978, *La Voix et le Regard : Sociologie Permanente 1*, Seuil.（＝[1983] 2011，梶田孝道訳『声とまなざし――社会運動の社会学』新泉社。）

Useem, Bert, 1980, "Solidarity Model, Breakdown Model, and the Boston Anti-busing Movement," *American Sociological Review*, 45: 357-369.

碓井崧・星敦士，2013，「日本におけるスローフード運動の展開」碓井崧・松宮朝編『食と農のコミュニティ論――地域活性化の戦略』創元社，162-177。

第9章

エスニシティ

金　明秀

> **キーワード**
>
> エスニシティ，エスニック・リバイバル，人種主義，同化主義，多文化主義，統合

1　エスニシティをめぐる3つの根源的な問題意識

　グローバル化が進む現代において，「民族」の問題は世界を解読するための最重要キーワードのひとつとなっている。もちろん，日本も例外であるはずがない。なぜなら，日本にもたくさんの「民族」的な集団が存在するからである。代表的な存在だけを取り上げても，先住民であるアイヌや琉球民族，植民地支配に由来する在日コリアンや在日華人，90年代以降の移民である日系ブラジル人やペルー人等々と多種多様である。種類だけでなく数からいっても，日本で生まれている新生児（2014年は約104万人）のうち，3.4%（同約3万5000人），つまり29人に1人は両親の少なくとも片方が外国籍住民であり，無視しえないボリュームになっている。日本では，民族をめぐる諸問題をどこか対岸の火事のようにみなす風潮があるが，それは，「火事」のように厄介者扱いする尊大な価値意識と同様，およそ現実離れしているといわざるをえない。

　現実といえば，「ミネルヴァのふくろうは，黄昏がやってくるとはじめて飛びはじめる」というヘーゲルの有名な警句がある。哲学というものは，現実がその形成過程を完了して，いわば時代が黄昏を迎えてからやっと思想として捉えるという後追いの性質を持つ。そのことについての自戒の念を，知性の女神ミネルヴァの象徴であるフクロウの遅すぎる目覚めにたとえたものだ。社会学

も，未来を予見するというより，現実の後追いをすることの多い学問である。既知の学術的な理解を書き換える契機になるのは，新たな理論の発明ではなく，しばしば，それまで多くの社会学者が予想もしていなかった現象の出現である。

「民族」をめぐる社会学的な研究の歴史も，まさに現実の後追いであった。というのも，既存の学術的な知見では1960年代以降のエスニックな現象をうまく説明することができず，次の3つの根源的な問いに突き動かされるかたちで研究が深められてきたからである。すなわち，①新しい運動を担うエスニックな集団のことを，旧来のように人種や民族と呼んでよいのかという戸惑い，②エスニックな集団はなぜ同化しなかったのかという驚き，③そもそもエスニックな集団は何を求めているのかという疑問，である。以下の各節において，米欧での「先行する現実」に言及しながら，なぜ多くの社会学者がそれぞれの問題に直面することになったのかを紹介していくことにする。

2　人種や民族と呼んでよいのかという戸惑い
――エスニシティの内実論――

人種・民族・エスニシティ

人口集団を区分する伝統的な概念に，**人種**（race）や**民族**（nation）がある。伝統的な定義にしたがえば，人種とは，生物学的あるいは肉体的な特徴，すなわち，皮膚の色，顔形，毛髪の色，目の色，背の高さ，遺伝子などによって人口集団を分類する基準，もしくは区分された人口集団を指す。一方，文化的な特徴，すなわち，言語，生活様式（服装，髪型，食事，家族構成など），宗教などを基準として人口集団を分類すると，それらは民族と呼ばれる。少なくとも19世紀から20世紀の前半まではこういう意味合いで流通していた。

ところが，1960年代半ばごろから，世界中の多くの国や地域で，それまで人種だと思われていた集団による文化運動の側面が表面化したり，それまで民族とはみなせないと思われていた集団による民族文化運動が盛んになったりするようになった。いわば，従来の人種や民族という概念ではうまく捉えきれないけれども，同じ文化的ルーツを持っているということで民族的としか言いようのない人口集団が，どこか民族的なテーマをめぐって提起した運動が勢力を強めはじめたわけである。

アメリカ合衆国のアフリカ系黒人がわかりやすい例だろう。彼らの祖先が奴隷として連行されてきたのは150年から300年前にさかのぼる。もはや出身地の部族言語や宗教はなくしており、直接の祖先の名前さえわからなくなっている。従来の考え方からいうと、アメリカの黒人は言語や宗教を同じくする民族ではなく、単に、"白人とは違う"という意味での人種でしかないと認識されていた。にもかかわらず、1960年代半ばごろから、アフリカ的な音楽への志向が強まったり、アフリカ的な色彩を重視したり、呼び名を「黒人」から「アフリカ系アメリカ人」へと変えたり、アフリカ系アメリカ人としての利益を求める運動が生起したりするなど、文化的な「アフリカ回帰」が急速に強まったのである（明石・飯野 2011）。

同じような現象は、同時期に世界各地で多発した。たとえば、支配集団に同化してしまって独自の言語や生活様式など民族としての文化特性をとうに失ったと思われていた人々が、民族言語を公用語として復活させたり、中央政府に独立を求めたり、民族の言語や歴史を公教育で採用するよう申し立てたりした。**エスニック・リバイバル**（民族的な復興）と呼ばれる現象である。これらの担い手を呼ぶのに民族という古い言葉はすわりがわるく、何かそれにかわる新しい言葉が必要だと思われるようになっていた。そこで、誰ともなく用いはじめたのが、**エスニック集団**（ethnic group）や**エスニシティ**（ethnicity）という新しい概念である。エスニシティとは"民族的な（ethnic）もの（-ity）"をあらわす造語で、「エスニック集団とその内実」を意味する言葉として1970年代半ばごろまでには世界各地に急速に普及し、人種や民族およびそれらの諸特性を総称する概念として用いられるようになった。

客観主義と主観主義

人種や民族という言葉ではうまく捉えきれない何かが誕生しているというコンセンサスは成立したものの、その正体が何かということについては激しい議論が巻き起こった。それをここでは「エスニシティの内実論」と呼ぶことにしよう。

初期の議論で最も重要なものは、「言語、宗教、生活様式など民族性を同定する客観的な特性を持たないならエスニシティとはみなせない」という**客観主義**の立場をとる論者と、「たとえ文化的独自性を識別する要素を失っていても、独自のエスニック集団だという帰属意識（アイデンティティ）を共有していれば

エスニシティとみなすことができる」という**主観主義**の論者の議論である（ex. Isajiw 1974=1996）。客観主義の立場からは「単に同じ集団だという自覚さえあればひとつのエスニシティと呼びうるなら，ただの同郷集団だってエスニシティになってしまう。言語や宗教などを持たない集団は"民族的"だとすらみなすべきでない」という主張がなされ，主観主義の立場からは「ヨーロッパのエスニック集団は民族言語を話せなくなってきているなど客観的特性を喪失しつつあるにもかかわらず，逆にエスニック集団の成員間で情緒的紐帯が強まり，エスニック集団としての運動が活性化している。客観的な特性だけではエスニック・リバイバルを説明できない」といった反論がなされた。

　この論争は1970年代全般にわたって繰り広げられたが，1980年代初頭ごろにはほぼ完全に主観主義の立場が優勢だということで決着がついた。客観主義の立場からはエスニック・リバイバルを説明するための有力なロジックが提案されなかったのに対して，主観主義の立場からは説得力のある議論や事例報告が多数なされたためである。現在は主観主義を基盤とした客観主義との折衷論が定着しており，客観主義だけでエスニシティを説明しようとする学者はもはや皆無といってよい。

本質主義と構築主義

　エスニシティの内実を論じる際に客観的要素を重視する立場は，"物事には本来の性質があり，それによって物事の内実が決められている"という発想を前提としている。このような前提を**本質主義**（essentialism）という。本質とは，現実の文脈を超えたところに存在する不変の理想を指し示す概念であり，したがって，本質主義は物事の不変の実体に注目する。そのため，社会変動や他者との関係の変化を受けて変質してしまうような対象について，本質主義の立場から説明することには限界がある。1960年代半ばまでのエスニシティ研究はその多くが本質主義的に各民族集団の文化的内実に注目したが，エスニック・リバイバルのような新たな事象が生成する仕組みを十分に解き明かすことはできなかった。

　一方，本質主義の対立概念のひとつに**構築主義**（constructionism）がある。これは，"物事は言語を通じた認識によって生成されており，社会的相互作用の中で構築される"と考える立場である。認識というものは現実の文脈の中で変転する特性を持っているため，構築主義は絶え間なく変化していく動的な過

程を説明することを得意とする。

　ノルウェーの人類学者フレドリック・バルトが執筆した民族境界論（Barth 1969＝1996）は，主観主義の立場から提起された有力な議論であると同時に，構築主義の観点をエスニシティ研究に導入した先駆的な業績である。バルトは，エスニック集団を本質主義的に理解することを批判し，相互行為の中で自他を違うカテゴリーだと強調するために民族的アイデンティティが利用されるからこそエスニック集団が構成されると主張する。通婚や地域移動によってエスニック集団の境界を超える人の移動があっても，それによってエスニック集団間の境界が揺らぐことがないのは，「想像以上に個々人がアイデンティティを修正するケースが多いため」であり，また，客観的な文化的内実だけでいうならよく似ていて区別することのむずかしい民族集団間でも，当事者らは同じ集団だということを認めたがらないケースがあるのは，「エスニック集団を支えるアイデンティティが周囲の社会状況の強い影響のもとに置かれているため」であるというわけだ。バルトは，エスニック集団はいわば「器」にすぎず，社会的な文脈が異なれば，「その器には量や形態も様々に異なるような内容が盛り込まれる」と考えることによって，各エスニック集団の文化的内実が変動するエスニック・リバイバル現象を説明するための糸口を鮮やかに示してみせたのである。

　エスニック集団の内実は不変の存在ではなく動態的に理解しなければならないという視座がエスニシティ研究に与えたインパクトは非常に大きい。加えて，ある種の合理的な目的のために民族的アイデンティティが動員されるという彼のアイデアは，後述する手段主義の立場にも強い影響を与えるなど多面的な示唆に富むところがあり，この分野における最も影響力を持った論文のひとつとなった。

　ところで，エスニシティを本質主義的に理解する思考様式は，しばしばエスニック集団への差別や抑圧に用いられるという悪弊があることも指摘しておく必要があるだろう。文化的特徴と人種を本質的に結びつけることで「特定の人種は一般の生活になじめないため分離すべきだ」などと隔離政策を擁護する**人種主義**（racism）や，伝統的な民族言語や生活様式が変質したエスニック集団に対して，「民族とは呼べない」などと論断することで当事者らの訴えを否定しようとする**同化主義**（assimilationism）は，いずれも本質主義的な理解に立脚して人権侵害を正当化する議論である。

3　なぜ同化しないのかという驚き
――エスニシティの形成論――

人種主義と同化主義

　エスニック・リバイバルは人種主義と同化主義を否定するかたちで誕生した側面があり，エスニシティ研究は，このふたつのイデオロギーがなぜ社会統合の理念としての機能を失ったかという問題意識を出発点にしているといっても過言ではない。

　日本で人種主義といえば人種的差別の意味で捉えられることが多いが，欧米での用法はもっと広く，人間や社会の優劣をエスニック集団の違いに帰着させるイデオロギーと定義されている。つまり，何らかの優劣を生じる要因は無数にありうるにもかかわらず，それを当該のエスニック集団が抱える特性によって本質的に生じていると単純化するような価値意識を人種主義と呼ぶ。

　人種主義の全盛期，学術的な観点から人種主義に対抗しようとする社会学者は少なくなかった。その代表的な一人がロバート・E・パークである。彼がシカゴ大学の若い同僚アーネスト・W・バージェスとともに編集したテキスト『社会学という科学への入門』（Park and Burgess 1921）は，当時「社会学のバイブル」とまで呼ばれるベストセラーとなったが，そのなかで，のちに「人種関係サイクル論」と名づけられるアイデアが提起されている。異なる集団が「接触」（contact）すると，不可避で自然なプロセスとして，以下の4つの段階が進行する。①まず，稀少資源の獲得をめぐって各集団がそれぞれ「競合」（competition）し，経済的に分業が成立するステージをへて，②努力目標が競合集団への政治的攻撃に転化する「葛藤」（conflict）のステージに至る。そして，③競合や葛藤によるコストを軽減するために，各集団は文化的独自性を保ったまま一定の「適応」（accommodation）の努力をするようになり，④ついには競合集団の文化や価値を完全に受容する「同化」（assimilation）の段階に達する（そしてまた①へ戻る），というものだ。パークはこのプロセスをあらゆる集団間の相互作用に適用できる一般理論だと考えており，エスニック集団においても例外ではないと論じたのである。

　パークは，同書のタイトルにもあらわれている通り，社会学を「科学」として確立できると考えていた人物である。異なるエスニック集団が将来的には完

全に同化するのだという主張も、純粋に学術的な理論として提起されたものである。とはいえ、人種主義的な発想が支配的な時代にあって、彼の主張は「人種主義のような非科学的な発想は否定されるべきだ」と暗示する政治的意味も帯びていた。「人種関係サイクル論」が人種主義に対抗する意図を含んでいたことは、同時代の人々にとっては明らかなことであった。

　もっとも、パークに限らず、1920年代から60年代にかけて人種主義に対抗しようとした社会科学者たちは、一様に、同化を理想とする論理を暗黙裡に採用していた。たとえば、1950〜60年代に一世を風靡した「近代化論」は、近代化の進展とともに、メディアや教育の発達を通じて、身分や属性によって血筋や集団を評価する伝統的価値観から、業績によって個人を評価する合理的な価値観へと社会は変動していくと想定していた。さまざまな違いは平準化され、伝統的な文化によって規定される（と思われていた）エスニック集団についても、遠からず**支配的集団**（dominant group）に同化することで実質的に消失するはずだ。そう仮定されていたのである。このような仮定は、（当時の水準での）学術的な予測から導かれたものではあったが、それと同時に、ある種の"リベラルな期待"に基づくものでもあった。つまり、近代化にともなって社会は因習に満ちた人種主義から解き放たれ、法による平等な処遇や経済的な平等化が実現し、多数派に限定されている制度がすべての人々に開放されるようになるべきだという価値判断を含んでいたのである。

　パークや近代化論のように同化を理想とするかたちで"リベラルな期待"を前提とする議論群を、現代では同化主義と総称する（もしくは、同化主義的な理論の意味で同化理論とも呼ぶ）。人種主義に対抗しようとする人々によって"われわれ人類はみな同じになれるはずだ"という同化主義のロジックが採用されたのは、ある意味で自然なことであった。しかし、問題は、現実にはそうならなかったということである。いや、正確に言い直すと、もともと現実が"リベラルな期待"通りではなかったのである。

　パークらが人種関係サイクルの理論を提出したのは、アメリカ南部の諸州において事実上のカースト制が法制化されていた時期であった。そこでは、法によって人種の隔離が義務づけられ、法の外では人種主義者団体クー・クラックス・クランによる大々的なリンチが繰り広げられていた。にもかかわらず、集団間の相互行為なり近代化が進めばそれだけで自動的に同化が進むと想定したのは、無責任で虫のいい話だとの批判もある。"リベラルな期待"は、単に理

想主義的なだけでなく，多数派という安全な立場から差別という害悪を放置し，見て見ぬふりをするような欺瞞を隠蔽する装置としても機能しうるわけだ。差別という現象は，多くの人にとってできれば見たくはない不愉快なものである。しかし，"ほっておいても差別はいつかなくなる"という想定は，それを信じるだけで不快感が軽減されるため，差別の対象にならない多数派の人々にとっては，とても都合のいい空想だったのである。

　そうした支配的集団の欺瞞や傲慢に耐えかねたかのように，むしろ同化によって保護されると思われていたエスニック集団の側から「同化などしたくない。われわれは自分たちの文化に誇りを持っている」との訴えが表出したのが，1960年代からのエスニック・リバイバルである。それは，同化主義的なスタンスを取っていたリベラルな社会学にとっては予測することはもちろん，仕組みを説明することすらできない現象であった。この事実が社会学者に与えたショックは大きく，学界の主流的な位置を占めていた近代化論の勢いを失墜させ，社会学界全体にパラダイムシフトをもたらすほどのインパクトのひとつになった。そして，エスニック集団はいったいなぜ同化しない（しなかった）のかという問題関心に，社会学は応えざるをえないようになったのである。いわば，同化主義を否定することが，エスニシティ研究の出発点となったということだ。

　エスニック集団はいったいなぜ同化しない（しなかった）のかという問題関心は，言い換えるなら，エスニシティという運動主体はいったいどのようにして形成されるのかということでもある。こうした議論を「エスニシティの形成論」と呼ぶことにしよう。以下，エスニシティの形成に関する有力な考え方を紹介していく。

原初主義と用具主義

　時間とともにエスニシティが消滅すると予測した同化主義に対して，エスニック集団の中で育まれる愛着の強靭さに注目することでエスニシティの持続性や永続性を強調する立場がある。「原初主義」(primordialism) と呼ばれる著述群である。原初主義の性格は，代表的な論者である人類学者クリフォード・ギアツが1973年の著書に記した次のくだりによく表れている。

　　血とか言語とか習慣といったものを同じくするということはそれだけで，

口では言い表せない，ときには圧倒的な強制力を持っていると考えられている。事実上，人は血縁者，隣人，宗教を同じくする人びとに縛られている。それは個人的情愛や実際上の必要性とか共通の利害あるいは課せられた義務の結果であるだけでなく，少なくとも大部分はその紐帯そのものがもっている何らかの計り知れない絶対的な重要性のためでもある。
(Geertz 1973：259)

つまり，①人はエスニック集団の中で地縁，血縁，宗教などの共有から生じる根源的なつながりの感覚（これを**原初的紐帯**という）の中に生まれこむ。②原初的紐帯は，何らかの目的や利害のための（目的合理的）連帯とも，規範的に命じられた（価値合理的）連帯とも異なり，非合理的で感情的な連帯を本質的に生み出す。③そして，その原初的紐帯は強靭で変わりにくいものなので，近代化，産業化，都市化といった社会状況の変動によっては影響されずにアイデンティティが強制的に持続する，という主張である。民族的なものを語る際に，"心の奥底に染みついた強い愛着や絆" のようなものを強調するのは，前近代社会にも見られるとても伝統的なレトリックのひとつである。それだけに原初主義の説明には直観的に理解しやすいところがあり，一貫して根強い支持者がいる。

一方で，この説明枠組みでは，エスニック・リバイバルのような新たな事象がなぜ生じるのかを合理的に説明することはなかなかむずかしい。原初的紐帯が生まれつき備わるようなものだとするならなぜ60年代以降に運動が活発になっているのか，といった批判をはじめ，さまざまな激しい反論が寄せられた。なかでも目だって論争的だったのが，社会運動研究の影響を受けた学者たちだった。というのも，1970年代のアメリカにおける社会運動研究では，不安や不満などの「情緒」によって社会運動が生じるという古典的な学説が否定され，社会運動は合理的な行為の選択としておこるという学説への転換が急速に進み，運動への参加を可能にする「資源」をいかに動員するかが重要なのだと主張する資源動員論が注目を集めていた。そしてエスニック・リバイバルもひとつの社会運動であることから，「非合理的で感情的な連帯」を重視する原初主義は，かっこうの論敵とされたのである。なお，社会学では，このように情緒を重視する立場と目的や合理性を重視する立場を対比させて，前者を感情表出的 (expressive)，後者を用具的 (instrumental) な立場と整理することが多い。その

ため、後者のようなエスニシティの形成論を「用具主義」(instrumentalism) と呼ぶ。

用具主義の骨格は、エスニック集団の成員が高い学歴、豊富な知識・技能を身につけていくほど、支配的集団と社会的資源をめぐって競合が起こるようになる、そしてその競合によって民族集団間の境界が意識されるようになり、民族的アイデンティティが高揚する、というものである。たとえば、ネイグルとオルザックは、5つの要因がエスニック集団のメンバーを運動へと動員すると説明している (Nagel and Olzak 1982)。すなわち、①都市化が進行すれば農村部から都市へ流入する人々が増えるが、そのとき同胞集団のつてをたどれば移動のコストを軽減することができるし、都市で仕事をめぐる競合がエスニック集団の境界にそって生じるため、民族組織の形成を促し、運動へと人々を動員することになる。②都市の中で大規模な民族組織が登場すれば、さらに人々が運動へと動員されやすくなる。③第二次、第三次産業が拡張すると、就職差別によって分断されていた労働市場が自由化されエスニック集団間の競合を促進させるが、同時にエスニック集団の成員が差別に対抗できるだけの経済力と資源を生み出し、差別的な政策に対応して連帯するようになる。④近代化によってナショナリズムが強化され国家が資源を管理するようになると、資源を奪い合う競合関係の担い手としてエスニシティが認知され、大規模な民族組織の形成を助長する。⑤国境を超えるような民族組織ができると、移民を促進したり、大国家からの分離独立の誘因となったり、民族自決の主張と要求のための討議の場が形成される。以上は基本的に、産業化にともなって一定の経済的な平等化が生じることで、逆にそれらが民族的競合を引き起こし、結果としてエスニック集団のメンバーを運動へと動員するというストーリーである。

エスニック・リバイバルの多くが何らかの政治的要求を掲げた運動だったこともあり、エスニックな運動には合理的な利益追求の目的があるのだという用具主義の説明は、総じて説得力があると評価された。とはいえ、必ずも原初主義が完全に否定されたわけではない。

アントニー・D・スミスは、著書『ネイションとエスニシティ』(Smith 1986 = 1999) の中で、前近代的な民族的共同体を意味する**エトニー** (ethnie) という造語を用いながら、原初主義の立場を発展的に受け継いでいる。ただし、初期の原初主義の立場とは異なり、それが時代によって不変なものではなく、「現代まで、それぞれの大陸や文化圏において異なった時期に出現し、また再出現

するものである」という。そして，どのような時期に（再）出現するかといえば，資源を求めての争いが生じるなど用具的な目的が表面化するときだというのだから，原初主義と用具主義の折衷的な立場であるといえる。

4 何を求めているのかという疑問
――エスニシティの運動論――

　エスニック集団がいったい何のために文化的独自性を訴えようとしているのかは，しばしば理解することが困難だと思われてきた。本節では，エスニック集団が何を求めているのかという問いや，どういう要求に応えるべきかという問いに関する議論，すなわち「エスニシティの運動論」を検討することにしよう。

再分配の闘争と承認の闘争
　エスニシティに限らず，宗教，ジェンダーやセクシュアリティ，心身の障害など，何らかの差異を共有するとみなされる集団（**アイデンティティ集団**）ごとに社会的資源が偏って分配されていることは少なくない。そうした偏りは自由と平等を基調とする近代市民社会の理念に反するため，しばしば差別問題として是正の要求を喚起することになる。その要求のあり方はふたつの運動様式に大別される。すなわち，普遍的な市民としての平等な分配を勝ち取るための運動と，個々の集団としての要求に見合った公平な分配を勝ち取るための運動である。前者の運動様式は，富の平等な再分配を勝ち取ることを目的としているため**再分配の闘争**（階層化の解消要求）と呼ばれる。後者の運動様式は，異なった扱いの価値や必要性を社会に認めさせることをゴールにしているため**承認の闘争**（差異への権利の追求）という（もしくは，アイデンティティ集団による運動という意味でアイデンティティ・ポリティクスとも呼ばれる）。
　アメリカの1950～60年代のエスニシティ運動を例にとると，マーチン・ルーサー・キング・ジュニアらが主導した公民権運動は，人種隔離に反対し，実質的に平等な市民権を要求するものであったため，再分配の闘争だといえる。一方，マルコムXやブラックパンサー党などのブラックパワー運動は，単なる市民的平等ではなく，黒人としての権利を黒人自身の力で勝ち取ることを目指したものであったため，承認の闘争の代表格だとみなされている。

表 9-1　再分配の闘争と承認の闘争の違い

	再分配の闘争	承認の闘争
運動様式	誰でもない個人による市民権の追求（普遍主義的）	アイデンティティ集団による自己決定権の追求（多文化主義的）
要求対象	物的資源（富、資本など）とその獲得機会の奪回	関係的資源（権力、威信など）の奪回
運動課題	市民としての平等な分配・貧困の解消	アイデンティティ集団の衡平な扱い・差異の承認
利点	支配的集団の共感を得やすい	アイデンティティ集団の成員を運動に動員しやすい
欠点	アイデンティティ集団に固有の問題状況は不可視化されがち	支配的集団からはわがままな権利要求だという反発を招きやすい

出所：筆者作成。

　これらふたつの運動様式はどちらかが優れているというものではない。ただ、争点が大きく異なっているため両者が協調的に実践されることは少なく、時代状況にあわせてヘゲモニーが移り変わっていく傾向がある。近代主義的な社会計画を人々が信奉し、画一的で同化主義的な社会理念が堅固に共有されていた時代においては再分配の闘争が圧倒的に優勢な運動様式であった。しかし、1960年代ごろ、近代化が進展してもそうした理念は実現せず、しかも単に平等な分配を勝ち取るだけでは問題は解決しないという理解が広まると、しだいに承認の闘争のほうが注目されるようになっていった。

　表 9-1 に示したように、再分配の闘争と承認の闘争にはさまざまな違いがあるが、再分配の闘争がもっぱら物的資源（富、資本など）の平等性を争点にしているのに対して、承認の闘争は関係的資源（権力、威信など）の剥奪をも異議申し立ての対象に含むところが根幹的な相違のひとつである。具体的には、再分配の闘争においては差別制度の撤廃が求められることが多いのに対して、承認の闘争においてはアイデンティティ集団に付与される差別的な価値観を撤回させることがつねに重要な課題となる。それを象徴するのがブラックパワー運動の中で普及した"Black is beautiful."というスローガンである。この言葉は、"黒は白より醜く、汚らしく、暗い色だ"という伝統的なイメージを撤回させ、黒人に付与される否定的な美意識を180度転換させるために用いられるようになったものだ。

　両者のもうひとつの大きな違いは、再分配の闘争は自由と平等を基調とする

近代的価値観に根ざした争点を掲げるため誰にとってもわかりやすく共感しやすい争点であるのに対して、承認の闘争は特定のアイデンティティ集団が被る体験に根ざした固有の争点を掲げるため、支配的集団からは何のためにそういう要求をつきつけられるのかが理解されにくかったり、わがままな権利要求だとみなされて強い反発を受けたりすることが多いということだ。しかしながら、60年代以降のさまざまな社会運動の結果、承認の闘争に対する肯定的な評価がない限り再分配の闘争においても成果が上がらないということが理解されるようになり、欧米では承認の闘争が差別撤廃のための大前提だという認識が1980年代までに定着した。これを**多文化主義**（multi-culturalism）という（安達 2013）。

同化と統合

　再分配の闘争が「同じになること」を志向するのに対して、承認の闘争では「違いを認めること」が追求される。どちらともエスニック集団への差別や抑圧を撤廃するための運動ではあるが、すべての社会的資源において「同じになること」を理想視したり、またすべての社会的資源において「違うことが好ましい」と単純化して考えてしまうと、両者が矛盾しているように感じられてしまう。しかも、再分配の闘争を快く思わない人種主義者が、承認の闘争のレトリックを借りて「（エスニック集団が不当なまでに貧困状況に追いやられているとしても）違いをあるがままに認め（て放置す）るべきだ」と主張したり、承認の闘争に特別扱いだと反発する同化主義者が、再分配の闘争の主張を流用して"同じであるべきだ"などと強調したりするため、なおのこと両者は対立する主張だと誤解されやすい。

　こうした混乱は、物的資源と関係的資源を分けて考えずに同化という概念で一次元的に把握しようとすることによって生じる。この誤謬を避けるためには、同化とは別に**統合**（integration）という概念を用いることが提唱されている。同化は文化的な異質性を抹殺することを指すのに対して、統合とは政治的には不当な差別を撤廃し、経済的には不平等を解消することをいう。そして、エスニック集団に対する抑圧的な状況を改善するためには、同化は否定されるべきで、かつ、統合は推進されるべきであるとされる。単純化していえば、再分配の闘争は統合を追求する運動であり、承認の闘争は同化を否定する運動である。逆に、再分配の闘争が求めているものは同化ではなく、承認の闘争が反対して

いるものは統合ではない。ようするに，再分配の闘争も承認の闘争も，「政治・経済的には平等であるべき」「社会・文化的には差異を尊重すべき」という訴えにおいては一致しているということだ。

5　日本におけるエスニシティ

　冒頭で述べたように日本にもさまざまなエスニック集団が存在しており，エスニック・リバイバルが登場したのもおおむね欧米各国とほぼ同時期の1960年代末ごろからのことであった。しかしながら，そのことが日本の社会学にインパクトを与えたという事実はなく，ようやく日本でエスニシティに注目が集まるようになったのは1980年代末に欧米から概念が輸入されて以降のことだ。いわば，在日コリアンやアイヌなどのエスニック集団が，欧米の概念を通じて"発見"されたのである。

　日本の社会学がエスニックな現象に関心を示してこなかったのは，日本社会全体がこの問題を軽視するような価値意識を持っていたからでもあるだろうし，逆に，学問からエスニシティという問題設定の重要性が発信されてこなかったがゆえに日本社会がこうしたテーマの存在に無頓着でいられたということもあるだろう。いずれにせよ，世界の多くの国々が現代社会を解読するキーワードとしてエスニシティの重要性に注目し，研究と議論を重ねた1960～80年代に問題意識を共有しなかったことが，日本における議論にある種の歪みを生じてしまっているように思われる。

　第一の歪みは，人種主義の悪弊がうまく理解されていないということだ。その結果，多くの国々で1970年代ぐらいまでに克服してしまった古い差別様式が日本では何ら規制されることのないまま温存されていたり，著名人が人種主義的な発言をしても国内では大きな批判には晒されずに許容されるような事態につながっている。2015年2月にはあるアイドルグループが顔を黒塗りしたことで世界中から「人種差別」と批判されるという事件も起きた。

　第二の歪みは，エスニシティの内実をめぐる議論を共有してこなかったことにより，学術的な説得力を失っている素朴な客観主義や本質主義がいまなお幅を利かせてしまっているということだ。「民族言語を喪失し，狩猟の生活様式を失った以上，アイヌ民族はもはや存在しない」などと主張するアイヌ民族否定論はその代表といえる（岡和田・ウィンチェスター編 2015）。こうした主張が社

会的に一定の支持を得ている状況は世界的な倫理基準に照らせばかなり異様である。

　第三の歪みは，エスニシティの形成をめぐる議論が共有されてこなかったことにより，"なぜ同化しないのか"という同化主義的な発想が駆逐されずに生き延びてしまったということだ。同化主義は排外主義を下支えする社会意識のひとつであり（金 2015），日本で一般的に認識されているよりも危険性が大きい。同化主義に対する態度は国によって濃淡があり，たとえばフランスはヨーロッパの中ではかなり同化主義に寛容な国であるが，それでも公然と同化主義に戻るべきだと主張するのは極右だけということを知っておくべきだろう。

　第四の歪みは，エスニシティの運動論をめぐる議論が共有されてこなかったことにより，承認の闘争の重要性が理解されてこなかったということだ。エスニック集団に対する価値の承認と富の再分配（つまり多文化主義の導入）は，支配的集団（つまり一般の日本人）にも同じ公正原理が適用されることによって日本におけるさまざまな社会問題（たとえばいじめや過労死など）を改善へと導く可能性があるにもかかわらず，そうした議論は低調である。

　第五の歪みは，総じてエスニシティをめぐるさまざまな事象を自分とはかかわりのないごく少数の人たちの問題だとみなし，社会全体の秩序と正義にかかわる問題だと認識してこなかったということだ。グローバル化が進展する現代社会において，文化的多様性に対応できない組織が競争に勝ち抜くことはむずかしい。国際化といえば英語を話せるようになることだと誤解している人も少なくないが，むしろ異文化との接触規範を学ぶことのほうが重要である。日本国際化推進協会が2015年に留学生を対象に実施した調査では，「日本で働きたい」という回答はわずか2割にとどまった。その理由として，「長時間労働」など日本に特有の就労慣行と並んで，「昇進・扱いにおける外国人差別」が高い割合で挙げられている。国外にネットワークを持ち外国語を操る有能な人材をみすみす取りこぼし，国際競争力を失っている状況が示唆されている。

　日本以上にハイペースで少子高齢化が進む韓国や台湾では，グローバル化に対応して国家として生き延びるために多文化主義政策を公式に採用しつつある。とくに韓国では，移民に対する統合政策が欧州諸国と同等の水準に到達しており，急速に移民の招致が進んでいる。いざ近隣諸国と移民の招致を競い合うような状況となったとき，現在の日本のままではかなり分のわるい競争を強いられることになるだろう。

こうした問題をより明確に自覚するためにも，在日コリアン（福岡 1993），在日華人（戴 2015），日系ブラジル人をはじめとする日系人（志水・清水編 2001；梶田・丹野・樋口編 2005），アイヌ（榎森 2008；松本・江川 2001）などを手がかりに，国内のエスニシティについての研究をぜひ読んでみてほしい。

文献

安達智史，2013，『リベラル・ナショナリズムと多文化主義——イギリスの社会統合とムスリム』勁草書房．

明石紀雄・飯野正子，2011，『エスニック・アメリカ——多文化社会における共生の模索』[第3版]，有斐閣選書．

Barth, Frederic, 1969, "Introduction," *Ethnic Groups and Boundaries: The Social Organization of Culture Difference*, Universitetsforlaget.（＝1996,「エスニック集団の境界」青柳まちこ監訳『「エスニック」とは何か』新泉社, 24-71．）

榎森進，2008，『アイヌ民族の歴史』草風館．

福岡安則，1993，『在日韓国・朝鮮人——若い世代のアイデンティティ』中公新書．

Fraser, Nancy and Axel Honneth, 2003, *Redistribution or Recognition?: A Political-Philosophical Exchange*, Verso.（＝2012, 加藤泰史監訳『再配分か承認か？——政治・哲学論争』法政大学出版局．）

Geerts, Clifford, 1973, *The Interpretation of Cultures: Selected Essays*, Basic Books.（＝1978, 吉田禎吾・柳川啓一・仲牧弘允・板橋作美訳『文化の解釈学Ⅱ』岩波書店．）

Gordon, Milton M., 1964, *Assimilation in American Life: The Role of Race, Religion and National Origins*, Oxford University Press.（＝2000, 倉田和四生・山本剛郎訳編『アメリカンライフにおける同化理論の諸相——人種・宗教および出身国の役割』晃洋書房．）

Grazer, Nathan and Patric Moynihan, 1975, *Ethnicity*, Harvard University Press.（＝1984, 内山秀夫訳『民族とアイデンティティ』三嶺書房．）

Isajiw, W. Wsevolod, 1974, "Defining Ethnicity." *Ethnicity*, 1 (2): 111-124.（＝1996,「さまざまなエスニシティ定義」青柳まちこ監訳『「エスニック」とは何か』新泉社, 73-96．）

梶田孝道・丹野清人・樋口直人，2005，『顔の見えない定住化——日系ブラジル人と国家・市場・ネットワーク』名古屋大学出版会．

金明秀，2015，「日本における排外主義の規定要因——社会意識論のフレームを用いて」『フォーラム現代社会学』14：36-53．

松本和良・江川直子，2001，『アイヌ民族とエスニシティの社会学』学文社．

Nagel, Joane and Susan Olzak, 1982, "Ethnic Mobilization in New and Old States: An Extension of the Competition Model," *Social Problems,* 30 (2): 127-143.

岡和田晃・マーク・ウィンチェスター編，2015，『アイヌ民族否定論に抗する』河出書房新社。

Park, Robert E. and Eernest W. Burgess, 1921, *Introduction to the Science of Sociology,* The University of Chicago Press.

志水宏吉・清水睦美編，2001，『ニューカマーと教育——学校文化とエスニシティの葛藤をめぐって』明石書店。

Smith, Anthony D., 1986, *The Ethnic Origins of Nations,* Blackwell Publishers.（= 1999，巣山靖司・高城和義ほか訳『ネイションとエスニシティ——歴史社会学的考察』名古屋大学出版会。）

戴英華，2015，「多文化共生——米国の多文化主義を通して見る日本の課題」『21世紀東アジア社会学』7：13-34。

第10章

福祉国家と社会福祉

盛山和夫

> **キーワード**
>
> ソーシャルワーク,社会民主主義,普遍主義,スティグマ,ノーマライゼーション,自己決定,福祉国家の危機,福祉レジーム論,排除と包摂,コモンズ型福祉論

1 福祉社会の成立と福祉の社会学

福祉国家という理念

今日の先進国にはさまざまな社会保障・福祉の制度が発達している。大まかに,年金,医療,生活扶助,子育て支援,高齢者介護支援,障害者支援などに分けられるが,それぞれがまた無数とも言える細かく分かれた支援制度からなっている。このような制度の発達は20世紀以降,とくに第二次世界大戦以後のことである。

社会保障制度は,19世紀の後半にドイツの宰相ビスマルクが,反政府的な傾向を持っていた労働者階級を懐柔するために設けた年金や医療保険制度に始まるとされる。しかし,事実としてはそうなのだが,ここから社会保障制度の意味が「反政府的な国民を懐柔するため」と解釈すると,それは正しくないだろう。欧米諸国で社会保障制度が整備されていくのは,第一次世界大戦後,とりわけ1929年に始まる世界的な大恐慌のあとである。北欧諸国は今日でも社会保障が最も進んでいるが,たとえばスウェーデンの場合,1932年に政権をとった社会民主労働党による「国民の家」構想によって大きく推進された。またアメリカで社会保障番号の導入を含む社会保障プログラムが発足したのは1936年で

あった。日本でも，工場労働者を対象とする健康保険法が1922年に成立している。福祉国家の建設という点では，イギリスにおける**ベヴァリッジ報告**（Beveridge［1942］1969＝2014）とそれを受けた「ゆりかごから墓場まで」の包括的な社会保障制度が有名だが，実際にはそれ以前から福祉国家化は進展してきていたのである。

その背景に一般的な平等や民主化の理念があるのはもちろんだが，「国民を基盤とする政治共同体としての**国民国家**の理念」との結びつきも指摘できる。国民を基盤とするということは，国家が「国民一人一人の福祉状態に責任を持つ」ことを意味する。そこに，悲惨な戦争や大恐慌によって，身近な家族の死，傷病，障害，失業などの生活上の困難に見舞われる多数の国民が生まれ，何らかのかたちで救済する政策が求められていったのである。

このようにして，「国民におけるさまざまな生活上の困難や障害に対して，できる限りの備えと救済とを提供するという責務を引き受ける**福祉国家**」という理念が生まれた。スウェーデンの「国民の家 Folkhemmet」は英語で"the people's home"と訳されるが，英語の home という言葉は，互いに助け合い協力し合って一緒に住んでいるひとかたまりの人々とその生活空間とを指している。通常は近親者だけからなるが，必ずしもそれに限定はされない。「国民の家」というのは，その空間を「国民」というレベルにまで押し広げるという構想を意味しているのである。

福祉の社会学的研究と社会福祉学

福祉や福祉社会学を勉強しようとすると，言葉や概念をめぐるいくつかの疑問に遭遇する。まず，「福祉」という言葉と「社会保障」という言葉とは，どのような違いがあるのか。次に，日本では多くの大学に「社会福祉学部」があり，社会福祉学という学問分野も確立しているが，それは社会学とどのように関係しているのだろうか。さらに，英語圏で広く使われている social work や social policy という概念は，福祉や社会保障とどのように関係しているのか。

これらの点はまず，実践としての社会福祉が研究に先んじて始まったことを理解するのがいい。19世紀のイギリスでは，教会，大学，あるいは民間団体による **social work** と呼ばれる貧者や障害者への福祉事業が進められていき，その後，social work の研究やその実践のための職業人を養成する学問分野が確立されていった。そのため，社会福祉に関する研究教育のための学部やコース

として比較的早くに設立されたものは，イギリスに限らず，social work（日本語では通常「社会事業」と訳される）という言葉を掲げていることが多い。

なお，**社会政策**（social policy）という概念はまずドイツで発展し，その後イギリスにも取り入れられていったものだが，本来的には，福祉に限らない非常に広範な社会経済的な政策全般を対象としている。

当初の social work は，貧困者や障害者への救済活動という意味が強かったが，その後，社会福祉制度は国民全体をカバーする年金，医療などを含むものに大幅に拡充される。それを受けて，むしろ **social welfare**（社会福祉）という言葉が広く今日の福祉全般を指すものとして使われるようになっていった。もっともアメリカでは，welfare という言葉は特殊に「貧困者や失業者への給付」を意味することが多く，ややネガティブなニュアンスを持つことがある。

日本語の「社会保障」は「社会福祉」とほぼ同じ意味で使われることが多いが，これは日本だけのことで，世界的には**社会保障**（social security）という言葉はそれぞれの国でやや狭く独自の意味を付与されていることが多い。この言葉はもともとアメリカで1930年代に**社会保険**（social insurance）制度を創設した際，日本のマイナンバーにあたるものを「社会保障番号」と名づけたことに由来するが，日本で戦後，政府として社会福祉制度を大々的に整備していく際，社会保障という言葉を使うようになったものである。

以上のように，歴史的な背景などにより，それぞれの言葉は微妙に異なる意味を持って使われている。今日の日本でも，学問分野としての「社会福祉学」は出発点としての social work を継承している側面が強い。他方，「福祉国家」や「社会福祉制度」という場合には，弱者救済に限らず国民全体をカバーする福祉制度も含んでいる。

2　福祉の思想と論理

社会主義と社会民主主義

活動としての福祉は，近代以前から存在する弱者救済の慈善事業に遡ることができ，その多くは宗教的背景に支えられていた。しかし今日，**慈善**（philanthropy）は尊重すべき活動ではあるが，それによって福祉国家を基礎づけることはむずかしい。第一の理由は，近代国家の多くは政教分離を旨としているので，政策や制度を宗教の教義で正当化することができないからである。

第二には，慈善という言葉には高貴で資源を保有する者からそうでない者への非対称的な「施し」というニュアンスが強く，それは「成員のあいだの基本的平等」を基盤とする近代国民国家には似つかわしくないのである。

　19世紀の西欧社会では，劣悪な生活環境で暮らす都市の貧困層や工場労働者の不満など，産業化の進展とともにさまざまな社会問題が生まれていた。しかし，そのころの社会理論の世界では，自由競争を尊び国家が経済活動に介入することには消極的な**古典的リベラリズム**（自由主義）が主流であった。他方，そうした自由放任を批判し，国家の力で経済をコントロールしたり，まったく異なる経済社会を作ったりすることで貧困を解消して平等な社会を作っていこうとする**社会主義**思想も登場してくる。それには，産業の国有化と革命による社会主義への移行を唱えるマルクス主義が有名だが，ほかにも，小さな共同体を提唱したシャルル・フーリエ，産業主義のサン・シモン，あるいは協同組合運動のロバート・オーエンなどがある。

　社会主義は，人々の生活水準の改善や平等・公正などの価値を重視する点で，福祉の理念を支える主要な思想の出発点であった。しかし他方で，激しい政治闘争や革命運動と結びつくことも多く，その点を批判する観点から，より穏健に「議会制民主主義を通じて社会改革を目指す」という思想が**社会民主主義**として確立していく。19世紀の終わりから20世紀の前半にかけて，たとえばスウェーデンの「国民の家」構想やイギリスのベヴァリッジ報告などを通じて，西欧諸国が次第に福祉国家化への道を歩んでいった背景にあるのはこの社会民主主義であった。

　もっとも，社会民主主義という思想そのものは，福祉国家を支える論理を必ずしも明確かつ体系的に提示しているわけではない。たとえば1950年代から60年代にかけて「福祉社会」のために広範な啓蒙活動を展開した理論家にR・ティトマスがいて，「人間の悲惨を救い」「自尊心を高め」「すべての市民を社会に統合する」などの言葉を用いて福祉の必要性を論じている（Titmuss 1968＝1971）。たしかにここには重要な観点が提示されてはいるのだが，体系的な理論として構築されてはいない。

厚生と正義

　50年代から60年代にかけての先進諸国の福祉政策を経済学のレベルで支えたのがケインズ理論である。**ケインズ経済学**は1930年代の世界恐慌の教訓から生

まれ，自由放任ではなく，財政出動をともなう政府の有効需要政策の重要性を説いたものだが，失業のない完全雇用政策を主張したところから，戦後の各国における（財政支出をともなう）福祉拡充政策に対しても経済学的な根拠を与える理論とみなされるようになった（厳密に言えば，ケインズ経済学は市場における需要が減退している状態への政策介入を根拠づけるものではあるが，福祉のための財政支出一般を正当化するものではない）。

　経済学にはもともと，どのようにしてより高い welfare がもたらされるかを探求する厚生経済学（welfare economics）という分野がある。ここでの welfare は日本語では「福祉」ではなく「厚生」と訳され，社会の人々全体における well-being（福利）の状態を抽象的に表している。しかし，この厚生がどのようにもたらされるかに関する主流派経済学（ケインズ派とは対立する）の考えは次のようなものである。すなわち，①基本的には社会の厚生は**市場メカニズム**によって達成される。②ときに**市場の失敗**が起こることがあり，その場合は例外的に政府の介入が正当化される。③また私的財ではない**公共財**（たとえば，国防や公教育）の供給についても，例外的に政府の役割が求められる。

　こうした主流派経済学の考え方については，ふたつの点で注意が必要である。第一は，政府の役割を認めてはいるものの，社会の厚生をもたらすのは基本的には市場メカニズムだと考えていることである。第二に，経済学での「社会の厚生」とは「個々人における well-being の度合いを集計したもの」という意味では「社会的」なのだが，「人々の他者への配慮」や「連帯性」は含んでいないことである。このことは，厚生の規準として一般に**パレート効率性**が用いられることに現れている。これは，人々のあいだの well-being の度合いの比較可能性を想定しない規準なので，不平等，格差，相対的不満，という問題を扱うことができない。主流派経済学は，こうしたきわめて特殊な「厚生」の概念に基づいて，基本的に市場メカニズムが厚生を達成すると考えているのである。

　1970年代以降に，経済学的な「厚生」概念に対する批判を軸として新しく展開されたのが，J・ロールズや A・センを中心に**正義**（justice）概念を掲げる**現代リベラリズム**であり，福祉の論理の展開にも大きな影響を与えた。ロールズの『正義論』（Rawls 1971 = 2010）では，有名な「最も恵まれない人びとに最大の利益を」と主張する「格差原理」が提示された。センは**潜在能力**（capability）の平等を掲げた（Sen 1982 = 1989）。また，法哲学者の R・ドゥオーキンや数理

経済学者のJ・E・ローマーからは,「運による災厄や不平等に対しては,社会による補償を」と唱える責任平等主義の理論が展開された(盛山2006参照)。

こうした現代リベラリズムの諸理論は,格差や不平等の是正を重視している点では経済学的厚生概念と異なっているのだが,実は,「〈社会の望ましさ〉は,あくまで人々の個人的で孤立した〈well-being〉の集計によって決まる」と考える点では共通している。つまり,人々がお互いに他者の境遇についてどのように感じているか,そしてまた,他者の境遇が自分自身の境遇の自己理解にどのように影響するか,などの相互作用的な関係性がまったく無視されているという点である。

こうした点への批判は,リベラリズムと対抗するかたちで**コミュニタリアニズム**という名称で呼ばれている。その代表的論者のひとりウォルツァーは,人々のお互いの配慮・関心(mutual concern)の上に,一人一人が平等な資格を持った成員として見なされ処遇されること(共通の配慮 common provision)が重要だと論じている(Walzer 1993=1999)。

残念なことに,コミュニタリアニズムという言葉にはしばしば「古い共同体的連帯を美化して考える前近代的思想」というニュアンスがつきまとっている。一部にそうした面が潜んでいることは否定できないが,他方で,今日の福祉社会を支えるべき思想としては,「人々がお互いの境遇に関心を抱く」という**共同性**(communality)や**連帯性**(solidarity)を欠かすことはできない。その上で,「共通の配慮」の概念を敷衍すれば,福祉の理念の根本にあるのは,「すべての人を,人格の尊厳が尊重されるべき同等の成員とみなす」という「平等な尊厳」を基盤にして,人々のwell-beingの向上を目指すことだと言えるだろう。

3 ソーシャルワークとその理念

歴史的に見て,社会福祉の実践はまずソーシャルワークとして始まった。国際的なソーシャルワーカーの団体である国際ソーシャルワーカー連盟(IFSW)は,ソーシャルワークを「社会変動と開発,社会的凝集性,および人々の**エンパワメント**と解放を促進する実践的職業でありかつひとつの学術分野である」と定義している。ここにはとくに「エンパワメントと解放」という理念的価値が謳われていることがわかる。エンパワメントの概念は論者によって微妙な違いはあるが,基本的に「人々がその潜在能力を活かして組織やコミュニティに

自律的に参加できることを促進すること」と理解すればいいだろう。解放もほぼ同じ意味である。

ソーシャルワークが，人々とくに社会的弱者のエンパワメントを目指すということは，今日おおまかな合意が成立している。

普遍主義と選別主義
　ソーシャルワークをめぐっては，普遍主義か選別主義かという対比がよく論じられる。**普遍主義**というのは分け隔てなく福祉支援を提供するということだから，当然そのほうが望ましいに決まっているのだが，じつはそう単純ではない。というのは，福祉支援はその性質上，すべての人ではなく，支援を必要とする人に向けて個別に提供されるものだからである。つまり，何らかのかたちで「支援が必要な人とそうではない人とを選別する」ことは避けがたい。現実に存在するすべての福祉制度には「選別」がある。ではなぜ**選別主義**が批判されるかといえば，基本的には福祉支援にともなう**スティグマ**の問題があるからだ。つまり支援を受ける人は，何か「劣った人」と見なされたりその烙印がおされたりして，かえって差別を助長しかねないという問題である。
　選別主義への批判は**ミーンズテスト**（資力調査）への批判と関係している。たとえば日本で生活保護受給を申請しようとすれば，「本人にどれだけの資産があって，働いて稼ぐ力はないのか」のチェックと「本人を扶養しうる親族はいないのか」の調査がなされることになっているが，このように「対象者が本当に当該の福祉支援を受ける資格を有しているかどうか」の調査がミーンズテストである。こうした調査は申請者の人格を傷つけるもので好ましくないと考えられている。
　しかし，ここには福祉をめぐるある基本的なジレンマが存在していると考えたほうがいい。前節でみたように，福祉というのは人格の平等な尊厳が損なわれている人に対して，社会あるいは他者からの何らかの支援によってそれを回復ないし増進しようとする活動である。しかしこの支援を実施するためには，平等な尊厳が損なわれている人ないし状況を特定しなければならない。それは広い意味では「選別」になる。特定化しようとする作業そのものが，平等な尊厳を損なう可能性が存在する。
　今日，ベーシック・インカム論への関心が高いひとつの理由が，この制度では福祉支援の対象者をまったく選別することなく，国民全員に対して直接所得

支援を提供するという仕組みになっていることにある（しかし財政的維持可能性問題など，多くの疑問も存在する）。

ノーマライゼーションと自己決定

ノーマライゼーションの理念は，1960年代にデンマークで始まり，今日では障害者福祉を支える根本規範をなしている。**ノーマライゼーション**とは，障害を持った人の日常生活をできるだけ通常の社会生活のパターンや水準に近づけることをいう。20世紀の前半までは，障害者への福祉は施設への収容が当然視されただけではなく，知的障害者の場合にはときに断種や結婚規制などが行われたりもしていた。そうした明らかに人としての尊厳を踏みにじるようなやり方を反省し，障害を持った人を社会のふつうの一員として受け入れようとするのがノーマライゼーションである。日本における学術研究において，ノーマライゼーションの理念の意義を広く伝えたものに，安積純子たちの『生の技法――家と施設を出て暮らす障害者の社会学』（安積ほか 1990）がある。

日常的なさまざまなバリアフリー化はもとより，パラリンピックなどもスポーツの面におけるノーマライゼーションを目指す動きと見ることができる。日本の障害者福祉政策では，平成18年（2006）の障害者自立支援法を改正した平成25年（2013）の障害者総合支援法において「共生と社会参加」の理念を明確に謳うようになった。

ただ，ノーマライゼーションの理念を具体的な場面でどのように適用していくかに関しては，問題や議論も存在している。たとえば障害を持った児童生徒への教育に関しては日本では特別支援学級という制度がある。ノーマライゼーションの観点からすると，そうした特別な学級ではなく通常の学級で学ぶことのほうが望ましいのだが，他方で，本人への行き届いたサポートという点では特別支援学級で学んだほうがいいという面もある。しばしば保護者はそのあいだで揺れている。

ノーマライゼーションという理念は当然のこととして**自己決定**の尊重と結びついている。健常者であれば自己決定で決めていることを障害者だからといって拒否されるのはノーマライゼーションに反する。その一方で，障害のある人にとっては，他者や社会からの支援も必要であり，その場合，支援する側の意志を無視することはむずかしい。従来の福祉実践では，子どもに対する親の態度がそうであるように，「当事者のためにはこれが望ましい」という支援する

側の判断によって当事者の選択が決められることが多かった。これを**パターナリズム**といい，自己決定原則と対立するものと捉えられている。

ノーマライゼーションをめぐるこうした対立や矛盾は，決してノーマライゼーションの理念そのものの欠陥ではない。それは，障害があるという越えがたい事実を踏まえながらも，基本的なところで健常者と同じような意味での普通の社会生活を送ることをできる限り可能にするという理念を追求する際にやむをえず生じてくる葛藤や問題なのである。

4　福祉国家の危機とレジーム論

経済不況と新自由主義イデオロギー

当初，社会的不平等や貧困の問題を解決する途として資本主義に代替する体制として19世紀に構想されたのは，産業の国有化を柱とする「社会主義国家」であった。ロシア革命によって成立したソ連（ソヴィエト社会主義連邦共和国）はその名の通り社会主義国家を標榜した。それに対して，西欧諸国では議会制民主主義を重視する社会民主主義が政治的な影響力を強めていった。

第二次世界大戦が終わると，戦後復興とそれに続く順調な経済成長を背景にして，西欧諸国では包括的な福祉政策が展開されていく。そうしたなかで，ヨーロッパの論者たちは，国家の社会経済的な基本的体制のあり方として，資本主義でも社会主義でもない**福祉国家**という概念を論じるようになっていった。ただし，この概念はマルクス主義からは批判の対象になるし，アメリカではほとんど論じられもしていない（すでに述べたように，アメリカでは welfare は「施し的福祉」の意味が強い）。

福祉国家の概念は厳密に決まっているわけではないが，だいたいにおいて「年金と医療を中心にすべての国民を対象とする包括的な社会保障制度と社会的弱者救済のための充実した福祉制度とを通じて，すべての国民の社会経済的な福利を増進し保護しようとする国家」だと言えるだろう。日本でも1961年に，年金と医療に関して自営業者や無職も含めた全国民をカバーする社会保障制度が発足した。

ところが，1973年に第四次中東戦争を契機とするオイルショックが起こると，状況は一変する。先進諸国の経済は深刻なスタグフレーション（高いインフレ率と高い失業率とがともに起こる状態）に見舞われ，失業者が増えて社会保障支出

が増大する一方で国家財政は逼迫し，福祉国家の理念を財政的に支えることがむずかしくなっていったのである。

　こうした情勢の中で，経済学に劇的な変化が起こる。1960年代は古典派経済学にケインズ経済学を組み込んだ新古典派総合と呼ばれる考えが主流であった（代表は，P・サミュエルソン）。それが，財政難のなかでケインズ経済学の信憑性が失墜し，かわって，スタグフレーションから脱することのできない原因は政府の経済への介入だとして，先祖返りとも言うべき**市場原理主義的**な経済学が主流派になっていったのである。純粋な経済理論のレベルでも，（ノーベル賞を受賞した）G・ルーカスの合理的期待形成論が典型的にそうであるように，「政府の経済システムへの介入は，悪い結果をもたらすかせいぜいのところで何ら効果を持たない」ということを数理的に証明する研究成果が高く評価されることになっていった（こうした現代経済学の問題については，青木 2012参照）。

　その時期，西欧諸国では社会保障費の抑制や削減に踏み込んだところが多い。それは必ずしもそうした理論的な根拠によってではなく，単に経済が低迷して財政が逼迫したためだったのだが，その一方で，経済学の流れに棹さすかたちで，実際に市場原理主義的な政策を打ち出し，社会保障制度の見直しを訴えるサッチャー政権（1979年〜）やレーガン政権（1981年〜）が登場する。もっとも，それらを**新自由主義**（ネオリベラリズム）と呼ぶのは，批判する側が否定的な意味で使い出したものである。

　このように，1970年代から80年代にかけて，経済の低迷による社会保障支出への抑制圧力と，それを理論的に支える新自由主義イデオロギーの興隆という新しい事態が生まれる。これが**福祉国家の危機**である。

福祉国家の危機の本質――財政問題

　福祉国家の危機の根源にあるのは，財政上の問題である。福祉国家は，狭い意味での社会的弱者への福祉支援を提供するだけではなく，すべての国民の福利をライフステージにおいて生じるさまざまなニーズに応じて保障することを目指している。年金，医療，介護，子育ての4つの柱がそうした包括的な社会保障制度を構成しているが，それを支えるのは巨額の公的資金である。日本の場合，2014年度で112.1兆円の社会保障給付費を支出している。これはGDPの2割以上を占める。また，国家財政のレベルでも，2016年度予算では，一般歳出96.7兆円のうち，社会保障関係費が31.9兆円を占めている。政策的経費の

73.1兆円だけでみれば，その半分近い。

　戦後，福祉国家が建設されていった時期は，多くの先進諸国は持続的な中程度以上の経済成長に恵まれており，人口の高齢化もそれほど進んではいなかった。そのため，包括的な社会保障制度のための巨額の経費を賄うことについて，楽観的な見通しがあった。これに冷や水を浴びせたのが1973年のオイルショックなのだが，経済が一定の回復をみたあとも「財政的な持続可能性」問題は残り続けている。とりわけ議論の焦点にあるのが年金制度である。多くの国で公的年金制度は積立方式と賦課方式との併用をとっている。純粋な積立方式は，アメリカの企業年金が採用している401Kの確定拠出年金くらいである。そのアメリカでは，公的年金はすべて廃止して私的年金だけにすべきだというような極端な議論が現れたりしている。

福祉レジーム論

　福祉国家の危機が論じられる中で，エスピン＝アンデルセンの**福祉レジーム論**が大きな注目を集めた。これは，脱商品化（de-commodification）と社会の階層性（social stratification）という概念を軸に，福祉国家の構造的な変異を類型化したものである。脱商品化という概念は，もともとは労働者の商品化という資本主義的市場特性からの脱却のことだが，ここでは「市民が仕事，収入，あるいは一般的な福祉受給権を失う可能性なしに，必要と考えたときに自由に労働市場から離れることができる」度合いとされている（Esping-Andersen 1990＝2001：24）。具体的には年金・医療・雇用にかかわる社会保障制度における給付の仕組みがどれだけ市場要因から切り離されているかである。

　階層性というのは，社会保障の仕組みが階級・階層，職域，企業，などの階層的地位と結びついている度合いのことである。たとえば日本の公的年金制度は，国民年金，厚生年金，共済年金と大きく3つに分かれ，また共済年金はさらに細分化されているが，こうした分かれ方のことをいう。ただし，日本では民間企業の従業員はすべて一元的な厚生年金に所属しており，その点での階層性の度合いは低い（ただし，大企業にはそれに加えて個別の企業年金がある）。

　エスピン＝アンデルセンはこうした脱商品化と階層性の概念を軸にして，欧米各国における社会保障制度の具体的な諸状況をさまざまな指標で捉え，脱商品化が高く階層性の低い北欧諸国を中心とする社会民主主義型レジーム，逆に脱商品化が低く階層性の高いアメリカなどの自由主義型レジーム，そしてとも

に高いドイツやフランスのような保守主義レジームという3類型を析出したのだった。
　この福祉レジーム論は，福祉国家理論における伝統的な「体制論」と福祉国家の危機という問題関心の地平の中で，福祉国家といっても一様ではないことやそれぞれの類型の構造的特徴を実証的に示したものとして，世界的に大変注目されることとなった。日本でも，はたして日本や他のアジア諸国はどの類型に属すかなどの議論が盛んに展開されている。

日本型福祉国家論の破綻

　1973年からの不況は日本も例外ではなかったが，赤字国債の発行などで景気対策に取り組み，他の先進国と比べて比較的早期に中成長軌道にのることができた。しかし，1973年は「福祉元年」ともいわれて年金給付が保険料収入に見合わない高水準に引き上げられた年でもあり（盛山 2007），そのため，高齢者人口が確実に増大する中で，社会保障財政は次第に困難を迎えることになっていった。
　そうしたなかで，1970年代後半から1980年代にかけて**日本型福祉国家論**なるものが登場して，社会保障政策に一定の影響を及ぼした。たとえば1978年の『厚生白書』には，老人の生きがいとその扶養の問題にとっては「同居という，我が国のいわば『福祉における含み資産』とも言うべき制度を生かす」ことが望ましい（『厚生白書（昭和53年版）』総論，むすび http://www.mhlw.go.jp/toukei_hakusho/hakusho/kousei/1978/dl/06.pdf 2016.2.22取得）という記述がある。この文章そのものは必ずしも公的負担を抑制する論理として書かれたものではなかったが，その後，高齢者が増大してもその社会保障のための税や保険料の増大は避けたいとする考えにとって，「含み資産としての日本的な家族制度」を活用するというのは魅力的な着想であった。
　これが「日本型福祉国家」という考えである。すなわち，北欧のように高福祉高負担ではなく，かといって低福祉でもなく，「家族福祉」を活用することで高福祉低負担を実現しようとする虫のいいアイデアだった。当時，高齢者福祉で喫緊の課題は介護問題であったが，つまりは高齢者の介護は同居ないし近居している子どもたちに委ねて，公的な財政負担は増やさないようにしようというのであった。
　しかしこの日本型福祉国家論は，2000年に介護保険制度が導入されたことか

ら明らかなように,破綻が運命づけられていた。家族の介護負担を軽減するために,保険料と税とで支援された社会的介護が大幅に拡充されたのである。

なぜ日本型福祉論は破綻したか。理由は簡単で,核家族化,未婚化,少子化,個人化,一人世帯の増加などが進む現代日本の家族には,長寿化によって増加していく要介護高齢者の面倒を十分にみる力は,ほとんどないのである。またそこには,性別役割分業を前提とする日本的経営モデルの行き詰まりという経済・雇用構造の変化もかかわっている。というのも,家族介護重視の考えは,日本的経営を支える「男性稼ぎ手＋専業主婦」の家族モデルを想定していたのだが,それはジェンダー間公正の観点からだけでなく,グローバル化やバブル崩壊後の長期不況の中で,少なくともモデルとしては崩壊を運命づけられていたのである。

家族員による福祉サービスを重視する福祉制度を**家族主義**と呼ぶ(落合 2012)。それは日本に限らず福祉政策においてしばしば登場する考えであるが,日本型福祉論はその典型例であった。しかし,今日の福祉国家はもはやそれを頼りにすることはできない。むしろ,子育ても含めて「ケアの社会化」こそが求められている。

5 福祉社会のゆくえ

一人一人の福利への共同の関心

国民一人一人のwell-being(福利)に関心(concern)を抱き,政治がその向上に最大限の努力を払っているような国家が福祉国家である。もっとも,社会福祉は国家だけではなく社会全体が引き受けるべきものだとして福祉国家と福祉社会を分ける議論もある(Robson 1976＝1980)。たしかに政治組織としての国家ができることに限界があるのも事実だ。しかし,ここでは「国家が社会だ」という側面にこそ今日の福祉国家の基本的特質があると考えたほうがいい。つまり,19世紀の終わりごろに始まり,20世紀のふたつの世界大戦を乗り越えて整備され構築されてきた社会保障制度が目指すものとは,1930年代スウェーデンの「国民の家」構想が意味するように,"home"が理念的に表している「お互い助け合う親密な関係性」を国民一般に広げようとするものだと考えることができるのである。それはかつて社会学者F・テニエスが「ゲマインシャフト」として表象したものに近い。その意味で,それは「社会」である。近年

では，福祉にかかわる社会の問題をかつてのような階級対立や貧困救済として（だけ）ではなく，**排除と包摂**という概念枠組みで捉えることが一般化してきているが，包摂とはまさにそうした社会の共同性を意味しているのである。

福祉国家の理念をそのように考えたとき，そこにいくつかの問題や困難が存在することも事実だ。①ベックの個人化概念（『危険社会』1986年）が示すように，現実の社会では家族，地域，職場などのさまざまな場面で「共同性の弱まり」が進行している。そのなかで，国家レベルでの共同性を高めることはいかにして可能か。②国民国家レベルで福祉社会を構築しようとすることは，国民ではない人々を福祉の恩恵から排除することになるが，そこに問題はないか。③福祉国家とは，人々の well-being のために一定の福祉サービスと金銭的支援の提供に責任を持つ国家あるが，そこには「資源の再配分」問題がかかわってくる。

このうち②の課題は，福祉の理念はいかにしてグローバル化することができるかという問題だが，いますぐの解決を求められているものではない。喫緊の課題は①と③にあるが，両者は密接に関連している。つまり，伝統的な家族や地域の共同性が弱体化するという事態を受け止めて，それを補完したり代替するものとして国家レベルでの共同性の強化が必要になっているのであり，それには，国民全体での資源の再配分が不可欠なのである。

マナ型福祉論からコモンズ型福祉論へ

福祉国家の危機は財政問題からきていたが，福祉社会の理念を尊重する議論の中には，財政問題を考慮しないことが理論的に「正しいこと」だと考える傾向がある。たとえば，福祉支給の対象者に就労支援を施そうという「ワークフェア」の考えは，しばしば「労働を強いるもの」だと批判される。「脱生産主義」を唱える福祉国家論者も多い（たとえば宮本 2013）。ここには，「人々の生産活動や，福祉のための財政基盤を重視する考えは，福祉の理念にそぐわず，不純だ」という感覚がある。しかし，新自由主義陣営から突きつけられている財政基盤問題に対して，道理的な答えを提示しようとするこころみは乏しい。

これは不幸な事態である。誰にでもわかることだが，福祉の理念を実現するためには，財政問題の一定の解決が欠かせないのである。

財政基盤を無視して，ひたすら「福祉の理念」だけを語る福祉社会論は**マナ型福祉論**と呼ぶことができる。マナというのは，砂漠で飢餓に苦しむイスラエ

ルの民に神が施した食べ物のことである（聖書の出エジプト記）。つまり，必要な資源は天から降ってくるかのように考えるのがマナ型福祉論であるが，明らかに不可能なことだ。

　そうではなく，**コモンズ型福祉論**こそが展開されなければならない。A・ギデンズの「第三の道」（Giddens 1998 = 1999）も経済と福祉の両立を考えているが，残念ながら資源問題についての考察は弱い。コモンズというのは，共同の資源のプールのことで，環境問題では「共有地の悲劇」や「資源枯渇問題」などにおいてしばしば現れる概念である。福祉にかかわる資源もやはりコモンズとして考えることができる。たとえば，安定した家族の場合，誰かが稼いできた所得は原則としてすべての成員にとってのコモンズだ。福祉社会の場合には，国民経済レベルでそのように考えることで，共有のしかし限られた資源をどのように配分したり支出することが望ましいかを考察することができる。

　資源は無限にあるわけではない。しかし，そこにコモンズという観点を入れることで，福祉社会の理念にとっていかなる資源の利用のしかたが望ましいかを考えることができる。そうしたコモンズ型福祉論の積極的な展開が求められている。

文献

青木泰樹，2012，『経済学とは何だろうか——現実との対話』八千代出版。

安積純子・尾中文哉・岡原正幸・立岩真也，1990，『生の技法——家と施設を出て暮らす障害者の社会学』藤原書店。

Beveridge, William, [1942] 1969, *Social Insurance and Allied Services : Report by Sir William Beveridge*, Agathon Press.（= 2014，一圓光彌監訳，森田慎二郎ほか訳『ベヴァリッジ報告——社会保険および関連サービス』法律文化社。）

Esping-Andersen, Gøsta, 1990, *The Three Worlds of Welfare Capitalism*, Polity Press.（= 2001，岡沢憲芙・宮本太郎監訳『福祉資本主義の三つの世界——比較福祉国家の理論と動態』ミネルヴァ書房。）

Giddens, Anthony, 1998, *The Third Way : The Renewal of Social Democracy*, Polity Press.（= 1999，佐和隆光訳『第三の道——効率と公正の新たな同盟』日本経済新聞社。）

宮本太郎，2013，『社会的包摂の政治学——自立と承認をめぐる政治対抗』ミネルヴァ書房。

落合恵美子，2012，「アジア近代における親密圏と公共圏の再編成——『圧縮された近代』と『家族主義』」落合恵美子編『親密圏と公共圏の再編成——アジア近代

からの問い』京都大学学術出版会，1-38。
Rawls, John, 1971, *A Theory of Justice*. Harvard University Press.（＝2010，川本隆史・福間聡・神島裕子訳『正義論』［改訂版］紀伊國屋書店。）
Robson, William A., 1976, *Welfare State and Welfare Society,* Allen and Unwin.（＝1980，辻清明・星野信也訳『福祉国家と福祉社会』東京大学出版会。）
盛山和夫，2006，『リベラリズムとは何か——ロールズと正義の論理』勁草書房。
盛山和夫，2007，『年金問題の正しい考え方——福祉国家は持続可能か』中公新書。
盛山和夫，2015，『社会保障が経済を強くする——少子高齢社会の成長戦略』光文社新書。
盛山和夫，2016，「コモンズ型の社会福祉論を——イデオロギー対立を超えて」『福祉社会学研究』13：14-27。
Sen, Amartya K., 1982, *Choice, Welfare and Measurement,* Basil Blackwell.（＝1989，大庭健・川本隆史訳『合理的な愚か者』勁草書房。）
Titmuss, Richard M., 1968, *Commitment to Welfare,* Allen and Unwin.（＝1971，三浦文夫監訳『社会福祉と社会保障——新しい福祉をめざして』東京大学出版会。）
Walzer, Michael, 1993, *Spheres of Justice : A Defence of Pluralism and Equality,* Basic Books.（＝1999，山口晃訳『正義の領分——多元性と平等の擁護』而立書房。）

第11章

貧困と社会的排除

山北輝裕

キーワード

社会的排除，社会的包摂，貧困，障害者，複合差別

1 社会的排除論の背景

欧州における社会的排除のひろがり

　社会的排除という概念はフランスで生まれ，EUで育ったと指摘されている（Bhalla and Lapeyre 1999 = 2005；Lister 2004 = 2011；福原 2007；岩田 2008）。この概念は近年，学術の世界でも用いられているが，定義や用法はひとつに定まっておらず，むしろ実践的な社会政策における問題関心から拡大していった側面が強い。こうした広がりの背景は1980年代以降の福祉国家の危機の中で，貧困と失業の問題が一国の問題ではなく，欧州全体に広がる問題として認識されはじめたことと無関係ではないだろう。

　欧州委員会が1992年に発表した「連帯の欧州を目指して——社会的排除に対する闘いを強め，社会統合を促す」（*Towards a Europe a Solidarity*）の冒頭で，社会的排除現象について以下のように述べられている。

　〔社会的排除〕は，すべての加盟国に影響を与える現象である。例として貧困の最も露骨な形式で，都市地域における路上のホームレスの人々，もしくは激しい暴動，あるいは長期失業者の周縁化のような状況，村落地域の根強い貧困，深刻な借金に陥った世帯，民族紛争の高まり，難民もしくは

マイノリティ排斥など。(Commission of the European Communities 1992：3)

　これは EU の中で，社会的排除が政策上のキーコンセプトとなった宣言として位置づけられている。ここでは，社会的排除の概念は不十分な収入のみを意味するのではなく（もちろん排除は貧困に起因し，貧困へと帰結するのだが），労働による社会参加の範囲をこえた射程を持っていることがわかる。排除は住居・教育・保健・サービスへのアクセスといった領域でも感じられ，複合的な現象として現れるため，従来の「貧困」概念からの拡張を意味する。

　たとえばイギリスでは，インフレ抑制を最優先課題とする保守党のサッチャー政権時代（1979年から80年代にかけて）に失業率が上昇した。キャロル・ウォーカーとアラン・ウォーカーは，EC 諸国の中でもイギリスの貧困は最も深刻で，1989年にはイギリスの全人口の5分の1にあたる1130万人の所得が所得補助の水準かそれ以下で生活していると指摘した（Walker and Walker 1994＝1996：54)。

　こうした貧困を取り巻く状況の中で1997年に労働党のブレア新政権が誕生した。ブレア政権は社会学者のアンソニー・ギデンズをブレーンとし，左派・右派の肯定的な側面を継承する「第三の道」(Giddens 1998＝1999) を推進した。そして省庁とは別に，1997年に社会的排除対策室を設置し，労働市場への再参入支援や，リスクを抱えた子どもへの支援などを含む「ニュー・ディール」が設定される。

　一方，欧州委員会は，EU では1億2000万人以上（EU 総人口の24%）が貧困あるいは社会的排除の危機にあると報告している。2014年の統計ではそのうち27.8%が子どもで，65歳以上は17.8%とされている。EU は2020年までにこうした人々を2000万人減少させると宣言している（European Union 2010）。

　イギリスにおける社会的排除対策室の設置や EU の宣言からもわかるように，社会的排除の概念は，排除された人々をどのように社会に取り込むのかという**社会的包摂**（social inclusion）の概念とセットで考えられてきた。排除された人々の問題を資源や市民権の不平等の問題とし，その拡充を求めるのか，それとも社会的に排除された人々のモラルの問題とみなし，労働市場への参加を促すのか。あるいは労働参加の欠如を排除として，労働参加を強化するのか（Levitas 1998）。また社会的排除は結果だけでなく，排除に至るまでのプロセスにも着目しているため，包摂にあたっては排除される前の段階での介入

(pro-active) が模索されるなど，社会への統合の方法も同時に議論されてきた。

この社会的排除の概念は，日本でも2000年代に入ってから注目されはじめた。その背景には，90年代の野宿者の増加にはじまり，2008年リーマンショック後の「派遣村」，あるいはネットカフェ難民・無縁社会などの「新たな」注目や，生活保護をめぐるバッシング，子どもの貧困など，貧困の状況が繰り返し議論されてきたことが関係している。

社会学の差別研究

そもそも社会学においては，排除の考え方・概念は非常に古い。ヒラリー・シルバーは，社会的連帯（solidarity）として知られている個人と社会のあいだの社会的なつながりが破壊されたときに排除が生じるという共和主義の思想や，M・ヴェーバーの社会的閉鎖理論（social closure）に代表される排除を独占（monopoly）の帰結とする見方など，社会学における排除の視角を整理している（Silver 1994）。

日本でも「差別」現象として研究されてきたテーマは，貧困に起因する現象であることが多かった。そのため現代の社会的排除について学ぶ上で，社会関係を考察してきた差別研究を参照することは意義があるだろう。また実際に当事者に会って「排除」のリアリティについて考えたいという人や，各領域の横断（たとえば女性とホームレス，障害とホームレスなど）をこころみたいという問題関心にとって，社会学的差別研究から学べる点は少なくない。

上野千鶴子は，ひとつの文脈で差別を受けている弱者が別の文脈では強者になったり，あるいは差別を受けている人がしばしば複数の差別を同時に経験していることを，**複合差別**として指摘する。

> 複数の差別が，それを成り立たせる複数の文脈のなかでねじれたり，葛藤したり，ひとつの差別が他の差別を強化したり，補償したり，という複雑な関係にある。（上野 1996：204）

たとえば1970年代に「経済的理由」による中絶という文言を削除するという優生保護法「改正」案が国会に提出されようとした際，一方ではウーマン・リブのグループが「産む・産まないは女が決める」というスローガンを掲げ抵抗し，他方で女性の「中絶の権利」に対しては障害者団体が「障害者は産まれ

る前に殺されるのか」とフェミニズムのなかに潜在する優生思想を批判したのである。

　また上野は，複数の差別の経験を考察する上で，障害者の自立生活を考察した論集『生の技法』の執筆者の一人である安積遊歩(純子)の経験を紹介している。施設において安積は，女性として，さらに障害者として二重の差別を経験する（安積 1990）。そこで安積は，施設を退所し，家からも出る。安積は，当時の自分が目指していた自由な生き方とは「女性としての幸せ」であり，それは結婚であったと振り返る。

　こうした経験を上野は「女性障害者の場合，性的主体性が否認されているだけにかえって逆説的に，その獲得が短絡的にめざされてしまいがちである」とし，「障害者差別と性差別とは異なった原理で組み立てられており，一方の解放が自動的に他方の解放につながるわけではない」（上野 1996：214）ことを指摘する。

　排除は一元的な現象ではなく，多元的な次元におよぶため，複合差別という視角は，錯綜した問題群を考察する上でいまなお有用である。社会的包摂を展望していく上で，「意図せざる排除」を検証していくことも，社会学のひとつの貢献になるはずだ。

2　貧困や社会的排除はどのように調査されてきたか

貧困と社会的排除

　貧困についてはじめて客観的な指標を用いて調査を行ったのは，『ロンドン民衆の生活と労働』を刊行したチャールズ・ブースである。ブースは1886年から1902年にかけて3回にわたり労働者の貧困の実態と原因を調査した。ロンドン市民を生活水準と雇用の形態に基づいて8つの階級に分類し，その上でブースは，人々が「普通に」生活が送れるかどうかの境目となる収入額を**貧困線**（poverty line）として操作的に定義した。特筆すべきは，ブースが貧困の原因を個人の問題ではなく，社会の問題として提示したことである（阿部 1990；北川・山北 2015）。

　その後，ブースの調査をさらに発展させたのはシーボーム・ロウントリーである。ロウントリーはヨークで貧困調査を3回行っている（1899年，1936年，1950年）。ロウントリーも同じく貧困線を設定し，最低限生活に必要な金額を

具体的な数値で算出して，収入を管理し出費を切りつめたとしても，家族の身体の最低限のニードを満たせない不十分な状態を「第一次貧困」と設定した（武田 2014）。これは身体的・生理的維持が不可能である**絶対的貧困**という概念につながる考えである。

現在，貧困を定義する上では，**相対的貧困率**が多く採用されている。「相対的貧困率」とは，経済協力開発機構（OECD）も採用しているように，「所得中央値の40％，50％，60％を貧困の基準として，これらの貧困線を下回る所得しか得ていない者の割合を示したもの」（OECD 2008＝2010：138）である。この概念は，1960年代イギリス福祉国家における貧困を「再発見」したピーター・タウンゼントによる**相対的剥奪**（relative deprivation）（Townsend 1979：31）の考え方にさかのぼる。

そして冒頭で述べたように欧州で「新たな貧困」への関心が高まる中で登場したのが，「社会的排除」の概念である。ここで再び欧州委員会の宣言を引用しよう。

> 社会的排除の概念は，プロセスと結果としての状況の両方を指す動態的なものである。……社会的排除は，不十分な収入のみを意味するのではなく，また労働生活の参加の範囲をこえている。それは住居・教育・保健・サービスへのアクセスといった領域でも感じられ，現れる。（Commission of the European Communities 1992：8）

ここにも現れているように，貧困が静態的であるのに対して社会的排除は動態的で，貧困が所得一元的であるのに対して社会的排除は多元的な次元を射程に入れた概念である，と対比されることが多い（Byrne［1999］2005＝2010；岩田 2008など）。

社会的排除の操作的定義

社会的排除の概念は必ずしも定義が定まっていないが，調査の文脈ではどのように社会的排除が具体的に指標化されているか，その一端を紹介したい。1999年のイギリスの「貧困と社会的排除調査」（Poverty and Social Exclusion Survey：PSE調査）で設定された社会的排除の指標から，上記の動態的・多元的という含意や，貧困概念との違いも読み取ることができる。

PSE調査では排除の4つの次元を以下のように区別している。①十分な収入もしくは資源からの窮乏化もしくは排除（生活必需品があるかどうか，所得，主観的な貧困の3つが指標とされる），②労働市場からの排除（職があるかないかなどの指標。単に収入を得るだけでなく，社会的なつながりや社会的相互作用の場としても重要），③サービスからの排除（電気や水道，交通機関，商業施設，金融サービスなど。これらの基本的なサービスが金銭的理由で断絶しているかどうかの指標），④社会関係からの排除（社会活動への不参加＝金銭的理由により映画に行ったり，買い物をしたり，友人を訪れたりなどの活動の欠如。孤立＝家族や友人と会ったり話したりする頻度がない。支援の欠如＝家の力仕事，病気のとき，相談などの7つの状況においてサポートがあるかどうか。離脱＝過去3年間に選挙などでの市民権の欠如。制限＝社会活動に参加する上で自由な移動ができるかどうかという5つの下位指標からなる）。

PSE調査は，貧困を「低収入かつ標準より低い生活」とし（Gordon 2006），貧困や低賃金が人々の社会関係にいかなるインパクトを及ぼすのか（Levitas 2006）まで射程に入れていることからも，経済的資源の減少が社会参加の困難を増幅する（＝社会的排除）という前提を持つことがわかる。

このような，貧困概念から近年の社会的排除の概念への変遷について，ルース・リスターは，社会的排除の概念の使用は「貧困を覆い隠さないかぎり有効」であり，「貧困の概念に取って代わるものではなく，補完するものである」（Lister 2004＝2011：144）と位置づけている。

現代日本における貧困調査

日本の実証的な貧困調査を少しだけ紹介しておこう。経済学者の橘木俊詔は1998年の『日本の経済格差』において，厚生労働省『所得再分配調査』をもとに，ジニ係数が拡大していることを示して「格差社会論」を巻き起こす端緒となった（橘木 1998）。

阿部彩は「国民生活基礎調査」をもとに，2004年の20歳未満の子どもの貧困率を14.7％と推計している（阿部 2008）。ちなみに，厚生労働省は長らく日本の貧困率を公表してこなかったが2009年に初めて公表し，2011年には子どもの貧困率も公表したが，2009年で15.7％としている。子どもがいる現役世帯の相対的貧困率は14.6％，大人がひとりの世帯の相対的貧困率は50.8％である。なお，経済協力開発機構（OECD）の貧困の国際比較によると，2004年に日本の子どもの貧困率は13.7％としている（子どもの貧困白書編集委員会編 2009）。これ

はOECD加盟22ヶ国中8位の高さである。ユニセフの推計では2000年代半ばの日本の18歳未満の子どもの貧困率は先進35ヶ国中，上から9番目だとされている（阿部 2014）。また，母子世帯の貧困率に関してはOECD諸国の中でも最悪である。

貧困調査は，その結果によって政策へと直結したり市民活動を後押しすることにもなる。近年の日本においても子どもの貧困は問題視され，「子ども食堂」が全国に広まったことからも，まさにこれらの実証的な調査がいかに必要とされているかが理解できる。

なお，阿部も参加していた内閣官房社会的包摂推進室による『社会的排除にいたるプロセス──若年ケース・スタディーから見る排除の過程』（2014）では，高校中退者や若年ホームレス，若年生活保護受給者やシングルマザーなどのライフコースが取り上げられているが，貧困家庭に育つリスクと低学歴になるリスクの関係や，軽度の知的障害が学校でのいじめにつながり，その後の成人期のリスクにも影響を及ぼす例など，社会的排除の複合的な性格およびそのプロセスが明らかにされている。

ホームレス研究

社会学における貧困研究としては，ホームレス研究をあげることができる。日本においてはかねてから，磯村英一，大橋薫，大藪壽一などの都市社会学者・社会病理学者や，江口英一に代表される労働経済学者が，戦後の焼け野原以後のスラム研究を蓄積してきた。それらの研究を批判して新しい展開を示したのが青木秀男の『寄せ場労働者の生と死』（青木 1989）である。

青木によると，それまでの社会病理学の寄せ場研究は「解体地域」としての「ドヤ街」に住む「労務者」の「病理性」を抽出し，「問題解決」の処方箋を考えるものであった。しかしこの視角は誰から見て「病理」なのか。青木は社会病理学を「科学」の名において世の中の偏見を追認してきたにすぎないと喝破する。一方，江口らの労働経済学からの寄せ場研究は，マルクス主義に基づき寄せ場労働者を労働者階級のなかで階層的「低位性」にあるとみなしており，青木は，江口らが労働者の主体的な状況の解釈と変革の意志を看過した点を批判する。その上で青木は解放社会学の視点からの寄せ場研究を宣言し，寄せ場労働者をめぐる差別の構造と，寄せ場の文化，労働者の意味世界（文化の根底にあって，人々の実存の根拠に直接触れあう精神領域）を明らかにした。青木は労

働者の意味世界を，〈ミジメ〉と〈ホコリ〉として概念化し，両者のドリフトを明らかにしたのである。

野宿者の排除をめぐる近年の研究として，丸山里美の『女性ホームレスとして生きる』（丸山 2013）がある。丸山は「これまでの研究で女性があつかわれてこなかったことには，単に女性のホームレスが少ないということ以上の，研究が拠って立つ基盤に骨がらみの問題があるように思われる」（丸山 2013：11）と指摘する。すなわち，研究者による野宿者の主体性や抵抗への着目は男性を前提にした視点であり，その前提から女性が排除されてきたことが問題とされる。男性野宿者に端的に見出されるような，自立的な意志のもとに合理的に選択していく主体像ではなく，女性野宿者たちの関係性のなかにある主体性のありようを活写した点において，先進的な研究である。

社会的排除の文脈でいえば，ホームレス研究はホームレス当事者に着目しつつ，ホームレスを排除する社会の側の「労働」や「自立」をめぐる排除の論理も鋭く逆照射してきたといえる。同時に，当事者自身も，排除の論理を内面化するがゆえに，野宿者内の階層構造や差別の構造があることもまた指摘されてきた。

3　障害者の自立生活運動

障害とは何か

生活全般にわたって複合的に社会から排除されてきたのは障害者である。日本で障害児が教育を受けるようになったのは，1979年の養護学校義務化（ただし養護学校義務化による分離教育批判はあった）からで，それまでは就学猶予・免除の名のもとに教育から排除されていた。また就労面でも福祉的就労の割合が高く，同年齢階層と比較しても収入は少ない。障害者たちは，単に物理的な貧困状態に陥りやすかっただけではなく，有意義な社会関係を形成することを不可能にされ，政治的・社会的参加全般から排除されてきた歴史がある。

これは，「障害」がどのように定義されてきたかを確認することでも理解できる。国連の定めた国際障害者年（1981年）の前年に，世界保健機関（WHO）は国際障害分類（ICIDH）を発表し，インペアメント（impairment）を「心理学的・生理学的・解剖学的な構造もしくは機能の，何らかの喪失あるいは異常」，ディスアビリティ（disability）を「人間にとって正常と考えられるやり方，も

しくは範囲の中で行為を遂行する能力の何らかの制限あるいは欠如」、「ハンディキャップ」を「インペアメントやディスアビリティによってもたらされ、正常な役割の達成を制約・阻害するような個々人にとっての不利益」（WHO 1980：27-29）と定義した。

　この定義はインペアメントとディスアビリティのあいだに因果関係を想定し、問題の原因を個人のインペアメントに還元する障害の**個人モデル**だとして（「医学モデル」とも呼ばれる）、障害者運動から批判を受けた。というのもこの概念化は、障害者個人のインペアメントを除去・治療すれば障害者を取り巻く問題は解決するという考えであり、たとえば車いすを利用する人が階段を登れない不利益を被る場合、それは個人の悲劇として片付けられてしまうか、登れるようにリハビリするしかない、という結論になるからである。ようやく2001年にWHOは、ICIDHを改定した国際生活機能分類（ICF）を公表している。

　また「障害者の権利に関する条約」（Convention on the Rights of Person with Disability）は、2006年12月に国連総会において採択され、2008年5月に発効した（日本は2014年に批准）。条約では、障害について以下のように述べている。

>　「障害〔ディスアビリティ〕が形成途上にある〔徐々に発展している〕概念であること、また、障害が機能障害〔インペアメント〕のある人と態度及び環境の障壁との相互作用であって、機能障害のある人が他の者との平等を基礎として社会に完全かつ効果的に参加することを妨げるものから生ずることを認め」る（United Nations 2006＝2012：277）

障害者運動と障害学の展開

　こうした現在の国際的な定義に至るなかで、障害者たちの命がけの社会運動と有機的なつながりの中で生み出されたのが**障害学**（Disability Studies）である。障害学はイギリス・アメリカで発展し、日本にも理論は紹介されている（石川・長瀬編 1999；Oliver 1990＝2006；星加 2007など）。障害学は、障害の「個人モデル」を批判し、ディスアビリティの問題は障害者を排除する社会に原因があるという**社会モデル**を提唱してきた。

　この「社会モデル」を理解する上で、日本における障害学の原点でもあり障害者運動の嚆矢でもある「青い芝の会」をあげておきたい。1960年当時、親が障害を持つ自分の子どもを殺害する事件が立て続けに起こった。その動機は

「親である自分が死んだ後,この子はどうなってしまうのか」という将来への悲観であった。このころは現在のように入所施設が整ってない時代であった。いたたまれない事件に世間は同情し,また情状酌量のための署名も行われた。

しかしここで,「こうした事件は起こりうるし,情状酌量も仕方ない」と,われわれはもちろん言えない。なぜなら,障害を持つ当事者からすれば,「私たちは殺されてもいいのか?!」ということであり,異議が申し立てられて当然であろう。

青い芝の会は,愛のもとに子を殺すことが正当化されるのであれば,そのような「愛を否定」する。会のメンバーである横塚晃一が「われらは安易に問題の解決を図ろうとすることがいかに危険な妥協への出発であるか,身をもって知ってきた」(横塚 2007：110)というように,彼らは障害の本質を社会に向けてラディカルに問い直す。

一方,障害者の入所施設では,職員の対応がしやすいように入所者の外出を制限するなどの管理体制が問題視され,1970年ごろから東京都府中療育センターでは管理反対の闘争がおこる（立岩 1990）。そうした時代に青い芝の会の人々は,自分たちだけで地域で生活することを模索する。だが地域での生活はいうまでもなく命がけであった。いまでこそ車いすで乗車できるようになってきたバスなどの交通機関も,かつては乗車拒否があり,1977年には川崎バスセンターで激しい反乗車拒否闘争が繰り広げられた。青い芝の会の運動は,「社会モデル」から障害を捉え返す実践であったといえよう。

こうした地域での自立生活の際,障害当事者が重要視したのは「自己決定としての自立」である。自己のことを他者によって決められてきた障害者にとって,自己決定権はきわめて重要な権利であったといえる。もちろん知的障害や精神障害をかかえる人たちにとって,「決める」ことがむずかしい局面などもあるだろう。立岩真也はこの「自己決定としての自立」を「なによりではないが,とても大切なもの」(立岩 1999)として,整理された議論を展開している。

障害者当事者らの自立生活をめぐる思想は,いかなる包摂を構想するかという規範的な問題を考察する上で,基本的な視角となる。なお社会学における重要著作として『生の技法』（安積ほか 1990）をあげておきたい。

4　包摂の行方

　人権の国際的宣言の起源は1948年に国際連合で採択された世界人権宣言である。この人権宣言における自由権の系譜を引き継ぎ，1950年には欧州評議会が欧州人権条約を制定した。その後，1961年には社会権を加えた欧州社会憲章が採択された。2000年にはEUでも尊厳，自由，平等，連帯，市民権，司法に関する基本的な人権を明記したEU基本権憲章が調印された。各国の社会的包摂対策はこうした人権に関するレジーム・法的枠組みを基盤にしているが，包摂の戦略は国によって差異がある。

　宮本太郎（2009；2013）は，フランスでは社会的連帯の立て直しとして包摂が構想され，アングロサクソン諸国では労働市場への参加促進がなされ，北欧では政府と自治体の責任による包摂が実現されてきたと史的展開を整理している（宮本 2009：2013）。その上で社会的包摂のための戦略を，ワークフェア，アクティベーション，ベーシックインカムの3つに分類している。

　宮本によるとワークフェアは就労を義務づけることで社会に再統合する戦略である。1996年のアメリカにおけるクリントン政権時代の福祉改革から伝播し，イギリスもまたワークフェアを採用する。日本のホームレス対策も当初は，自立支援センターで職をみつけて経済的自立を達成させることで社会へ包摂しようとする戦略であったといえよう（その背後で，野宿に留まる人々は強制排除された）。

　アクティベーション（活性化）は，所得保障をしながら就労へのインセンティブ形成を支援する戦略で，しばしば「懲罰」のようなイメージをともなうと批判されるワークフェアとは一線を画している。たとえば職業訓練を受けることを条件にその期間の所得保障を失業者に行うなどの政策である。スウェーデンでは，同一労働同一賃金の考え方のもとで賃金の底上げが図られ，雇用そのものが労働インセンティブになることをねらった。

　ベーシックインカムは，就労しているかどうか，所得はどの程度あるかなどを考慮せずに無条件ですべての市民に最低限の所得保障を行う政策であるが，この政策は思考実験の域を出ていない。

　それぞれの包摂の戦略にはさまざまな評価が下されるだろう。デイヴィッド・バーンは，イギリスの「ニュー・ディール」を，「経営者やサービス階級

の労働者，そして資本所有者として利益を得る富裕層が，それほど多くの税金を支払うことなく搾取から利益を享受し続けるなかで，低賃金がポスト工業資本主義の一つの側面としていっそう強固に制度化される」(Byrne 1999 [2005] =2010：294)と評し，そもそも排除を生み出す社会そのものは変わっていないのではないかと批判している。これは，本章で検討した障害学の社会モデルが突きつけた批判（障害者が変わるのではなく，社会の障害を変革すべき）にも通じる。

　社会的に排除される人々は障害者や高齢者など多様であり，かつ複合的差別を内包する。それゆえ岩田正美は「社会的排除の現実のプロセスを見ていくと，包摂の基盤におかれるべきなのは労働であるよりも，むしろある社会への帰属の現実的基盤となる住居・住所の保障と市民としての権利義務の回復にあるのではないか」(岩田 2008：175)と指摘する。いずれにせよ，社会的排除が多元的である限り，包摂もまた多元的であることが求められる。そして社会学における社会的排除論にもまた，これからも社会的排除を測定する指標を検討し，実態を明らかにする調査を行いつつ，各領域の横断にともなう複合差別の問題を当事者の経験からときほぐし，多層的な包摂の方途を構想していくことが求められる。

文献

阿部彩，2002，「貧困から社会的排除へ——指標の開発と現状」『海外社会保障研究』141：67-80。

阿部彩，2008，『子どもの貧困——日本の不公平を考える』岩波書店。

阿部彩，2014，『子どもの貧困Ⅱ——解決策を考える』岩波書店。

阿部實，1990，『チャールズ・ブース研究——貧困の科学的解明と公的扶助制度』中央法規出版。

青木秀男，1989，『寄せ場労働者の生と死』明石書店。

安積純子，[1900] 2002，「〈私へ〉——三〇年について」安積純子・岡原正幸・尾中文哉・立岩真也『生の技法——家と施設を出て暮らす障害者の社会学』藤原書店，19-56。

安積純子・岡原正幸・尾中文哉・立岩真也，[1990] 2002，『生の技法——家と施設を出て暮らす障害者の社会学』藤原書店。

Bhalla, Ajit S. and Frédéric Lapeyre, 1999, *Poverty and Exclusion in a Global World*, Palgrave Macmillan.（＝2005，福原宏幸・中村健吾監訳『グローバル化と社会的排除——貧困と社会問題への新しいアプローチ』昭和堂。）

Booth, Charles, 1904, *Lobour and life of the people in London first series : poverty*, Macmillan and Co. Limited.

Byrne, David, [1999] 2005, *Social Exclusion*, Open University Press.（＝2010，深井英喜・梶村泰久訳『社会的排除とは何か』こぶし書房。）

Commission of the European Communities, 1992, *Towards a Europe of Solidarity : Intensifying the fight against social exclusion, fostering integration.*

European Union, 2010, *Europe 2020.*

福原宏幸，2007，「社会的排除／包摂論の現在と展望――パラダイム・『言説』をめぐる議論を中心に」『社会的排除／包摂と社会政策』法律文化社，11-39。

Giddens, Anthony, 1998, *The Third Way*, Polity Press.（＝1999，佐和隆光訳『第三の道――効率と公正の新たな同盟』日本経済新聞社。）

Gordon, David, 2006, "The concept and measurement of poverty," Christina Pantazis, David Gordon and Ruth Levitas, *Poverty and social exclusion in Britain*, The Policy Press, 29-69.

Harvey, David, 2005, *A Brief History of Neoliberalism*, Oxford University Press.（＝2007，渡辺治監訳『新自由主義』作品社。）

星加良司，2007，『障害とは何か――ディスアビリティの社会理論に向けて』生活書院。

石川准・長瀬修編著，1999，『障害学への招待』明石書店。

岩田正美，2008，『社会的排除――参加の欠如・不確かな帰属』有斐閣。

北川由紀彦・山北輝裕，2015，『社会調査の基礎』放送大学教育振興会。

子どもの貧困白書編集委員会編，2009，『子どもの貧困白書』明石書店。

Levitas, Ruth, 1998, *The Inclusive Society ?*, Palgtave.

Levitas, Ruth, 2006, "The concept and measurement of social exclusion," Christina Pantazis, David Gordon and Ruth Levitas, *Poverty and social exclusion in Britain*, The Policy Press, 123-160.

Lister, Ruth, 2004, *Poverty*, Policy Press.（＝2011，松本伊智朗監訳『貧困とはなにか』明石書店。）

丸山里美，2013，『女性ホームレスとして生きる――貧困と排除の社会学』世界思想社。

宮本太郎，2009，『生活保障――排除しない社会へ』岩波書店。

宮本太郎，2013，『社会的包摂の政治学――自立と承認をめぐる政治対抗』ミネルヴァ書房。

OECD, 2008, *Growing Unequal ? : Income Distribution and Poverty in OECD Countries.*（＝2010，小島克久・金子能宏訳『格差は拡大しているか――OECD加盟国における所得分布と貧困』明石書店。）

Olive, Michael, 1990, *The Politics of Disablement*, Macmillan Publishers.（＝2006，三島亜紀子・山岸倫子・山森亮・横須賀俊司訳『障害の政治』明石書店。）

Pantazis, Christina, David Gordon, and Ruth Levitas, ed., 2006, *Poverty and Social Exclusion in Britain*, Policy Press.

内閣官房社会的包摂推進室／内閣府政策統括官（経済社会システム担当）社会的排除リスク調査チーム，2012，『社会的排除にいたるプロセス——若年ケース・スタディから見る排除の過程』厚生労働省。

Silver, Hilary, 1994, "Social Exclusion and Social Solidarity : Three Paradigms," *International Labour Review*, 133 : 531-578.

Silver, Hilary, 2007, "Social Exclusion," Ritzer George ed., *The Blackwell Encyclopedia of Sociology*, Blackwell Publishing, 4411-4413.

Spicker, Paul, 2007, *The Idea of Poverty*, Policy Press.（＝2008，圷洋一監訳『貧困の概念』生活書院。）

橘木俊詔，1998，『日本の経済格差——所得と資産から考える』岩波書店。

武田尚子，2014，『20世紀イギリスの都市労働者と生活』ミネルヴァ書房。

立岩真也，1990，「はやく・ゆっくり——自立生活運動の生成と展開」安積純子・岡原正幸・尾中文哉・立岩真也『生の技法——家と施設を出て暮らす障害者の社会学』藤原書店，165-226。

立岩真也，1999，「自己決定する自立——なにより，でないが，とても，大切なもの」石川准・長瀬修編著『障害学への招待』明石書店，79-107。

Townsend, Peter, 1979, *Poverty in the United Kingdom: A survey of household resources and standards of living*, Penguin Books.

上野千鶴子，1996，「複合差別論」井上俊ほか『岩波講座　現代社会学15　差別と共生の社会学』岩波書店，203-232。

United Nation, 2006, *Convention on the Rights of Person with Disability*.（＝2012，長瀬修・東俊裕・川島聡編『障害者の権利条約と日本——概要と展望』生活書院に収録。）

Walker, Carol and Alan Walker, 1994, "poverty and the poor," Michael Haralambos ed., *Developments in Sociology*, Causeway Press Ltd, 43-66.（＝1996，渡辺雅男訳「貧困問題の現在　今ヨーロッパでは——イギリスにおける貧困・中」『賃金と社会保障』1185：51-57。）

WHO, 1980, *International Classification of Impairments, Disabilities and Handicaps*.

横塚晃一，［1975, 1981］2007，『母よ！　殺すな』生活書院。

第12章

セクシュアリティ

赤枝香奈子

> **キーワード**
>
> LGBT，セクシュアル・マイノリティ，性同一性障害，ホモソーシャル，ホモフォビア，クィア・スタディーズ，ヘテロノーマティヴィティ，同性婚，SOGI

1　セクシュアリティとは何か

LGBTへの注目

　近年，LGBTという言葉をよく見聞きする。Lesbian, Gay, Bisexual, Transgenderの頭文字を並べた言葉で，同性愛者，バイセクシュアル（両性愛者），トランスジェンダーなど，**セクシュアル・マイノリティ**の人々を指して使われている。日本でこの語が広まった背景には，同性同士の結婚やパートナーシップ制度にかんする話題だけでなく，1990年代以降からの**性同一性障害**にかんする関心があると考えられる。

　性同一性障害（Gender Identity Disorder）は，生まれたときに割り振られた性別に強い違和感があり，それが一定の診断基準を満たした場合に適用される「疾患」名である。日本では1990年代後半にこのような症状の「治療」として「性別適合手術」が正式な医学的措置として認められ，実施されるようになった。2003年には一定の条件を満たせば戸籍上の性別を変更することを認める「性同一性障害者の性別の取扱いの特例に関する法律」（特例法）が成立，翌年から実施され，性同一性障害という言葉はまたたく間に広まった。

　おそらくそこには，性別にかんする次のような「思い込み」を多くの人々が

持っていることが推測される。①女性の体を持った人が，②自分は女性であるというアイデンティティを持ち，③女性らしい格好をし，④異性である男性を好きになる，あるいは①男性の体を持った人が，②自分は男性であるというアイデンティティを持ち，③男性らしい格好をし，④異性である女性を好きになる。以上のようなことが疑われることなく，当たり前のことと考えられている社会において，そうではない人がいる，というのは驚きだったのかもしれない。自分たちとはまったく異なる「他者」としてその存在を見つめるまなざしで性同一性障害の人々，さらにはLGBTが「発見」されたといってもよいだろう。

「男／女」という性別カテゴリーへの批判

　性同一性障害という新しい概念がすんなり受け入れられたのは，その説明にある種のわかりやすさがあったからではないかと考えられる。上記の表現にしたがえば，①と②③④が食い違っていると理解され，しかもそれは「病気」であると説明されたからである。つまり①②③④が齟齬なく結びついた状態が正常であるという考えは疑われることなく，①と②③④が正しく結びつかない病気で苦しんでいる「かわいそうな人」を助けなければ，と思われたのではないだろうか。このような，わかりやすいセクシュアル・マイノリティ像は，それ以外の「わかりにくい」人々——たとえば同性を好きになる人，男性／女性のふたつの性別では分類できない人——を不可視化してしまいがちである。そのなかには「性分化疾患」の人々も含まれる。インターセックス（Intersex）という呼び方もあるため，このような人々も含めて「LGBTI」と表現することもある（性分化疾患については，毎日新聞「境界を生きる」取材班（2013）などを参照のこと）。

　「女性の身体」と「男性の身体」と言われるものには実際のところ連続性がある。また自分は女性である／男性であるというアイデンティティ（性自認）にも連続性があり，どちらか確信が持てないような場合や変わってしまう場合，どちらでもないと思っている場合などもある。すなわち，ある人が「女性」か「男性」かというのはそれほど単純に決められるわけではない。にもかかわらず，世の中には女性と男性しかいないように思われているのはなぜなのだろうか。また上記④で使った「好きになる」という表現だが，それも人によってどういうことを指すかはさまざまだろう。たとえば，好きになった相手とのセックスを望む人もいれば，「好き」や「愛」をセックスと切り離して考える人も

いる。そもそも，愛情や欲望は自分自身でさえも十分に理解できているとは限らない。セクシュアル・マイノリティは「性的少数者」とも言われるが，このように考えたとき，少数者（少数派）とその他大勢（多数派）はそもそも明確に線引きすることが困難であることがわかる。にもかかわらず，なぜ少数派と多数派のあいだで線引きがされてきたのだろうか。そしていまなお少数派の人々に対する差別や偏見がなくならないのはなぜだろうか。

本章では主にセクシュアル・マイノリティをめぐる研究からセクシュアリティについて解説する。なぜなら，彼女たち・彼らにとって，自らの核でありながら，自らを社会から，時に自分自身からも疎外するものこそが「セクシュアリティ」であり，その疎外が社会を成り立たせる仕組みを解明してきたのがセクシュアリティ研究の歴史といえるからである。

2　セクシュアリティ研究の歴史

ミシェル・フーコーの議論

「セクシュアリティ」が何を意味するかを説明するのはむずかしいのだが，ここでは「性的欲望や性行為，およびそれらと関連づけられたアイデンティティ」と説明しておきたい。ただし「性（的）」という語は，イメージのレベルでも実践のレベルでも何を指すかはずいぶん幅がある。少なくとも，男女のセックス——とりわけ挿入をともなう性行為——のみを指すわけではないことは押さえておきたい。そして社会学では性的欲望や性行為を本能や自然とは捉えないのが基本的な考え方である。それは言い換えれば，社会的に構築されるものとして捉えるということであり，社会的に構築されるということは，時代や場所によって変化するということである。そのような観点からセクシュアリティについて研究したのが，フランスの哲学者ミシェル・フーコー（1926-1984）である。

フーコーは『性の歴史Ⅰ——知への意志』（Foucault 1976＝1986）において，西洋キリスト教社会の歴史を振り返り，それまで自由であった性がヴィクトリア朝時代に抑圧されたとする性の「抑圧の仮説」に対し，17世紀以降，むしろ性について語る言葉，すなわち性についての「言説」が増殖したことを指摘した。キリスト教の悔悛の実践に組み込まれていた「告白」という古い社会手続きと，精神医学や性科学などの新しい科学的言説が結びつき，性についての真

理の言説を産出するための複雑な装置が作られた。そしてこの装置を通じて，「性とその快楽に関する真理として，『性的欲望(セクシュアリテ)』(sexualité) と称されるような何物かが出現し得た」(Foucault 1976＝1986：89) と述べる。

　ここには同性への性的欲望や同性間の性行為を「異常」であり「病理」とみなしてきた「性の科学」に対する批判がある。男色（ソドミー）はたしかにそれ以前からも世俗的，宗教的に禁じられた罪であったが，それはあくまでも一時的な「行為」であり，その人の「本質」などとは捉えられていなかった。だが，そのような実践や欲望は「倒錯」として考えられるようになる。その後もたびたび引用される有名なフレーズでいえば，「かつて男色家(ソドミット)は性懲りもない異端者であった。今や同性愛者は一つの種族」となったのである（Foucault 1976＝1986：56）。こうして性的欲望や性行為がその個人を規定する重要な本質として捉えられ，「同性愛者」というように，人々を分類する指標として機能するようになった。20世紀は，このような18〜19世紀に成立した性の分類やそれにともなう「正常／異常」という価値観が市民レベルに浸透する一方，そのような価値観に対し同性愛者らセクシュアル・マイノリティが異議を唱え，変革を求めてきた時代ということになる。

ホモソーシャルな絆とホモフォビア――イヴ・K・セジウィックの議論

　フーコー以降，セクシュアリティを歴史的産物として捉える見方が浸透し，性にまつわる研究は大きく変化した。英語圏ではアラン・ブレイやジェフリー・ウィークスらが同性愛（者）の「系譜学」を解明しようとしてきた。ここでは，そのようなセクシュアリティの歴史にかんする研究の中でもとくに重要と考えられる，イヴ・K・セジウィックの議論を紹介しておきたい。セジウィックは『男同士の絆』(Sedgwick 1985＝2001) において，同性間の社会的絆を指す「**ホモソーシャル**」(homosocial) という用語を使いながら，フーコーとはまた違ったかたちで，欲望を社会的レベルで分析している。

　セジウィックは「ホモソーシャル」という語を「ホモセクシュアル」との類似と区別を意図して使っている。ホモソーシャルな絆からイメージされるのは，男の利益を促進するような男同士の強い連帯であり，現代ではそれは「ホモセクシュアル」からイメージされるような男同士の性的関係とはまったく異なるものと考えられている。だがセジウィックによれば，「ホモソーシャル」と「ホモセクシュアル」は「潜在的に切れ目のない連続体」を形成していたとい

う。セジウィックは，そのような連続体が「**ホモフォビア**」(同性愛嫌悪)によって分断されていくさまを，イギリス文学作品の分析を通して検証した。その分析は「同性愛者」「異性愛者」という二項対立的で相容れないと考えられてきた分類を揺るがすものであった。このような考え方は，後述する「**クィア・スタディーズ**」という研究領域の誕生に貢献することになる。

3　セクシュアリティ研究の展開

日本におけるセクシュアリティ研究——社会学を中心に

　日本でもフーコーの『性の歴史』以降，構築主義的立場からセクシュアリティにかんする歴史社会学的研究が行われてきた。古川誠は，近代以前から武士や僧侶の間で，あるいは歌舞伎役者を相手として営まれていた「男色」を基調とする同性愛観が明治期も継続していたが，大正期以降，西洋の性科学に刺激を受けて成立した「性欲学」によって，同性愛は「変態性欲」とみなされ，異常視されるようになったと述べる（古川 1994）。また前川直哉は，明治はじめの一時期，日本には男性同士の性行為（「鶏姦」）を禁じる法律があったにもかかわらず，当時男子学生のあいだで男色がはやっていたことを論じている（前川 2011）。石田仁は「異性愛者」と相互に排他的な「同性愛者」という見方が戦後日本において成立した経緯を考察している（石田 2014）。

　一方，女性同性愛にかんする歴史研究も進められてきた。古川によると，1911年に新潟で起きた女学校卒業生同士の心中事件をきっかけに，homosexual, homosexuality の訳語として男性同士，女性同士ともに使いうる「同性愛」という語があてられるようになったという（古川 1995）。肥留間由紀子は，この心中事件を女性同性愛の「発見」と位置づける（肥留間 2003）。筆者は「同性愛」という語が，戦前は主に女性同士，とくに女学校における親密な関係と強く結びついていたことを論じた（赤枝 2011）。また杉浦郁子による戦後のレズビアン表象にかんする研究によると，女性同性愛者を指す「レズビアン」という概念が一般に知られるようになったのは1960年代以降であるという（杉浦 2005, 2006）。

　トランスジェンダーについては，歴史研究者の三橋順子による男性から女性への性別越境にかんする研究の蓄積がある。三橋は古代からの女装の歴史をたどり，日本が女装に対して寛容な国であると述べる（三橋 2008）。とはいえ，

1873年に発布された太政官布告「各地方違式詿違条例」によって異性装が法的に禁止されたこと，また性科学によって異性装は「変態性慾」のひとつとしてカテゴライズされたのみならず，同性愛の下位概念として位置づけられたこと，すなわち，同性愛が「重度」になると異性の服装をしたり，異性のようにふるまったりする「異性化」を引き起こすと論じられたことを指摘している。

これらの歴史研究のポイントをまとめると，日本にも西欧の性科学が導入され，それが人々の性にかんする考え方に影響を及ぼし，「正常」ではないものとしての「同性愛」や「異性装（を含むトランスジェンダー現象）」という捉え方をもたらしたと言える。ただし，そのような欲望を持ったり実践したりしている人々が何か「特殊な人々」として捉えられるようになったのは戦後のことであり，そのような人々に対する差別が激しくなっていったのはそれよりもさらに後のことと考えられる。1980年代以降の時代を扱った研究では，セクシュアル・マイノリティの「当事者」と彼女たち・彼らに向けられた差別や嫌悪が主題となる。

風間孝と河口和也は，1980年代のエイズ・パニック，同性愛者団体が公共施設の利用を断られたことをめぐって起こした裁判，同性愛者を対象としたヘイトクライムなどを取り上げ，現代日本の「異性愛社会」に見られるホモフォビアの諸相を明らかにしている（風間・河口 2010）。80年代初頭にアメリカ合衆国で見つかったエイズ（後天性免疫不全症候群）は当初，男性同性愛者や薬物使用者がかかる病気とみなされ，患者が放置される事態を招いた。日本でも，男性同性愛者がエイズ第一号患者に仕立て上げられた。ただ，このような差別や偏見に満ちた解釈は，その対象となる人々を社会的に排除するだけではない。新ヶ江章友は，HIV/AIDS をめぐる言説実践こそが，日本において男性同性愛者という主体を形成していったと述べる（新ヶ江 2013）。

規範は重層的なものである。男性同士の性行為や異性装にかんしては，たとえ一時期であれ，それらを処罰する法が日本にも存在したことはたしかだが，それがすぐに偏見や差別を招いたわけではない。上記の歴史研究の多くが性科学書や新聞・雑誌記事を分析対象としていることからもわかるように，法だけが人々のセクシュアル・マイノリティに対する見方を形作ってきたわけではないことは留意しておく必要があるだろう。

セクシュアル・マイノリティの社会的包摂

　近年のセクシュアル・マイノリティにかんする研究としては、性同一性障害についての研究、同性同士の結婚やパートナーシップ、家族形成にかんする研究などがある。これらの研究からは、一市民として社会に包摂されつつあるセクシュアル・マイノリティの姿が浮かび上がってくる。

　性同一性障害については冒頭で触れたが、なぜ1990年代後半以降、その言葉や概念が流布したのだろうか。それまでも誕生時に割り振られた性別に違和感を感じ、そのために身体を変える人々はいた。だがそのような人々は非合法的に、あるいは海外で「性転換手術」を受けていた。というのも、日本では1960年代半ばに男娼に対して睾丸摘出手術を行った医師が摘発され、有罪判決を受けることになる事件（当時、身体を女性化した男性を「ブルーボーイ」と呼んでいたため、「ブルーボーイ事件」と呼ばれる）が起き、性転換手術は違法との認識が医療関係者のあいだに広まったためである。それが大きく変化するのが1990年代半ばのことである。1995年5月に埼玉医科大学形成外科の原科孝雄が患者二名に性別適合手術（Sex Reassignment Surgery：SRS）を行うことを同大倫理委員会に申請し、認められる。日本精神神経学会は1997年5月に「性同一性障害に関する答申と提言」を策定し、性同一性障害にかんする診断と治療のガイドラインを公表する。翌年10月、このガイドラインに基づき、正当な医療行為として認められたものとしては初となるSRSが埼玉医科大学で実施された。その後、テレビドラマなどでも性同一性障害が取り上げられたり、自身が性同一性障害であることを公表した上川あやが世田谷区議に当選したりするなどした。さらに特例法の成立により、性同一性障害という用語は社会に浸透していった。

　「トランスジェンダー」と性同一性障害を同一視する「誤解」もあるが、トランスジェンダーは、誕生時に割り振られた性別とは違う性別で生きている人や、そう生きたいと望む人たちを広く指す言葉である。もちろん、SRSを受けているかどうかがトランスジェンダーの基準でもない。よってトランスジェンダーの中には、性自認と身体の性別が一致しない状態を病理とみなす「性同一性障害」概念に対する批判が当初からあった。そして実際、性同一性障害を疾患とする見方は変更されつつある。性同一性障害にかんする国際的な基準としては、WHOの国際疾病分類（ICD）やアメリカ精神医学会の精神疾患の診断・統計マニュアル（DSM）があるが、後者の最新版であるDSM-5では「性同一性障害」にかわり「性別違和」（gender dysphoria）という名称が用いられ

ている。このような変化は，欧米を中心に，同性愛が脱犯罪化，脱病理化されていった経緯と似ている。

そして現在，セクシュアル・マイノリティを一部の特異な人々，あるいは「かわいそうな人々」とする見方に大きな変更を迫ってきているのが，同性同士の結婚やパートナーシップ制度にかんする議論である。というのも，それらはマイノリティとされてきた人々をマジョリティと同じ「市民」として認めることを含意しているからである。同性同士のパートナーシップを登録することで，何らかの社会的保障を得られるパートナーシップ制度は1980年代末ごろから北欧や西欧，北米などを中心に導入され始めた。2000年代になるとオランダではじめて同性同士の結婚（同性婚）が法的に認められ，それ以降，同性婚を認める国は増えつつある。日本では2015年3月に東京の渋谷区で，同性カップルを「結婚に相当する関係」と認めるパートナーシップ証明書を発行することが盛り込まれた「渋谷区男女平等及び多様性を尊重する社会を推進する条例」が可決された。現在は，東京都世田谷区，三重県伊賀市，沖縄県那覇市などでも同性カップルのパートナーシップを認める公的書類の発行が始まっている。これらはあくまでも地方自治体レベルでの動きであり，また限られた権利しか認められていないが，これまで不可視化されていた同性カップルの可視化や，さらにはLGBTへのさらなる注目をもたらしたことはたしかであろう。

4　ジェンダー研究との交差

ジェンダーと異性愛規範

上記のようなセクシュアリティ研究——とくに同性愛にかんする研究——では，女性について中心的に触れられることが少ない。そこには女性間の同性愛は犯罪化されない場合があったという事情も反映されているだろうが，それだけではない。そもそも男性，とくに支配的地位にある男性のセクシュアリティこそが，セクシュアリティそのものとして理解されてきたのではないだろうか。そこではジェンダーによる違いはもちろん，人種やエスニシティ，階級，宗教，地域，世代による違いなど，さまざまな差異が消去されている。それはセクシュアル・マイノリティにかんしても同様である。テレサ・デ・ラウレティスは「レズビアンとゲイ」という表現によって隠蔽されてしまうさまざまな差異——「レズビアン」と「ゲイ」の差異はもちろん，「レズビアン」や「ゲイ」

の内部における差異——を問題化した (de Lauretis 1991=1996)。

このようなセクシュアリティが意味することの問い直しはすでに第二波フェミニズムの中から生まれていた。1980年代にアドリエンヌ・リッチは「レズビアン連続体」という表現を用いて,「生殖器的経験」だけに限らない結びつきの可能性を提唱した (Rich 1986=1989)。またキャロル・スミス＝ローゼンバーグやリリアン・フェダマンは,19世紀のアメリカに見られた「ロマンティックな友情」に注目した。ここでフェダマンが「ロマンティックな友情」と呼ぶのは,アメリカ中産階級の女性たちのあいだに見られた女性同士の強い結びつきのことである。「同じベッドで眠る,手をつなぐ,永遠の愛を誓う,甘い言葉で手紙を書きあうなど,大人の女たちの何よりの愉しみだった甘美な触れ合い」(Faderman 1991=1996：6) は社会的にも称えられていたが,世紀の変わり目以降,女性同士の親密な関係を異常視する性科学によって「同性愛」として分類され,やがて姿を消していった。

「ジェンダー」と「セクシュアリティ」は別概念ではあるが,それは両者が無関係であることを意味するのではない。そもそも女性とは／男性とはどのような存在かを規定する重要な要素にセクシュアリティが深く埋め込まれているからである。すなわち,本章の冒頭で触れた④の要素,「異性を好きになる」ことが自然な女性／男性の姿として想定されており,そうではない人々——同性を好きになる人,異性も同性も好きになる人,誰も好きにならない人——などは「女性らしくない／男性らしくない」人物として,ジェンダー規範を逸脱した存在とみなされるのである。このジェンダーと異性愛規範の関係を明快に論じたのは,アメリカの哲学者ジュディス・バトラーである。バトラーは,男性や女性というジェンダーの内的一貫性や統一性をもたらすのは異性愛制度であるとして,「強制的で自然化された異性愛制度は,男という項を女という項から差異化し,かつ,その差異化が異性愛の欲望の実践をとおして達成されるような二元的なジェンダーを必要とし,またそのようなものとしてジェンダーを規定していく」と述べている (Butler 1990=1999：55)。

「性の解放」は誰にとっての解放か

このようにセクシュアリティをめぐる議論を振り返ってきたとき,再考すべき事柄はたくさんあるだろう。たとえば日本で第二次世界対戦後,「性の解放」と言われた現象は何だったのだろうか。敗戦直後の日本では,「カストリ雑誌」

と呼ばれる性や性風俗をメインに取り扱う安作りの娯楽雑誌が数多く発行された。また夫婦の性生活をテーマとする雑誌や書籍も多数刊行された。田中亜以子によれば、これらの雑誌や書籍では夫婦間で性行為を楽しみ、女性も快楽を得ることが肯定されつつも、それは男性主導によって与えられるべきものとされていた（田中 2014）。さらには、妻の「オーガズム」は夫がセックスに満足し、浮気しないようにするためにも、また夫が避妊に協力的になるためにも必要なものとされたという。戦時中までは堕胎はもちろんのこと、避妊も禁止されていた。それが戦後になると一転し、中絶の要件を大幅に緩和する優生保護法が成立する。「子どもは2人か3人がよい」という「家族計画」の名のもと避妊が推奨されたが、その責任は女性たちにのしかかることになった。また優生保護法によってもたらされたのは中絶の大幅な緩和だけでなく、優生思想に基づいた「不妊手術」の適用拡大であり、障害を持った人々などに対し半強制的に不妊手術が行われる場合もあった。田間泰子は、このような優生保護法や家族計画運動によって推進された家族のあり方を「健全近代家族」として批判している（田間 2006）。

　一方、占領軍によるレイプが多発することを見越した政府は敗戦直後から、一般の婦女子を守るため「性の防波堤」を築くとの名目のもと、警察主導で業者を集め、日本各地に占領軍向けの「特殊慰安施設協会」（Recreation and Amusement Association：RAA）を作らせた。性病が広まったことでRAAは短期間のうちに閉鎖が決まり、公娼制度も廃止されるが、今度は「特殊飲食店」というかたちで、実際には売買春の場を提供する店を集めた「赤線（地帯）」が形成され、事実上、公娼制度が復活した（公娼制度や赤線については藤目(1997)や加藤(2009)を参照のこと）。こうして男性には婚姻外での性的自由が大幅に認められてきた一方、女性は貞節さを求められる妻となる女性（主婦）と男性に性的快楽を与える女性（娼婦）とに分断されてきた。

　性についてメディアなどで大っぴらに語られることが自動的に自由で解放的な社会を意味するわけではない。誰にとってのどのような自由なのか。ひとつの現象であっても複数の視座から眺めること、そしてそれぞれの視座から見えてくる風景がどのように互いに複雑に絡まりあい、影響を及ぼしあっているかを丁寧に見ていくことが必要である。

5 性の多様性

ゲイ／レズビアン・スタディーズとクィア・スタディーズ

　先に触れたデ・ラウレティスの発言は,「クィア・スタディーズ」という新しい学問領域の誕生のきっかけとしてしばしば言及される。クィア・スタディーズとは，それまでのゲイ／レズビアン・スタディーズを継承しつつ，1990年代に登場した新しい学問領域である。クィア・スタディーズを特徴づけるのは「ヘテロノーマティヴィティ」批判である。河口和也は「ヘテロノーマティヴィティ」について次のように説明している。

> 同性愛／異性愛の二元論によって異性愛から同性愛が分離され,互いに対立的な位置に配置されているが，それは両者が対等な関係に置かれるのではなく，むしろ異性愛という規範を生成するために同性愛を構成的外部として位置づけるだけのことである。したがって，問題にすべきは，こうした同性愛と異性愛を分けて配置する二元論的権力自体であるということで,そうした権力的な規範形成力を「ヘテロノーマティヴィティ」と呼んでいるのだ。(河口 2003：53)

　「同性愛／異性愛」という相互に排他的で，かつ不変的とされるカテゴリーをもとに「同性愛者」というアイデンティティを持つ人々が中心的な担い手となっていたのがゲイ／レズビアン・スタディーズであるならば，クィア・スタディーズはこのような「同性愛／異性愛」という二元論や,「ゲイ」「レズビアン」などそこに拠って立つアイデンティティをも問い直す。「クィア」(queer)はもともと同性愛者を侮蔑的に呼ぶ際に使われる言葉だったが，やがてそのように呼ばれてきた人々が自称として使うようになった。「クィア」は同性愛者だけでなく，トランスジェンダーも，あるいはそれ以外のセクシュアリティの人々も含み得るという点で包括的な語であるが，と同時に，先ほど触れたようなカテゴリー間の差異に対する再考を促す語でもある。アンナマリー・ジャゴーズはクィアという概念について,「染色体の性（セックス），ジェンダー，性的欲望」のあいだの不一致に注目するのだと述べる。そのことにより「男性」や「女性」といった自明に思われる用語にも疑問を投げかける (Jagose

1996：3)。ただし，そのようなカテゴリーの自明性やカテゴリー内部の差異にだけ着目するわけではない。クィアは80年代のエイズ危機を背景に生み出された概念であり，国家や社会によって非規範的存在として放置された人々の連帯，「非異性愛者による『連帯性』（の必要性）を象徴化してもいる」（河口 2003：iv）のである。

国際社会における LGBT をめぐる議論

　同性婚の法制化や LGBT の人権保障を求める動きは国際的な潮流でもあり，日本の LGBT をめぐる運動の活発化もそうした流れの中にある。国連では，2011年に国連人権理事会で「人権，性的指向および性自認（Human Rights, Sexual Orientation and Gender Identity）」決議（SOGI 人権決議）が採択された。この決議に至る経緯について論じた谷口洋幸によると，人権が国際関心事項として位置づけられたのは，第二次世界対戦の際，連合国が人権擁護を戦争目的のひとつに掲げていたことを契機とする。その際，連合国の念頭にあった人権蹂躙行為の代表格がナチス・ドイツのホロコーストである。その対象にはユダヤ民族だけでなく，ロマの人々や反社会勢力，政治犯，聖書研究者，そして同性愛者も含まれていたが，そのうち同性愛者だけが戦後の国際的な人権保障の文脈から置き去りにされてきたという（谷口 2015：150-151）。

　ただ，同性愛や同性愛者という概念や表現は歴史的・文化的に普遍的なものではない。そこで SOGI 人権決議に先立って採択されたジョグジャカルタ原則では，原則が想定する人権侵害を「レズビアン，ゲイもしくはバイセクシュアルであるか，そのように認識されること，または，トランスセクシュアル，トランスジェンダーもしくはインターセックスであるか，そのように認識されること，あるいは性的指向もしくは性自認によって当該社会において同定される社会集団に属していることを理由とする人権侵害」と定義している。こうして，本人の自己規定とともに，社会や周囲がそのように認識して行う差別や人権侵害をも含められることとなった（谷口 2015：163-165）。

　現在，国際社会では SOGI に加え，SOGIE という用語も使われている。E は (Gender) Expression を指しており，性的指向や性自認に加えて外見や服装などによるジェンダー表現も明示することで，トランスジェンダーに対する差別や暴力をより可視化する効果を持つ。同時に，ジェンダー表現が個人にとっていかに重要な意味を持つかをも示す用語といえる。SOGIE を上記の①②③④

第12章　セクシュアリティ

の議論に引きつけて考えると，①②③④のつながりには必ずしも一貫性がないこと，またそれぞれの項の内部にも多様性があることを前提としている。すなわち①身体の状態，②性自認，③外見や服装などによるジェンダー表現，④性的指向，それぞれの多様性を前提にしながら，その多様性に対する差別や暴力を問題化しようとしている。

多様性（ダイバーシティ）とどう向き合うか

　ここまで，同性愛が犯罪や病，異常としてみなされてきた19～20世紀から，セクシュアル・マイノリティが「市民」として包摂されつつある現在に至るまでの流れを見てきた。いまでは，同性愛者やトランスジェンダーに対する差別や暴力を「問題」として受けとめる人も多い。ただ，ジェンダーやセクシュアリティの多様性を尊重することの重要性は認識しつつも，それを自分自身にも関係する事柄として捉え，解決策を模索しようとする人々は必ずしも多くはない。クィア・スタディーズが行ってきたような境界の揺さぶり――多数派と少数派との境界の揺れ――に目を向ける人は少ないのである。さらには，セクシュアル・マイノリティが自分のきょうだいや子どもなど自らにとってより身近な存在であることを想定した場合に，嫌悪感を示す人が多くなるという調査結果もある（図12-1参照）。それゆえ，多様性はただ称揚するだけでなく，なぜ，どのようなときに抑圧されるのか，その歴史を含めての考察が必要だろう。

　国際的な同性婚を求める運動の中でしばしば唱えられるスローガンは，"marriage equality"（結婚の平等）である。同性愛者たちは，異性愛者であれば当然のように享受できる結婚の権利から疎外されてきたからである。ただし，結婚が個人の尊重や権利，自由といった概念と結びついて考えられている社会とそうでない社会とでは，同性同士の結婚の制度的実現が持つ意味合いも異なってくる。日本のように，結婚すべき，子どもを産む／持つべき，家族を作るべき，というような結婚規範，家族形成規範が強い社会で同性婚を求める際には，抑圧的な規範の再生産や強化にならないような運動のあり方を考えていくことも求められる。すなわち，同性婚を求める動きが，ヘテロノーマティヴィティを温存したままでの異性愛社会への「同化」へと帰結しないようにするためには，結婚とは何か，家族とは何か，という問い直しも同時にすすめる必要がある。

　昨今のLGBT「ブーム」に散見されるように，LGBTを社会を活性化する存

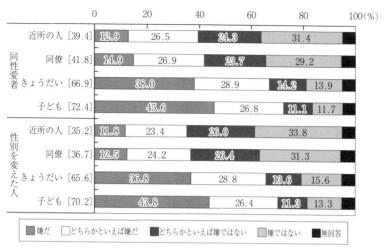

図12-1 「同性愛者」や「性別を変えた人」に対する人々の意識

注：回答者：1259人。［ ］内の数値は「嫌だ」と「どちらかといえば嫌だ」を足した割合（％）。
出所：釜野ほか（2016：97）より作成。

在として評価するのもまた一面的な見方である。消費活動に積極的であったり，職場での平等な扱いによって企業の生産性に寄与したりする人たちはLGBTのすべてではないからである。むしろ，エイズ危機をきっかけに「クィア」の概念が登場したことで鮮明になったのは，人間は弱さ，脆さを抱える存在であるということではないだろうか。そのことは，他の脆弱性を抱える人々へ向けるまなざしともつながっていく。東京都渋谷区の条例制定にかんしては，それが同区のホームレス排除と表裏一体であったことが指摘されている。人は必ずしも性的な少数者性によってのみ社会的に排除されるわけではない。

人間の抱える弱さ，脆さを前提としつつ，どのような人々の人権も侵害されることなく，社会に包摂されるにはどうしたらよいのかを模索しようとするとき，おそらくいまとは違う社会のあり方が見えてくるだろう。セクシュアリティは最も私的な事柄であるように見えつつも，実は社会の核心と結びついている。セジウィックは「仮に私たちの社会からホモフォビアが消えるとすれば，社会の経済的・政治的構造も変化せざるをえないだろう」と述べた（Sedgwick 1985＝2001：5）。同性同士の結婚が現実のものとなり，性的指向や性自認に基づく人権侵害が問題化されつつある現在は，新しい社会の始まりであるかもしれない。

文献

赤枝香奈子，2011，『近代日本における女同士の親密な関係』角川学芸出版。

Butler, Judith, 1990, *Gender Trouble: Feminism and the Subversion of Identity*, Routledge.（=1999，竹村和子訳『ジェンダー・トラブル――フェミニズムとアイデンティティの攪乱』青土社。）

de Lauretis, Teresa, 1991, "Queer Theory: Lesbian and Gay Sexualities; An Introduction," *Differences*, 3 (2): iii-xi.（=1996，大脇美智子訳「クィア・セオリー」『ユリイカ』28（13）：66-77。）

Faderman, Lilian, 1991, *Odd Girls and Twilight Lovers: A History of Lesbian Life in Twentieth-Century America*, Columbia University Press.（=1996，富岡明美・原美奈子訳『レスビアンの歴史』筑摩書房。）

Foucault, Michel, 1976, *Histoire de la sexualité, I, La volonté de savoir*, Gallimard.（=1986，渡辺守章訳『性の歴史Ｉ――知への意志』新潮社。）

藤目ゆき，1997，『性の歴史学――公娼制度・堕胎罪体制から売春防止法・優生保護法体制へ』（普及版）不二出版。

古川誠，1994，「セクシュアリティの変容――近代日本の同性愛をめぐる３つのコード」『日米女性ジャーナル』17：29-55。

古川誠，1995，「同性『愛』考」『imago』6（12）：201-207。

肥留間由紀子，2003，「近代日本における女性同性愛の『発見』」『解放社会学研究』17：19-32。

石田仁，2014，「戦後日本における『ホモ人口』の成立と『ホモ』の脅威化」小山静子・赤枝香奈子・今田絵里香編『セクシュアリティの戦後史』京都大学学術出版会，173-195。

Jagose, Annamarie, 1996, *Queer Theory*, New York University Press.

釜野さおり・石田仁・風間孝・吉仲崇・河口和也，2016，『性的マイノリティについての意識――2015年全国調査報告書』科学研究費助成事業「日本におけるクィア・スタディーズの構築」研究グループ（研究代表者広島修道大学河口和也）編（http://alpha.shudo-u.ac.jp/~kawaguch/chousa2015.pdf）。

加藤政洋，2009，『敗戦と赤線』光文社新書。

河口和也，2003，『クイア・スタディーズ』岩波書店。

風間孝・河口和也，2010，『同性愛と異性愛』岩波新書。

前川直哉，2011，『男の絆――明治の学生からボーイズ・ラブまで』筑摩書房。

毎日新聞「境界を生きる」取材班，2013，『境界を生きる――性と生のはざまで』毎日新聞社。

三橋順子，2008，『女装と日本人』講談社現代新書。

Rich, Adrienne, 1986, *Blood, Bread, and Poetry: Selected Prose 1979-1985*, W. W.

Norton（＝1989，大島かおり訳『血，パン，詩。』晶文社。）
Sedgwick, Eve Kosofsky, 1985, *Between Men : English Literature and Male Homosocial Desire,* Columbia University Press.（＝2001，上原早苗・亀澤美由紀訳『男同士の絆——イギリス文学とホモソーシャルな欲望』名古屋大学出版会。）
新ヶ江章友，2013，『日本の「ゲイ」とエイズ——コミュニティ・国家・アイデンティティ』青弓社。
杉浦郁子，2005，「一般雑誌における『レズビアン』の表象——戦後から1971年まで」『現代風俗学研究』11：1-12。
杉浦郁子，2006，「1970，80年代の一般雑誌における『レズビアン』表象——レズビアンフェミニスト言説の登場まで」矢島正見編著『戦後日本女装・同性愛研究』中央大学出版部，491-518。
田間泰子，2006，『「近代家族」とボディ・ポリティクス』世界思想社。
田中亜以子，2014，「『感じさせられる女』と『感じさせる男』——セクシュアリティの二枚舌構造の成立」小山静子・赤枝香奈子・今田絵里香編『セクシュアリティの戦後史』京都大学学術出版会，101-126。
谷口洋幸，2015，「『同性愛』と国際人権」三成美保編『同性愛をめぐる歴史と法——尊厳としてのセクシュアリティ』明石書店，148-174。

第**13**章

健康と医療

進藤雄三

> **キーワード**
>
> 公衆衛生，医療社会学，病人役割，専門家支配，医療化，病経験，ナラティブ，健康格差

1 健康と医療

健康と医療の関係

　健康と医療を対象とする社会学的研究とは，具体的に何を意味しているのだろうか。普段とくにどこか不調なところがなければいつも通りの日常生活を送り，病気になれば医療機関に行き治療を受ける。そして軽快して再び健康を取り戻せば元の生活に立ち戻る。このサイクルのなかに，社会学はどのような位置を持ち得て，どのように参加してゆくのだろうか。本章はこの問いに対して，健康と医療を対象とした社会学の歴史的展開を軸に，その基本的視点・概念（第2節），中心的な研究トピック（第3節），現代における到達点と展望（第4節）を提示することで答えていきたい。

　さて，最初に定義の問題がある。「健康と医療」という言葉の並列には，医療とは「病気」を対象としてその治療を行う営為であり，**健康**とはこの「病気」がない状態である，という暗黙の前提が潜んでいる。健康と病気は対等な対概念ではなく，健康は病気の欠如態として理解され，医療とは健康ではなく病気を対象とした営為であるという考え方である。この伝統的な考え方を明示的にはじめて否定し，現代世界における健康理念のモデルを提示したのは世界

表13-1 健康のマトリックス

健康状態	身体	精神	社会
1	良好	良好	良好
2	良好	不良	良好
3	良好	良好	不良
4	良好	不良	不良
5	不良	良好	良好
6	不良	不良	良好
7	不良	良好	不良
8	不良	不良	不良

出所：Wolinsky (1987, Table 4-4) より筆者作成。

保健機構（WHO）が第二次世界大戦後の1946年に公表した，WHO憲章前文に記された下記の定義である。

> 健康とは，身体的，精神的，社会的に完全に良好な状態であって，単に疾病がない，虚弱でないということではない。（WHO憲章前文，訳は筆者による）

このWHOの健康概念は，健康を病気の不在とする消極的定義ではなく，精神的・社会的状況を含んだ積極的定義へと転換したもので，「健康は人間の基本的権利である」とする「健康権」理念と相まって広く世界に受容されることとなった。

健康とは何か。この問いにWHOの健康定義は，「身体的，精神的，社会的に完全に良好な状態」と答えている。とすれば，健康には身体・精神・社会の3つの次元があり，そのそれぞれに「良い−悪い」状態があることになる。その全体を体系的に表示したものが表13-1である。

この表が端的に示しているのは，伝統的な健康−病気理解が，それぞれ1と8を暗黙の前提としていたのに対し，その中間状態にある2〜7を相対的に除外してきたという点である。たとえば，身体的障害を持ちつつ，精神的にも社会的にも良好な状態で生活を営む人，あるいは身体的に良好な状態であったとしても，精神的にか，社会的に不良の状態に置かれている人もある。現実の人々の置かれている健康状態の多様性に気づかせてくれる点に，この表の利点があるといえるだろう。

医療社会学と健康・病気の社会学の誕生と展開

　19世紀に生まれた近代医療において主たる対象は病気であり，原因の特定できる病原菌によって引き起こされる伝染病が当時の主要課題であった。20世紀前半の化学療法（抗生物質による薬物治療）による伝染病の劇的減少を受けて，20世紀後半では病原菌を特定できない疾患（慢性疾患あるいは生活習慣病）が新たな課題として浮上し，医学・医療の内部でも従来の「治療」医学に対して，予防医学，次いでリハビリテーション医学，さらに近年では健康増進が強調されるに至っている。こうしたおよそ200年の歴史において，医療と社会学の邂逅はどのようになされたのだろうか。

　1840年代の西欧において，伝染病への国家行政による公的関与が急速に広まった。古来，都市における汚染された水や廃棄物が伝染病の流行と関連しているとされてきたが，個体ではなく人々（公衆）の健康（衛生）を対象に国家が積極的に関与したこの動向は，現在**公衆衛生**（public health）と呼ばれる福祉国家的施策の源流のひとつとされている。

　科学的公衆衛生は，疫学的手法を用いてコレラ流行の原因が井戸水にあることをつきとめ，流行を食い止めたイギリスのジョン・スノー（1818-1858）の営為に由来するとされる。他方，当時プロイセンではルドルフ・ウィルヒョウ（1821-1902）が公衆衛生の改善を強調し，「医療はすべて政治であり，政治とは大規模な医療にほかならない」とし，現在でも使用される社会医学という言葉を生んだ。ウィルヒョウはまた，「医学は社会科学である」という言明を残したことで知られている。その具体的な主眼は下水道の整備などの環境整備にあったとはいえ，健康問題が社会的・政治的次元を含んでいることを明確にした点において，医学と社会科学の関係を考える上で重要な意義を持っている。

　しかし，医療・医学と社会学の明示的な関係は，20世紀中葉のアメリカ社会学において医療社会学（Medical Sociology）部門の確立をまってはじめて樹立されたと言える。その後この研究分野は，高等教育の拡大さらに先進国内部の福祉国家政策の進展とともに急速に拡大し，1970年代にはヨーロッパの全域に広がるとともに，社会学の内部でも「最も活動的で最大の分野」とみなされるようになる。

　1983年にはヨーロッパ医療社会学会が設立され，日本でも1989年に日本保健医療社会学会が設立された。こうした制度化・組織化と並行するかたちで，1986年には国際社会学会は医療社会学の研究部門の名称を「医療社会学」から

「健康社会学(保健社会学)」(Sociology of Health)へと変更した(進藤 1990)。病気あるいは疾患を対象とする営為が「医療」であるとすれば、それは「健康」にかかわる幅広い現象の一部にすぎないという判断と、医療・医学の内部での予防・リハビリ・健康増進の拡大、先進諸国内部における人々のダイエット・健康食品・サプリメント・エクササイズなどへの関心(健康志向)の高まりなどへの判断に基づいたものといえる。

　研究の内容に即していえば、アメリカの医療社会学は量的調査を中心とするものであるのに対し、ヨーロッパで中心的役割を果たしているイギリスでは質的調査の比重が高く、表記としては「健康と病気の社会学」(Sociology of Health and Illness)が採用されている(現在における医療社会学の研究範囲・分野、研究内容を知るにあたっては、『健康論の誘惑』(佐藤ほか 2000)、『健康と医療の社会学』(山崎編、2001)、『よくわかる医療社会学』(中川・黒田編 2010)、『社会学』(石川・進藤・山崎 2012)などのテキストが道標として有益である)。

2　医療社会学の基礎概念

病人役割

　病人役割(sick role)の概念は、パーソンズの理論的著作『社会体系論』(Parsons 1951 = 1974)の第10章において、医療を対象とした唯一の経験的事例分析のなかで提示された。その内容は、以下の4つの要素から構成される。

1. 病気の状態に対して本人の責任が免除される。
2. 通常の役割からの一時的免除。
3. 病気の状態からの回復義務。
4. 専門家の援助を求め、これに協力する義務。

　この規定の何が画期的なのだろうか。病気を持つ、あるいは病気とともに生きる人々を「役割」という観点からはじめて社会学の対象として明示的に捉えた点である。「役割」という概念は、一定の社会の成員であるということを含意し、役割には相互に対応する権利と義務が含まれている。この規定は、病気とは非社会的な自然現象であり、医療という営為それ自体はこの現象に対応する純粋に価値中立的な技術的営為にすぎない、という見方からの転換を含んで

いる。仮に病気の状態それ自体が生理学的・器質的な問題であったとしても、その状態に置かれた人々に対して一般社会がどのような捉え方をし、どのような対処を行うかは「社会的」な問題である。また、病者と直接かかわる「医療」は、それ自体に医療者 – 病者（医療の内部では「患者」と呼ばれてきた）という社会的関係のなかで行われるだけでなく、社会の人的・物的・経済的資源をどのように、どの程度投下するかもまた「社会的」（政治的）な問題である。

これらの論点は「医療は政治である」としたウィルヒョウの主張と共鳴するとともに、社会から病気ゆえに離脱した構成員を社会の元のポジションに復帰させることを医療の目的としたシゲリスト（1891-1957）の社会医学的主張とも密接に関連している。

病人役割概念は、その後数十年にわたって経験的な検証 – 反証研究を促したが、その諸前提（たとえば、急性疾患を前提としている、医療者 – 病者（患者）関係が合意を前提としている、医療者の優位性を前提としている、等）に対しては多くの批判が投げかけられてきた。しかし、医学的な疾患（disease）、精神的・心理的な病気（illness）に対して、「社会的」次元としての病（sickness）を独立した対象として明示的に提示したという点において、その重要性と画期性は依然として失われていない。

専門家支配と医療化

専門家支配（professional dominance）という用語は、影響力の大きいイバン・イリイチによる医療批判の書（『脱病院化社会』Illich 1975 = 1979）と専門家批判の書（『専門家時代の幻想』Illich et al. eds. 1977 = 1984）によって、医療批判・専門家批判の文脈において理解される傾向があるが、この用語を最初に社会学的用語として使用したフリードソン（Freidson 1970 = 1992）は、医療サービスの提供様式の社会構造を包括的に示す用語として捉えていた。すなわちそれは、通常理解されるように医師 – 患者関係を主眼とするものではなく、国家による医療サービス提供の「独占」承認、制度的水準では医事法制に明文化された医師を頂点とした医療職種のヒエラルキー構造という枠組みのもとに、医療サービス提供の基本的様式が規定される事態の総体が「専門家支配」という用語で示されているのである。もっとも、クライアントの利益を優先する利他主義的含意を持っていた「専門家」（profession）という用語と、搾取・抑圧を含意する政治的「支配」（dominance）という用語を医療分野において結びつけたこの概念

には，一定の批判的契機があったことは否定できない。

　医療化（medicalization）とは，従来非医療的とされてきた現象が医療的問題として規定され対処されるようになった歴史的過程を意味する。この概念はフーコーによる『狂気の歴史』（Foucault 1961＝1975）を発端に（狂気から精神病へ），1970年代のイリイチによる医療批判の書（『脱病院化社会』Illich 1975＝1979）を通して広く認知されるに至ったが，社会学の専門的用語としてこの概念を確立したのは，ピーター・コンラッドとジョゼフ・W・シュナイダーによる『逸脱の医療化』（Conrad and Schneider 1981＝2003）であり，そこではアルコール依存症，薬物常用，多動症・児童虐待，同性愛など，従来社会的に「逸脱」現象とされてきたものが「医療」的に再定義されてゆく歴史的経緯が丹念に分析されている。日本では，同書をモデルとした日本社会への包括的応用分析の書籍が出版されている（森田・進藤編 2006）。またアルコホリズム（野口 1996），覚醒剤（佐藤 2006）を独立した対象として分析した優れた研究もある。

　「専門家支配」概念と「医療化」概念は親和性を持っている。何が医療の対象であるのか，いかなる対処が必要であるのかを規定する正統な権限を持っているのは，法的規定に裏づけられた医療専門職（＝医師）であるからだ。ふたつの概念は，社会における医療のプレゼンスの拡大という現実を受けて，医療における権力作用，医療サービスの提供者と受領者間の権利・義務関係のバランスという主題を明示し，双方の調整の必要性を明示した点に重要な意義があった。

病経験とナラティブ

　病経験（illness experience）の概念が社会学分野において広く受容されるに際して，研究史上大きな影響を与えたのは，隣接学問領域である医療人類学のクラインマンによる「疾病」（disease）と「病い」（illness）の区別である。疾病とは生物学的・心理学的プロセスの双方ないし一方の機能不全，病とは知覚された疾病の心理社会的な体験の仕方と意味づけを指すものであり，「要するに，病いとは疾病に対する反応である。疾病をコントロールするとともに，疾病を意味あるものにつくりあげ，説明をあたえようとする反応である」（Kleinmann 1980＝1992：79）。

　クラインマンはこうした病いの主観的側面を「病経験」と捉え，さらにふたつの重要な概念を提示した。ひとつは「病の意味」（illness meaning），他のひと

つは「病の語り」(illness narrative) である。前者は，①症状自体の表面的意味，②文化的に際立った特徴を持つ意味，③個人的経験に基づく意味，④病を説明しようとして生ずる意味，の4つに分類される。他方，後者はこうした重層的次元を持つ「病の意味」がつなぎあわされ，病者本人および周囲の身近な他者に対して首尾一貫した「物語」として再構成された産物を意味する。そして「物語」として再構成された経験が「病経験」となる。

　ナラティブ (narrative) の概念それ自体は，フロイトの精神分析に淵源する。しかし「語り」あるいは「物語」ではなく，原語にある「語る」という行為と「語られたもの」という行為の産物の双方を含むことを明示するためにカタカナ表記された「ナラティブ」として明確な学術的意味を持って使用されたのは，臨床心理において社会構成主義あるいはポストモダン言説の影響下において生まれた「ナラティブ・セラピー」の提唱以後であり，マクナミーとガーゲン編の『ナラティヴ・セラピー』(McNamee and Gagen 1992 = [1995] 2014) がその基本書となっている。「健康と病気の社会学」と総称される分野において，この概念を基底にすえた病者の生活世界・意味世界を対象とする社会学的研究は80年代以降急速な広がりを示している。

　医療社会学的研究におけるナラティブ・アプローチは，一義的には病者自身のナラティブが主対象となるが，病者の身近にいる支援者のナラティブ，さらには医療従事者のナラティブも当然対象となりうる。クラインマンの分析の主眼は，前二者とりわけ病者による「病の語り」に置かれていた (Kleinmann 1988 = 1996)。日本では社会構成主義の観点から，野口がこのアプローチを展開している (野口 2002；野口編 2009)。

　エビデンス・ベイスド－メディスン (Evidence-based Medicine : EBM) が唱導されるようになった90年代以降，これと対応するかたちでナラティブ・ベイスド－メディスン (Narrative-based Medicine : NBM) の一定の広がりが医療実践のなかに見られるようになってきている。また，病者の患者の語りをビデオ映像や音声データとして集積するこころみがイギリスを中心に始まり，ディペックス (DIPEx : Database of Individual Patient Experiences) と呼ばれるデータベースが作成されている。日本でも同様のこころみが DIPEx-Japan としてこころみられており，主に乳がん・前立腺がんの語りが公開されている。

3 医療社会学の焦点
―― 精神医療,慢性病経験,健康格差 ――

精神医療の社会学

　社会学と精神医療とのかかわりは,他の医療分野よりも深い。その理由の直接的な背景のひとつは,とくに急性伝染病に対する化学・薬物療法によって示された高い治療効果と対比された,治療効果の相対的不確定性に基づいた,医療内部における精神医療の周縁性である。この周縁性は,精神病というラベルが歴史的にみて社会的な「烙印」(stigma)(Goffman 1964＝1970)として作動してきたことの結果という側面を持ち,そのため精神医療は差別・偏見研究あるいは社会病理・逸脱研究現象の代表的事例としても長期にわたって社会学の研究対象とされてきた。

　このように現在に至るまで長い研究蓄積のある精神病研究においても,とりわけ異彩を放つ時期がある。その時期は,1950年代後半から1960年代にかけて展開された**反精神医学**(Anti-Psychiatry)運動の時期,そして社会学内部では機能主義的な「逸脱－社会統制」図式に対抗するラベリング理論がベッカーによって提示された時期と重なっている(Becker 1963＝1978；Scheff 1966＝1979)。前者の「反精神医学」運動にはアメリカの精神科医サス(1920-2012),イギリスの精神科医のレイン(1927-1989),『狂気の歴史』(Foulcault 1961＝1975)を著したフランスのフーコーらが加わり,50年代から60年代にかけて欧米諸国に大きな影響を与え,精神病者への地域ケアを進める上で,向精神薬の開発とともに主要な役割を果たしたと言われる。ゴッフマンの『アサイラム』(Goffman 1961＝1984)はこうした時代潮流のなかから生まれた。

　この著作『アサイラム』は単に医療社会学にとどまらず,社会学的エスノグラフィーに基づく理論・概念産出の範例の書でもある。全体は三部構成をとっている。

　第一部は**全制施設**(total institution)を論じている。全制施設とは,そこに収容される人々の生活の包括度が高く,外部との社会的交流が障壁物によって遮断されている施設であり,①盲人・老人・孤児・何らかの障害を持っている人のための施設,②結核療養所・精神病院・ハンセン病療養所,③刑務所・矯正施設・捕虜収容所・強制収容所,④兵営・船舶・寄宿学校・合宿訓練所,⑤僧

院・男子修道院・女子修道院の5種類に分類される。その特徴は，通常の生活において自明となっている過ごし方，すなわち，異なる場所で，異なる人々と，異なる権威にしたがって，合理的な計画もないままに，睡眠をとり，遊び，仕事をする，という特徴が全面的に否定される点にある。

　ゴッフマンの最大の貢献と分析の魅力は，こうした世界を収容者と被収容者の世界の断絶という観点から整理し，とくに被収容者が体験する主観的意味の世界――貶め，降格，辱め，非聖化の経験，入所手続きにおける私物の剥奪などを通しての無力化，従順性テスト，私物の剥奪などを通してのアイデンティティ用具の剥奪，烙印付与など――を，詳細に，具体的に，儀礼論的枠組みを参照しつつ，参与観察とインタビューに基づいて明らかにしていく点にある。全制施設で生活するということ，生きるということがどういうことであるのか，その具体的意味がリアルに追体験される記述となっている。

　他方，第二部では，施設収容が収容される以前の被収容者の社会関係にいかなる影響を与えるのかの分析が，「閲歴」（career）という概念を軸に展開されている。この視点は，被収容者の個人史における経験の意味を探るものであり，「逸脱」研究領域における「経歴」分析とパラレルな関係にある。

　最後の第三部は，ゴッフマンが後に展開することになるドラマツルギー（劇場のレトリックを用いた社会現象分析）の視点が先取りして展開されており（たとえば「裏面生活」underlife という用語），「精神病院における苦境の切り抜け方の研究」という副題がつけられている。その序論部分において，分析視角を明示するふたつの概念が示されている。ひとつは「第一次的調整」（primary adjustment），もうひとつは「第二次的調整」（secondary adjustment）である。前者は特定の組織に参入した際，個人が要請される活動を行うこと，後者は組織に対して個人が非公認の手段を用いて目的を達成することにより，組織が暗黙のうちに示す仮定を回避することである。「裏面生活」とは，第二次調整がなされる舞台ということになる。

　第一部で示された詳細にして厚い記述が，全制施設の非人間性を感知させる力を持つものとして，現実の精神医療における「脱収容化」（de-carcelation）に影響を持ち得たとすれば，第三部は，後の福祉・医療領域における，とくに「烙印」を押された病・障害を持つ人々の「やり過ごし方＝パッシング」（passing）の技法分析の範例として機能したということができる。

慢性病経験

　「慢性病経験」という表現には，ふたつの歴史的背景が含まれている。ひとつは，通例「疾病構造の転換」（急性病から慢性病へ）と表現される，全疾病に占める疾病類型が，病原菌に基づく急性伝染病型から心疾患・脳疾患・悪性腫瘍などの慢性型疾患（現在では「生活習慣病」という呼称が用いられている）へと転換した事態である。医療の主要な介入対象自体が，統計的・量的に20世紀中葉を境に劇的に変化したという事態である。この事態に，パーソンズの「病人役割」概念による説明モデルは病いとともに日常生活を送る慢性疾患には当てはまらないという批判が投げかけられてきた事情が加わる。疾病構造の転換という医療システムの環境変化と，社会学内部における医療社会学研究の歴史的経緯が基本的な背景としてあり，そこにクラインマンによる「病経験」の影響が加わったところに，慢性病を対象とした経験研究が開花したと言える。

　そのなかで，とりわけ影響力の大きかったふたつの研究がある。ひとつはイギリスの医療社会学者バリーによる**個人史の崩壊**（biographical disruption）概念を提示した論稿（Bury 1982），他のひとつはアメリカで慢性病研究にいち早く着手してきたチャーマッツによる「**自己の喪失**」（loss of self）概念を提示した論稿（Charmatz 1983）である。前者は，とくに個人史という観点から，病というものが自明視していた自分の将来の喪失，過去と未来の同時喪失であることを明らかにし，後者はそうした事態がほかならぬ「自己」意識の喪失をもたらすことを実証的データに基づいて示したものである。

　日本でも人口構造の高齢化のリアリティを背景に，病経験，老いの経験，認知症を主題とする優れた研究が近年出版されてきており（蘭 2004；天田 2004；井口 2007），またエスノメソドロジーの方法を組み入れた研究も現れてきている（山田，2004）。

　こうした慢性病研究と密接にかかわるものとして，**グラウンデッド・セオリー**（Grounded Theory：GT）と呼ばれる社会調査法上の手法がある。グラウンデッド・セオリーの経験的源流となった著作は，告知をめぐる医療者 - 患者 - 患者家族間の認識文脈の相違を分析したグレイザーとストラウスの『「死のアウェアネス理論」と看護』（Glaser and Strauss 1965＝1988）であり，そこにおいて実際に使用した手法を2年後に理論化した著作が『データ対話型理論の発見』（Glaser and Strauss 1967＝1996）である。グラウンデッド・セオリーという言葉は，経験的データと抽象的な理論の乖離状況を念頭に，データに即した理

論，データとの相互関係において構築される理論を目指したものであるが，その後，質的調査研究法の代表的手法として確立されている（木下 2003, 2007）。

なお，研究法と密接に関連するストラウスの重要な概念としては，「段階移行」(status passage)，「病みの軌跡」(illness trajectory) などがあり，いずれも慢性疾患研究において広く参照されている。これらの業績にかんしては，慢性病研究のパイオニア的著作である『慢性疾患を生きる』(Strauss and Glaser eds. 1975＝1987)，および「病みの軌跡」を現代化した『慢性疾患の病みの軌跡』(Woog ed. 1992＝1995) などの翻訳がある。

健康格差

現代における健康格差への問題意識の源流は，1970年代以降に欧米において展開された，従来の「予防」という目標に「健康増進」を加えた「新公衆衛生運動」に求められる。1974年のカナダのラロンド保健大臣による報告書（『ラロンド報告書』）は，健康増進への重点移動，特定病因論から確率論的病因論（複数のリスク因子の複合効果）へのシフトを象徴するものであったと同時に，社会的要因に基づく健康状態の差違をも告げるものでもあった。「健康における不平等」は，福祉国家理念を唱う諸国家にとって看過できるものではなく，それ以降，公衆衛生分野において「健康格差」の問題は主要な研究課題のひとつとして定位されることになる。1980年にイギリスにおいて公刊された，健康の社会的格差研究の嚆矢として有名なブラックレポートも，この延長線上にある。また，1990年代以降のソビエト連邦崩壊後のグローバリゼーション過程は，旧東欧諸国の人々の健康状態の悪化・窮状をひとつの契機として，グローバル市場における社会的弱者（マイノリティ・移民・女性・高齢者・子ども）における健康格差研究を強く促した。以下では，この研究系列のなかから，とくに社会疫学と呼ばれる領域における近年のふたつの重要な研究を紹介する。

ウィルキンソンはその著『格差社会の衝撃』(Wilkinson 1996＝2009) において，先進諸国の内部において最も良好な健康水準を達成しているのは，最も豊かな国ではなく，貧富の差（格差）が最も小さな国であることを立証した。具体的には，総人口のうち所得の低い70％の世帯の収入が，国民の総収入に占める割合と，平均寿命とが高い相関関係にあることを示した。このことは，経済的に一定の水準に達した国や人々においては，所得水準の上昇は健康水準の上昇に直結しないことを示している。所得の上昇が健康度を高める，という考え

方を「絶対所得仮説」とすれば，ウィルキンソンの提起したのは「**相対所得仮説**」と呼びうるものと言える。

この「相対所得仮説」と密接に関連する研究として，**社会関係資本**（social capital）と健康との関係を包括的に扱ったカワチとブルースの『**不平等が健康を損なう**』（Kawachi and Bruce 2002＝2004）が挙げられる。カワチらの研究の中核は，社会内部における経済格差の高低，地域・職場における社会的結束力などの社会関係資本が健康を左右するということの実証にある。訳書で言及されているのは，たとえば「年齢調整別死亡率と信頼感の欠如」に見られる高い相関（Kawachi and Bruce 2002＝2004：155）であり，その規定力は，性別，エスニシティ，所得という変数をコントロールしても見られ，かつ主観的健康状態とも相関していた。

4　健康と医療をめぐって
――医療社会学の到達点と展望――

医療環境の変化と医療社会学の研究主題

医療社会学がアメリカにおいて学問分野として成立した1950年代から現在に至るまでの60年に及ぶ期間は，医療および医療環境自体が大きく変容した期間でもある。まず医療内部の変化としては，①1970年代以降における脳死‐臓器移植に始まる「先端医療革命」の制度化（医療・医学の高度化），②医療サービス提供における組織医療化，そして医療外の環境上の変化としては，③1980年代の「福祉国家の危機」以降の医療抑制という政策上の変化，④1940年代を境とする「疾病構造の転換」が挙げられる。

こうした医療環境の変化は，医療社会学の研究主題に当然大きな影響を与えている。1950年代のパーソンズの「病人役割」，1970年代のフリードソンによる「専門家支配」というふたつの基礎概念は，その学術的な意義は失われていないとはいえ，やはり疾病構造が「慢性疾患」中心となった時代，および1970年代の患者の権利運動，インフォームド・コンセント原則の確立，さらには「患者中心医療」（1990年代以降）が語られる時代から見た場合，「過去の医療システム」にかんする用語であるかの印象を与えることも否定できない。また1960年代初頭の精神医療を対象としたゴッフマンの『アサイラム』も，剥奪モデル，「烙印」「パッシング」概念などの意義は薄れていないとはいえ，60年代

以降脱収容・脱施設化が急速に進展した現実を踏まえるならば，一定の過去性を帯びてみえることも否定できない（ただし，日本の精神医療は先進諸国のなかでは例外的に依然として収容中心である）。これに対して，「医療化」研究と「病体験」「ナラティブ」研究はともに1980年代以降に展開されたこともあり，前者はとくにフェミニズム的問題関心に呼応する「出産」の医療化研究，あるいは精神医療と隣接した「メンタルヘルス」系の研究を中心に一定の持続性を示しており，後者は現在に至るまで医療政策・健康格差とならぶ医療社会学の主要研究主題であり続けている。

1990年代以降では，医療費抑制政策が医療環境に与える影響にかんする研究が目立つようになり，国際比較に基づく医療政策・医療制度研究や「健康格差」研究への関心の高まりが見られるに至っている。しかし，日本では医療政策研究は手薄であり，「健康格差」研究は公衆衛生・社会疫学からの研究が中心で，社会学者による研究への参与が求められるところといえよう。そのなかにあって，日本全国の法人医療組織を分析対象とした二木の研究（二木 1998）と，国際比較の観点から日本の医療制度の特徴を包括的に描いた猪飼の研究（猪飼 2010）は特筆に値する。またHIV感染の実態をはじめて明らかにした山崎らの研究（山崎・瀬戸編 2000；山崎・井上編 2008），さらに「健康生成」（salute genesis）概念を展開した『ストレス対処能力SOC』（山崎ほか編 2008）も，21世紀における重要な貢献として言及しておきたい。

文献

天田城介，2004，『老い衰えゆく自己の／と自由』多賀出版。
Antonovsky, Aaron,1987, *Unravelling the Mystery of Health,* Jossey-Bass.（＝2001，山崎喜比古・吉井清子訳『健康の謎を解く』有信堂。）
蘭由岐子，2004，『「病の経験」を聞き取る』皓星社。
Armstrong, David, 2003, "The Impact of Papers in Sociology of Health and Illness," *Sociology of Health and Illness,* 25 (3): 58-74.
Becker, Howard S, 1963, *Outsiders,* Free Press.（＝1978，村上直之訳『アウトサイダーズ』新泉社。）
Bury, Michael, 1982, "Chronic illness as biographical disruption", *Sociology of Health and Illness,* 4: 167-182.
Charmatz, Kathy, 1983, "Loss of Self: a fundamental form of suffering in the chronically ill," *Sociology of Health and Illness,* 5: 168-195.

Conrad, Peter and Joseph W. Schneider, 1981, *Deviance and Medicalization*, Temple University Press.（＝1992，進藤雄三・宝月誠訳『逸脱と医療化』恒星社厚生閣。）

Davis, Joseph E., 2010, "Medicalization, Social Control and the Relief of Suffering," W. C. Cockerham ed., *Medical Sociology on the Move*, Springer, 211-241.

Foulcault, Michel, 1961, *L'Hisoire de la folie à l'âge classique*, Gallimard.（＝1975，田村俶訳『狂気の歴史』新潮社。）

Freidson, Eliot, 1970, *Professional Dominance : The Social Structure of Medical Care*, Atherton Press.（＝1992，進藤雄三・宝月誠訳『医療と専門家支配』恒星社厚生閣。）

Glaser, Beruey G. and Anselm L. Strauss, 1967, *The Discovery of Grounded Theory*, Aldine.（＝1996，後藤隆・大出春江・水野節夫訳『データ対話型理論の発見』新曜社。）

Glaser, Beruey G. and Anselm L. Strauss, 1965, *Awareness of Dying*, Aldine.（＝1988，木下康仁訳『「死のアウェアネス理論」と看護』医学書院。）

Goffman, Erving, 1961, *Asylum*, Doubleday.（＝1984，石黒毅訳『アサイラム』誠心書房。）

Goffman, Erving, 1964, *Stigma*, Prentice Hall.（＝1970，石黒毅訳『スティグマの社会学』せりか書房。）

井口高志，2007，『認知症家族介護を生きる』東信堂。

猪飼周平，2010，『病院の世紀の理論』有斐閣。

Illich, Ivan, 1975, *Medical Nemesis*, Marion Boyars.（＝1979，金子嗣郎訳『脱病院化社会』晶文社。）

Illich, Ivan, et al eds., 1977, *Disabling Professions*, Marion Boyars.（＝1984，尾崎浩訳『専門家時代の幻想』新評論。）

石川ひろの・進藤雄三・山崎喜比古，2012，『社会学』医学書院。

Kawachi, Ichiro and P. Kennedy Bruce, 2002, *The Health of Nations*, New Press.（＝2004，西信夫・高尾総司・中山健夫監訳『不平等が健康を損なう』日本評論社。）

木下康仁，2003，『グラウンデッド・セオリー・アプローチの実践』弘文堂。

木下康仁，2007，『修正版グラウンデッド・セオリー・アプローチのすべて』弘文堂。

Kleinmann, Arthur, 1980, *Patients and Healers in the Context of Culture*, University of California Press.（＝1992，大橋英寿・遠山宜哉・作道信介・川村邦光訳『医療人類学』弘文堂。）

Kleinmann, Arthur, 1988, *Illness Narratives*, Free Press.（＝1996，江口重幸・上野豪志・五木田紳訳『病の語り』誠信書房。）

McNamee, Sheila and Kenneth J. Gagen, 1992, *Therapy as Social Construction*, Sage.

(＝[1995] 2014，野口裕二・野村直樹『ナラティヴ・セラピー』遠見書房。)
森田洋司・進藤雄三編，2006，『医療化のポリティクス』学文社。
中川輝彦・黒田浩一郎編，2010，『よくわかる医療社会学』ミネルヴァ書房。
二木立，1998，『保健・医療・福祉複合体』医学書院。
野口裕二，1996，『アルコホリズムの社会学』日本評論社。
野口裕二，2002，『物語としてのケア』医学書院。
野口裕二編，2009，『ナラティヴ・アプローチ』勁草書房。
Parsons, Talcott, 1951, *The Social System*, Free Press.（＝1974，佐藤勉訳『社会体系論』青木書店。)
佐藤純一・寺岡伸悟・野村一夫・池田光穂・佐藤哲彦，2000，『健康論の誘惑』文化書房博文社。
佐藤哲彦，2006，『覚醒剤の社会史』東信堂。
Scheff, Thomas J., 1966, *Being Mentally Ill*, Aldine.（＝1979，市川考一・真田孝昭訳『狂気の烙印』誠信書房。)
進藤雄三，1990，『医療の社会学』世界思想社。
Strauss, Anselm and Berney Glaser eds., 1975, *Chronic Illness and the Quality of Life*, Mosby.（＝1987，南裕子監訳『慢性疾患を生きる』医学書院。)
Wilkinson, Richard G., 1996, *Unhealthy Societies*, Routledge.（＝2009，池本幸生・片岡洋子・末原睦美訳『格差社会の衝撃』書籍工房早山。)
Wolinsky, Fredric D., 1987, *The Sociology of Health*, Wadsworth.
Woog, Pierre ed., 1992, *The Chronic Illness Trajectory Framework*, Springer.（＝1995，黒江ゆり子・市橋恵子・寶田穂訳『慢性疾患の病みの軌跡』医学書院。)
山崎喜比古編，2001，『健康と医療の社会学』東京大学出版会。
山崎喜比古・瀬戸信一郎編，2000，『HIV感染被害者の生存・生活・人生』有信堂高文社。
山崎喜比古・井上洋士編，2008，『HIV感染被害者遺族の人生』東京大学出版会。
山崎喜比古・板野純子・戸ケ里泰典編，2008，『ストレス対処能力SOC』有信堂高文社。
山田富秋，2004，『老いと障害の質的社会学』世界思想社。

第 14 章

環境と科学技術

立石裕二

> キーワード
>
> 技術決定論，受益圏・受苦圏，コモンズの悲劇，生活環境主義，フォーディズム，科学知識の社会学，リスク社会，経路依存，逸脱の常態化，参加型モデル

1 科学技術と環境をめぐる問題

科学技術の核心にある不確実性

　私たちの身のまわりを見渡せば，科学技術による恩恵をすぐに見て取れる。スマートフォン，パソコン，自動車，洗濯機，照明器具……。これらがない暮らしというのはとうてい想像がつかないだろう。しかし，こうしたモノは昔からあったわけではない。100年前の暮らしといまの暮らしを比べたとき，多くの人にとって一番印象深いのはこうしたテクノロジー面の変化ではないだろうか。

　私たちの暮らしになくてはならない科学技術だが，他方でそれはさまざまな問題を生み出してきた。その最たるものが**環境問題**である。たとえば自動車を走らせるにはガソリンが必要だし，パソコンや洗濯機を動かすにも電気が必要であり，元をたどれば石油などの化石燃料にたどりつく。化石燃料を燃やすことは大気汚染の原因になり，燃焼によって生じる二酸化炭素は地球温暖化の主要因である。だからといって，化石燃料を使わなければ済むという問題ではない。代替エネルギー源として使われてきた原子力には大事故の危険がともなう。近年導入が進む風力発電などの再生可能エネルギーにかんしても，景観破壊や

低周波騒音などをめぐって反対運動が起きている。何ら負の影響を出すことなく，科学技術の成果のみを味わうことは不可能なのだ。

　科学技術と環境をめぐる問題を社会学的に見たとき，その核心にあるのは，どのような結果になるのかが事前にはわからないという**不確実性**である。環境問題は大きな被害が出てからはじめて認識されることが少なくないし，生命科学や ICT 技術の「行き過ぎ」に対して私たちが感じる不安も，その行き着く先を見通せないことが大きな理由になっている。そもそも**科学**とは，ごく簡単に定義すれば，「観察や実験などを通して，新しい事実を発見（実証）する営み」であり，**科学技術**という言い方になると，「科学知識を生かして，新しいモノを研究・開発する営み」が付け加わる。定義からして，いまはまだ存在しないモノ・コトに向き合うという不確実性をはらんでいるのだ。

　以下では，科学技術や環境をめぐる社会的問題について，不確実性にどう向き合うか，そして不確実であることをあたかもわかっているかのように扱う論調にどう向き合うか，の二点を意識しながら検討していこう。

　不確実であることをあたかもわかっているかのように扱う論調とはどういうことか。前述の定義で触れたように，そもそも科学者や技術者の仕事には「まだないもの」を対象とする側面がある。ひとつ例を見よう。

> もちろん，これ〔人間の皮膚等から万能細胞をつくること〕がどれだけ難しいかというのは，わたしも研究を始めて10年以上経っていたのでよく分かっていましたが，そういう難しいということは全く言わずにこれができたらどれだけ世の中の役に立てるか，というようなことだけをとうとうと語ったら，うまくいきまして，3 人の学生さんが入ってくれました。(http://hrnabi.com/2015/04/16/7006/，2016年 3 月20日アクセス)

　これは，iPS 細胞の研究でノーベル賞を受賞した山中伸弥が，自分の研究室をはじめて持った際の経験を語ったものである。本当は不確実性をはらんだことをあえて「成功する」と宣言する。それによって資金や人材を集めないことには，研究開発はおぼつかない。こうした「予言」をいかに信じさせ，**予言の自己成就**につなげていくかが研究者の腕の見せどころになる。この辺りのダイナミズムは，イギリスの科学社会学者 D・マッケンジーが米ソ冷戦時代のミサイル開発（命中精度をめぐる競争）を事例にして丁寧に描き出している

(MacKenzie 1990)。

科学技術と社会の相互作用という視点

「科学技術が発展すれば，問題はいずれ解決される」といった**技術楽観論**は国家規模のプロジェクトに限らず，科学技術にかかわるあらゆる領域に潜んでいる。ここでは，身近な例を見てみよう。20世紀初頭から半ばにかけて，洗濯機や掃除機，冷蔵庫といった電化製品が次々と普及していった。当時の広告には「女性を解放する」「洗濯しながら本がよめる」といった文字が躍っている。たしかに常識的に考えれば，電化製品が普及したことで家事は楽になり，主婦の仕事は減るように思える。このように，ある技術の普及（家事の電化）と社会の変化（主婦の仕事量）を一対一で対応させ，前者が後者のあり方を決めると捉える見方を**技術決定論**と呼ぶ（ここまで述べてきたような「楽観論」だけでなく，技術の進歩は否応なく問題を引き起こすという「悲観論」も含まれる）。

それでは，電化製品の普及によって主婦は本当に重労働から「解放」されたのだろうか？　じつは，電化製品が普及した20世紀初頭のアメリカにおいて，主婦の家事時間はむしろ増えている（Cowan 1983＝2010）。洗濯機が普及しても，洗濯が容易になるぶんだけ要求水準（洗濯頻度）が上がるので，手間は思ったほど減らないのだ。また，家事負担が減った場合でも，そこで減ったのは家政婦の雇用や男性（夫・息子）の協力であって，むしろ家事を一手に引き受ける存在としての**専業主婦**の成立を促す結果になった。

2　環境問題に対する社会学的アプローチ

被害構造と受益圏／受苦圏

科学的（技術的）に把握される効果だけでなく，そこから波及していく影響まで捉える視点は**環境問題**の分析においても重要である。ここでは，**水俣病問題**を例にして見ていこう。1955年に熊本で「公式発見」され，その後，新潟でも発生した水俣病は，イタイイタイ病・四日市ぜんそくとともに「**四大公害**」とも呼ばれ，日本の環境問題の歴史を語る上では外せない。水俣病の**被害**が生じるメカニズムは「メチル水銀を含む工場排水→魚介類の汚染→摂食→神経疾患（感覚障害・運動失調・視野狭窄など）」と整理できるが，社会学的には，さらに以下のような**派生的な被害**を背負うことに注目したい（飯島・舩橋編 1999）。

- 目に見えにくい健康被害に対する周囲の無理解，それにともなう家庭内の不和
- 労働能力の低下，それにともなう失業や望まない転職
- 地域内外からの差別的なまなざし（結婚への悪影響）
- 患者認定や補償金等をめぐる隣人関係の悪化，さらには地域社会の荒廃

　しかも，被害のこうした側面は医学的な診断基準を絶対視する学者や行政，彼らに追随するマスコミの視点からはしばしば欠落していた。（自然）科学的に観察可能な影響という枠組みからはこぼれ落ちがちな多種多様な問題を，当事者の生活世界に入って理解することは，今日に至るまで環境社会学の中心的な課題のひとつとなってきた。

　水俣病の場合もそうだったが，被害の実態が被害者自身や周囲（住民団体等）の活動によって明るみに出ても，加害者の側がすぐに対策に動くとは限らない。こうした加害者と被害者の関係性を分析するには**受益圏／受苦圏**のアプローチが有効である。ある事業にかかわる主要なアクターを抽出した上で，直接・間接に利益を受けている範囲（受益圏）と，苦痛を受けている範囲（受苦圏）を特定し，両者の重なりと分離を分析していく。環境社会学者の舩橋晴俊らが分析した新幹線の高速走行にともなう騒音・振動問題（図14-1）では，国鉄や停車駅周辺の商工業界といった明らかな受益者に加えて，多くの国民が乗客として**潜在的な受益者**の側に立っている。他方，被害を受けるのは一部の沿線住民に限られている。こうした状況では，「これだけ役に立っているのだから，多少の騒音・振動は我慢してほしい」といった論調が力を持ちやすい。受益圏と受苦圏という視点は，このような加害者と被害者のあいだの複雑な関係性，その結果としての問題解決のむずかしさを浮き彫りにする。

コモンズと生活環境主義

　受益圏や受苦圏の概念は，原因者を特定しやすい公害問題のような構図を捉える上では有効だが，今日の環境問題には，加害者が同時に被害者でもあるような問題が少なくない。私たちが排出した二酸化炭素が地球の平均気温を上げ，自然災害の激化や海面上昇を引き起こす地球温暖化問題はその典型例である。こうしたタイプの問題を理解するためのモデルとして**コモンズの悲劇**がある（Hardin 1968）。**コモンズ**とは，誰か特定の人の所有物ではなく，海や川や（か

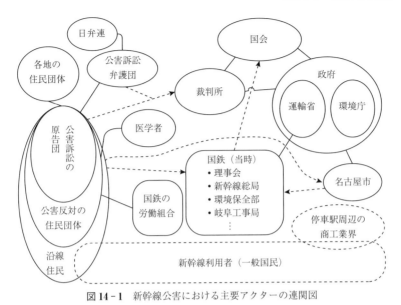

図14-1 新幹線公害における主要アクターの連関図
出所:舩橋ほか(1985)をもとに一部省略・変更して作成。

つての)山のように多くの人が利用できるかたちで共有されている資源のことをいう。共有資源の例として、牛十数頭を養えるだけの広さの牧草地を考えてみよう。その牧草地で10人の牛飼いが1頭ずつ牛を飼っている。この状態では、牛が草を食べても、そのぶんまた草が生えてくるので持続的に利用できる。あるとき、一人の牛飼いがもう1頭牛を飼おうとする。個人の損得でいえば、牛が2頭に増えれば2倍の儲けになるし、10頭が11頭になるくらいであれば許容範囲内である。ところが、全員が同じように行動すると、20頭になった牛たちが草を食べ尽くしてしまう。これと同じような「悲劇」が大気や水といった地球環境にも起こりつつあるのではないか。資源の有限性と、それらの使いすぎに至るメカニズムをシンプルに表現したこのモデルは、資源管理や人口増加を個人の自主性や市場メカニズムにゆだねず、地球規模での規制を導入する論拠として大きな影響力を持ってきた。

ただし現実には、コモンズにおける資源管理はいつも失敗に終わってきたわけではない(井上・宮内編 2001)。かつての地域社会において森や川などの共有資源は、多くの場合、持続的に利用されてきた。それは、当事者のあいだでの明文化された/暗黙の取り決めがあったり、使いすぎを互いに監視しあったり、

文化・慣習として節度のある利用が埋め込まれていたり，といった仕組みが働いていたからだ。このように，地域で暮らす人々の日常生活や彼らの持つローカルな知恵・知識（**ローカル知**）に注目し，それらを生かすことで，結果として地域環境も大きく変わらずに維持されると考えるのが**生活環境主義**の立場である。日本では鳥越皓之や嘉田由紀子らによる琵琶湖畔での調査を皮切りに（鳥越・嘉田編 1984），この立場に立った**フィールドワーク**が精力的に進められてきた。こうした立場から見ると，外部からやってきた「専門家」による川・湖の管理は，汚染をかえって深刻化させかねない。上水道が導入され，堤防が整備されて，川や湖に直に接する機会が減ることで，汚染に対して無頓着になっていく側面があるからだ。

「自然」の社会的構築

　生活環境主義の視点に立つと，私たちが守るべき**自然**とは何なのかも，それほど自明ではない。自然保護の観点からは，人の手が入っていない生態系（ある地域に生息する生物，生物間の関係，生物を取り巻く環境をひとつの「まとまり」として捉えたもの）が理想となるのに対し，生活環境主義の観点からは，その地域で暮らす人々の生活の維持が目標となり，そのためにはどういった自然が必要かを考える。その際に重視されるのは，**里山**のようにある程度人の手が加わり，人が利用しやすいように管理された自然である。社会環境が変わり，地域住民のニーズも変わる中では，いまある自然に部分的な改変を加えることも，地域住民の生活に資する限りで肯定されうる（鳥越・嘉田編 1984）。

　そもそも私たちの多くが「自然」と思って思い浮かべるのは，こうした「里山」的な自然か，さもなければ，環境保護運動やマスメディアが流布する「イメージとしての自然」（北極の氷が溶けて危機に瀕するホッキョクグマ等）だろう。いずれも人の手が入り，社会的なイメージとして作り上げられたものにほかならない。「自然」や後述する「生命」のように，誰が見てもわかる，当たり前の存在（客観的な実在）として受け止められがちな現象や出来事が，じつは人為を介して「構築」されたものだとして，その構築プロセスをたどるアプローチを**社会構築主義**と呼ぶ（Hannigan 1995＝2007）。社会構築主義の観点から見ると，環境問題の「**被害**」も，人の意味づけ作用を通してはじめて見出されるという意味で「構築」されたものであり，社会運動やマスメディア等を通じて被害を多くの人の心に届くよう訴える（社会問題として「構築」しようとする）被害

者側と，被害の範囲をできるだけ切り詰めようとする加害者側とのせめぎ合いが重要な研究課題となる。

3　科学技術に対する社会学的アプローチ

科学技術に対する批判の興隆

　環境破壊が大きな社会問題となり，その原因としての科学技術のあり方が問われるようになったのは1960年代以降のことである。それ以前の時代には**フォーディズム**と呼ばれる価値観が主流だった（見田 1996）。1910〜20年代のアメリカでT型フォードという自動車が大量生産され，普及していくなかで広まったことから名づけられたもので，より便利なものをより多く消費することを理想的なライフスタイルとし，それを可能にするような働き方，すなわち科学技術を活用した効率的な工業生産もまた望ましいとする価値観のことを指す。

　しかし，めぼしいモノが行き渡り，大量生産・大量消費の負の側面である公害・環境問題が深刻化するなかで，1960年代には転機を迎える。そのきっかけとなったのが，国内では「四大公害」の社会問題化であり，世界的には農薬乱用による自然破壊の深刻さを告発した**R・カーソン**『沈黙の春』だった。

>　《自然の征服》——これは，人間が得意になって考え出した勝手な文句にすぎない。……おそろしい武器を考え出してはその鉾先を昆虫に向けていたが，それは，ほかならぬ私たち人間の住む地球そのものに向けられていたのだ。(Carson 1962=2004：381-382)

　こうして，ひたすら巨大化してきた既存の科学技術は本当に人類のためになっているのかが問われるようになった。さらに1973年には，中東での戦争危機をきっかけに第一次石油危機（オイルショック）が起こる。コモンズの悲劇モデルで示されたような化石資源の有限性の問題に直面するなかで，先進諸国では物質的な豊かさよりも社会参加や人格の尊重，環境保全などを重視する**脱物質主義的な価値観**が広がっていった（Inglehart 1990=1993）。

　科学技術に対する見方の変化は，科学社会学のあり方にも大きな影響を与えた。アメリカの社会学者**R・K・マートン**を実質的な創始者とする科学社会学では当初，社会システムのひとつとしての科学システムが発達するための条件

を探ることが主な課題となっていた。たとえばマートンは，科学が健全に発達するには「CUDOS」（キュードス）と呼ばれる4つの規範が共有されている必要があると論じている（Merton 1949＝1961）。

- 共有主義（Communalism）：研究成果を包み隠さず公表する
- 普遍主義（Universalism）：発言者の属性・地位などに囚われない
- 利害の超越（Disinterestedness）：研究によって個人的な利益を得ないようにする
- （系統的）懐疑主義（Organized Skepticism）：「常識」に思えることでも，科学の方法論に則って疑う

　もちろん，マートンの時代も現代も，科学者が実際にこうした規範を守って行動しているとは限らないし，マートン自身の関心も，ナチスドイツなどにおけるCUDOSからの逸脱に向けられていた。ただ，少なくともそこには，（当時のアメリカの）科学技術がそのままの方向で発達していくことを疑うまなざしは読みとれない。

科学知識の社会学
　科学社会学の研究スタンスが大きく変わるきっかけとなったのは，科学史家T・クーンが提唱した**パラダイム論**である（Kuhn 1962＝1971）。天文学における天動説から地動説への変化のようなパラダイム転換の前後では，研究の結果（問いに対する答え方）が変わるだけでなく，そもそもの問いの立て方，研究の方向性までもが変化する。科学はつねに同一のパラダイムのもと直線的・累積的に進歩していくわけではないとクーンは論じた。
　1970年代以降，クーンのパラダイム論に触発されて科学社会学においても，いまの科学のあり方を前提とせず，別の時代／社会／文脈／利害関係のもとでは異なるパラダイムもありうる，という相対主義的な科学観をベースとした研究が本格化していった。その筆頭となったのが**科学知識の社会学**である。もともと**知識社会学**はドイツの社会学者**K・マンハイム**が確立したもので，どんな知識・主張であれ，その主張がなされる時代背景や，担い手が社会のなかで占める立ち位置によって拘束されている点に注目する。マンハイムは，マルクス主義や保守主義などをめぐる「知識人」どうしの論争を念頭に置いていたが，

この視点を自然科学にまで適用したのが「科学知識の社会学」である（Bloor 1976＝1985）。D・ブルア自身が題材としたのは数学における証明だったが，科学社会学者たちは，電波天文学，トカゲの「同性愛」的行動，石油探査，景気予測など多岐にわたるトピックに切り込み，科学者たちが「発見」を確信するに至った経緯，それが科学者間の論争（**科学論争**）を経て，「真理」として受容（あるいは，拒絶）された経緯を明らかにしてきた（Collins and Pinch 1994＝1997, 1998＝2001）。

　調査アプローチの面でも，学術論文等の収集・分析，関係者へのインタビューに加えて，実験室（ラボ）での長期にわたる**フィールドワーク**が盛んになった。そのなかで見えてきたのは，ラボという「組織」維持に奔走するボスの姿，単調な作業ばかりの研究者の日常，何が事実かをめぐる判断の曖昧さ，ねたみや偏見などを含んだ人間関係，といったものであり，それはつまりCUDOSのような「きれいごと」ではない，「ありのまま」の科学の姿だった（Latour 1987＝1999）。

　ここまでの議論をまとめておこう。今日の環境や科学技術をめぐる問題では，専門家だけに任せる技術楽観論ではうまくいかない。なぜなら，①「楽観論」的な見方からは，さまざまな派生的影響（被害）が抜け落ちており，②既存の利害関係に囚われた専門家が最善の策を選ぶとは限らず，逆に，③専門家でない人々の知恵・工夫こそが問題解決に貢献する可能性があるからだ。さらに，④科学技術の「発展」が何を指すのか，何をもって問題の「解決」とみなすのかは，社会的な文脈のなかで決まる側面がある。科学技術の専門家の言うことをそのまま信じるわけにはいかないなかで，私たちは環境や科学技術をめぐる問題に対して，どのように向き合っていけばよいだろうか。

4　リスク社会における社会的意思決定

リスク社会

　ドイツの社会学者U・ベックは，現代社会を**リスク社会**と呼んでいる。科学技術が発展し社会の近代化が進むなかで，私たちは以前よりも多くの選択肢を手に入れた。それは，より自由になったことを意味する反面，自分の選択に応じて人生が変わるリスクを抱えこむことでもある。たとえば，就職先を自由に選べることは，望む職種につけないリスクや，何の仕事にもつけないリスクと

裏表の関係にある。科学技術にかんしていえば，「原子力」のような強力な選択肢を選ぶことは，失敗したときの負の影響もそれだけ大きくなることを意味する（1986年のチェルノブイリ原発事故，2011年の福島第一原発事故）。現代では多様な現象が「リスクをともなった選択の結果」として理解され，誰がリスクを負うのか，どうすればリスクを回避できるのかという「リスクの配分」「リスクの管理」がますます主要な関心事になってきている。

　リスク社会を象徴する環境問題として遺伝子組換え作物の例を見てみよう（大塚 2001）。遺伝子組換え作物とは，農業生産の効率を上げる等の目的のために人為的に遺伝子を導入（あるいは破壊）した農作物のことである。人体への影響や雑草との交雑等を懸念する消費者団体・環境保護運動と，従来の農作物と実質的に同等の安全性があるとする種子・農薬メーカーとのあいだで，双方が専門家を動員しての科学論争が続いてきた。この論争の中では，安全か危険かの線引きに加えて，遺伝子組換え作物をいかに表示し，消費者の「選択」を可能にするかが焦点となった。また，遺伝子組換え作物を拒否することのリスク（代替農薬の危険性や「無農薬栽培」にともなう病虫害等）にも光が当てられるようになった。何を食べてもリスクゼロではないなかでの選択という，リスク社会的な構図のもとでこの問題は論議されてきたのである。

　現代社会ではさまざまな専門家システムが発達しており，そうしたシステムを利用しなければ生活が成り立たない。医療であれば医師に，教育であれば教師に，といった具合である。私たちはこうした専門家の仕事の質を，事後的に，その結果からしか判断することはできない。それでもリアルタイムに，どの専門家に任せるかを決めていかないといけない。その際に鍵になるのは専門家に対する信頼だ，とイギリスの理論社会学者 A・ギデンズは指摘する（Giddens 1990＝1993）。専門家が素人とのあいだにアクセスポイント（顔の見える関係）を築き，「自分はこういう背景を持った人間で，こういう姿勢で仕事をしています」と顧客に対して誠実な自己呈示を行う。そして，仕事の中身まではわからない素人の側は，それをもって専門家を信頼する以外にやり方はないというのである。

　それでは，科学者がどのようにふるまうことが誠実な自己呈示となるのか。この点を考える手がかりになるのは，先に触れた CUDOS 規範である。共有主義／普遍主義／利害の超越／懐疑主義といった規範は専門家の実像というよりも，一般の人々が期待し，専門家自身も引き受けている「理想の専門家像」に

近い。専門家でない人たちは，専門家がこうした規範を守って行動しているかどうかで，その専門家が信頼できるかどうかを判断している。そして，B・ウィン（Wynne 1996＝2011）が描いたイギリスの畜産家たちのように，「理想の専門家像」に照らした観察と日常生活の中で得られたローカル知（2節参照）が結びつくことで，目の前にいる専門家が本当に問題（チェルノブイリ事故にともなう放射能汚染）の解決に役立つのかどうか，的確に見極められることも少なくない（Collins and Pinch 1998＝2001も参照）。

STS 研究と参加型の意思決定

　近年の科学社会学では，専門家への信頼の問題をはじめ，社会的意思決定のなかでの専門家の役割を問う研究が主流になっている。こうした研究はしばしば STS（Science, Technology and Society / Science and Technology Studies）と総称される。科学技術のかかわる裁判や政府の審議会に注目し，そこに専門家として参加する科学者と，裁判官・行政担当者とのやりとりを分析した S・ジャザノフの研究はその代表例である（Jasanoff 1995＝2015）。

　科学技術をめぐる政策決定の際，どのような手続きで決めるのが正当なのか。近年，医療の現場では，医師が（患者の利益の代弁者として）一方的に決めるパターナリズムでも，患者に任せきりでもなく，医師から情報提供と選択肢の提示を受けながら，患者自身が治療法を選ぶ**インフォームド・コンセント**が定着してきている。同様に，遺伝子組換え作物といった社会全体としての意思決定が求められるテーマについても，専門家と（必ずしも専門家ではない）利害関係者・一般市民の双方がかかわる参加型の意思決定の仕組み（参加型モデル）が模索されている。そうしたこころみの一例である**コンセンサス会議**は，「素人からなるグループが専門家に質問し，専門家の答えを聞いた後で，この話題に関する合意を形成し，最終的に彼らの見解を記者会見の場で公表する」（小林 2002：130）というかたちをとっている。「素人」「市民」を意思決定の主体として位置づけているのが大きな特徴である。

　こうした市民参加型の話し合いが必要なのはなぜか。はじめに指摘したいのは，知識のある人間が正しい判断をできるとは限らず，当事者であることでかえって問題が見えなくなる場合もあるという点である。どんな科学技術であれ，いったん進み始めると，その技術にかかわる**専門家**（企業技術者，大学教授，技術官僚，ジャーナリスト等々）からなる利益集団が形成される。すると，途中で

「はずれ」だとわかっても，それをやめて別の道に移るのは困難になってしまう。これを**経路依存**という。パソコン等のキー配列「QWERTY」は経路依存の典型例とされる（いまとなっては，その並び順に意味を見出すのはむずかしい）。ここでは社会的な課題にかかわるものとしてエネルギー選択の例を挙げておきたい（松本 2012）。かつて1950年代には原子力発電の導入が世間を賑わせ，近年では**福島第一原発事故**を受けて「脱原発」や再生可能エネルギーの推進をめぐる議論が続いている。どの道が正解なのか，現時点で確たることをいうのはむずかしい。しかし，経路依存にかんする議論から見えてくるのは，いったん特定のエネルギー源が推進されると，その技術にかかわる専門家の集団ができあがること，そして将来的にそのエネルギー源からの撤退を余儀なくされたとき，最後まで抵抗するのは，こうした専門家たちであろうということだ。

　組織内部の専門家だけに任せることが，深刻な事故につながる場合もある。1985年に起きたスペースシャトル「チャレンジャー号」爆発事故では，NASAのマネージャーが下請け企業からの延期勧告を無視して打ち上げを強行したことが事故後に判明し，厳しく批判された。しかし，後知恵で振り返れば明らかに「逸脱」に思えることでも，その時点での組織内部の視点では「いつも通り」の判断であった。長年にわたって逸脱が徐々に「常態化」していった過程を，D・ヴォーンは生々しく描き出している（Vaughan 1996）。**逸脱の常態化**は，外部からの目が届きにくい，高度な科学技術がかかわる分野で起こりやすい。それを防ぐには，内部の常識に染まっていない「**アウトサイダー**」（部外者）を関与させる仕組みが重要になる。

価値観の多様性と参加型モデルの課題

　参加型の意思決定が必要になるもうひとつの理由として，科学技術にかんする価値観が市民のあいだで一致していないことが挙げられる。ここでは前述の「**自然**」と並んで，科学技術による介入が社会問題化しやすい（人間の）「**生命**」をめぐる価値観について見ておこう。

　文化人類学者 M・ロックは脳死者からの臓器移植を論じるなかで，欧米と日本の生命観の違いを指摘している（Lock 2002＝2004）。日本で当初，**脳死移植**への拒絶反応が強かった背景には，葬式までを含めた死のプロセスを重視し，生命と非生命を連続的に捉えがちな日本人の生命観がある。生と死の境界というと，一見すると生物学的に決まるものに思えるが，じつは歴史的・社会的な

文脈に応じた多様性を持っている。

　科学技術による「生命」への介入を議論する際，ひとつの参照軸となってきたのが「優生学につながるかどうか」という論点である（米本ほか 2000）。**優生学**とは，不良な子孫の出生を防止することで，人間という種の改良を目指す学問・思想のことを指す。こうした発想に基づき，障害者等に対する強制的な不妊手術（断種）が行われてきた歴史が，欧米にも日本にもある。優生学の運動が人種間の差異という「事実」や自然淘汰という「法則」に基づいた「科学的」なプログラムだと主張されてきた点は見逃すべきでない。「科学」という装いが，（後から振り返れば）非人道的な政策の隠れ蓑になる可能性はつねにあるのだ。最近では，人間の細胞・臓器を人工的に作製する「再生医療」や，病気の素因となる遺伝子を書き換える「遺伝子治療」に対する懸念の声もある。こうした問題を話し合う際には，幅広いバックグラウンドを持った市民の参加が欠かせない。

　他方，**参加型モデル**が抱える課題としては，「素人」や「専門家」の人選が挙げられる（小林 2002）。「素人」を公募方式で集めると，もともと利害や関心を有する企業関係者・市民団体関係者ばかりが応募しかねない。かといって無作為抽出を行うと，問題に深くかかわる少数派（患者団体，被害者団体など）の声がほとんど含まれなくなる。「なぜこのメンバーが選ばれたのか」というメンバーシップの正当性をめぐる問いは，どこまでもつきまとう。

　もう一点，このような「話し合いの場」づくりは，科学技術のあり方に外部から働きかける唯一の回路ではない点にも注意が必要である。研究開発のもっと「上流」段階から関与した例として，エイズ治療薬の開発過程を見てみよう（Epstein 1995；Collins and Pinch 1998＝2001）。従来，新薬の効果を確かめるための治験の手続きは，何の効果もない「偽薬」を与えられるグループとの死亡率の差が大きくなるよう，「科学的」に設計されてきた。しかしそれは，本人の意に反して偽薬を割り振られた治験参加者からみれば，非人道的だといえるのではないか。エイズ感染者たちの活動団体はこのように訴えた上で，科学的な有意性を保ちつつも，治験参加者全体（さらには，不参加者を含む感染者全体）の死亡率を極力抑えるような治験の設計を，医学者とともに考案していった。当事者（専門家顔負けの知識・熱意を持つことから**素人専門家**（lay expert）と呼ばれる）側の主体性と専門家側のオープンさがあれば，研究開発の現場（実験室）に影響を与える回路は多様に開かれうるのである。

技術決定論を越えて

　以上見てきたように，専門家とその他の当事者が複雑にからみあって進む，リスク社会における意思決定を捉える上では，本章の冒頭で取り上げた**技術決定論**の直線的な図式では役に立たない。むしろ，科学技術の営みは「川」に近い。必ずしもまっすぐに進まず，途中で曲がりくねり，分岐／合流したりする。普段は役に立つけれども，いったん問題（氾濫）が起きると手に負えない点，いつかどこかで問題は起きるが，その地点を事前に特定できない点も似ている。こうした性格を持つ科学技術と，その意図せざる帰結としての環境問題にいかに向き合っていくか。「わからない」ことを専門家にゆだねるのではなく，自分自身の問題として判断し，行動していくことが問われている。

文献

Beck, Ulrich, 1986, *Risikogesellschaft auf dem Weg in eine andere Moderne*, Suhrkamp.（＝1998, 東廉・伊藤美登里訳，『危険社会――新しい近代への道』法政大学出版局。）

Bloor, David C., 1976, *Knowledge and Social Imagery*, Routledge and Kegan Paul.（＝1985, 佐々木力・古川安訳『数学の社会学――知識と社会表象』培風館。）

Carson, Rachel, 1962, *Silent Spring*, Hamish Hamilton.（＝2004, 青樹簗一訳『沈黙の春［改版］』新潮社。）

Collins, Harry and Trevor Pinch, 1994, *The Golem : What Everyone Should Know about Science*, Cambridge University Press.（＝1997, 福岡伸一訳『七つの科学事件ファイル――科学論争の顛末』化学同人。）

Collins, Harry and Trevor Pinch, 1998, *The Golem at Large : What You Should Know about Technology*, Cambridge University Press.（＝2001, 村上陽一郎・平川秀幸訳『迷路のなかのテクノロジー』化学同人。）

Cowan, Ruth Schwartz, 1983, *More Work for Mother : The Ironies of Household Technology from the Open Hearth to the Microwave*, Basic Books.（＝2010, 高橋雄造訳『お母さんは忙しくなるばかり――家事労働とテクノロジーの社会史』法政大学出版局。）

Epstein, Steven, 1995, "The Construction of Lay Expertise : AIDS Activism and the Forging of Credibility in the Reform of Clinical Trials," *Science, Technology & Human Values*, 20 (4) : 408-437.

舩橋晴俊ほか, 1985, 『新幹線公害――高速文明の社会問題』有斐閣。

Giddens, Anthony, 1990, *The Consequences of Modernity*, Stanford University Press.（＝1993, 松尾精文・小幡正敏訳『近代とはいかなる時代か？――モダニティの

帰結』而立書房。）

Hardin, Garrett, 1968, "The Tragedy of the Commons," Science, 162: 1243-1248.

Hannigan, John A., 1995, Environmental Sociology: A Social Constructionist Perspective, Routledge.（＝2007, 松野弘監訳『環境社会学——社会構築主義的観点から』ミネルヴァ書房。）

飯島伸子・舩橋晴俊編, 1999,『新潟水俣病問題——加害と被害の社会学』東信堂。

Inglehart, Ronald, 1990, Culture Shift in Advanced Industrial Society, Princeton University Press.（＝1993, 村山皓ほか訳『カルチャーシフトと政治変動』東洋経済新報社。）

井上真・宮内泰介編, 2001,『コモンズの社会学——森・川・海の資源共同管理を考える』新曜社。

Jasanoff, Sheila, 1995, Science at the Bar: Law, Science, and Technology in America, Twentieth Century Fund.（＝2015, 渡辺千原・吉良貴之監訳『法廷に立つ科学——「法と科学」入門』勁草書房。）

小林傳司, 2002,「科学コミュニケーション——専門家と素人の対話は可能か」金森修・中島秀人編『科学論の現在』勁草書房, 117-147。

Kuhn, Thomas S., 1962, The Structure of Scientific Revolutions, University of Chicago Press.（＝1971, 中山茂訳『科学革命の構造』みすず書房。）

Latour, Bruno, 1987, Science in Action: How to Follow Scientists and Engineers through Society, Harvard University Press.（＝1999, 川崎勝・高田紀代志訳『科学が作られているとき——人類学的考察』産業図書。）

Lock, Margaret M., 2002, Twice Dead: Organ Transplants and the Reinvention of Death, University of California Press.（＝2004, 坂川雅子訳『脳死と臓器移植の医療人類学』みすず書房。）

MacKenzie, Donald, 1990, Inventing Accuracy: A Historical Sociology of Nuclear Missile Guidance, MIT Press.

Mannheim, Karl, 1929, Ideologie und Utopie, F. Cohen.（＝2006, 高橋徹・徳永恂訳『イデオロギーとユートピア』中央公論新社。）

松本三和夫, 2012,『構造災——科学技術社会に潜む危機』岩波書店。

Merton, Robert King, 1949, Social Theory and Social Structure: Toward the Codification of Theory and Research, Free Press.（＝1961, 森東吾ほか訳『社会理論と社会構造』みすず書房。）

見田宗介, 1996,『現代社会の理論——情報化・消費化社会の現在と未来』岩波書店。

大塚善樹, 2001,『遺伝子組換え作物——大論争・何が問題なのか』明石書店。

鳥越皓之・嘉田由紀子編, 1984,『水と人の環境史——琵琶湖報告書』御茶の水書房。

Vaughan, Diane, 1996, The Challenger Launch Decision: Risky Technology, Culture, *and Deviance at NASA*, University of Chicago Press.

Wynne, Brian, 1996, "Misunderstood Misunderstandings: Social Identities and Public Uptake of Science," Alan Irwin, and Brian Wynne eds., *Misunderstanding Science?: The Public Reconstruction of Science and Technology*, Cambridge University Press, 19-46.（＝2011，立石裕二訳「誤解された誤解——社会的アイデンティティと公衆の科学理解」『思想』1046：64-103。）

米本昌平ほか，2000，『優生学と人間社会——生命科学の世紀はどこへ向かうのか』講談社。

第15章

災害とボランティア

関　嘉寛

キーワード

社会現象としての災害，災害サイクル，復旧・復興，防災，阪神・淡路大震災，災害ボランティアセンター，寄り添い，リスク・コミュニケーション，観察者の参与

1　災害はなぜ社会学の対象になるのか

　1995年1月17日に兵庫県南部地域をおそったM7.2の地震，いわゆる「**阪神・淡路大震災**」は，6434名の犠牲者と4万人をこえる被災者，そして25万棟以上の建物に大きな被害を与えた。阪神・淡路大震災以後，2011年3月11日に発生した東日本大震災や2016年の関東・東北豪雨など，日本ではたくさんの災害が発生した。

　自然災害は，どのような点で社会学の対象となるのだろうか。自然災害は「自然」の出来事であり，その対応は「防災」と呼ばれる。たとえば，地震の発生メカニズムについては地球物理学や地震学によって，耐震構造や地盤の強化については建築学や土木工学によって研究されている。つまり，「自然」災害は**自然科学**の対象領域として私たちは認識している。

　このように考えると，災害は社会学の対象になり得ないように見える。しかし，英語のdisasterとnatural hazardの違いを考えると，災害が社会学の対象であることが見えてくる。disasterもnatural hazardも，一般に「自然災害」と訳されるが，たとえば人が住んでいない孤島で地震が起き土砂崩れが起きた場合，この出来事はdisasterではなくnatural hazardと表現される。一方，ど

んな小さかろうとも，その島に集落があり，地震や土砂崩れによって，その集落の人々が生活を送る上で何らかの支障が生じたならば，私たちはその地震を natural hazard だけでなく disaster とも表すだろう。つまり，natural hazard は必ずしも disaster ではないのである。

　この違いからわかることは，natural hazard が disaster として捉えられるのは，「社会」がその現象の中に存在しているか否かである。つまり，自然現象に起因して何らかの変化が生じ，その変化が人々の暮らしや日常生活を送るための仕組みに何らかの被害を及ぼした場合，私たちはその自然現象を disaster と呼ぶのである。

　いうまでもなく，社会学の対象となる災害は，disaster である。社会学において災害は，自然現象に起因して，人々の暮らしやその暮らしを支える仕組みを解体させたり停滞させたりする社会現象全体を指しているのである。したがって，私たちの関心は，地震発生のメカニズムというよりはむしろ，発生した地震によって社会がどのような影響を受けたかにあるのだ。地震で被害を受けた家の写真を見たときに，どれだけひどく壊れているかに目を向けるのではなく，この家の人たちは近隣の人たちとどのように避難したのか，避難所での生活に日常の地域コミュニティがどのように影響しているのかを想像するのが社会学的な想像力なのである。

　災害を自然現象に起因して社会への影響を表す現象と考えると，社会学的に見て，災害は発生した場所や時代によって異なるものであるということが出来る。災害人類学者の**アンソニー・オリバー＝スミス**は，「災害は自然と文化が交差するところで発生」(Oliver=Smith 2002＝2006：30) するという。つまり，社会学が関心を寄せる地震という災害は，断層のズレなどで説明される普遍的な自然現象が，文化的にも時代的にも固有の社会へ固有の影響を与えることなのである。言い換えると，同じような断層のズレが別の社会で発生した場合，その社会にとっての影響は，社会が異なるのだから，まったく違う災害として現れてくると考えるのである。

　したがって，災害を社会学的に理解するためには「自然科学的パースペクティブと社会科学的なパースペクティブの双方」(Oliver=Smith 2002＝2006：30) が必要になる。たとえば，地震によって家財を失った人＝被災者を社会学的に捉えるとしよう。被災者の家屋がどのような地盤の上に立ち，どのような構造をしていて，どのような揺れにあったために，家屋が壊れ，彼が被災者になっ

たのかを考えるのは自然科学的な見方である。一方で，地震で大きな被害を受けるような建物に住まざるを得ないのはなぜか，家屋を失い被災者になったことでどのような生活を強いられるのか，あるいは，仮設住宅に住むことでの心理的な負担や収入の変化，さらには健康状態の変化を考えるのは，社会科学的な見方である。被災者になることで明らかになったいままでは感じなかった暮らしの便利さとそれを失なったことで生じる不便さや不安を社会科学的に捉えようとするのである。あるいは，そのような被災状況に陥らざるを得なかった個人や集団や地域が，災害発生以前から抱えていた**脆弱性**（vulnerability）を見つけ出していくのである。

また，制度のせいでも自分のせいでもなく，自然現象としての地震によって被災者になってしまい，その現象に生活を翻弄された人々のケアの課題や，今後の生活の立ち直りに対する社会的・制度的支援のあり方に関心を向けていくのも社会学の視点である。

災害を社会に影響を与える事象だと捉えるならば，災害とは一瞬の出来事ではなく持続的な現象であるといえる。災害が時間的な幅を持っているということは，人や関係性そして社会環境の変化を生じさせるということを意味する。したがって，災害は社会に関連するさまざまな視点からテーマ化することができる。しかも，その視点はばらばらではなく，同じ社会で生じているという理由で関連しあっているのである。

2 災害サイクルと社会学的災害研究

災害を社会学的に捉えることは，災害の自然科学的側面と同時に社会科学的な側面を捉えることであった。自然科学的な側面に注目するならば，災害とは，どのように発生するのか，どのように助けたらよいのか，どのように復旧しなければならないのか，どのように防げばよいのかという，「**発災**」「**救命・救助**」「**復旧・復興**」「**防災**」という局面に分かれた出来事として現れてくる。たとえば地震であれば発生のメカニズムを解明する地震学や，ケガをした人たちを助け，見守る救命医学や看護学，壊れた道路や川を復旧するための土木工学，想定される地震に耐えうるような建物を建てる建築学というように，それぞれの研究分野がそれぞれの関心に応じて，災害に向き合い，調査研究が行なわれている。

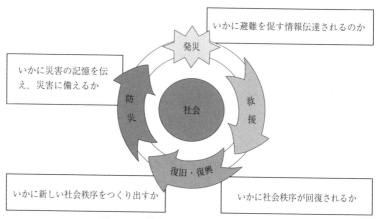

図 15-1　災害サイクルと社会学的テーマ
出所：筆者作成。

　他方，人文・社会科学的な側面から見れば，災害は「発災」「救命・救助」「復旧・復興」「防災」という事象が独立してあるのではなく，それぞれが連鎖しているところに特徴がある。なぜなら，災害とは同一の人間や社会に対して連続して影響を与える一連の出来事からなる社会現象であるからだ。地震が発生すれば人々は避難をする。その途中で，生き埋めになっている人を助けることもある。それは，近隣であるからという日頃の人間関係が影響しているかもしれないし，放っておけないからという人道的な配慮が関係しているのかもしれない。そのような救助活動が，被災した人々のつながりを深め，いわゆる「災害ユートピア」（Solnit 2009＝2010）的な雰囲気を生み出すこともあるだろう。そして，その後うまく進む復旧・復興もあれば，災害ユートピアが解体したあとに個人的利害の対立からうまく進まない復旧・復興もあるだろう。

　このように人文・社会科学では，災害とは別々の事象に切り分けられるというよりも，影響関係を持つ現象の連続として捉えていかなければならない。こうした連続する現象として災害を捉えた場合，その現象全体は一般に「**災害サイクル**」と呼ばれる。本章では，個と全体の関係や共同性と多様性の課題などをテーマ化する社会学的パースペクティブの特徴が現れやすい「発災」「復旧・復興」「防災」に絞って災害の社会学的研究を理解していく（図15-1）。

「発災」期における社会学的災害研究——災害情報とは

　発災期の多くの事象は自然科学の対象領域である。どこで地震が起きたのか，どれくらいの津波がやってくるのかなど，データとさまざまな計算式によって災害の様子が明らかにされ被害の規模などが想定される。しかし，この知識は専門的であり，日常生活に直接つながっていくものではない。したがって，生活の中でこの専門的な知識が日常生活に生かされるように転換が行われる。社会学的研究では，災害時の自然科学的な知識が災害情報としていかに形成され，伝達され，それが避難などの行動に活かされるのかがテーマになる。

　社会心理学や社会情報学での災害情報・避難行動にかんする研究では，**正常性バイアス（正常化の偏見）**によって人々は「なかなか避難しない」ことが明らかにされている。正常性バイアスとは，「もともとは，私たちが過度に何かを恐れたり，不安にならないために働いている」（広瀬 2004：114-115）防衛機制である。しかし，時として「リスクに対して鈍感にする」機能を果たしてしまう。たとえば，災害警戒警報が出されてもそれが外れるということがあれば，その警報の信頼性が疑われ，その後再び警報が出ても人は「どうせまた外れる」と思い込んで避難しない可能性がある。まさに「オオカミ少年」の寓話のような行動がとられてしまうのである。

　他方，情報の伝達方法によって避難をいかに促すか，つまり避難につながる重要な情報をどのように伝達するのかという社会情報学的な研究もある。その研究によると，正常性バイアスは限定的であり，警報の実効性は，防災無線の整備状況や呼びかけ方やマスメディアによる放送の有無に左右されるという（田中 2005）。

　災害情報・避難行動の研究においては，災害リスクを一般の人々が「正しく」知ることが必要とされているが，そこで重要なのは専門家と一般の人々とのあいだでリスクをめぐって行なわれる意思形成や合意形成を目指す**リスク・コミュニケーション**である。リスク・コミュニケーションを通じて一般の人々の災害知識や防災意識を向上させることが，災害において「逃げおくれない」状況をつくり出し，人命損傷を減らすと考えられている。

「復旧・復興」期における災害研究——災害ユートピアから市民活動へ

　災害が発生すると，被災地となったところの生活は一変する。災害は長い時間，さまざまな事態に影響を及ぼす。それゆえ，社会学的災害研究においては

災害を長いスパンで捉えている。

　この期間には，最低限の生活条件を回復させること＝**復旧**に多くの力が割かれる災害直後の時期と，新しい生活環境や社会の仕組み作り＝**復興**に力点が置かれる長期にわたる時期が混在している。一般的に，復旧は災害直後からはじまるのに対し，復興はライフラインなどの最低限の生活基盤の復旧が終わってからはじまる。復旧期では，災害後の混乱からの秩序回復が中心的課題である。一方，復興期は，主に新しい秩序形成が課題になる。

　復旧期では，災害によって被害を受け，既存の社会の仕組みが機能低下あるいは停止している状態にある。このような社会的な混乱に対して，秩序を回復させるための，さまざまな代替システムが立ち上がる。そのような代替システムは**緊急社会システム**と呼ばれ，社会がいかに災害に対応したのかが組織論的に明らかにされている（野田 1997）。緊急社会システムは一時的なものであり，しかも日常の組織間のつながりや連携とは異なる展開を見せる。それは，緊急社会システムにおいては「救援・復旧活動を最優先すべきだ」という規範が共有されているからである。

　このような災害時の非日常的な社会システムは，公式組織だけで生じるわけではない。たとえばレベッカ・ソルニットは，パーソナルなレベルでも**災害ユートピア**として非日常的な関係性が生じることを報告している（Solnit 2009＝2010）。災害後に，被災者や支援者が一定の共感を持ち，相手を思いやる利他的な行動が尊重される期間がくるのだという。

　東日本大震災でも，あれほどの大きな災害にもかかわらず，被災者は炊き出しにきちんとならび，助け合いをしていたといわれる。ソルニットは，そのような助け合いをアメリカを襲ったハリケーン「カトリーナ」（2005年発生）で大きな被害を受けたニューオリンズにも見出している。

　このように発災直後の利他的な助け合いの人間関係の存在が指摘される一方で，災害によって人や集団が深く傷ついていくことも指摘されている。精神分析医のビヴァリー・ラファエルは，さまざまな災害における被災者の心の傷の深刻さを訴え，被災者を支えるボランティアも，「隠れた被災者」として傷ついていることを示した（Raphael 1986＝1995）。

　復興期は阪神・淡路大震災以前はあまり社会学的に注目を集めることはなかった。しかし，阪神・淡路大震災後に兵庫県が策定した復興計画の基本方針で，「社会基盤の復旧」「生活の再建」「**創造的復興**」の3点が強調され注目さ

れるようになった。

　この計画で復興は「単に1月17日以前の状態を回復するだけではなく，新たな視点から都市を再生する」（兵庫県 1995「阪神・淡路震災復興都市計画」基本方針）ことであるとされた。つまり，復興とは災害以前への原状復旧だけではなく，「新しい」視点が必要とされる活動と定義されている。このような定義の背景には，単に現状復旧では，その地域，住民が抱える問題を何ら解決しないし，結果として，暮らしは豊かにならないという認識がある。

　災害は，社会が抱える課題を10年早く到来させるといわれる。東日本大震災の被災地では，少子高齢化による過疎化や漁業などの既存産業の衰退の加速などがみられた。これらの問題は，たとえ津波が来なくても，遠くない将来に表面化する問題，深刻化する問題であったということである。災害からの復興において問題になる課題は，当該社会が被災以前から顕在的に，あるいは潜在的に抱えていた課題が予想よりも早くすぐに対応すべき社会課題として現われたにすぎないともいえる。したがって，復興における「新しさ」は，被災した社会のそれまでの歴史や置かれている状況と密接に関係している。

　たとえば，阪神・淡路大震災における復興では，「自分の目の前のことを何とかしたい」「状況に対応したコミュニケーションを大切にする」という姿勢が基盤となって，それまでの国家・行政と企業によって生み出され，維持されていた社会のルールや仕組みとは異なるルールや仕組みが現れ，そのなかで，**NGO や市民社会**というキーワードが社会学の中にもよくみられるようになった。たとえば，ボランティア活動や市民活動を行なっていたグループが立てた復興計画では，市民社会の構築をひとつの柱としていた。彼らは「ぬくもりのある，こころ豊かなまちをつくっていくためには，市民の自立と支え合いがなければならない」（市民と NGO の「防災」国際フォーラム実行委員会編 1998）と主張している。

　阪神・淡路大震災以後，「新しい」視点としてボランティアや**市民活動**，NGO など「市民」の動きに注目が集まった。市民によるこれらの活動は，持続性を制度的に保障することを求めるようになり，1999年には**「特定非営利活動促進法」**が施行され，特定非営利活動法人（通称「NPO 法人」）が制定されることとなった。

防災期における社会学的防災研究——災害の記憶の保存・伝承と防災教育

　災害後の秩序回復や新しい秩序形成が行われていくにしたがい，社会では災害による被害や苦しみを二度と味わわないための動きが生まれてくる。あるいはその動きを支える社会認識として，災害によって失われた命を追悼する想いが形にされていく。そのような状況に対して，社会学的災害研究においては，災害の記憶の保存・伝承と，その記憶を後世に伝え次の災害に備えるための**防災教育**が中心的なテーマとなる。「災害は忘れたころにやってくる」という警句に抗う営みに関心が寄せられるのである。

　私たちが被った被害や悲しみを二度と繰り返さないために，過去に起こったことがつねに思い返されなければならない。しかし，このような災害の記憶にかんして，記憶の社会学的研究から見るならばふたつの大きな課題がある。ひとつは，私たちが記憶といった場合，memory（記憶）というよりも remembering（想起）を問題としているという点であり，もうひとつは博物館などの展示施設が持っている政治性という性質である。

　フランスの社会学者モーリス・アルバックスによれば，記憶は社会的なものである（Halbwachs 1950＝1989）。彼は記憶を，さまざまなコミュニケーションや社会環境の中で想起（remembering）されることを通じて，集合的に構築されるものとして捉えた。記憶を**集合的記憶**として捉えると，後世に残すべきといわれる災害の記憶は唯一の事実を伝えるのではなく，さまざまな力学の上で成り立っていることがわかる（今井 1999）。言い換えると，その時代やその集団にとっての「正しい」記憶があり，「正しい」教訓があるのである。

　したがって，社会学的に災害についての歴史をたどるとき，「何が正しかった」のかではなく，その出来事が想起されるとき，あるいは祈念されるとき，「何が正しいと考えられていた」のかを考える必要がある。そして重要なのは誰がどのような利害関心でそれを「正しい」としたかである。いわゆる「**博物館の文法**」（浜 1998）といいあらわされているように，誰がその歴史を語っているかは解釈の視点に大きく影響するのである。唯一無二の記憶や歴史があるのではなく，それが正しいとされる背景に目を向けていくことが求められる。

　このような災害の歴史（経験や教訓）を実際に身につけられなければ，災害の歴史を保存し，伝承する意義が薄れ，結果として再び災害による大きな被害にあってしまう。そのため，災害後の**防災教育**が注目されるのである。

　たとえば阪神・淡路大震災の被災地兵庫県は，復興10年委員会で，「『兵庫の

防災教育』の充実に向けて」という提言を行っている（2005年）。あるいは東日本大震災では，片田敏孝が岩手県釜石市で行っていた「**率先避難者**」を実行する防災教育プログラムが大きな成果を上げたことに注目が集まった（片田 2012）。

　その一方で，防災を一方向的な授業スタイルや形式化された訓練でとどめるのでは不十分であるという指摘もあり，矢守克也は，「**実践共同体**」という参加型学習モデルをもとに防災教育を再構築することを提唱している（矢守 2006）。実践共同体モデルの防災教育は，一方的な知識の移転だけを重視せず，専門家のみならず，一般住民などいままでは防災教育の周辺にいると思われる人々も積極的に取り込み，多彩なかかわりにより，新たな発見や身につく学びを生じさせることを目的としている。

　阪神・淡路大震災時に，生き埋めになった人の約70％が近隣や家族に救助されたというデータがある（日本火災学会 1996）。これは，大規模災害になると救援の専門家だけでは十分に救援ができないということを示している。そこで，多くの地域防災計画において，「災害に強いまちづくり」が提唱されるようになった。しかし，防災教育と同様，まちづくりにおいても専門家と住民とのあいだのリスク・コミュニケーションが問題となる。つまり，単なる一方的な知識の移転では住民の関心は広がらず，特定の人しか参加しなくなり，結果として防災に強いまちづくりにはならない（関 2013）。災害に強いまちづくりでもまた，実践共同体という視点が重要になってくる。

3　災害ボランティアと被災者への寄り添い

災害時のボランティア活動――ボランティアはいかに活動したのか

　災害時のボランティアの研究では，機能的側面と内容的側面に焦点が当てられている。**ボランティア活動の機能的側面**にかんして，菅磨志保は阪神・淡路大震災時のボランティアが「行政をはじめ，ほかの主体が対応しない問題を発見し，対応していく，いわば『対応の穴を埋めていく』機能」と「問題に関わる者同士をつなぎながら『対応の仕組みを創っていく』機能」を果たしていたことを見出した（菅 2008：63）。

　阪神・淡路大震災では，それまでのボランティア像であった「自己犠牲」「行政の下請け」「特殊」とは異なる性質を持つボランティアが活躍した。大学

生が多く参加していたが，兵庫県西宮市にあった関西学院救援ボランティアセンターでは次のような特徴がみられたという。「学生が考えた企画が，現実のものとして実現することも可能であった。なんの基盤もないところからはじめた活動であるので，ひとつひとつ自分たちでつくりあげることが求められた。自分たちで感じた問題意識でもって，さまざまなボランティアの形を考えていき，それを具体化していった。学生たちはそれらの活動をとおして，本当に自分たちが生かされていること，すなわち自分たちの活動が被災者のためになっているという素直な喜びを感じ，有用感，自信そして責任感を持つこと」(野口・荒川 2001：41-42) ができた，というのである。このように，阪神・淡路大震災のボランティア活動では，それぞれが問題意識を持ち，やりがいを感じながら活動を行っていたといわれている。

　ボランティア活動の内容的側面では，被災者の「こころのケア」が注目される。災害で大切な人，家財，仕事，将来の希望などさまざまなものを失ったり，傷つけられたりした被災者たちは，それぞれの心的なストレスを抱える。したがって，精神科医や心理療法士のような専門家がその対応にあたらなければならないと考えられるようになった。阪神・淡路大震災を機に，PTSD（心的外傷後ストレス障害）という語が広まったのは，このような理由によるといわれる。

　しかし，専門家が対処するのは「クライアント」として被災者が現れてきた場合だけである。クライアントとして問題化されないあるいは自ら問題化していかない多くの被災者は，日々の避難生活の中で，人に言えない悩みや不安を抱えていかざるをえないのである。

　そのようななかで，人と人との関係の中で被災者を支援しようとする活動であるボランティア活動は，被災者を「固有の人」（三井 2015：145）としてみなし，かかわっていくことで，問題化されない被災者の悩みに寄り添っていく。足をお湯につけ手をさすって，ときに会話しながら，被災者にくつろぎのひとときを提供する「足湯」という活動が阪神・淡路大震災や東日本大震災で広がっていった。この活動を行ったボランティアが書き記した被災者のつぶやきを分析した三井さよは，ボランティアたちは「ニーズに応えるという発想ではない聴き方」（三井 2015：152）をしていたと指摘する。ボランティアは「被災者が洩らすそれぞれの〈思い〉を全身で聴く」（三井 2015：164）のである。ボランティアは活動を通して，一人一人の人と個別かつ具体的な関係を作り，支えていっているのである。

このように，阪神・淡路大震災以降，それまで一般的であった社会福祉やまちづくりの活動を支えていた公的サービスの補完といった規範や価値観に限定されない新しい規範・価値観を持つボランティアが，災害時の社会システムで重要な役割を果たすようになってきた。そのことは，後に阪神・淡路大震災でのボランティアの活躍の様子が**ボランティア元年**と呼ばれる理由のひとつにもなっている。

ボランティア・コーディネート──いかにボランティアを「活用する」のか

1995年に国の防災基本計画の改訂や災害対策基本法の改正がなされて災害時のボランティアへの対応が含まれるようになり，ボランティアを支える社会的枠組みは新しい局面を迎えることになった。国の方針を受け，各自治体では，防災計画においてボランティアへの対応を考慮するようになり，災害時のボランティアが**制度化**されていくこととなった。具体的には，2000年ごろから，自治体と地元の社会福祉協議会が協定を結び，**災害ボランティアセンター**を設置することが防災計画などに組み込まれるようになっていったのである。

このような災害ボランティアの制度化を，渥美公秀は「**秩序化のドライブ**」（渥美 2014）と呼び，災害ボランティアセンターを前提としたボランティア・コーディネートのために災害ボランティアが被災者から遠のいていく危険性を指摘している。つまり，被災者の苦しみを少しでも早く軽減することをコーディネートの目的として，そのために手段としてボランティアセンターの効率性を向上させようとしていたはずであった。しかし，手段が目的化してしまい，災害ボランティアセンターの効率的な運営が中心的な課題となり，肝心の被災者への視点が弱くなってしまうという指摘である。

このように災害ボランティアにおける効率性の追求が被災者にとって逆機能として働いてしまう理由は，災害ボランティアにおける被災者への「**寄り添い**」がはらむ微妙な問題にかかわっている。ボランティアは被災者一人一人の声に耳を傾け，その上で，その人に対して自分は何ができるのかを考えていく存在である。そのようなボランティアの思いは強制されたものではなく，自分の意志を起点としている。しかしそのため，自分の思いを優先しがちで，被災者のペースに合わせて寄り添うことが困難になる面もある。

また，災害ボランティアは，被災していろいろなものを失い，苦しい避難生活を強いられている「かわいそうな」被災者に手を差しのべたいと考える。だ

が，一般的に他者に対する「かわいそう」という感情の根底には，ある種の優位性がある。このような上下関係を前提とした支援活動は，被災地・被災者にとって望ましいものではなく，結果として長続きしない。私たちが被災者にかかわる場合に必要なのは，被災地や被災者が災害によって失った日常生活を支える信頼を一緒に創り直していくという姿勢である。なぜならば，被災の社会学的意味は，財産や人命の損失というよりはむしろ**日常生活の自明性**の解体として経験されるからである。

災害は，その自然災害の種類や強度および社会状況によってさまざまな「顔」を見せる。とはいえ，被災という経験に共通する社会学的意味が見出せる。それは，災害は，社会的ルーティンを解体させたり，不全にしたりする現象であるということである。社会的ルーティンとは，「今日あることは明日もある」「一生懸命働けば報われる」といった私たちが日常では，まったく気にしていないが疑うことなく自明のものとしている日常生活に対する信頼のことである。この日常生活の自明性が解体するということは，「今日あることは明日もある」という（現象学的社会学でいう）**時間的継続性への信頼**の喪失を意味している。そして，この時間的継続性を支える反復可能性の理念化（すなわち，同じ行為をしたら，同じ結果が起きるという確信）への不信を導いてしまうのである。

このように被災するということは，大切なものが失われたという欠損の経験だけではなく，日常生活を「普通」に送る「当たり前」が解体することである。そのように考えるならば，災害ボランティアの寄り添いは，この**自明性への信頼**を回復することを手助けすることにある。しかも，この回復は，被災地・被災者自身だけでは困難なものなのだから，外部の災害ボランティアを必要とするのである。

災害ボランティアとはこの当たり前を再び被災者がつくり出す手伝いをすることだと考えると，上下関係はなく，しかも匿名ではないかかわりに特徴づけられることがわかる。災害ボランティアは，被災者と個別の，唯一無二の人間として出会い，それぞれの立場や状況に対応したコミュニケーションを行っていくことができるからこそ，その社会学的に意味があるのである。

4 災害に対して社会学は「役立つ」のか

専門家と一般の人々との関係

　災害は一般に人命や財産の損壊という現象をともなう。したがって，災害にかかわる研究は，必然的にこの人命や財産の損壊という現象にかかわっている。誤解を恐れずにいえば，災害研究は，いかに人の命を救い，財産の損失を防げるかでも評価されるのである。自然科学ではその目的・評価基準は非常に明確である。建築学は地震に耐えうるような建築物を立てるために必要な強度や構造などを研究する。河川工学は，できるだけ堤防が決壊しない治水の方法を研究する。しかし，災害社会学は直接的に人命を救うことはできない。財産を守ることもできない。直感的には，このように考えられる。

　はたして，災害社会学にはどのような意義があるといえるのだろうか。この問いに対しては，災害は社会と災害を引き起こす要因との相互作用の結果であるということに立ち返って考えてみる必要がある。なぜならば，災害は，社会のありようによってその性格を変えるのであり，災害による被害をできるだけ減らすためには，その社会のありように目を向ける必要があるからである。

　私たちが生きる現代社会は，災害との関係から「**リスク社会**」と呼ぶことができる。リスク社会とは，災害が多発するリスクが高まった社会を意味しているのではない。近代化が進んだことによって，社会における再帰性が高まり，選択・判断の結果が不確実になってきたために，それに対応することが重要であるような社会を表している（Beck 1986＝1998）。自然災害はかつては天災とされ，それで被害を被ることは「運が悪かった」とされていた。しかし，現代においては，住む場所，住居の構造，地域での人間関係などが個人の選択に開かれている。ひとたび自然災害が起きた場合，場所や構造や人間関係が被害の状況を規定するため，被害は選択を通じて被ったものである，つまり人災＝リスクとして理解される。つまり，自然災害による被害は，「自業自得」として受け取られうる社会なのである。そのため，人々は自分の選択が不可避に帯びている不確実性をできるだけ減らそうと考える。

　それゆえ，リスク社会においては，専門家と一般人＝素人との関係が重要な問題になってくる。高度に専門分化した現代社会＝リスク社会において，できるだけリスクを減らすためには，その分野に特化した専門知識が必要であると

みなされてくるからである。

　災害にかんしていうならば，地震や土木，都市計画など災害にかんする科学者あるいは災害・防災を担当する役人などの専門家と，一般住民との関係に注目が集まる。私たちがリスクを減らす，つまり防災を行おうとすると，災害や防災の分野で「正しい」と考えられる専門知識を信頼し，耐震対策や避難行動などを行う。専門家は，「一般化された」知識を一方的に，その知識をあまりよく知らない素人である一般住民に「正しい」知識として伝えてくる。

　しかし，一般の人々は「専門家とは異なる条件下での**ローカルナレッジ**」（地域に根ざす知恵）を持っていて，「科学者の妥当性境界とは別の，公共の妥当性境界を主張する」のである（藤垣 2008：106）。つまり，一般の人々は，専門知識とは異なる体系を持つ知識を持っていて，その知識の「正しさ」や「妥当性」は，専門家が求めるような客観性とは異なる次元である日常生活者の次元で決められるのである。一般の人々は専門知識を知らない素人ではなく，知識を自己の利害や状況にもとづいて解釈し，活動する主体として捉える必要があるのである。

　たとえば，避難をする場合，専門的知識においては避難所へ避難することが「正しい」ことであるが，住宅の位置，構造，地域の人間関係などにより，必ずしも避難所に避難することが「正しく」ない場合もある。実際，2009年の兵庫県佐用町の水害では，夜の避難を危険だと判断した住民は，自宅の2階に避難するなどの行動を行ったおかげで難を逃れたといわれる。

　このように，リスク社会においては，専門家と一般の人々の**リスク・コミュニケーション**が問題になってくる。その際には，一方的な専門知識の伝達ではなく，ローカルノレッジにも配慮した専門家と一般の人々のコミュニケーションが必要となる（関 2013）。

災害社会学の方法と意味

　災害社会学はこのようにリスク社会における専門家と一般の人々との関係を対象化，問題化することができる。そして，あるべき関係性を見つけ出す道筋を明らかにしようとする。災害社会学は人の命や財産にかかわる研究であるので，問題を明らかにするだけではなく，明らかになった問題を解決したり，改善したりしようとする姿勢もまた，この研究分野には求められている。

　災害にかかわるあらゆる事象はサイクルとしてつながっている。ということ

は，ひとつだけを取り出して，それで「災害がわかった」ということは不十分である。災害は複雑で，その影響は時間による変化が大きい。そのため，一時点の状況を捉えるアンケートやインタビューだけでは十分ではない。

災害は，このように連続した社会的現象であるから，災害の社会性をくみ取る方法にはさまざまな社会学的方法を援用することができる。とくに，災害社会学は，対象の変容をモニタリングしたり，対象へ積極的なかかわることが必要になってくる。その際，専門家と一般の人々とのその地域，共同体それぞれにとって適切な研究方法や研究者の関わり方を見つけ出すために，「参与観察」ならぬ「**観察者の参与**」（Wacquant, 2004＝2013）という姿勢をとることが重要になる。観察者の参与とは，長期にわたり，研究と実践を融合させていくことである。あるいは，「よそ者」（鬼頭 1998）として，住民と語り，研究者自身の変容と住民の変容も引き起こすような研究が必要である。

したがって，研究においては，客観性というよりは，妥当性に重きを置いて，事象の多様な捉え方や理解の仕方を示していくことが大切になる。そして研究に固有の価値判断を押しつけることなく，つねに対象者と対話をしていくことが研究者には求められる。

このように災害社会学は，災害を社会現象と捉え，リスク社会において生じている再帰性の不確実性を前提として，専門家と一般の人々の関係を見直すきっかけを提供する。長期にわたる被災地・被災者とのかかわりから被災することの意味を再考し，彼らとともに復興や防災についてあらためて考えることを可能にしていく。したがって，つねに，現場と思考との往復が必要になってくるのである。

文献

渥美公秀，2014，『災害ボランティア』弘文堂。
Beck, Ulich, 1986, *Risikogesellchaft,* Suhrkamp.（＝1998，東廉・伊藤美登里訳『危険社会——新しい近代への道』法政大学出版局。）
藤垣裕子，2008，「PUS論」藤垣裕子・廣野喜幸編『科学コミュニケーション論』東京大学出版会，93-108。
Halbwachs, Maurice, 1950, *La mémoire collective,* Albin Michel.（＝1989，小関藤一郎訳『集合的記憶』行路社。）
浜日出夫，1998，「歴史はいかにして作られるか」『社会学ジャーナル』23：151-162。
広瀬弘忠，2004，『人はなぜ逃げおくれるのか』集英社。

今井信雄, 1999,「さまざまな『震災モニュメント』が意味するもの」神戸大学〈震災研究会〉編『阪神大震災研究4 大震災5年の歳月』神戸新聞総合出版センター, 298-312。

片田敏孝, 2012,『いのちを守る教育』PHP出版。

鬼頭秀一, 1998,「環境運動／環境理念研究における『よそ者』論の射程」『環境社会学研究』4：44-59。

三井さよ, 2015,「いっとき傍らに立つ」似田貝香門・村井雅清編著『震災被災者と足湯ボランティア』生活書院, 144-170。

日本火災学会, 1996,『1995年兵庫県南部地震における火災に関する調査報告書』。

野田隆, 1997,『災害と社会システム』恒星社厚生閣。

野口啓示・荒川義子, 2001,「救援ボランティア委員会におけるボランティア・マネジメントの実際」立木茂雄編著『ボランティアと市民社会［増補版］』晃洋書房, 31-48。

Oliver=Smith, Anthony, 2002, "Theorizing Disasters: Nature, Power, and Culture," Hoffman, Susanna M. and Anthony Oliver=Smith eds., *Catastrophe and Culture*, School of American Research Press.（=2006, 若林佳史訳「災害の理論的考察――自然, 力, 文化」『災害の人類学』明石書店, 29-55。）

Raphael, Beverley, 1986, *When Disaster Strikes: How Individuals and Communities Cope with Catastrophe*, Basic Books.（=1995, 石丸正翻訳『災害の襲うとき――カタストロフィの精神医学』みすず書房。）

関嘉寛, 2013,「安全・安心の科学」西山哲郎編著『科学化する日常生活』世界思想社, 193-228。

関嘉寛, 2015,「なぜ, 東北に行くのか――震災を社会学するとは？」『ソシオロジ』59（3）：91-97。

市民とNGOの「防災」国際フォーラム実行委員会編, 1998,『阪神大震災――市民がつくる復興計画』神戸新聞総合出版センター。

Solnit, Rebecca, 2009, *A Paradise Built in Hell: The Extraordinary Communities That Arise in Disaster*, Viking Adult.（=2010, 高月園子訳『災害ユートピア――なぜそのとき特別な共同体が立ち上がるのか』亜紀書房。）

菅磨志保, 2008,「『災害ボランティア』とは」菅磨志保・山下祐介・渥美公秀編著『災害ボランティア入門』弘文堂, 60-67。

田中淳, 2005,「避難勧告・指示の発令はどのように伝わったか」『災害情報』3：1-4。

浦野正樹, 2007,「災害研究の成立と展開」大矢根淳・浦野正樹・田中淳・吉井博明編『災害社会学入門』弘文堂, 18-25。

Wacquant, Loic, 2004, *Body & Soul*, Oxford University Press.（=2013, 田中研之輔ほか訳『ボディ＆ソウル』新曜社。）

矢守克也, 2006,「防災教育のための新しい視点」『自然災害科学』24（4）：343-350。

第16章

メディアと文化

難波功士

> **キーワード**
>
> メディア論，文化産業，ポピュラーカルチャー，カルチュラル・スタディーズ，マスコミュニケーション研究

1 メディアとは，文化とは

スマホの時代

　2015年春，ある大学の入学式で，学長が次のようにあいさつをし，話題となった。

　スマートフォンの「スイッチを切って，本を読みましょう。友達と話をしましょう。そして，自分で考えることを習慣づけましょう」。そして，決め台詞は「スマホやめますか，それとも○大生やめますか」（2015年11月23日取得, http://www.shinshu-u.ac.jp/guidance/president/notification/entrance.html）。

　大人たちの間で漠然と共有されていた，いわゆる「デジタルネイティブ世代」への違和感を，あらためて浮き彫りにした出来事であった。実際に10代のメディア行動は激変している。2005年からの10年間に10代のテレビ視聴時間は，149.6分から72.6分と半減しており，2015年のネット利用は，自宅でのPC・タブレット経由が11.4分，携帯ネットの利用（場所を問わず）が95.2分と，完全にモバイルに移行している。大学生がスマホ，とりわけSNS（ソーシャル・ネットワーキング・サービス）に費やす膨大な時間を考えれば，電源を切れという発言もやむをえないところだろう。

だが，はたしてスマホの電源を切れば，人は本を読み，ものを考え始めるのだろうか。もしスマホがなかったとしても，若者たちは別の手段で社交をこころみるだけではないだろうか。「人と一緒にいるのが好きである」という問いに，「あてはまる」ないし「ややあてはまる」と回答した割合は10代で82.9％，「いつも友人や知人とつながっているという感覚が好きだ」は62.6％に達している。一方，全年齢層平均（10～60代）では，それぞれ61.9％と41.0％である。こういった数値を見ていると，若者たちの社交志向がまずあって，スマホやSNS系アプリが選択・多用されているようにも思える（「データで見るデジタルネイティブの情報行動」『宣伝会議』2015年12月号）。

　新しいメディアが人々の行動に変化をもたらすのか，人々の変化が新たなメディアの誕生・普及を促すのか。もっといえば，メディアテクノロジーが社会や文化の変容をもたらすのか，社会や文化のあり方がその時々のメディアのありようを規定するのか。鶏が先か，卵が先かのような議論であるが，社会学におけるメディア研究とは，この「鶏と卵の相互関係」を丁寧にみていくことにほかならない。本章ではまず「社会⇒メディア」という観点から先行研究を整理し，続いて「メディア⇒社会」の側面からも概観していく。もちろんこの区別は，実際には「社会⇔メディア」である以上，便宜的なものにすぎないし，記述はどうしても両者のあいだを振幅していくことになる。

メディア，文化，そして社会学

　そうした行きつ戻りつの探査に入る前に，急ぎ三点注記しておきたい。

　まずメディア概念については，ひとまず「情報の伝達・複製・記録・再生などにかかわる，何らかのモノ（artifact）」としておきたい。社会学の世界では，「行為を媒介し，相互行為を可能とするもの」すべてをメディアとする，ニコラス・ルーマンらの独特の用法があったりもするが，ここではごく常識的なメディア理解にとどめておく。

　ふたつ目は**文化**にかんして。クラシック音楽，ファインアート，古典芸能などの高級文化(ハイカルチャー)だけを文化とする立場もあろうが，ここではより一般的な**コンテンツ**（テレビ番組，商業美術，大衆小説，ポピュラー音楽，娯楽映画，ゲーム，マンガ・アニメーション，ネット上の動画など）とその受容や消費についても，当然それらを文化とみなしていきたい。ただし文化人類学のように，人々の生活様式(ウェイズ・オブ・ライフ)総体を文化として取り扱うことはしない。あくまでも，メディア

（とそれによって媒介されるコンテンツ）を中心に論を進めていく。また，ここでいうコンテンツとは，マスメディア上の番組・記事やパッケージ化されたソフト以外にも，一般の人々が撮った画像・動画はもとより，メールやSNSの一行足らずのテクスト，一個のLINEスタンプなどまでを含むものとする。階級・階層特有の文化，エスニックなコミュニティやマイノリティグループなど，何らかの集団や組織において共有されている文化，あるいは国・民族・宗教などを基盤とする文化的なまとまり等々については，他の章を参照いただきたい。

　そして，ここでは「社会学」を広く理解し，メディアやコンテンツをその社会との関係において捉えようとする研究・著作全般を視野に入れることにしたい。なぜなら，学問分野を横断するダイナミズムや雑食性（omnivorous）こそが，社会学の持ち味であり，とりわけ変化の速い「メディア」や茫漠とした「文化」などを対象とした際に，その力を発揮するからである。

2　メディアを産み出す社会

ソシオ・メディア論

　メディアと社会の「鶏 - 卵」関係について，ひとつの答えを示したのが，一連のメディア史研究の成果である。

　たとえば19世紀末には，電話機を通じて音楽番組などを流す，有線放送のようなサービスが存在していた（Marvin 1988＝2003）。また無線マニアたちは，独自に送信機・受信機を組み立て，互いの声を届けあっていた。だが，1920年代のアメリカ社会にあって，やがて電波をめぐる諸技術は，マスメディアとしてのラジオ放送へと収斂していく。電波で情報を送りたいという最大のニーズは，企業の商品宣伝にあったのだ。かくして商業ベースのラジオ局の開局が相次ぎ，混信が大きな社会問題となり，また電波の軍事利用の必要から，放送の法や制度が整備されていく。その後，細々とアマチュア無線の伝統は生き続けるが，一般の人々が任意に電波を発する時代は終わりを告げる（水越 1993）。

　一方，ケーブルを通じて音声を送る技術は，電話として定着していった。電波が放送局から不特定多数に向かって番組・CMを流すインフラとなったのに対し，電話線は1対1の会話を交しあうために敷設されていった。かくして，他の可能性がありえたにもかかわらず，有線で音声を送る技術は，電話というインタラクティブなメディアへ，無線で音声を届ける技術は，ラジオ局から受

信機へのワンウェイの伝達へと編成されていく。ここでいったん通信と放送とは分離されたのだ。社会は，マスメディアとしてのラジオ（さらにはテレビ）とパーソナルメディアとしての電話を選択したのである。

　もちろん，新たなメディアが登場する際の煽り文句として，技術が社会を変えていくといった言説は，いまでも根強く繰り返されている。そうした発想法を，レイモンド・ウィリアムズは**技術決定論**（technological determinism）と批判した（Williams 1974）。また，メディアの作り手・送り手側の意図を超えて，利用者が新たなメディアの使い道を発見し，それが定着することもある。たとえば，当初アメリカ社会において電話は，用件を伝えるツールと想定されていた。ところが1920年代，電話は実用の道具という以上に，社交の場として重宝されていく（Fischer 1992＝2000）。

　メディアテクノロジーが社会のあり方を変えるのではなく，社会の側が技術やメディアのあり方を規定していくといった議論は，**ソシオ・メディア論**と呼ばれる。それは「メディアを情報技術の発達の産物としてとらえるのではなく，人間や社会と情報技術の複合的な関係の中でとらえていくという視点に立った一連のメディア研究活動」であり，「人間や社会の側からメディアをとらえていくものの見方」である（水越 1999：16）。

文化産業と消費社会

　無線をめぐる諸技術を「放送（局）」へと帰着させたのは，大量生産・大量消費を前提とするアメリカ社会であった。そこでは，生産と消費を連結させる大量伝達（マスコミュニケーション），とりわけ広告の存在が大きかったのである。戦時中にプロパガンダの武器となることもあった放送だが，戦後はもっぱらコマーシャルにその活路を見出していく。

　そうしたマスメディアのあり方を，マルクス主義の影響を受けた知識人たち（フランクフルト学派）は，**文化産業**として批判した。「電話からラジオへ，という歩みのうちで，個人の果たす役割は，はっきり別物となった。電話の場合には，通話者はまだ主体の役割を自由主義的に演じている。それに対してラジオの場合には，すべての人は民主主義的に一律に聴衆と化し，放送局が流す代り映えのしない番組に，有無を言わさず引き渡されることになる」。そして，「今日では文化がすべてに類似性という焼印を押す。映画・ラジオ・雑誌の類は一つのシステムを構成する」（Horkheimer and Adorno 1947＝2007：251-254）。

第16章 メディアと文化

　大量生産された慰安・娯楽のためのコンテンツは，やがて全世界を飲み込んでいく。第二次世界大戦後のイギリスでは，親世代の強固な労働者階級文化に反発し，アメリカ製の流行の音楽に興じる「ジューク・ボックス・ボーイズ」によって，伝統的な文化は変化にさらされていった。イギリスにおいてマルクス主義の伝統を継いだ**カルチュラル・スタディーズ**（バーミンガム学派）からは，1950年代のイギリス社会を目の前にして，「いまや，より深く，より狭い，がずっと純粋だった階級文化が，大衆的意見，大量娯楽商品，規格化された感情反応のために浸食されつつある」「クラブ・合唱の世界はしだいに類型的なラジオのダンス音楽，クルーニング，テレビ・キャバレー，コマーシャルラジオのバラエティによって，しだいに置き換えられつつある」「大衆新聞が生み出そうとしている画一的なこの国の人間タイプは，ハリウッドの映画スタジオが大写しにして提供している画一的なインターナショナルな人間タイプでしかない」といった認識が示された（Hoggart 1957 = 1974 : 267）。クルーニングは，甘く囁くような歌唱法。そうした「わた菓子〔キャンディ・フロスト〕の世界」へと誘うコンテンツが，マスメディアを介して溢れ出たのである。

　その後文化産業論は，教条的との批判を受けることが多く，また産業構造の変化にともない新たに「クリエイティブ産業論」なども登場してきた。しかし，マスメディアを介したコンテンツが，人々の「集合的記憶」や「情動」を左右する傾向の強まりが指摘されるなど，文化産業論は現代社会を理解する枠組みとして依然生命力を保っている。

メディアを飼い慣らす

　ただし，大なり小なりマルクス主義の影響を受け，消費社会の現状に異を唱える**批判学派**（critical school）であっても，資本家と為政者がマスメディアを駆使して人々を洗脳し，操作しているといった単純な主張を繰り返してきたわけではない。送り手側の意図を見抜く教育・啓発のための「メディアリテラシー」論は，人々がマスメディアの内容を「読む」だけではなく，自らメディアを用いて「書く」ことの重要性も強調している。

　たとえば，カルチュラル・スタディーズを牽引したスチュアート・ホールの「エンコーディング／デコーディング」概念などは，ごく単純化していえば，ある事象に対する送り手側の意味づけに対して，受け手によって異なる意味づけが重ねられることもありうる，といった指摘である。もちろん受け手の側も，

まったく自由に新たな意味づけをなすわけではなく，当該社会の制約のもと，送り手側とのさまざまな関係性の中で行っている。

　また，ここでミシェル・ド・セルトーの名をあげることも可能であろう。このフランスの哲学者は，メディア産業から与えられるコンテンツを消費する実践を，受動性においてのみ捉えようとはしない。「今日，テクストを教師や生産者たちの手ににぎらせて読者からきりはなしているのは，学校や新聞やテレビといった社会政治的機構である」ことは認めつつ，だが「こうした新たな正統派のしつらえた舞台装置の背後には，(昔もすでにそうだったように)，こっそりと潜んでいるのだ。私生活や『教師』の気づかぬところで，めいめい好き勝手なものを大事にしている読者(またはテレビ視聴者)たちの沈黙の活動が。それらは侵犯的でアイロニーに富んだ詩的な活動なのである」(Certeau 1980＝1987：337-338)。セルトーは，メディアの受け手を「密猟者」「旅人」「遊牧民」などと形容していく。

　こうした議論は，とくに**ファンダム**(ファン集団)研究において展開され，オタク(otaku)文化研究，とりわけ「やおい」(yaoi)や「二次創作」，「コスプレ」(コスチューム・プレイ)をめぐって，さらにはコンテンツ・ツーリズム(アニメの舞台への「聖地巡礼」など)へと研究対象は広がっている(Hodkinson 2011＝2016)。もちろん，受け手の側の実践をいかに捉えるかは，さまざまに意見が分かれるところであろう。結局それは，資本や国家という「お釈迦様の掌の上」でのレジャーなのかもしれない。一方，レイモンド・ウィリアムズなどカルチュラル・スタディーズの系譜においては，大衆文化(マスカルチャー)による階級文化の浸食を認めつつも，文化産業の単なる産物とは言えない共通文化(コモン・カルチャー)の可能性を主張する者もいる。

3　メディアを介した文化

複製技術時代の文化

　マスメディアによって提供されるさまざまなコンテンツ。それらを，社会をコントロールしようとする側は，人々に虚偽意識(イデオロギー)を注入し，体制維持や動員を図るツールとして利用しようとする。一方受け手の側は，限定つきにせよ自らの主体性を発揮するための触媒として，それらの流用をこころみる。こうした事態の起点は，どのあたりに求められるのだろうか。

ヴァルター・ベンヤミンは、「複製技術は、一九〇〇年をさかいにひとつの水準に到達し、従来の芸術作品全体を対象として、その有効性にきわめて深刻な変化をあたえはじめたばかりでなく、それ自身、もろもろの芸術方法の中に独自な地歩を占めるにいたった」と述べている（Benjamin 1936＝1965：49）。印刷技術に加え、写真、レコード、映画、トーキー、ラジオとさまざまなメディアが重層しつつ、広範に普及していった20世紀。メディウムではなく、複数形のメディアの時代が始まり、知覚の変容が進んでいく。視覚文化研究（ビジュアルカルチャー）の新たな成果は、その詳細を明らかにしてきた（吉見 2016）。

そして20世紀後半には、テレビが圧倒的な存在となる。ダニエル・ブーアスティンは、アメリカ社会を覆う「幻影（イメージ）」にいち早く警鐘を鳴らし、**疑似イベント**（pseudo-event）概念を提出した（Boorstin 1962＝1964）。ベンヤミンと同時代を生きたジャーナリストであるウォルター・リップマンは、新聞などのメディアによって、人とそれをとりまく環境とのあいだに「疑似環境」が挿入されつつあると指摘したが（Lippmann 1922＝1987）、ブーアスティンの段階に至ると、マスメディアは事件をゆがめて伝えるだけではなく、自ら出来事（イベント）をつくりあげていく力も持ち始めたのだ。彼は、メディアによる有名人（セレブリティ）の産出やツーリズムの変容など、今日にも通じる議論を残している。

そうした推移の背後には、アメリカ社会における「民衆（フォーク）」の衰退と「大衆（マス）」の台頭がある。「マス・メディアと大量流通の支配するわれわれの世界では、大衆は的（まと）であって矢ではない。耳であって声ではない。大衆とは、他の人間が印刷物・写真・イメジ・音などの手段によって近づこうとする存在である」「民衆は彼ら自身で作り上げた宇宙を持ち、巨人と小人（こびと）、魔術師と魔女の住んでいる世界を持っていた。大衆はまったく違う疑似イベントの空想的世界に住んでいる」（Boorstin 1962＝1964：67）。コンテンツを「散漫」に受容するベンヤミン流の群衆は、戦後のアメリカ社会において疑似イベントに浸る「大衆（マス）」へと転生したとも言えよう。

マスコミ研究からメディア研究へ

もちろん、思想家・批評家や文化史家のみが、マスメディアについて語ったわけではない。新聞学やジャーナリズム論として始まった**マスコミュニケーション研究**は、社会心理学や政治学などの成果・知見を援用しつつ、アメリカを中心に発展をみた。そして、マスコミが人々にどのような影響を、どの程度

に与えているかについての調査・分析を蓄積してきた（佐藤 1998）。

　二度にわたる世界大戦は，マスメディアによるプロパガンダが，国威発揚・戦意高揚に大きな効果を発揮することを証明した。しかし戦後社会においては，マスコミの効果は限定的であり，人々の意識を簡単に操作するものではないとの説が支持されている。だが，直接的な操作・洗脳は無理にせよ，長期的にある価値観を「培養」したり，少数意見を徐々に排除していく機能を，マスコミは果たしてきたともいわれている。他方，ホールのエンコーディング／デコーディング図式の影響などもあって，オーディエンスの能動性についての議論もなされてきた。

　送り手側に立って，いかにすればより多くの人々にそのコンテンツが受け容れられるか，より効果的にメッセージを伝えうるか，またその効果をどう測定すればいいのか等々を追求するマスコミ研究がある一方，先述のフランクフルト学派やカルチュラル・スタディーズのように，マスメディアなど文化産業に対して批判的な研究の流れも存在する。その社会に対して価値中立な立場から実証的にマスコミを調査研究しようとする**経験学派**（empirical school）と，**批判学派**との緊張関係の中で，マスコミ研究は発展してきた。

　だが，現在ではマスコミュニケーション研究よりも，メディア研究もしくは社会情報学といった呼び方のほうが一般的になりつつある（伊藤編 2015；西垣・伊藤編 2015）。前世紀末から今世紀にかけてのパーソナルなメディアの急速な発展・普及は，マスメディアの地盤を揺るがし，マスコミ研究の土台を掘り崩し始めている。1からn（不特定多数）への一方向的な情報の流れから，1対1，さらにはn対nの双方向的なコミュニケーションへ。インターネットの普及により，電波による送信や紙への印刷を主としてきた放送局・新聞社・出版社などの地位は大きく揺らいでいる。

　その研究対象が日々更新されていくメディア研究において，包括的かつ体系的な教科書を求めることは困難であるが，ブックガイドを頼りに定評のある文献，ときには古典と呼ばれるものを読み込んでいくことによって，メディアの現状を考えるヒントが得られることも多い（井上・伊藤編 2009a，2009b，2009c；難波 2011）。

ポピュラーカルチャーとサブカルチャー

　ブーアスティンが描き出した，「民衆（フォーク）から大衆（マス）へ」のアメリカ社会。しかし，

第 16 章　メディアと文化

　事態はさらに次の段階へと移行していく。大衆向けコンテンツを享受しつつも，そこからさまざまに距離をとる受け手たち。マスメディアはあって当たり前の存在であり，若い世代を中心にそれらへの違和や忌避が表明されるようになってくる。そこで台頭してきたのは，そうした受け手たちの実践と連動した，ないしは受け手たちの動きを見越した，より機動的で小規模なコンテンツビジネスである。その全世界的な広がりの起点を，1960年代の若者文化（とくに対抗文化）の盛り上がりにみることができよう。

　20世紀後半には，それまで優越していた階層文化——所属階級・階層によって分有する文化や享受するコンテンツが異なる状態——が，急速に薄れていった。それまでの高級・高尚な文化的・芸術的な世界は，より広範な人々の参入を押しとどめられず，大衆文化との区分は曖昧化していった。マンガをきっかけにクラシック音楽が脚光を浴びる，街の落書きの描き手が注目を集め，いつしかその作品が美術館やギャラリーに並べられるといった現象である。そうした文化状況を背景として，社会学においても**ポピュラーカルチャー**（ないしポピュラー文化）の語が用いられるようになり，その研究の概要を示す教科書や論集も充実してきている（佐藤・吉見編 2007；井上・長谷編 2010；遠藤 2011；井上編 2014）。また高級文化ないし主流文化なき時代の文化論として，「フラットカルチャー」の語も登場している（遠藤編 2010）。

　その一方で，「ポピュラー」の語には収まりにくい，よりアンダーグラウンドで，オルタナティブな文化をめぐる研究も進んでいる。非合法的な海賊版や海賊放送，さらにはコンピュータのハッキングなどの実践。そして，それらを対象としたユース・サブカルチャーズ研究は，メディア研究と並んで初期カルチュラル・スタディーズの両輪となっていた。たとえばディック・ヘブディジは，イギリス特有の階級文化に根ざしながらも，親世代のそれとは異なろうとした若者たちの，独特の音楽やファッションを描き出している（Hebdige 1979 = 1986）。そうしたパンク以降の音楽シーンは，ビッグビジネスと化したロックなどの音楽産業に抗する，DiY（Do It Yourself）なインディーズレーベルによって牽引されてきた。またこうしたカルチャーシーンは，既存のコンテンツから巧みな流用や転用を繰り返すとともに，ヒップホップカルチャーを生み出した黒人たちや，クラブカルチャーをひろめたLGBTたちなど，マイノリティの文化実践を母体としていた。

4　メディアが産み出す社会

メディア論の系譜

　以上，その社会システムを担う側，すなわち送り手側がメディアテクノロジーをどう利用してきたのか，また受け手の側がメディアやコンテンツをいかに利用し，自分なりに使いこなしてきたかを概観してきた。いわば，社会の側を独立変数，メディアの側を従属変数として語ってきたわけだ。だが当然のことながら，メディアや技術の側から，社会の変容を語ることも可能である。かつては「情報社会論」として議論されてきた領域である。

　ウィリアムズの技術決定論に対する批判は，マーシャル・マクルーハン以降のメディア論の隆盛を意識してのことである（McLuhan 1964＝1987）。先に挙げたルーマンのメディア概念とともに，マクルーハンの「人間の感覚を拡張するものすべて＝メディア」もかなり特異な用法であるが，そのインパクトと彼一流のレトリックゆえに一世を風靡した。脚の機能を果たす自動車も，皮膚のかわりとなるファッションも，彼にとってはメディアなのだ。

　マクルーハンの発した数多くの警句の中で，とくに有名なのが「メディアはメッセージである」のフレーズである。それまでメディアは，情報ないしメッセージを伝える導管のように扱われ，あまり顧みられることはなかった。そうしたなか，そこに盛られる内容(コンテンツ)以前にどのメディウムを使用するかが問題なのだという主張は，センセーションをまきおこした。時代の寵児(セレブリティ)となったマクルーハンとその説に対する毀誉褒貶は激しく，ブームは一過性のものと思われていたが，彼の著作は現在も読み継がれているし，メディア論の新たな更新・展開もなされてきている。

　たとえば「声の文化／文字の文化」の関係を，精緻に解きほぐしたウォルター・オング（Ong 1982＝1991）。またフリードリヒ・キットラーは，メディアテクノロジーの発達による，壮大な歴史を描き出した（Kittler 1986＝1999）。蓄音機・映画・タイプライターなどの発明・実用化から始まったメディアの飛躍は，やがて放送メディアにつながり，タイプライターの26文字の配列は，電子計算機(コンピュータ)へと移植されていく。そしてコンピュータのネットワークへと，メディアは統合されつつあるというのだ。

　今世紀に入り本格化するPCとインターネットの普及，コンピュータ・ゲー

ムの浸透，スマートフォンやタブレット端末などモバイルメディアの隆盛。その社会的なインパクトは，まだまだ十分に捕捉されえてはいないが，「データベース型消費」（東 2001），シニシズム（北田 2005），「多孔化」（鈴木 2013）など，さまざまなキーワードが提出されてきている。また新たなメディアを駆使した政治的・社会的・文化的な運動の可能性についても議論が始まっている。

メディア文化のグローバリゼーション

ハリウッドの映画やテレビドラマ，ディズニーのアニメーションや任天堂のゲームなど，さまざまなコンテンツおよびメディアが，世界中の家庭に流入・普及してきた。そしてインターネット以降，さまざまなコンテンツが全世界で同時に視聴され，また個人による発信の度合いがいっそう高まってもいる。

こうしたメディア文化のグローバル化にかんしては，「ソフトパワー論」や日本の政府・産業界の期待を込めた「クールジャパン」言説などの一方で，文化人類学での文化変容（acculturation）研究とともに，メディア研究・文化研究の領域で多くの成果が積み重ねられてきた。とりわけ文化のアメリカナイゼーションや東アジアでのコンテンツの還流などの調査研究が進んでいる。

そのすべてを取り上げるのは無理なので，ここでは遠藤薫の「三層モラルコンフリクト・モデル」だけを紹介しておく。遠藤によれば，従来の文化帝国主義モデルは，ローカル文化がすべてグローバル文化に吸収されることを前提としてきたが，グローバル文化とローカル文化との交渉の中から，ローカライズド（されたグローバル）文化が生じることも多い。ゆえに現状は，グローバル文化圏とローカル文化とローカライズド文化の三者が並存し，互いに対抗・継承・交替・準拠などの，さまざまに複雑な相互作用を行い，日々変化を遂げていると考えるべきなのだという（遠藤 2007）。

もちろん，このモデルは非常に抽象度の高いものであり，この整理に収まらない事例も多々あるだろう。言語の比重の高いコンテンツの場合，どうしても言語圏の範域は強固であろうが，たとえばダンスカルチャーなどは，動画共有サイトや SNS の一般化した現在，ある世代に一挙にコスモポリタニズム的に享受されることも十分ありうる事態なのだ。

かつてマクルーハンは，メディアによる「グローバルビレッジ」の実現を予言した。初期のインターネットには，そうした理想も共有されていたが，いまやそれは単なる幻想に終わった感もある。が，オタク文化やストリートカル

チャーの世界同時的な広まりなどは，もともとは国民国家形成に果たしたメディアの役割にかんして提示された**想像の共同体**という概念（Anderson 1983＝1987）が，21世紀の現実を読み解く際にも有効であることを示している。

メディアの中の社会

　これまでメディアと社会との相互作用を見てきたが，ここではメディアの中にある種の社会が形成されていく可能性について考えておきたい。

　たとえば電話研究の系譜においては，都市社会学でのコミュニティの変容の議論や社会的ネットワーク論からのアプローチ以外にも，電話回線の中の「社会空間」についても検討されてきた（吉見ほか 1992）。それは，電話の普及・進化によって，人々の生活空間のありようが変わるとともに，ネットワークの中に擬似的な都市空間が生じ，そこでは電話がもともと果たしていた1対1の会話ではなく，不特定多数の人との出会いや，他人のふるまいの窃視などが行われるようになった事態を背景としていた。具体的には，1980年代の通信事業の自由化による，伝言ダイヤルやダイヤルQ2のサービス，テレフォンクラブなどの族生といった現象である。そして，パソコン通信からインターネットへと遷移する中で，**CMC**（コンピュータ・メディエイテッド・コミュニケーション）やオンラインゲームの研究も盛んとなり，近年では各種SNSの利用実態調査なども進んでいる。ネットを通じた匿名的な人間関係によって，非対面でありながらも親密な関係が生まれうることが，「インティメイト・ストレンジャー」と概念化されたりもしている（富田 2009）。

　これらの研究においても，人間関係（さらには自己）のありようの変化が，新たなメディアの普及や使用を促したのか，それとも新たなメディアやアプリケーションの普及が，新たな人間関係（ないし自己）のあり方を生み出しているのかは，現在進行形で問われ続けている。

　また，メディアのデジタル化・ネットワーク化・モバイル化の急速な進展は，個人データの膨大な集積をもたらすことにもなる。それらはビッグデータとしてマーケティングに利用されるだけではなく，ときには人々の管理・統治のためのツールとして用いられる可能性もはらんでいる。情報テクノロジーを前提とした監視社会を危惧する声は強い。

　かつて新聞などマスメディアは，権力を監視する機能を期待されていた。現在でもオンラインジャーナリズムの可能性や，ネット空間の公共性に期待する

声は依然ある。だが，今世紀に入って急速に普及したスマートフォンとそのアプリケーションの選ばれ方・使われ方を見ていると，それが公共的な討議の場というよりは，私的な親密圏の維持装置として存在していることはたしかだろう。本章冒頭の学長の危惧も，その点にあったのだ。

5 メディアと文化を社会学するとは

　以上，社会のありようの変化からメディア（とそれによって媒介されるコンテンツ）の現状を説明する方向性と，メディアテクノロジーの発展・展開をもとに社会や人々のあり方の変容を語っていく方向性とを眺めてきた。繰り返しになるが，メディアと社会は，どちらかがどちらかを一方的に規定するような関係にはない。ここで取り上げたどの著作も，多かれ少なかれ，ふたつの極点のあいだを行き来する振り子のように議論を進めている。

　結局だからどっちなんだと，苛立つ声も出て当然だろう。さまざまな立場・視点を許容する社会学の複眼的な物言いは，長所であるとともに，それを弱点と捉えるむきもあることだろう。明快な答えが出せないなら，こんな学問に何の意味があるのか……。また文化の研究，とくにポピュラーカルチャーのコンテンツの分析などは，瑣末で好事家的な知に思われがちだ。

　だが，メディアもコンテンツも，私たちの目の前に大きな存在として現にある。あまりにも当たり前になりすぎていて，かえってその存在が意識に上らないことも多いが，たとえばスマホを家に置き忘れて外出したとき，多くの人は不安に襲われるだろう。では，なぜ自分はそんな感情を抱いてしまうのか。そうした自分は，どのような社会の中で形作られてきたのだろうか。また，研究のきっかけが好きなコンテンツの作者論・作品論だったとしても，ではなぜこうしたコンテンツに私（たち）はひかれるのだろうか，そう感じる私（たち）とはこの社会においてどのような存在なのかと論を展開させることも可能なのだ。もちろん，それらを考えたから何になるんだ，ただ楽しめばいいではないか，余計なことを考えるとかえって生きづらくなるだけだ，といった声も当然あろう。だが，考えることを放棄せず，自身と自身の住まうこの社会のことを，自ら思考することの楽しさもあるのだと，声を大にしていっておきたい。

　別にスマホの電源を切ったからといって，自ら思考し始めるわけでも，思考する楽しさを会得できるわけではない。でも，なぜいつも俺はこれを持ち歩い

ているんだろう。なぜ「スマホはもはや俺の臓器」(キュウソネコカミ「ファントムヴァイブレーション」) と思えてしまうのだろうか。まずは, そう問いを発してみよう。それもひとつの社会学である。

文献

Anderson, Benedict, 1983, *Imagined Communities*, Verso. (＝1987, 白石さや・白石隆訳『想像の共同体』リブロポート。)

東浩紀, 2001, 『動物化するポストモダン』講談社現代新書。

Benjamin, Walter, 1936, *Das Kunstwerkim Zeitalter seiner technischen Reproduzierbarkeit*. (＝1965, 川村二郎・高木久雄・高原宏平・野村修訳『複製技術時代の芸術』紀伊國屋書店。)

Boorstin, Daniel, 1962, *The Image*, Atheneum. (＝1964, 後藤和彦・星野郁美訳『幻影の時代』東京創元社。)

Certeau, Michel de, 1980, *Arts de Faire*, Union Généraled' Editions. (＝1987, 山田登世子訳『日常的実践のポイエティーク』国文社。)

遠藤薫, 2007, 『グローバリゼーションと文化変容』世界思想社。

遠藤英樹, 2011, 『現代文化論』ミネルヴァ書房。

遠藤知巳編, 2010, 『フラット・カルチャー』せりか書房。

Fischer, Claude, 1992, *America Calling*, University of California Press. (＝2000, 吉見俊哉・松田美佐・片岡みい子訳『電話するアメリカ』NTT出版。)

Hebdige, Dick, 1979, *Subculture*, Routledge. (＝1986, 山口淑子訳『サブカルチャー』未来社。)

Hodkinson, Paul, 2011, *Media, Culture and Society*, Sage Publication. (＝2016, 土屋武久訳『メディア文化研究への招待』ミネルヴァ書房。)

Hoggart, Richard, 1957, *The Uses of Literacy*, Penguin Books. (＝1974, 香山三郎訳『読み書き能力の効用』晶文社。)

Horkheimer, Max and Theodor Adorno, 1947, *Dialektik der Aufklärung*, Querido Verlag. (＝2007, 徳永恂訳『啓蒙の弁証法』岩波書店。)

井上俊編, 2014, 『現代文化を学ぶ人のために』世界思想社。

井上俊・伊藤公雄編, 2009a, 『社会学ベーシックス3　文化の社会学』世界思想社。

井上俊・伊藤公雄編, 2009b, 『社会学ベーシックス6　メディア・情報・消費社会』世界思想社。

井上俊・伊藤公雄編, 2009c, 『社会学ベーシックス7　ポピュラー文化』世界思想社。

井上俊・長谷正人編, 2010, 『文化社会学入門』ミネルヴァ書房。

伊藤守編, 2015, 『よくわかるメディア・スタディーズ』[第2版] ミネルヴァ書房。

Lippmann, Walter, 1922, *Public Opinion*, Macmillan. (＝1987, 掛川トミ子訳『世論』

岩波書店。）
北田暁大，2005，『嗤う日本のナショナリズム』NHK出版。
Kittler, Friedrich, 1986, *Grammophon Film Typewriter*, Brinkmann and Bose.（＝1999，石光泰夫・石光輝子訳『グラモフォン・フィルム・タイプライター』筑摩書房。）
Marvin, Carolyn, 1988, *When Old Technologies Were New*, Oxford University Press.（＝2003，吉見俊哉・水越伸・伊藤昌亮訳『古いメディアが新しかった時』新曜社。）
McLuhan, Marshall, 1964, *Understanding Media*, McGraw-Hill.（＝1987，栗原裕・河原仲聖訳『メディア論』みすず書房。）
水越伸，1993，『メディアの生成――アメリカ・ラジオの動態史』同文舘出版。
水越伸，1999，『デジタル・メディア社会』岩波書店。
難波功士，2011，『メディア論』人文書院。
西垣通・伊藤守編，2015，『よくわかる社会情報学』ミネルヴァ書房。
Ong, Walter, 1982, *Orality and Literacy*, Methuen.（＝1991，林正寛・糟谷啓介・桜井直文訳『声の文化と文字の文化』藤原書店。）
佐藤健二・吉見俊哉編，2007，『文化の社会学』有斐閣。
佐藤卓己，1998，『現代メディア史』岩波書店。
鈴木謙介，2013，『ウェブ社会のゆくえ』NHK出版。
富田英典，2009，『インティメイト・ストレンジャー』関西大学出版部。
Williams, Raymond, 1974, *Television*, Schocken Books.
吉見俊哉，2016，『視覚都市の地政学』岩波書店。
吉見俊哉・若林幹夫・水越伸，1992，『メディアとしての電話』弘文堂。

第17章

宗教

白波瀬達也

> **キーワード**
>
> 世俗化，見えない宗教，宗教の私事化，脱私事化，原理主義，宗教の商品化，新宗教，カルト，スピリチュアリティ，宗教の社会貢献

1 宗教社会学の基本的な考え方

　宗教社会学は，宗教と社会の関係を社会学的に研究する学問である。換言すれば宗教の考察を通じて近代社会の特質を明らかにすることを探求している。宗教学，人類学，民俗学，社会心理学，歴史学との関連も深い。

　マックス・ヴェーバーの『プロテスタンティズムの倫理と資本主義の精神』やエミール・デュルケムの『宗教生活の原初形態』といった社会学の古典は，宗教社会学の確立に大きな影響を与えた著作として知られている。これらの著作内容が示す通り，宗教社会学は社会学の重要な関心事である「近代化とは何か」という問いに正面から取り組んできた。

　ヨーロッパを中心に展開されてきた宗教社会学は，宗教と教会を同一視する傾向が強い。そのため，近代社会へと本格的に移行するなかで顕著な変化として確認されてきた事象が礼拝への参加率や洗礼率の低下である。このように社会のなかの宗教の位置づけが中心的なものから周辺的なものへと変容する現象は，1960年代に入ると**世俗化**（secularization）という概念で説明されるようになった。

　ヨーロッパの世論調査によれば，1970年と1999年のあいだで人々が週に1回

以上，教会に参加する割合は，フランスでは23％から5％，ベルギーでは52％から10％，オランダでは41％から14％，ドイツでは29％から15％，イタリアでは56％から39％，そしてアイルランドでは91％から65％と調査対象のすべての国で低下している（伊藤 2015）。

　このような変化は宗教社会学においてどのように理解されてきたのだろうか。世俗化論の代表的な論客であるイギリスの社会学者ブライアン・ウィルソンは，世俗化を宗教的な諸制度や行為および宗教的意識が社会的意義を喪失する過程であると論じた（Wilson 1966）。すなわち宗教衰退論である。一方，アメリカの社会学者トーマス・ルックマンは，宗教が制度的組織ではなく個々人に内面化された**見えない宗教**（invisible religion）として潜在化していると主張した（Luckmann 1969＝1976）。ルックマンの世俗化論は，近代化にともなって**宗教の私事化**（privatization of religion）が進むという考えである。これは宗教が個々人の選択に委ねられ，私的な事柄になりゆく現象を示している。

　このように世俗化をめぐる理解は論者によって異なっており，欧米では1960年代以降，今日まで宗教社会学の最重要テーマのひとつとなっている。しかし，日本においてはその理論の適用には慎重な態度を示す研究者が多い。なぜなら，世俗化論の理論的土台にあるのはカトリック教会に代表される制度宗教であり，その影響力が相対的に小さい日本との文脈の相違が大きいとされてきたからである。

　一方，宗教社会学者のホセ・カサノヴァが**脱私事化**（desecularization）という概念で説明したように，宗教の政治進出や公共領域への参加といった現象が現代社会における宗教のひとつの特徴をかたちづくっていることもたしかだ（Cassanova 1994＝1997）。1960年代までは，近代化にともなって，宗教が時代遅れなものになるという考えが主流だったが，1970年代以降，世界規模で再イスラム化，再ユダヤ教化，再キリスト教化が進んでいる（Kepel 1991＝1992）。アメリカの宗教右派（政治化した宗教保守主義者）の台頭やイラン・イスラム革命に端を発する中東のイスラム復興などは，その代表的な例といえるだろう。これらのうち，より過激なものは**原理主義**（fundamentalism）と称されることもあり，世界規模の活動を展開している。

　また，イスラム復興が進む近年のヨーロッパでは，ムハンマドの風刺画や宗教シンボルの公的領域への持ち込みをめぐる対立が目立っており，ムスリム移民との共生が大きな課題となっている（内藤 2004）。こうした課題は日本も無

関係ではない。日本のムスリム人口は11万人程度で、全人口の0.1%でしかないが、その数は着実に増加している。ムスリムの礼拝施設であるモスクは1980年代末には全国に3つしか存在しなかったが、2014年11月の時点で80以上を数え、ほとんどの都道府県に分布しているのだ（店田・岡井 2015）。

グローバル化が進む社会では、異なる宗教文化を持つ人々との共生が不可避であり、それに刺激を受けて、宗教的なナショナリズムが高まることも少なくない。つまり、近代化というプロセスは一方で宗教の私事化を推し進めるが、他方で脱私事化という背反する現象を生み出す場合もある。以下では、こうした特徴を主に日本の事情を通じて説明する。

2　現代日本の宗教の概況

統計に示される日本の宗教事情

日本ではクリスチャンやムスリムのように毎週のように礼拝施設（教会やモスクなど）に行ったり毎日の生活で祈りを捧げたりする人々の数は目立たない。そのため日常生活に宗教が根を下ろしていると実感している人々は少ないかもしれない。しかし、稲場圭信が「無自覚の宗教性」と呼ぶように、日本人の多くは無自覚のうちに宗教的感性を身につけていたり、宗教とのかかわりを持っていたりする（稲場 2011）。つまり、「見える宗教」を信仰・実践している人は少数派であるが、宗教的な心の重要性を感じる人は多い。

日本には長い歴史を持つ土着の宗教伝統としての神道があり、仏教も古くに輸入されている。またキリスト教は信者数こそ多くないが教育・文化・福祉面で一定のプレゼンスを有している。加えて幕末・明治以降は**新宗教**と呼ばれる新しい宗教が台頭するようになった。このように日本では多様な宗教が歴史的に堆積し、並存しているのだ。

文化庁が発行している『宗教年鑑』によれば、日本には約18万もの宗教法人が存在する。また、信者の合計数は2億人近くに及び、日本の総人口を大きく上回る（図17-1）。こうしたズレが生じる理由は、文化庁による統計データが宗教法人の自己申告（＝公称信者数）に依拠しているからである。また、日本では、同じ人物が神社の氏子でありながら、寺院の檀家であるといった重所属（宗教の掛け持ち）のパターンが広く見受けられることも信者数が総人口を上回る理由となっている。

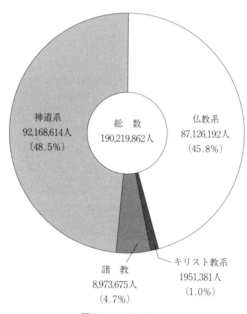

図 17 - 1　我が国の信者数

注：平成26年12月31日現在。
出所：『宗教年鑑［平成27年度版］』35ページ。

　『宗教年鑑』が明らかにするのは宗教団体側が捉えた「信者」の姿で，必ずしも現実を適確に捉えたものではない。統計数理研究所の「日本人の国民性調査」によると，「あなたは，何か信仰とか信心とかを持っていますか？」という質問に対し，「もっている，信じている」と回答する割合は30％前後で，この30年間に大きな変化はみられない。ただし信仰の有無は年齢によって大きく異なっており，加齢にともなって信仰を持つようになる結果が出ている。また，男性より女性のほうが信仰を有する割合が高く，宗教的行動も活発に行う傾向がある（石井 2007）。

　『宗教年鑑』で示される信者数と「日本人の国民性調査」で示される信仰実態とのズレをどのように理解すればよいのだろうか。対馬路人はこのズレをふたつの観点から説明する。ひとつは，「本人にとっての宗教教団への所属は，必ずしもその個人の自覚的信仰に基づいていない」という観点である。そしてもうひとつは，「信仰熱心な一部の人間がいくつもの宗教を掛け持ちしている」という観点である（対馬 1996）。

前者はいわば檀家制度（仏教）や氏子制度（神道）に代表される家や地域共同体といった集団への帰属と連動した宗教への関与パターンである。一方，後者は個人の自発的意思による宗教への関与パターンである。つまり，日本人の宗教へのかかわりは，「帰属集団をとおした慣習的・義務的参加」と「個人の信仰に基づく自発的参加」に大きく分けることができるのだ。

日本では信仰を持っているという自覚を持つ者は少ないが，大半は何らかの宗教的行動をとっている。その代表的なものが墓参りだ。NHK放送文化研究所の『現代日本人の意識構造［第8版］』では「年に1，2回程度は墓参りをしている」の回答者が調査を開始した1973年以来，60％を越え続けており，2013年には過去最大の72％が墓参りをしている。慰霊的行動である「墓参り」のほか，現世利益的行動に位置づけられる「お守り・おふだ」「祈願」「おみくじ・占い」は比較的高い実施率となっている。その割合は調査開始以来，一貫して30％程度あり，全体として微増傾向を示している。一方，「礼拝・布教」「お祈り」「聖書・経典」といった精神的負担をともなう自己修養的な行動は漸減傾向にあり，2013年には10％前後となっている（NHK放送文化研究所編 2015）。

宗教団体に対する信頼度

上述の通り，日本人の多くは強く意識することなく特定の宗教に属していたり，宗教的行動をとったりするわけだが，こうした状況下で宗教団体への信頼はどのように形成されているのだろうか。1998年に実施されたISSP調査では宗教団体への信頼度を国際比較している。調査対象となった35ヶ国のうち最高位だったのはフィリピンで90％を超えている。世界一の経済大国であるアメリカも宗教の信頼度が高く80％を超えている。一方，日本は最下位で30％に満たなかった（石井 2010a）。

また，2000年から2006年にかけて行われたJGSSにおける日本の各種組織・制度の信頼度調査では，一貫して「宗教団体」の信頼度が最も低く，15％前後となっている。反対に信頼度が最も高い制度・組織は病院と新聞で，いずれも90％近くとなっている。このように「宗教団体」の信頼度は，国際比較においても国内の他の制度との比較においても著しく低い（石井 2010a）。

ただし，これらのデータの解釈には留意が必要である。石井研士は宗教団体全般の信頼度ではなく，系統別の信頼度を見ることで実態をより詳細に把握できると論じている。石井らが2009年に行った宗教団体調査では，①神道（神

社），②仏教（寺院），③キリスト教，④新しい宗教団体の計4つのカテゴリーから宗教系統別の信頼度を測定した。その結果「非常に信頼できる」と「まあまあ信頼できる」の合計は①神道（神社）が約50％，②仏教（寺院）が約70％，③キリスト教が約40％，④新しい宗教団体が約20％となった。このデータから「宗教団体一般の認知」と「宗教系統別の認知」とのあいだに大きなズレが生じていることがわかる。こうしたズレを生む背景にはマスメディアによる偏った宗教報道の影響も少なくないと考えられる（石井 2010a）。

3 変化にさらされる宗教

血縁に埋め込まれた仏教

　近年，日本では仏像鑑賞が世代を超えて支持されるようになっていたり，仏教関連の書籍の売れ行きが好調だったりと仏教ブームの様相を呈している。しかし，血縁に埋め込まれた仏教は大きな岐路に立たされている。たとえば，大手流通グループのイオンが2009年から葬祭事業に参入し，「お布施の目安」をホームページ上で公開したことや，大手ネット通販会社のAmazonを通じた定額の僧侶派遣サービス「お坊さん便」が2015年から登場したことは，仏教界で物議を醸した。どちらの事例も価格の透明性を強く打ち出すことで，依頼者の不安を取り除くことに重きが置かれている。他方，寺院・僧侶側は，宗教行為であるはずの布施が他の一般的なサービスと同様の「商品」として並置されてしまうことに違和感を持ちやすい。いずれにせよ，こうした新しいサービスの広がりは従来の寺檀関係を揺るがすものだと考えられている。

　なお，これらのふたつの例は，形態こそ新しいものの，仏教とのかかわりの継続を前提にしたものだといえるが，近年は，葬式や先祖供養における仏教離れも深刻化している。朝日新聞社が2010年に実施した世論調査では，自分の葬儀について「なんらかの宗教に基づいた形式にしてほしい」の回答者が41％，「宗教色を抜いた形式にしてほしい」の回答者が44％となっており，無宗教式の希望者の割合が相対的に高くなっている。実際のところ葬儀の多くはいまだ仏教式で行われているが，無宗教式が着実に増加している。とくに都市部では火葬だけを行い通夜・告別式を行わない「直葬」と呼ばれる低価格で簡素な死者儀礼が急増している。

　また，墓のあり方も葬儀と同様，大きく変化している。これまで「〇〇家之

墓」といった文字が刻まれた角柱型の墓が主流であったが，継承を前提とするこうした家墓は，家族のかたちが大きく変容するなか，当たり前の選択肢ではなくなっている。墓の継承困難を理由に永代供養墓や納骨堂を求める人々も近年増加している（井上治代 2003）。海や山に骨をまく「散骨」や，雑木林のなかに遺骨を埋め，そこに目印となる花木を植える「樹木葬」なども新たな葬送として注目を集めている。

「家制度」が戦後の民法改正などによって法律的には廃止された後も「家意識」は根強く残り続けてきた。しかし，高度経済成長期以降，核家族化の進行や家族規模の縮小によって，「旧来の葬儀や墓に関する慣習からの自由」を求める動きが活発化した。こうしたなかで寺院はその運営基盤が大きく揺らいでいる。とくに人口減少が進む地域では，寺院の維持が困難となり消滅するケースも散見される（櫻井・川又編 2016）。

地縁に埋め込まれた神道

都市化や過疎化といった社会変動は，仏教だけでなく神道にも大きな影響を及ぼしている。石井研士は東京都内の神社を対象にした自身の調査結果から，居住年数の短期化と氏子意識・氏子行動の低下は明らかに相関していると指摘している。石井によれば「来住時期が長い者に氏神への参拝や祭りへの積極的参加が見られ，来住時期が短くなるにつれて氏神札や神宮大麻の保有率は低くなる」（石井 1998：253）。居住年数が短い者ほど氏神を知らず，知っていても無関心であり，都市の規模が大きくなるにつれて，神棚の保有率は低下し，祭祀自体も行われなくなっていく。以上のことから石井は「人口の流動化・都市規模の増大は，明らかに氏子意識の希薄化，氏子行動の低下をもたらしたということができる」（石井 1998：253）と結論づけている。

農村から都市へ出てきた者にとって，祀るべき祖先の墓も氏神の鎮まる社も，もはや身近にはない。一方，過疎化の進んだ村々では若者をはじめとする人口流出のため，氏神の祭りで神輿の担ぎ手がいなくなっている（弓山 1994）。このように地縁に埋め込まれてきた神道は地域社会の変容にともないその基盤が揺らいでいる。

伝統宗教とツーリズム

居住環境やライフスタイルの変化にともない，当たり前のように存在してき

た宗教が衰退・消滅する一方,「文化遺産化」「商品化」といった新しい動きが伝統宗教において活発化している（門田 2012）。市町村，都道府県，国が指定する重要無形民俗文化財のなかには「祭礼」（信仰）が数多く登録されているし，ユネスコ（国際連合教育科学文化機関）の世界文化遺産も宗教と関連のあるものが少なくない。こうした文化財・文化遺産の制度的発展は，民俗や宗教が生活の場を離れ，近代的な法や条例，国際条約という枠組みのなかで価値を与えられ，維持存続するようになっていることを示す。

　宗教の文化遺産化がわかりやすい例だが，現代は「**宗教の商品化**」が進んでいるといえる。四国遍路などの巡礼やパワースポットめぐりは観光業をはじめとするさまざまな産業とかかわっている（門田 2012）。また，岡本亮輔は「宗教と観光の融合」が古くから見られる現象であるとしながらも，近年のそれは「信仰なき巡礼者」が中心的な担い手になっていることを国内外の事例から明らかにしている（岡本 2015）。

　では,「信仰なき巡礼者」は，宗教を商品として単に消費しているだけなのだろうか。答えは否である。岡本は信仰のない観光客であったとしても，聖地を訪れた際に新しい価値観や世界観を獲得するようなこともあるとし，こうした過程が「特定の教団とは関係なくても，一種の宗教的な体験」（岡本 2015：9-10）だと理解することができると述べている。

　ここで重要なのは,「宗教体験」が既成宗教側から一方的に解釈されないということだ。むしろ，個々人は自由にその体験を意味づけする場合が多い。したがって，有名な寺社をパワースポットと捉えて多くの参拝者や巡礼者が集まったとしても，彼らが教団の示す「教え」を内面化する可能性は必ずしも高くなく，伝統宗教そのものが活性化するとも限らない。こうした動向は冒頭で述べた「宗教の私事化」を示す好例といえよう。

新宗教

　それでは，**新宗教**は近年どのような変化を経験しているのだろうか。

　西山茂は新宗教を「既存の宗教様式とは相対的に区別された新たな宗教様式の樹立と普及によって，急激な社会変動下の人間と社会の矛盾を解決または補償しようとする，19世紀なかば以降に世界各地で台頭してきた民衆主体の非制度的な成立宗教」（西山 1995：49）と定義している。また,『新宗教事典』（井上ほか編 1990）によれば，新宗教の範囲が，①宗教であること，②成立宗教であ

ること，③既成宗教から独立していること，④民衆を主たる担い手とすること，の四方面から設定されている。新宗教に対するこれらの捉え方は多くの研究者に共有されており，活発に研究が進められてきた。

『新宗教事典』には300余りの新宗教教団が掲載されており，その数は夥しい。なかには，創価学会，幸福の科学，立正佼成会のように数百万人規模の信者を抱える大教団があるが，数百人から数千人規模の小教団もあり，規模のばらつきが大きい。また，黒住教（1814年～），天理教（1838年～），金光教（1859年～）などのように150年以上の歴史を有するものから，幸福の科学（1986年～）のように比較的新しいものまで新宗教という概念でカバーされることが一般的である。さらに新宗教は教団によって依拠する宗教伝統が異なっているため，教えにも相違が大きい。新宗教にカテゴライズされる教団の大半は，既成の伝統宗教（仏教・神道）と民間信仰（先祖供養・呪術・占いなど）とのはざまにあって人々の宗教性が表出・結節するような民俗宗教を発生基盤とするが，その組み合わせのバリエーションや強調点が各々の教団の特徴を形成している（塚田2012）。

新宗教では信仰に基づいて自己の心の持ちようを改善する「倫理的実践」と，秘儀に相当する「呪術的・儀礼的実践」を中心に据えているところが少なくない。こうした実践により，信者が置かれた状況の好転や価値の転換を促すのである。こうした現世利益は人々が新宗教に引き寄せられる大きな理由として考えられる。

また，新宗教の多くは信者個々人の救済だけを志向しているのではなく，理想社会に向けた運動を展開する傾向がある。そのため入信によって救済を経験した人は，その教えを広く伝達する役割を強く期待される。新宗教が伝統宗教に比べて布教熱心なイメージが持たれがちなのはこのためだろう。

戦後からバブル期にかけては新宗教の活動がきわめて盛んに展開された。新宗教が高度経済成長期における急激な社会変動のなかで生じた貧（経済的問題）・病（身体的問題）・争（人間関係の問題）などの相対的剥奪を埋め合わせてきたからだ。また，安定成長期からバブル期にかけては生きがいや神秘を模索する若者たちを魅了してきた。新宗教は伝統宗教に比べ，近代化にともなう社会の変化に柔軟に対応し，新たな宗教的ニーズに応えてきたといえるだろう。いくつかの新宗教教団は短期間に教勢が著しく伸長したことで社会現象として大きな注目を集めるに至った。

しかし、急成長を果たした新宗教教団の背後には強引な勧誘や金銭をめぐるトラブルも少なからずあり、こうした事例はマスメディアを通じて頻繁に報じられることにもなった。

石井研士はテレビの宗教にかんするニュース番組の分析から、神社・神道にかんしては「年中行事と通過儀礼との関わり」（初詣、七五三など）と「政治との関わり」（主に靖国神社参拝）が、寺院・仏教にかんしては「年中行事と通過儀礼との関わり」のほか、「文化財との関わり」（仏像、伽藍など）が報じられる傾向にあることを明らかにしている。一方、新宗教にかんしては、事件と関係するときだけ報道されると指摘している（石井 2010b）。こうしたマスメディアのステレオタイプに基づく報道傾向があいまって、新宗教は伝統宗教よりも信頼度が低く、ネガティブなイメージが持たれがちだ。

カルト

1995年に起きたオウム真理教の地下鉄サリン事件を契機に社会問題化した宗教を**カルト**と呼ぶことが定着するようになった。櫻井義秀はアメリカの新宗教研究者であるゴードン・メルトンの研究に依拠しながらカルト概念の用法を、①秘教的教え、カリスマ的指導者への熱烈な崇拝、②アジアやアフリカからアメリカに移入された諸宗教および非正統的なキリスト教、③マインドコントロールを行う集団、に類型化している（櫻井 2014）。宗教集団の類型論で用いられる学術概念としてのカルトは①の意味を持つが、今日、一般的には③の意味で用いられることが多くなっている。

新宗教という概念は、きわめて多様な性格の宗教教団を包括する。したがって、そのなかの一部がカルト的性格を持つことがあっても、全体がそうであるはずは当然ない。しかし、大半の人々は新宗教の実態について精通しておらず、結果的に一部の教団の反社会的行為や逸脱行為を全体的傾向として誤認しやすいといえよう。

新宗教の既成化

近代以降、新宗教は日本のなかで大きな影響力を持ち勢力を拡大させてきたが、近年は『宗教年鑑』の信者数の推移からみても衰退傾向が顕著である。井上順孝は「既成化」という概念を用いて、新宗教教団の教勢の弱まりを説明している。既成化には教えの既成化（教祖の死後にみられる神格化や教義の体系化）、

信者の既成化(具体的な救済体験を持たない二世信者・三世信者の増大),組織の既成化(教団機構の安定化・社会のなかでの安定化)の3つの局面があるが,その行き着く先は伝統宗教と大きく変わらないと井上は指摘している(井上 1992)。また,塚田穂高は「新宗教という近代適合的なモデルが不適合をおこしつつある」(塚田 2016:6)とし,その要因として,少子高齢化,人口減少,過疎化といった現代日本が直面している社会変動の存在を挙げている。

4　現代宗教の新しい意義

スピリチュアリティ

前節でみたように,日本に定着してきた宗教(伝統宗教・新宗教)には大きな揺らぎが生じており,一部の例外を除き衰退傾向にある。似た傾向は欧米でも見られる。しかし,これらは固い組織を前提とする「見える宗教」が衰退傾向にあるのであって,文化現象に溶け込んで組織性が弱い「見えない宗教」は異なる傾向を示しているともいえる。

欧米では1970年代後半以降,「見えない何かとのつながり」を示すスピリチュアルないしは**スピリチュアリティ**という言葉が広く用いられるようになった。「自分は宗教的ではないがスピリチュアルだ」と自己規定する人たちも増加している。伊藤雅之は「見えない何かとのつながり」に興味を持つ人々は欧米のみならず日本においても少なくないと指摘し(伊藤 2007),スピリチュアリティを「おもに個々人の体験に焦点を置き,当事者が何らかの手の届かない不可知,不可視の存在と神秘的なつながりを得て,非日常的な体験をしたり,自己が高められるという感覚をもったりすること」(伊藤 2003:2)と定義している。

従来の宗教も「見えない何かとのつながり」を主要な関心としてきたが,新しいスピリチュアリティは,組織よりもネットワーク型のつながりや個々人の選択性が重視されるところに特徴がある。伊藤の整理(伊藤 2007)に基づくと,スピリチュアリティにまつわる文化(=スピリチュアリティ文化)が日本社会でどのように変遷してきたかは次の3つの時期に区分できる。

1960年代から1970年代まで(第1期)は,近代的パースペクティブに異議申し立てをする対抗文化(カウンター・カルチャー)として特徴づけられる。社会変革を希求する人々の一部が担い手となり,社会運動への積極的な参加と同時

に自己変革への働きかけも実践した。

　1970年代後半から1990年半ばまでのスピリチュアリティ文化（第2期）は，下位文化（サブカルチャー）として特徴づけられる。担い手の多くは，プライベート空間における「自分探し」の模索を中心に行うようになり，社会変革志向が弱まる傾向にあった。この時期のスピリチュアルな実践や関心は「精神世界」という用語で広がりを見せるようになり，大型書店に専用のコーナーが設けられるまでに至った。しかし，一般社会からは否定的なイメージを持たれる傾向もあり，主流文化（メイン・カルチャー）とはなりえていなかった。

　1990年代後半から現在に至る時期（第3期）には主流文化（メイン・カルチャー）として特徴づけられるようになった。以前なら社会の周辺に位置していた癒しの空間（アロマセラピー，リフレクソロジー等）や心身一元論的諸実践（ヨーガ，気功等）は，現在では主要デパートやスポーツジムなどでも提供されるプログラムとなっている。また，教育・医療・社会福祉・健康・大衆文化の分野にスピリチュアリティ文化が拡散するようになった。

　主流文化となったスピリチュアリティは「宗教的なもの」として理解されることが少ない。近年，日本でも実践者の増加が著しいヨーガも，多くの人々はダイエット，美容，健康，ストレス解消などをきっかけにはじめている。しかし，実践を継続させるなかで心と体のつながりに気づき，世界観やライフスタイルを変化させていくことは珍しくない（伊藤 2007）。こうした自己変容は，かつて「見える宗教」において頻繁に生じていたと考えられるが，現代においては「見えない宗教」において活発化しているといえよう。

　昨今，注目を集めるパワースポットもスピリチュアリティ文化という観点から捉えることができる。岡本亮輔によれば，パワースポットという言葉の流通によって非宗教的なイメージの中に宗教的な意識や実践を回収できるようになった結果，既存の聖地が再活性化されたり，新たな聖地が次々と作られたりする（岡本 2015）。また，山中弘は「今日の社会では，制度宗教の弱体化によって宗教の個人化が進展し，個々人は好みに合わせて，断片化し非文脈化した宗教をパーツとして消費するという事態が加速度的に進んでおり，消費を特質とするツーリズム空間は，まさにこうした状況を検討する格好のアリーナだ」（山中 2012：11）と述べている。

　ただし，こうしたスピリチュアリティに問題がないわけではない。新しいスピリチュアリティには堅固な共同体や信徒育成のシステムが欠如しているため，

その伝授・教育はメディアを媒介したものになりやすい。島薗進は，持続的な共同体や対面的な関係が形成されないなかで展開する新しいスピリチュアリティには商業主義的な形態が広がりやすく，「アフターケアなしの売りっぱなし」現象が生じる可能性が少なくないと指摘する（島薗 2012）。

宗教の社会貢献

　スピリチュアリティは宗教の私事化の事例であるが，こうした現象の広がりは既存の宗教組織にどのような影響をもたらすのだろうか。情報量の増大や流動性の高まりを特徴とする現代社会では，人々はより能動的かつ批判的に宗教にアクセスするようになると予測される。宗教に対する義務的・慣習的なかかわりは今後いっそう希薄になり，自発的・選択的なかかわりが増大するだろう。このような状況下において，公共的領域に積極的に参入する宗教の動きが近年になって目立つようになっている。従前の役割を踏襲するだけでは今後の衰退が避けられない宗教が，自らの「危機」に応答しているといってもよい。

　近年の宗教社会学では**宗教の社会貢献**活動という概念を用いて，宗教の社会に対する正の機能に着目した研究が活発化している。稲場圭信は「宗教者，宗教団体，あるいは宗教と関連する文化や思想などが，社会のさまざまな領域における問題解決に寄与したり，人々の生活の質の維持・向上に寄与したりすること」（稲場 2009：40）を宗教の社会貢献だと定義している。その具体的な領域として，①緊急災害時救援活動，②発展途上国支援活動，③人権・多文化共生・平和運動・宗教間対話，④環境への取り組み，⑤地域での奉仕活動，⑥医療・福祉活動，⑦教育・文化振興・人材育成，⑧宗教的儀礼・行為・救済，を挙げている。

　すでに欧米では，宗教をソーシャル・キャピタルとして捉える研究があり，宗教社会学のみならず社会福祉学や社会政策学からの宗教へのアプローチも盛んになっている（Smidt ed. 2003）。また，アジアの諸地域では，仏教教義に基づく社会実践を「社会参加仏教」（engaged Buddhism）と捉えた研究が進展しており，公共領域における宗教の機能に注目が集まっている（櫻井・外川・矢野 2015）。

　日本でもこれらと比較的近い問題関心から研究が進められている。福祉サービスの供給主体の多元化や地縁・血縁の弱体化のなかで，宗教が構築するセーフティネットは一定のインパクトを持つようになっており，それらは宗教社会

学の新たな研究テーマとして浮上している。なかでも被災者支援，生活困窮者支援，外国人支援，ターミナルケア・グリーフケアなどの領域への関心が高い。

なお，こうした領域における宗教の活動は，多くの場合，布教と切り離して行われるため，信者の増加には直結しない。また，政教分離の抵触を回避するために宗教法人ではなくNPO法人や一般社団法人などの法人格で活動を行う組織も多く，傍目からは宗教が関与していることがわかりにくい場合もある。しかし，公共領域での活発な活動の展開によって公益性が十分に確認されるならば，宗教の信頼回復につながる可能性は高い。なかでも，東日本大震災を契機にはじまった臨床宗教師（interfaith chaplain）の養成は，公共領域における宗教の役割を新たに創造しうるものとして注目される。臨床宗教師とは宗教勧誘を目的とせず，相手の価値観，人生観，信仰を尊重し，生きる力を育む心のケアを実践する宗教者のことだ。2012年に東北大学ではじまった臨床宗教師の養成は，その後，全国の複数の大学で行われるようになり，2016年には，資格認定を行う「日本臨床宗教師会」も発足した。こうした資格制度を契機に医療や社会福祉などの領域で宗教が新たな役割を担う可能性が出てきている。

以上で述べてきたように，大きな流れとして現代の日本には宗教の私事化がみられる。しかし，その一方で宗教的な使命感を現代社会のニーズにマッチングさせるべく，公共的な課題に取り組む動きも活発化しており，そこに脱私事化の萌芽を確認することができる。いずれにせよ，複雑で流動的な現代社会では宗教を宗教法人や宗教団体といったように静態的に捉えるだけでは，現実を掴み損ねる。宗教を理解するための枠組みを柔軟に拡張することで社会のさまざまな領域に広がった宗教を捉えることができるだろう。

文献

Berger, Peter L., 1967, *The Sacred Canopy,* Doubleday.（=1979, 薗田稔訳，『聖なる天蓋』新曜社。）

Cassanova, José, 1994, *Public Religions in the Modern World,* University of Chicago Press.（=1997, 津城寛文訳『近代世界の公共宗教』玉川大学出版部。）

稲場圭信, 2009,「宗教的利他主義・社会貢献の可能性」稲場圭信・櫻井義秀編『社会貢献する宗教』世界思想社, 30-54。

稲場圭信, 2011,『利他主義と宗教』弘文堂。

井上治代, 2003,『墓と家族の変容』岩波書店。

井上順孝, 1992,『新宗教の解読』筑摩書房。

井上順孝・対馬路人・西山茂・孝本貢・中牧弘允編，1990，『新宗教事典』弘文堂。
石井研士，1998，『戦後の社会変動と神社神道』大明堂。
石井研士，2007，『データブック現代日本人の宗教』［増補改訂版］新曜社。
石井研士，2010a，「日本人はどれくらい宗教団体を信頼しているのか――宗教団体に関する世論調査から」『東洋学術研究』165：254-274。
石井研士，2010b，「ステレオタイプ化する宗教的リアリティ」石井研士編『バラエティ化する宗教』青弓社，169-185。
伊藤雅之，2003，『現代社会とスピリチュアリティ――現代人の宗教意識の社会学的探究』溪水社。
伊藤雅之，2007，「社会に拡がるスピリチュアリティ文化――対抗文化から主流文化へ」張江洋直・大谷栄一編『ソシオロジカル・スタディーズ――現代日本社会を分析する』世界思想社，219-239。
伊藤雅之，2015，「21世紀西ヨーロッパでの世俗化と再聖化」『現代宗教2015』国際宗教研究所，249-269。
門田岳久，2012，「日常／生活のなかの宗教――〈民俗〉を越えて」高橋典史・塚田穂高・岡本亮輔編『宗教と社会のフロンティア――宗教社会学からみる現代日本』勁草書房，129-149。
Kepel, Gilles, 1991, *La Revanche de Dieu*, Seuil.（＝1992，中島ひかる訳『宗教の復讐』晶文社。）
Luckmann, Thomas, 1969, *The Invisible Religion,* Macmillian.（＝1976，赤池憲昭・J. スウィンゲトー訳『見えない宗教――現代宗教社会学入門』ヨルダン社。）
NHK放送文化研究所編，2015，『現代日本人の意識構造』［第8版］NHK出版。
内藤正典，2004，『ヨーロッパとイスラーム――共生は可能か』岩波書店。
西山茂，1995，「新宗教の特徴と類型」東洋大学白山社会学会編『日本社会論の再検討――到達点と課題』未来社，147-168。
岡本亮輔，2015，『聖地巡礼――世界遺産からアニメの舞台まで』中公新書。
櫻井義秀，2014，『カルト問題と公共性』北海道大学出版会。
櫻井義秀・川又俊則編，2016，『人口減少社会と寺院――ソーシャル・キャピタルの視座から』法蔵館。
櫻井義秀・外川昌彦・矢野秀武編，2015，『アジアの社会参加仏教――政教関係の視座から』北海道大学出版会。
島薗進，2012，『現代宗教とスピリチュアリティ』弘文堂。
Smidt, Corwin E. eds., 2003, *Religions as Social Capital : Producing the Common Good,* Baylor University Press.
店田廣文・岡井宏文，2015，「日本のイスラーム――ムスリムコミュニティの現状と課題」文化庁文化部宗務課『宗務時報』119：1-22。

塚田穂高, 2012, 「新宗教の展開と現状」高橋典史・塚田穂高・岡本亮輔編『宗教と社会のフロンティア――宗教社会学からみる現代日本』勁草書房, 23-43。

塚田穂高, 2016, 「日本の〈新宗教運動＝文化〉研究の課題と展望」『國學院大学研究開発推進機構紀要』8：1-35。

対馬路人, 1996, 「日本宗教の社会学」場知賀礼文・対馬路人『宗教社会学入門』佛教大学教育通信部, 194-273。

Wilson, Bryan R., 1966, *Religion in Secular Society,* Watts.

山中弘, 2012, 「宗教とツーリズム研究に向けて」山中弘編『宗教とツーリズム――聖なるものの変容と持続』世界思想社。

弓山達也, 1994, 「現代日本の宗教状況」井上順孝編『現代日本の宗教社会学』世界思想社, 94-130。

第18章

犯罪と逸脱

佐藤哲彦

> **キーワード**
>
> 社会の正常性，犯罪の社会学モデル，機能，相互作用，シカゴ学派，緊張理論，ラベリング論，ボンド理論，公式統計，累犯障害者

1 売春をどう考えるか

　第二次世界大戦前の日本では，売春は公娼制度として合法と認められていた。しかし戦後は売春禁止法で禁止され，売春を管理する行為は刑事罰の対象となった。とはいえ，その後も売春はなくならず，近年では援助交際と呼ばれ，若い女性による自主的な逸脱行動とされることも多い。個人の選択的な経済活動とされているのである。そのため，売春について考えるときに「その**動機**は何か」と問われがちである。しかしその問いかけは適切なのだろうか。

　じつは戦前も娼妓解放令（1872年）により売春婦の自由廃業は制度的には可能であった（近代公娼制度）。しかし実際には彼女らは遊郭内居住のために監視され，娼妓取締規則に基づいて警察に管理され，自由廃業はほぼ不可能であった。たとえばそれは遊郭を脱出した森光子の日記から知ることができる（森 [1926] 2010）。実家の借入金のために十分な説明も受けずに遊郭に売られた森の経験談は，本人が望んで娼妓になるという当時流布していた見方とは違い，売春とは人身売買と管理労働の問題であることを明らかにする。

　たしかに，売春は昔から一定の割合で個人的選択として行われてきた。たとえば，戦後すぐの街娼への動機調査では「お金が欲しくて」「食べていけない

から」など貧困を理由とするものが半数以上ある一方で,「面白いからすきで」が一割程度あり,当時はこれが「敗戦後の若い女性の一面」を示しているとされた（竹中・住谷 1949）。したがって,「個人的選択」と売春を論じることはできるものの,しかしながら売春について考えるとはいまだ貧困や労働について考えることでもある。近年では,鈴木大介が売春や性風俗産業の経済的ライフライン化を指摘し（鈴木 2014）,荻上チキが貧困や生活苦が売春へと女性を押し出しているとした（荻上 2012）。売春を考えるためには,人を売春へと押し出す社会的原因について考える必要があるのである。

　ではなぜ私たちは売春について考えるときに,動機を問題にしてしまうのだろうか。それは犯罪や逸脱について考える際に特定の問いかけ——個人の動機や,最近ではあまりなくなったが血筋などを問うこと——をするのが当たり前になっているからである。このことはじつは「犯罪とは何か」にかんするこれまでの考え方が積み重なってできた「当たり前」なのである。

2　「犯罪とは何か」という問い

犯罪にかんする3つのモデル

　今日,犯罪について考えるためには,**刑事学モデル**,**医学モデル**,そして**社会学モデル**という代表的な3モデルを理解することが必要である。これらの考え方を通してさまざまな議論が形作られてきたからである。

　まずは刑事学モデルである。刑事学の定義によれば,犯罪とは「構成要件に該当する,違法で有責な行為」である。すなわち「法的に定められた犯罪カテゴリーに該当するかどうか」「法的な非難に値するかどうか」「過失や責任能力があるかどうか」という3つの論点を検討することで,刑法上の犯罪と判断することができるという意味である。一方でこれは,あくまで法律の枠内にどう位置づけられるかという観点から犯罪を検討するものである。

　ふたつ目は19世紀から20世紀初頭にかけて流行した医学モデルである。これは**生来性犯罪人説**とも呼ばれ,犯罪者は生まれつき特定の身体的特徴のある人種的変種で,ある種の先祖返りだとする考え方である。犯罪は生物学的で遺伝的な「犯罪人」の問題とされたのである。いまでは荒唐無稽な説だが,当時主流だった「人は自由意志により犯罪を行うはずだ」という考え方とは異なり,刑務所などでの調査に基づいていたことから「科学的」「実証的」とされた。

その後文学作品などでも活用され，世間に広くいきわたった。このモデルはイタリア人精神科医チェザーレ・ロンブローゾらが主導したため**イタリア犯罪学派**とも呼ばれた。

　医学モデルに対抗し，犯罪の原因は個人ではなく社会環境にあるとしたのが**フランス環境学派**であった。フランス人犯罪研究者で社会学者のガブリエル・タルドらの議論を代表とするこの考え方は，社会学モデルと呼ぶことができる。19世紀前半になされたベルギーの統計学者ランベール＝アドルフ＝ジャック・ケトレーらによる犯罪統計（道徳統計）の研究から，犯罪率がつねにある程度一定であることがすでに知られていた。タルドらはそれを踏まえ，犯罪は自由意志の問題ではなく，それにはいくつかの外的な（社会的）要因が存在すると考えた。これにより，生来性犯罪人説の運命的な（そのため対策を立てにくい）面を克服して政策的に犯罪対処が可能となり，多くの支持を得た。その結果，ロンブローゾもその後，社会学モデルを取り入れる方向へと自身の犯罪学を変化させた。

　従来は，人間には自由意志があり，自由意志で犯罪を行ったのなら，その道義的責任として刑罰が課されるという応報的な考え方が中心だった。しかしそれでは19世紀後半から問題となった累犯や少年犯罪を十分に説明できず，対処もままならなかった。そこで登場したのが医学モデルと社会学モデルである。医学モデルでは自由意志はないものとみなされ，犯罪行為よりもその犯罪者個人に焦点が当てられるようになった。さらに社会学モデルによって，犯罪者を作り出す社会環境が犯罪の原因と考えられた。そして刑事学モデルはこの両者を取り入れ折衷していった。

　ただし新たな刑事学モデルもあくまで犯罪行為が法律の枠内にどう位置づけられるか，つまり「被疑者をどう裁くか」ということにかんする考え方にすぎない。しかしその実践性と制度的重要性のために，その〈個人を対象とする考え方〉がいまだ犯罪対策に影響を及ぼしている。一方，医学モデルもいまでは精神医学（心理学）モデルへと形を変えて広く認知され，社会学モデルも新しい理論や考え方を生み出しながら発展し，ときには政策などに影響を与えてきた。3つのモデルはいまも並存しているのである。

犯罪の社会性

　以上のような，犯罪についての考え方をめぐる歴史的展開と社会学以外のモ

デルの存在は，思いのほか重要である。というのも，私たちは犯罪について自由に考えているつもりでも，じつはこれらのモデルのバリエーションとその歴史的延長上に置かれていて，その意味で限られた考え方や言葉遣いの枠内にあるからである。私たちが何よりも動機や，場合によっては出自を問題にするのは，これらの考え方が積み重なってのことなのである。

したがって犯罪について社会学的に考えるとは，従来の問いを無批判に前提したりせず，むしろそのような枠があることを踏まえ，まずは犯罪の社会学モデルについてのバリエーションや展開を探求することである。そしてその際には社会との関係を意識する必要がある。というのも，社会学モデルは犯罪を社会現象として考えるためのものだからである。慣例的に動機を論じる必要はなく，むしろ動機を社会現象として考える必要さえある。

そこでまずは犯罪と社会との関係である。上記のように犯罪統計の登場で犯罪率の一定性が発見され，その理由として犯罪とは社会現象であると考えられた。また同時に，犯罪の存在そのものが**社会の正常性**の証明とも考えられた。初期の社会学者の一人であるエミール・デュルケムは，犯罪率の一定性は犯罪が人々の行為とは切り離された独特の社会的現象であるからだと考え，しかもその一定性は犯罪を犯罪として認める**集合意識**が存在しているという意味で，社会の健康を示すものと考えた。人々の行為は多様であり，それが極端に逸脱的になるところに犯罪がある。その意味で犯罪はとりわけ異常なものというわけではない（Durkheim 1894＝1978）。また人々はその行為を犯罪だから非難するのではない。人々が非難するからこそ犯罪となる。重要なのは人々の非難である。そのため社会学では犯罪という制度的に認定された行為よりも，より広い**逸脱**という行為を探求の対象としてきた。逸脱がどのように成り立つのかが，犯罪と逸脱の社会学において探求されてきたのである。その際とくに**機能**という考え方と，**相互作用**という考え方が大きな意味を持ってきた。

3　逸脱研究の基礎的発展

シカゴ学派と社会解体論

犯罪と逸脱の社会学は主にアメリカで発達し，初期の1920年代はシカゴ大学が研究の中心であったため，**シカゴ学派社会学**と呼ばれた。この時期のアメリカは産業が発達し，第一次世界大戦で荒廃したヨーロッパからの移民とその文

化が流入して大きく変化するなかで、とくに都市部ではさまざまな逸脱が見られた。シカゴ学派はそれらを記録して社会学的に議論したのである。

ではそれらの研究で逸脱はどう論じられたのか。シカゴ学派の代表作のひとつであるフレデリック・スラッシャーの『ギャング』を通して、その**社会解体論**という考え方を検討してみたい（Thrasher 1927；宝月・中野編 1997）。1920年代当時シカゴでは少年たちのギャング（青少年集団）が街の通りや空き地などに数多く存在した。禁酒法（1920～33年）時代には酒の密造や密売を犯罪ギャングが行うなど、ギャング問題が当時の新聞を賑わせた。この当時は通俗的な医学モデルの**ギャング本能説**——ギャングは先祖返りした野蛮な少年たちが作る本能的な集団——が広く流布していたため、スラッシャーは直に彼らに会ってその活動を記録した。そして、ギャングはどのようにして生まれるのか、というその原因を「隙間」というキーワードで捉えた。「隙間」とは空間と時間の両方にあてはまる特徴である。空間的にはギャングはコミュニティとコミュニティの「隙間」で発達する。その「隙間」はそれぞれのコミュニティの道徳が解体しつつある地域である。一方、時間的には幼く家族内に埋め込まれている時期と、結婚をして自らが家庭をつくる時期との「隙間」がギャングの時期である。その意味で、ギャングとは**社会組織**（近隣や家族）の隙間に発達し、形を次々と変えていく過程的な集団といえる。この説明は社会解体論をわかりやすく示している。というのも、私たちの共同生活には、たとえば子育てという目的には「家族」、教育という目的には「学校」など、目的を達するために体系化された社会的規則の束としての**社会制度**があり、それら複数の社会制度で成り立つ全体が社会組織であるが、社会解体とは社会組織が十分な道徳力を発揮できない状態にあることだからである。そのような状態にある子どもたちの自発的な適応のひとつがギャングなのである。適応としてのギャングの特徴は、社会環境や自然環境、さらにはメンバー間の**相互作用**から現れると考えられたのである。

緊張理論と機能主義

シカゴ学派はほかにもホームレスや売春、少年非行や精神障害など都市における逸脱を研究し一世を風靡した。しかしながら社会学の理論的発展とともに**機能主義**で逸脱を捉える動きが盛んになる。**機能**とは、結果として私たちに観察可能になる社会体系の調整のことであり、機能主義の観点からすると、社会

的行為の意味は行為者の意図や目的,動機からではなく結果から論じられる。この考え方が広く受け入れられるにつれ,逸脱をめぐっても社会構造における諸機能を体系化した逸脱理論が展開された。その代表が**緊張理論**である。

　緊張理論では,正常な行為を社会制度の要求に合致する同調行為,逸脱を非同調行為として,非同調行為を個人の動機から論じるのではなく,「どうしてある種の社会構造がその社会の一部の人びとに特定の圧力を加えて,同調的行為よりもむしろ非同調的行為をとらせるのか」(Merton 1957＝1961：121)が論じられた。緊張理論の主唱者であるロバート・K・マートンが注目したのは文化的目標と制度的規範の関係である。

　文化的目標とは,文化的に規定され社会のメンバーに共有された正当な目標であり,獲得の努力に値する目的,関心である。たとえば「立身出世」や「経済的成功」などがそれにあたる。一方,制度的規範とは目標を達成するために一般に認められる手段を規定・調整・統制する仕組みである。したがって,一般には認められない暴力や詐欺,権力の行使などは除外される。そしてこのふたつの要素の関係が一定でない状況,たとえば特定の目標の価値が過度に強調されて,その達成手段について抑制がない場合,具体的には経済的成功(利益)にのみ関心が集まってビジネスの方法(合法性)に関心が低くなるような状況がありうると考えられる。その状況が続けば問題が出現する。このとき,「社会は不安定となり,デュルケムのいわゆるアノミー(無規制状態)が出現する」(Merton 1957＝1961：124)とされる。

　こうして,文化的目標と制度的手段はそれぞれ独立したものであるため,社会構造の中でさまざまな地位を占める人々が,それぞれを受け入れるかそれとも拒否するかとの観点から,4つの類型が考えられた。これに文化的目標と制度的手段をそれぞれ別のものに置き換えるという適応類型を加えて考えると,図18-1のような合計5つの類型が考えられる。それら5類型の中で,犯罪や逸脱に関連するのは,「革新」「逃避主義」「反抗」である。

　そこでまず「革新」である。これは文化的目標は受け入れているが,その達成には非合法手段も辞さない類型である。典型的には「ホワイトカラー犯罪」である。これは,その名の通り「白い襟」をしたビジネスマンによる犯罪で,横領や背任など個人なものと,会社ぐるみの集団的なものがあるが,いずれもその地位を利用したものである。ほかにも犯罪ギャングは経済的成功を収めるのに非合法手段も辞さないことから,革新類型にあたる。

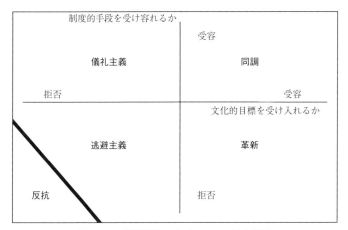

図 18-1 緊張理論における 5 つの適応類型
出所：Merton (1957 = 1961) をもとに筆者作成。

　次に「逃避主義」である。これは文化的目標も制度的手段も拒否した，ある種の社会的な引きこもりともいえる類型で，典型は「放浪者，慢性のアルコール中毒者，麻薬常習者」などとされる。つまり「こうした仕方で適応（または不適応）する人々は……社会学的にみれば，これらの人々は，真の『異邦人』をなしている」(Merton 1957 = 1961：141)。最後に「反抗」である。これは文化的目標も制度的手段も独自のものに置き換えて活動するもので，逸脱に見えるものの，既存の価値を転換し，「新しい全く一変した社会構造を実現しようとする」(Merton 1957 = 1961：144) ものとされ，これが社会の大部分に蔓延すると革命の可能性さえある。デュルケムもそう述べていたが，マートンも逸脱が新しい社会を作る可能性を認めていた。

　以上のように，逸脱にはさまざまなものがあるものの，緊張理論ではそれらは社会構造におけるある種の齟齬に原因があり，逸脱とはそれに対するある種の適応と考えられたのである。

学習理論・下位文化論・分化的機会構造論
　緊張理論はよくできた理論だが，それでも全動機の形成過程を解き明かすという点での説明としては不十分ではないかと考えられた。そこで機能主義理論に対して学習理論や下位文化論と呼ばれる考え方を接続する理論が登場した。

学習理論として発達した考え方は，シカゴ学派に影響を受けた犯罪学者エドウィン・サザランドによる**分化的接触理論**である。この理論によれば，犯罪行動はコミュニケーションによって個々に分化した私的集団のなかで習得される。その際，技術だけでなく法規範の肯定や否定という意味づけも習得される，法規範の肯定的な意味づけが否定的な意味づけを上回った場合に犯罪を犯すとされた（Sutherland and Cressy 1960＝1964）。

　一方，アルバート・コーエンによって論じられた**非行下位文化**も機能主義理論に接続された。非行下位文化とは，非行少年らが作り出し，彼ら自身の価値や規範となっている文化である。これは学校では評価されない少年たちが，同様の問題に直面する少年たちとそのような問題状況を解決する新たな基準を作り，その集団内で互いに仲間意識を高め合う適応システムのことである。学校の価値規範や評価基準が中産階級を中心に形作られているため，労働者階級の子弟にこのような適応がよく見られるという（Cohen 1955）。

　以上のような分化的接触理論と非行下位文化論が機能主義理論に接続されて構想された理論が，クロワードとオーリンの**分化的機会構造論**である（Cloward and Ohlin 1960）。これは都市部スラム地域の下層階級の非行を説明するための限定的な理論であったが，当時のアメリカの青少年政策に大きな影響を及ぼしたことで知られている。

　この理論の前提は緊張理論と同様，どの階級の少年たちにも社会的上昇移動を意味する社会的地位の獲得が文化的目標として浸透していることである。しかし，スラム地域では現実的にはごく限られた合法的手段しか手に入らず，そのため少年たちは目標達成のために微妙な位置，つまり合法的手段と非合法的手段のいずれかの手段を学習し遂行する機会構造のなかに位置している。そこで，教育の必要性が低く認識されている場合や，適応問題を非合法手段で解決する傾向が強い場合には，同じような状況にある少年たち同士が結束することで非行下位文化が発達し，非合法手段を学習し遂行するようになる。

　クロワードとオーリンはそこで発達する非行下位文化を，「地域における犯罪行為者の年齢の多様性」と「社会の昔からの価値を重視する者と逸脱的価値を重視する者との混在状況」という条件から，3つの類型に分けた。ひとつは「犯罪的下位文化」であり，年齢が多様で混在が進んでいる状況で発達する。犯罪的下位文化では「大物」犯罪者のモデルがあり，他方で犯罪を継続するために盗品売買などで合法社会との接点がある。ここでは犯罪者集団が非行集団

を統制しており，それは「統制された犯罪の世界」とでもいえる。もうひとつは「葛藤的下位文化」であり，年齢に多様性がなく，従来の価値と逸脱的価値の両方が欠落するためまとまりに欠け，欲求不満によって暴力が蔓延している「統制されていない暴力の世界」とでもいえる。最後は「退行的下位文化」であり，従来の価値を持つ社会との交流が断たれて孤立していると感じる少年たちが，薬物など逃避的な活動に喜びを見出すものをいう。他者との関係が崩壊し孤立した状況への適応であり，合法的と非合法的のどちらの手段によっても目標を達成できない状況の結果として「二重敗北（者）」と呼ばれる世界でもある。

　以上のように，分化的機会構造論は機能主義的な社会構造を前提としつつ，構造上の少年たちの位置を合法的手段・非合法的手段を学習する機会と捉え，その機会を通して作り上げられる行動様式を非行下位文化として捉える複合的な理論であった。ただし，この理論には「葛藤的下位文化」の議論にあるように，欲求不満などの心理的要素から説明しようとする，社会学らしくない部分もみられる。その点が一般的に理解されやすかった反面，緊張理論が心理的な要素を含む理論であるかのように誤解を生んだこともたしかである。

4　逸脱研究の新展開

　クロワードとオーリンの分化的機会構造論の研究書が刊行されたのは1960年だったが，この時期にはすでにその後の犯罪と逸脱の社会学にとって大きな影響力を持ついくつかの研究が展開されていた。そのひとつが**ラベリング論**である。ラベリング論は世界を席巻し，ヨーロッパなどで刑事政策に大きな影響を与えた。同時期には**ボンド理論（コントロール理論）**も提唱されたが，それが表舞台に立つのはラベリング論の流行が収まった後のことであった。

ラベリング論と相互作用

　ラベリング論とは文字通り「ラベルを貼る」という動作から名づけられた研究の総称である。従来の逸脱研究では何が逸脱かということ自体はとくに問われず，逸脱を個人や集団の性質と捉え，その性質を作り出す過程や構造が論じられた。ところがラベリング論は，逸脱それ自体が特定の過程によって作り出されるものと考えた。たとえば，アルコールの売買は従来社会的に認められた

行為だったが禁酒法によって犯罪となるように，犯罪や逸脱は本来それをそう定義する規則やその運用と切り離すことができない。このように「ラベルを貼る」ことを社会の側からの反応という意味で**社会的反作用**と呼び，その反作用に注目したのである。代表的な論者のハワード・ベッカーは「社会集団は，これを犯せば逸脱となるような規則をもうけ，それを特定の人びとに適用し，彼らにアウトサイダーのレッテルを貼ることによって，逸脱を生みだすのである」(Becker 1963 = 1978：7) と述べているが，ここには3つの論点――「規則をもうける」「特定の人びと」「レッテルを貼る」――が現れている。じつはこれらの論点がラベリング論の各命題にも結びついているのである。

　まず「規則をもうける」だが，文字通り逸脱は規則をもうけることによって設定される。したがって規則それ自体が時代や場所によって変わる場合には，逸脱であるかどうかも変わるため，規則の制定過程が論じるべき対象となる。また規則をもうける特定の集団（**道徳事業家**と呼ぶ）も論じるべき対象となる。これらの局面に着目すると，マスメディアやその視聴者である私たちも，逸脱産出過程に関与する者ということに気づかされる。

　次に「特定の人びと」である。これは**セレクティブ・サンクション**（制裁の恣意的な運用）とも呼ばれる。逸脱ラベルは注目される特定の人々，たとえばあるときには外国人であったり，障害者であったり，若者であったり，とくに権力を持たないマイノリティに対して貼られるという不公平な適用がなされやすい。冤罪事件などに典型に見られるのが「特定の人びと」によるセレクティブ・サンクションといえよう。

　3つ目は「レッテルを貼る」である。これは逸脱ラベルの適用が逸脱を生むだけでなく，対象者が非逸脱者の世界から排除され，逸脱者の集団にしか参加できなくなるなど逸脱が深化することである。たとえば，好奇心による喫煙（**第一次逸脱**）が発覚して停学となり不良扱いされ，同級生から排除されるうちに，非行集団にリクルートされたために万引きなどの逸脱（**第二次逸脱**）を行うといった深化過程が考えられる。もちろん相互作用的観点からはそのようなラベル貼りに少年が抵抗する可能性も考えられる（大村・宝月 1979）。

　ラベリング論は機能に着目した研究とは異なり，作用／反作用といった逸脱の定義やその適用をめぐる相互作用に着目した。ラベリング論は今日ではあまり注目されず，定義やその適用にとくに着目した発展形としての**構築主義的社会問題論**に取って代わられている面があるが，今日でも重要ないくつかの考え

方を残している。そのひとつが公式統計にかんする考え方である。たとえば，犯罪の認知件数は実際の犯罪の発生件数ではなく，じつは警察などラベルを貼り統制する側の活動を示す**業務統計**である点を明らかにした。また規則の制定と運用への着目は，ヨーロッパの薬物政策で見られるような，違法ではあるが犯罪とはしない**非犯罪化**という考え方を可能にした。たとえばオランダのマリファナ使用の非犯罪化政策は，若者を犯罪者扱いして逸脱が深化することを問題視して生まれた施策である。

ラベリング論は犯罪や逸脱を社会現象として考える際に，機能ではなく相互作用に着目する重要性を喚起した。私たちは刑事学モデルの思考に縛られて個人に着目しがちだが，それは相互作用過程の一局面にすぎない。その問題性を明らかにしたのである。

漂流理論とボンド理論

もうひとつ，逸脱研究の新展開といえるのがボンド理論（コントロール理論）である。ボンド理論は漂流理論に強く影響されているので，まずはそちらから見ていこう。

漂流理論はデビッド・マッツァによって提唱されたものである（Matza 1964＝1986）。漂流（drift）とは従来の価値を持つ世界と非行の世界とのあいだを漂うように行き来することを意味する。それまでの多くの非行研究は，非行少年を同調行動をする少年とは異なった存在として描いてきた。それに対して漂流理論はむしろその連続性を前提とした。というのも，非行少年も成長するにしたがって従来の社会に同調するようになるが，これまでの非行理論ではそれを十分には説明できないのである。ではどのようにして漂流が可能になるのか。罪悪感なく非行ができるような態勢（「悪事の中和」）と，規範の圧力を弱体化すること（「刑法の中和」）を通してである。非行少年は，大人の世界で使用される語彙，たとえば裁判で自分を正当化するなどの「おとなのやる法の拡大解釈をまねた」（大村・宝月 1979：241）語彙を用いて，自分たちの罪悪感を中和することで非行を可能にしているのである。

ボンド理論は漂流理論を参考にしつつ，発想を転換したものである。これはそもそもトラビス・ハーシによる非行少年産出にかんする理論である。緊張理論や非行下位文化論は，逸脱者が「どうして逸脱するのか」と問うことで，彼らが生み出されるメカニズムを問題とした。しかしボンド理論はこれを逆に考

え，多くの人が「どうして逸脱しないのか」を問い，その理由として各個人に社会的コントロールが働いているためとし，そのコントロールについて論じたのである。この発想は社会解体論に通じるものだが，社会解体論が社会的で構造的なコントロールを問題にしたのとは対照的に，個人の側のコントロールが問題にされている。「社会にたいする個人の絆が弱くなったり，失われる時非行は発生する，とみるのがコントロール理論である」とハーシは述べている（Hirsch 1969＝1995：29）。

　ハーシが社会的なボンド（＝絆）の要素として指摘したのは「愛着」（attachment）「コミットメント」（commitment）「巻き込み」（involvement）「規範観念」（belief）の四要素であり，これらが社会的な絆を計るための指標となる。「愛着」とは少年にとって大事な家族など「他者にたいする個人の愛着」（Hirsch 1969＝1995：31）のことであり，それこそが規範や良心の内面化の本質とされる。「コミットメント」とは生活上の投資とも言われ，自分がそれまでどれだけ「社会の枠組みにそった行動に投資してきたか」という合理的判断をもとにした保険とでもいえるものである。「巻き込み」とは少年がどれだけ日常的な活動に巻き込まれていて，逸脱にふける暇がないかということである。「規範観念」とは道徳的規範の妥当性をどの程度信頼しているのか，その強弱である。これら四要素，なかでもとくに「愛着」が弱体化していることが非行の原因と考えられ，計量的な調査結果でもそれが実証されたと考えられた。

　しかし，ボンド理論には疑問も呈されている。というのは，調査で明らかになったのは四要素と非行との結びつきであって因果関係ではなかったからである。つまり絆が弱まったから非行が生じたのか，それともそれ以前に非行経験があったせいで絆が弱まったのか，その因果関係が不明であった。むしろ長期的な調査からは因果関係は否定さえされた。にもかかわらずこの理論がいまだ支持されているのは，社会的な絆への着目が支持されたからであるし，さらに非行を個人的な問題とする考え方の強さによるといえよう。

一般緊張理論と制度的アノミー論

　ここで犯罪と逸脱の社会学理論の最近の展開を述べておこう。機能主義的理論は，その後のラベリング論やコントロール理論の隆盛で犯罪と逸脱の社会学の表舞台からは退場したかのように見えた。しかし最近，それがふたつのかたちでよみがえっている。そのひとつは社会心理学的に発展させた**一般緊張理論**

(GST) である。これはロバート・アグニューが提唱しており，医療社会学や心理学のストレス研究の成果などを組み込んだ理論である。この理論では主に，集団内における3つの緊張，つまり他者との否定的関係の重要性が指摘されている。その緊張とは，①肯定的に価値づけされた目標の達成に失敗するか，もしくは失敗しそうなこと，②肯定的な価値づけの刺激が取り除かれるか，もしくは取り除かれそうなこと，③否定的な刺激が与えられるか，もしくは与えられそうなことの3つである。目標と手段の構造的齟齬だけでなく，目標自体が否定される事態もまたストレスを生じ非行に結びつくとしたことが緊張理論との違いとして大きい。とはいえ，3つの緊張のいずれかですぐに非行が生じるわけではなく，累積して特定の閾値を超えると非行が発生するという（Agnew 1992）。

　もうひとつは，スティーブン・メスナーとリチャード・ローゼンフェルドが提唱した**制度的アノミー論**（IAT）である。彼らは社会構造を構成する制度を経済，政治，家族，教育の4つに設定し，これらの制度間にはしばしば目標や価値に確執やズレがあると考え，さらに各社会でのこれらの制度間の関係から，その社会の特徴が明らかにできると考えた。アメリカの場合は経済制度が支配的な「市場社会」であり，それによって他の制度は格下げされると同時に経済制度に対して順応するようになる。そして経済的規範が他の社会的領域に浸透していく。一方，市場社会の問題点は人々をコントロールする力が弱いことである。家族や教育，政治といった他の制度は制裁を通じて人々をコントロールするが，経済制度はその力が弱く，したがって市場社会は犯罪や逸脱を防ぐ力が弱い。とくにアメリカの場合は一人親家庭が多く，学校の予算も限られているため，制度的コントロールが弱いとされ，それが高い犯罪率につながっているとされた（Messner and Rosenfeld 1994）。

5　犯罪と現代社会

　これまで犯罪と逸脱の社会学の展開をみてきたが，いずれも社会や社会学の動向と深くかかわっている。シカゴ学派がアメリカの社会変動の中で誕生し，それに対して社会学的思考の発展により機能主義が導入され，その後対抗文化が流行するなかで統制側の問題に意識的なラベリング論が受け入れられた。そこで，最後に現代日本の状況から考えてみよう。

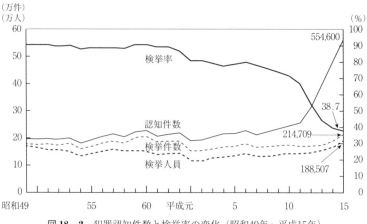

図18-2　犯罪認知件数と検挙率の変化（昭和49年〜平成15年）

注：警察庁の統計による。
出所：平成16年度犯罪白書

メディアと公式統計

　新聞やテレビなどでは犯罪の凶悪化や増加がしばしばニュースとなる。2000年前後の日本では犯罪認知件数が急増してマスメディアを賑わし，2003年の衆議院選挙では史上はじめて治安対策が選挙の争点のひとつともなった。しかし本当に治安は悪化したのだろうか。

　図18-2は『平成16年度犯罪白書』に掲載された犯罪認知件数と検挙件数，検挙率の変化である。そこではたしかに平成11年と翌12年を境に犯罪認知件数が急上昇し，それに反比例して検挙率が急激に下がっている。しかし，これにはカラクリがある。上述のように認知件数とは捜査機関に認知された犯罪発生数で，警察などに受理された犯罪の数である。検挙件数とは捜査機関が検挙した事件の数だが，一人一件とは限らず，余罪それぞれが検挙件数と数えられる。そして検挙率とは検挙件数を認知件数で割った数であり，認知件数が増えたり逆に検挙件数が減ったりすれば小さくなる。実際，1999年の桶川ストーカー事件での埼玉県警の悪質な対応を機に，翌年にかけての数回の通達や「警察改革要綱」により警察は以前よりも積極的に事件を受理するようになった。その結果認知件数が増加したが，一方で人員数は同じであるため検挙件数は増えず，結果的に検挙率が低下した（浜井 2004）。日本の犯罪統計は，多くの場合業務統計として警察の活動を示すものであり，実際の治安状況を指し示すものでは

ない。にもかかわらず、マスメディアはそれを調査統計のように報じたために、多くの人が犯罪不安を感じるようになったのである。その後2002年をピークに認知件数は減少したが、それは警察が認知件数を減らすために数値目標を導入したからと考えられる。

　以上のように、こんにち犯罪についての一般的な認識の形成にあたっては、警察などの取締り側の活動とマスメディアによる報道が大きな影響を持っている。とくに公式統計は、取締機関の活動であるにもかかわらず、現実の反映であるかのように報じられる。その点は注意しなければならない。

犯罪率の減少とその理由——貧困と人口構成

　上のように一時期の急激な変化は取締り方法や統計の取り方の変化などが疑われるが、一方で業務統計であっても、長期的に見た犯罪や逸脱の傾向は指し示されている。たとえば殺人は業務統計でも比較的実数を反映しているとされ、戦後は一貫して減少傾向にある。アキ・ロバーツとゲイリー・ラフリーは、日本における殺人と強盗が何と関係して変化するのかを1955年から2000年までの公式統計を検証して論じ（Roberts and Lafree 2004）、経済的ストレスと殺人や強盗の減少との関連を明らかにした。とくに貧困と犯罪とが強く関係しており、貧困の減少と殺人認知件数の減少が強く相関していることを示した。また同時に、強盗にかんしては若者人口の割合との関係が大きいことも明らかにした。これは少子化による若者の減少が、結果として犯罪の減少につながることを意味する。実際、年齢別検挙人員数を見ても10代と20代が多く、その減少が検挙人員全体の減少を意味している。これまでもそうだが、今後も少子化が犯罪数の推移に深くかかわってくると考えられるだろう。

　これまで日本では犯罪対策はつねに個人を対象とした刑事学的な発想で行われてきた。しかしこれらが示しているのは、犯罪や逸脱を考える際の社会学的思考の重要性であり、逆に言えば刑事学的発想の中で犯罪対策を行うことの限界だといえる。

累犯障害者と社会的支援

　犯罪や逸脱を社会学的に考えることの重要性はほかにもある。法務省が発表する矯正統計年報には、各年の新受刑者の能力検査値という項目があり、いわゆる知能指数が公表されている。知能指数が69以下の場合、知的障害があると

されているが,2014年度年報では,新規全受刑者2万7079人中6123人が69以下の値を示している。つまり新規受刑者中の約23％に知的障害が疑われるということである。本来であれば彼らには福祉的社会的支援が必要であり,それこそが犯罪を防ぎ,また受刑後であってもそのような処遇こそが更正を可能にすると考えられる。実際,元衆議院議員で元受刑者の山本譲司が明らかにしたように(山本［2003］2008),現在,刑務所の一部が福祉施設のかわりを務めている。とくに犯罪を繰り返す累犯者(**累犯障害者**)がそのような状況に置かれ,そもそも福祉的支援を受けていないことも多い。犯罪を動機で説明することには限界があり,むしろ再犯者率の増加(再犯率の増加ではない)という現状を考えれば,犯罪を社会学的に説明することの重要性が指摘できるだろう。

　以上のように,今日ではとくにこれまで以上に,犯罪や逸脱について社会学的に考えることの重要性が増しているのである。

文献

Agnew, Robert, 1992, "Foundation for a General Strain Theory of Crime and Delinquency," *Criminology*, 30 (1): 47-87.

Becker, Howard S., 1963, *Outsiders : A Study in the Sociology of Deviance*, Free Press.（＝1978,村上直之訳『アウトサイダーズ』新泉社。）

Cloward, Richard A. and Lloyd E. Ohlin, 1960, *Delinquency and Opportunity : A Theory of Delinquent Gangs*, Free Press.

Cohen, Albert K., 1955, *Delinquent Boys : The Culture of the Gang*, Free Press.

Durkheim, Émile, 1894, *Les Règles de la Méthode Sociologique*.（＝1978,宮島喬訳『社会学的方法の規準』岩波書店。）

浜井浩一,2004,「日本の治安悪化神話はいかに作られたか——治安悪化の実態と背景要因(モラルパニックを超えて)」『犯罪社会学研究』29：10-26.

Hirschi, Travis, 1969, *Causes of Delinquency*, University of California Press.（＝1995,森田洋二・清水新二監訳『非行の原因——家庭・学校・社会のつながりを求めて』文化書房博文社。）

宝月誠・中野正大編,1997,『シカゴ社会学の研究——初期モノグラフを読む』恒星社厚生閣。

Matza, David, 1964, *Delinquency and Drift*, John Wiley & Sons.（＝1986,非行理論研究会『漂流する少年——現代の少年非行論』成文堂。）

Merton, Robert K., 1957, *Social Theory and Social Structure*, Free Press.（＝1961,森東吾ほか訳『社会理論と社会構造』みすず書房。）

Messner, Steven F. and Richard Rosenfeld, 1994, *Crime and the American Dream*, Wadsworth Publishing Company.
森光子，［1926］2010，『吉原花魁日記——光明に芽ぐむ日』朝日新聞社。
荻上チキ，2012，『彼女たちの売春（ワリキリ）——社会からの斥力，出会い系の引力』扶桑社。
大村英昭・宝月誠，1979，『逸脱の社会学——烙印の構図とアノミー』新曜社。
Roberts, Aki, and Gary LaFree, 2004, "Explaining Japan's Postwar Violent Crime Trends," *Criminology*, 42 (1): 179-209.
Sutherland, Edwin and Donald R. Cressy, 1960, *Principles of Criminology*, 6th edition, Lippincott.（＝1964，平野龍一・所一彦訳『犯罪の原因——刑事学原論１』有信堂。）
鈴木大介，2014，『最貧困女子』幻冬舎。
竹中勝男・住谷悦治，1949，『街娼——実態とその手記』有恒社。
Thrasher, Frederic M., 1927, *The Gang：A study of 1313 Gangs in Chicago*, University of Chicago Press.
山本譲司，［2003］2008，『獄窓記』新潮社。

第19章

政治と国家

高原基彰

> **キーワード**
>
> 大衆社会，ファシズム，フォーディズム，福祉国家，討議，多元主義，規範理論，正義，公共圏，比較福祉国家論，グローバリゼーション，民族主義，社会関係資本

1　政治は選挙とデモだけなのか

　政治について考えるとき，まず思い浮かべるのは「選挙」であるが，「選挙で投票しても何も変わらないのではないか」という不信感を抱く人も少なくないだろう。「政治家は自分が得票を伸ばし当選することしか考えておらず，当選後は有権者の言葉に耳を傾けない」というわけだ。実際に，選挙で当選した政治家が「民意の支持を得た」と自称し，それだけを根拠に異論を排除していく風景を，われわれは見慣れてしまっている。

　選挙が無意味と思うならば，人々は，政治を自分と無関係のものとして切り捨てるか，選挙以外の政治参加を模索するかである。前者の人々は，参加の権利を放棄しているのだから，政治の世界では無意味な存在である。したがって，残る政治参加の道筋は，デモをはじめとする「直接行動」しかないだろう。

　このような対比にしたがえば，政治とは，一方で「多数決の投票で勝った者に最大の権限を与えること」となり，もう一方では「多数派に権限を奪われた少数派が直接行動すること」となる。これら両極端な考え方のどちらも間違いと言い切ることはできないが，しかしどちらかに同意することもむずかしい。そこに欠けているのは「話し合う」というプロセスへの着目であり，それこそ

が政治をめぐる社会学の主題なのである。

　結局のところ，政治とは「自由で平等な個人が集まって形成された共同体が，話し合い（討議）によって選択を行う」過程である。

　政治をめぐる社会学の歴史は，この原則を確立していく過程であると同時に，時代の変化の中でそれを貫徹するむずかしさを繰り返し認識していった過程でもある。本章では，①「近代化」から二度の世界大戦まで，②戦後の安定的な高度経済成長期，③高度経済成長の終わった1970年代以後から現在まで，という3つの時代区分を念頭に，その歴史を振り返ろう。

2　国民国家の形成と暴走

「近代化」から19世紀末へ

　社会学は「近代化」という巨大な社会変動を分析する学問として始まった。宗教改革，市民革命，産業革命と展開していった「近代化」は，教皇権や王権や農村秩序から個人が「解放」され，「自由で平等」な個人が技術革新や市場競争に努力することで「国富」が増大するという，明るい変化であるかに思われた。政治の面でも，貴族政治にかわり，選挙で選ばれた議員で構成される議会制政治が一般的となった。

　しかし，早くも18世紀後半には，「近代化」がそこまで楽観的なものでないことが明らかになる。まず浮上したのは「階級」という問題だった。農村を離れて都市で工業労働者となった人々の，生活環境の悪化と貧困が問題化する。

　そこから「労働者階級の権利保護」を目指す「社会主義」運動が生まれ，思想的には19世紀にK・マルクスによって完成された。資本（生産手段，つまり機械や工場）を所有する資本家と，そこに雇われる労働者のあいだには，市場経済や議会制民主主義では永遠に解決しない根本的な利害対立がある。さらに資本家は国外まで植民地を求めて進出し（帝国主義），階級対立は植民地獲得競争にもつながる。しかしいずれ「労働者による革命」が起きて「共産主義」社会が成立し，階級による不平等は消滅して，帝国主義による国際的緊張も終わるだろうとマルクスによって論じられた。

　社会学が本格的に生まれたのはこの時期である。そのテーマは，「共産主義」というユートピアを想定せずに，「近代化」がもたらす社会矛盾を分析することであった。18世紀後半から19世紀初頭にかけて展開した初期の社会学理

論——É・デュルケムの「アノミー」(無規範),M・ヴェーバーの「合理化と官僚制」など——は,マルクスのいう階級対立と帝国主義が現実味を帯びていた第一次世界大戦の開戦前夜の緊張の中で生まれた。

大戦は枢軸国側の敗戦で終わるが,緊張は続いた。イタリアでファシスト党が,続いてそれに影響を受けたドイツのナチ党が政権を握った。敗戦と「大恐慌」の混乱に乗じて,極端な民族主義と明確な反民主主義を掲げる政権が民主的な選挙で選出されたことに世界は衝撃を受け,これらの動きは**ファシズム**(全体主義)と呼ばれるようになった。

ナチ・ドイツの政治学者だったC・シュミットは,ファシズムの論理を明快に表現している。われわれの社会はいつでも「例外状況」(想定外の出来事)に陥る可能性を秘めている。「例外状況」では,議会制民主主義で議論を重ねている暇などない。求められるのは強力で一元的な指導者による「決断」(いわばリーダーシップ)である。人間は「例外状況」がいつどこで発生するのか,事前に予知することができない。それが予知できるのは神だけである。よって政治は,結局のところ「神学」の問題となる(Schmitt 1922=1971)。

資本主義・共産主義・ファシズム

ナチ・ドイツが政権を握る前後に,ドイツ圏から相次いでユダヤ系の知識人が西欧・アメリカに亡命した。なかでもフランクフルト大学・社会科学研究所のグループは,亡命後にファシズムを集中的に研究し,「フランクフルト学派」と呼ばれるようになった。

その初期の代表者であるE・フロムは,民主的な選挙でナチズムが選ばれた背景を「自由からの逃走」と説明した(Fromm 1941=1951)。彼によれば,ヨーロッパ内の後発国だったドイツにおける「近代化」は急速で,「市民」を形成する準備を待たずに進んだ。「伝統社会」から急激な「近代化」「都市化」を経験することで人々は既存の人間関係や信頼から切断され,ばらばらの孤独な個人として「原子化」(粒子のように孤立)することとなり,また激動の時代の先行きの見えない「不安」を抱えた存在となる。

その傾向が最も強く見られたのは,日々の生活に追われるような労働者階級(マルクスは彼らこそが時代を動かすと考えていた)でも,教育その他の資源を豊富に持つ富裕層でもなく,「下層中産階級」に位置する人々だった。人口も多かったこの層がナチ党の威勢のよいプロパガンダに感化され,彼らを熱狂的に

支持して旧リーダー層を追放する後押しをした。不安を抱えた自由に耐えられず，強いリーダーの支配を自ら望んだのである。ここから，個人の「原子化」した社会は，「不安」のためにプロパガンダに煽動されやすく，社会が誤った方向に「画一化」される危険性があるとフロムは指摘した。

3　冷戦と民主主義の多様化

福祉国家とフォーディズム

　第二次世界大戦は，資本主義，共産主義，ファシズムという，3つの世界観の激突でもあったが，ソ連がナチ・ドイツに対し参戦したことは，資本主義と共産主義が敵対関係を一時休止し，ファシズムを共通の敵と見なして協調したことを意味した（Hobsbawm 1994＝1996）。

　第二次世界大戦が終結すると，資本主義（「西側」）と共産主義（「東側」）の両陣営は再び対立するようになり，それぞれを主導するアメリカとソビエト連邦の二大国のあいだに「冷戦体制」が形成され，1989年まで続いた。このうち共産主義は，すでに1920年代のスターリン体制による「大粛清」などで「労働者政党による独裁」も結局は独裁にすぎないこと，また市場を否定した計画経済も理論通りには機能しないことが次第に明らかになっていた。

　ここでは主に「西側」諸国の動向を振り返ることとする。二度の世界大戦と大恐慌を経た1940年代に入ると，市場経済と議会政治だけで「自由と平等」が実現できるという楽観的な見方は西側でも消え去っていた。アメリカでは，政府支出（公共事業）で雇用を生み出すニューディール政策（元々は大恐慌への対策）に続いて，大企業も方針を転換した。

　T型フォードと呼ばれる安価な大衆車を発明したフォード社は，工場労働者を親方に統率させる旧来のやり方を改め，工場の作業メカニズムを管理し，ベルトコンベアを中心とした作業工程とノルマを明確化した。労働者は日雇いではなく管理可能な長期雇用にかわった。これによって労働者の雇用環境が安定することで，労働者たち自身が豊かになり，自動車などの消費財を購入可能になる。これをさまざまな産業に応用していったのが「大量生産・大量消費」の論理であり，フォード社の名前をとって「**フォーディズム**」と呼ばれる。

　他方ヨーロッパでは，国家運営による「社会保険」（当初は健康・失業・年金の各種保険）の整備が求められるようになった。こうした制度，およびセーフ

ティネットの構築に国家が責任を持つという考え方を,「福祉国家」と呼ぶ。
　「フォーディズム」と「福祉国家」は，20世紀初頭の問題系を大きく変えることになった。国内政治においてそれまで最大の問題だった「階級対立」が，雇用と福祉の両面で，完全な調停とまではいかなくとも調整されることが可能になったからである。
　さらに国際的には，米ドルを基軸通貨として通貨レートを固定する「ブレトンウッズ体制」が構築された。これは，ブロック経済の再発を避けるため自由貿易を促進しつつ，市場での通貨の乱高下を防ぐ枠組みで，GATTやIMFという国際機関がこの目的から設立された。フォーディズム・福祉国家・ブレトンウッズ体制は，ファシズムと共産主義を否定し，しかし大戦に至った混乱を繰り返さないため，市場経済に「規制」を設ける動きだった（Hobsbawm 1994 = 1996）。
　国際政治では，東西の冷戦構造が強化されていった。アジア・アフリカ・ラテンアメリカといった非先進地域は両陣営の激しい獲得競争にあい，各地で米ソ（また中国）の代理戦争としての「熱戦」も起きて，現在に至るまで禍根を残す事例も多い。しかしそれでも人類が「安定的な秩序」を確信できた，（長続きしなかったとはいえ）歴史上唯一の時代だった。

大衆社会論

　政治・経済の動向と同じように，社会学の中心も大戦期間にアメリカへ移行していた。その問題関心のベースは「大衆社会」(mass society) への批判だった。
　これはフランクフルト学派の理論をアメリカ流に消化したものである。フロムと同じく亡命者であるT・アドルノらは，アメリカで大規模な質問紙調査と面接調査を実施し，「権威主義的パーソナリティ」という心理モデルを作り出した（Adorno et al. 1950 = 1980）。このパーソナリティの特徴は，まず自己愛が弱く，自分自身の内的な信念がない。そのため自分より外部（他の何か）に物事を決めてほしいと考え，よくある「因習」や「偏見」，そして強いリーダーに頼る。そのような人間がかつて最もファシズムを歓迎したのだが，ドイツから遠く離れ，戦後の繁栄を謳歌するアメリカでも，このタイプは広く観察されると警鐘を鳴らした。
　アメリカ人のC・W・ミルズは，フォーディズムがもたらした「賃金生活

表 19-1　コーンハウザーの四象限

		エリートへの接近可能性	
		低い	高い
非エリートの操縦可能性	低い	共同体的社会	多元的社会
	高い	全体主義的社会	大衆社会

者」(サラリーマン)と企業規模の大型化にともなうオフィスワーク(ホワイトカラー)の増加を問題にする(Mills 1951＝1952)。これらの過程は，少数のホワイトカラーと多数の労働者(ブルーカラー)の格差拡大をもたらすと同時に，そのどちらにも仕事に対する主体的・「職人的」なかかわり方の喪失をもたらした。オフィスでは書類を隣の席に回すような，工場ではベルトコンベアの流れ作業のような営みが仕事となり，主体的にモノを作るという喜びが感じ取れない。仕事での自己実現を諦めた人々は，マスメディアから流れる娯楽に逃避し，みなが同じ番組を見て気休めを繰り返している。「原子化」と「画一化」という大衆社会の問題は，フォーディズムによって克服されたのではなく，形を変えて継続しているとミルズは考えた。

　またW・コーンハウザーは，「近代化」による政治の変化を「エリートへの接近可能性」と「非エリートの操縦可能性」というふたつの軸で整理した(Kornhauser 1960＝1961)。前者は，エリートになる人があらかじめ決まっている(貴族政治)か否か，後者は，そのエリートに主導された国家が人々を強くコントロールできるか否かを問うものだ。

　この二軸によって，政治は四象限に整理される(表19-1)。「共同体的社会」は，身分制・世襲制で決まる支配層が一般の人々から隔絶されているという「前近代的」な社会である。ここから「近代化」へと進むわけだが，それは大きくふたつのパターンに分かれる。

　ひとつは「多元的社会」への道であり，これはさまざまな中間集団が，勢力を均衡しながら併存している社会とされる。そうした社会では，国家と個人のあいだにバッファがあるため，国家が個人に直接働きかけることも，またその逆もむずかしい。よって定期的な選挙など，ルールに則った(間接的な)政治参加が行われる。もうひとつの方向が「大衆社会」であり，中間集団の機能喪失が進み，人々が原子化・孤立化していて，情緒的で煽動されやすい状態である。

感情的になった大衆が，既存の政治への不満を申し立てると，その受け皿としてポピュリストが登場しやすい。大衆とポピュリストが結託して既存のエリートを追放し，ついにポピュリストが新指導者の位置にのぼりつめると，今度は自らに抵抗する勢力を弾圧するようになる。大衆は裏切られ「接近可能性」を絶たれる。これが「全体主義社会＝ファシズム」の成立するパターンである。大戦後においても，現実世界は目指すべき「多元的社会」ではなく「大衆社会」の方向へ進んでいるのではないかというのがコーンハウザーの問題提起だった。

多元性への関心

　大衆社会論に限らず，当時の社会科学の多くは，マスメディアが人々の考えや嗜好に強い影響力を持つと考えていた。これに対しE・カッツとP・ラザースフェルドは，マスメディアからの情報伝達を大規模質問紙調査で分析するなかから，「コミュニケーションの二段の流れ」という学説で異論を唱えた(Katz and Lazarsfeld 1955＝1969)。

　カッツとラザースフェルドによると，マスメディアからの情報は，近隣社会の「オピニオン・リーダー」を通じて波及していく。つまり人々は身近なところでその分野に詳しい知り合いを持っており，そこからの「また聞き」を経由してメディアに影響される。またリーダーには社会・政治問題だけでなく，買物，流行，映画という4種類が観察された。大衆社会論の想定ほどマスメディアに「画一化」の力はなく，バッファとしての地域社会が存在するという議論である。

　またR・ダールは，アメリカの小都市の政治的決定をたんねんに聞き取り調査するなかから，アメリカ政治は「ポリアーキー」（**多元主義**）だと主張した(Dahl 1961＝1988)。公職候補者指名，都市再開発，公立学校の運営という，異質な三種の問題について，一貫した指導力を持つ人物や団体はなく，むしろ地域社会の政治は，多様な団体や有力者たちが，お互いの利害を慎重に調整しながら行われていたからである。

　カッツとラザースフェルドやダールの議論と，フランクフルト学派の悲観論とのあいだには，フォーディズムを「上から」の強力な支配の拡大と捉えるのか，それとも「下から」の人々による自発的なアソシエーションや地域社会の健全性に注目するのかという，高度経済成長期の政治をめぐる重大な論争点が

あった。ただし論争といっても、「中間集団」が重要だという認識は共通しており、その上で現状を肯定的に見るか否定的に見るかの違いである。

しかしこの論争は当時、社会学と政治学がそれぞれ専門分野として分離していく過程のなかで、あまり深められなかった。

社会学では、個人の主体性・内面性や日常生活を新しい研究領域として見出す「ミクロ社会学」が登場する。1960年代に勃興した各種の「少数者」（マイノリティ）の運動、黒人の公民権運動やフェミニズムに連動した動きである。第二波フェミニズムのスローガン「個人的なことは政治的なこと」（ジェンダー問題は家族・日常生活のなかにこそあるのだ）は、社会学において「政治」の意味が拡大したことを象徴している。ただしこれには反論もあった。D・ベルは、少数者や若者の異議申し立ての盛り上がりを「民主主義の過剰（やりすぎ）」と批判し、むしろ学歴などによって正当に選別されたエリートが社会の各所ではっきりとした指導力を発揮する「能力主義」（メリトクラシー）社会こそが望ましいと論じた（Bell 1973＝1975）。

他方、政治学では、政治とは政党支持動向のことであると割り切って考え、投票行動の統計データが収集できれば政治も自然現象と同様「科学的」に分析できるとする方法論が登場した。この考え方は「政治科学」（political science）と呼ばれ、現在でも政治学の主流の地位を占めている。

このように、自分の社会的立場（属性）を踏まえた人間の「主体性」を重視するミクロ社会学と、属性をまったく重視しない政治科学は、正反対の方向へと離れていった。

討議と公共圏

この時代に生まれ、現在まで大きな影響力を持つもうひとつの潮流が「政治思想」（political theory）もしくは「規範理論」である。これも政治学の一部だが、「政治科学」とは対照的に、「人間社会が成立するための原理」を考えるという「哲学的」な分野である。

この分野を開拓したのが、J・ロールズである（Rawls 1971＝2010）。彼は、福祉国家とフォーディズムの世界を象徴する「最大多数の最大幸福」（功利主義）を批判する。たしかに、幸福や富が均質に行き渡るという前提のもとでなら、「ともに富の増大を目指す」ことは望ましい。しかし明らかに、幸福や富は自動的に各個人へと平等に「分配」されはしない。ならばなぜわれわれは、

わざわざ社会として共同体を作るのか。「最大多数の最大幸福」は、社会を成立させる原理（「正義」）になりえない。

ロールズは「正義」を考えるために、「無知のヴェール（布）」という比喩的な仮定をおく。この布をかけられると、人は自分がその社会で富んでいるか貧しいか、相対的位置がわからなくなる。もし全員がそれをかけられたら、どの立場の人も「最も不利な立場にいる者の利益が最大化される」ことに同意するはずだとロールズは言う。無知のヴェールで「自分こそが最も不利な立場にいる／これからそうなる」という可能性を誰も否定できなくなり、「不利な立場」をわがこととして考えるからだ。「最も不利な立場の者」の利益が増大するように制度を構想すべきという「格差原理」が「正義」には必要だという。

もうひとつの重要な規範理論が「**公共圏論**」で、ドイツのJ・ハーバーマスが提唱したものだ。彼によれば、福祉国家とフォーディズムは、必ずしも人間の本質的自由を実現させない。言語を用いて理性を発揮する「討議」こそが自由の本質であり、経済成長や生産性増大が討議を活性化するとは限らないからだ。19世紀の知識人のサロン（談話室）を原型とする、経済や政治の利害から無関係な「公共圏」でこそ討議は行われるが、マスメディアの登場は、離れた場所での討議を可能にするかと思えば、むしろ広告と娯楽に占拠され、公共圏の劣化を招いている（Habermas 1961＝1994）。

このモティーフを発展させたのが「生活世界の植民地化」という議論である。人間の世界は、「システム」と「生活世界」の両輪として描かれる。「システム」は、市場経済・企業・政府・行政機関などからなり、効率性と生産性を目指す領域だ。これに対し「生活世界」は、家族・友人関係・地域共同体・NGO・NPOなどからなり、相互了解を目指す対話・討議の領域である。ハーバーマスによれば、「近代化」とは、「伝統社会」では一体だった両者が分離していくプロセスである。工業化による「職住分離」に始まり、総力戦体制、ファシズム、フォーディズムと福祉国家、（さらに後述するポスト・フォーディズムの進展も）といった人類史は、一貫して「システム」が「生活世界」を侵食していく過程と捉えられる（Habermas 1981＝1985）。よって社会（学）は「生活世界を保護する」という規範を持つとされる。

4 ポスト・フォーディズムとグローバリゼーション

高度経済成長の終焉と左右対立の確立

　1970年代は，世界的に高度経済成長が終わり，先進国がすべて深刻な不況，そして「低成長時代」へ突入した時代である。直接のきっかけは1973年（第一次）と78年（第二次）のオイルショックで，産業の血液ともいわれる石油の供給が減少し価格が急上昇したことである。

　これは単なる不況ではなく，福祉国家とフォーディズムという「秩序」の終わりを意味した。議論の前提条件が変わったのである。企業は長期雇用を維持することができなくなり，各国で失業率が急上昇した。大量生産・大量消費を通じた豊かさをもたらすのか，社会的目標の一元化をもたらすのかといった，「ポスト・フォーディズム」の世界では，企業は長期雇用を通して社会を安定化させる組織ではない。ライフスタイルの多様化と，それを支える多品種少量生産に対応するために，雇用は「フレキシブル」（短期的・流動的）になる。

　さらに，1971年にはブレトンウッズ体制が放棄され為替が市場によって変動するようになった。戦後秩序は，国内的にも国際的にも，「個人の自由と平等」という近代の理念を自由市場のみに体現させるのではなく，市場に一定の規制をかけることから始まったのだが，30年弱を経て19世紀的な自由市場の時代が再来することになった（Hobsbawm 1994＝1996）。

　この変化に最も「適応」したのがイギリス・アメリカの「アングロサクソン」文化圏だった。とくにアメリカでは，1960年代からすでに「反税運動」が発生し，福祉国家の拡大に対する反感が，下層中産階級の白人を中心に高まっていた。経済学理論でも，国家による貧困層への優遇を否定し，市場メカニズムに任せることこそが「自由主義」の本質であるとする議論が高まりを見せた。代表的な論者にM・フリードマン（Friedman 1962＝2008）らがいる。個人の「自由」は，市場での自由競争によって最も正統に実現されるので，政府による規制や介入は最小限に抑制されるべきであるというこの議論は，国内問題だけでなくグローバルな「金融自由化」の動きとも結びつき，「新自由主義」（ネオリベラリズム）と呼ばれるようになった。

　この世界観は，先に述べたロールズやハーバーマスのものと鋭く対立する。ここから，現在に続く政治的な左派右派の対立構図が確立していく。双方とも，

福祉国家・フォーディズムという高度経済成長期の理念の正統性が喪失したという共通認識を持っている。そこから，右派は自由市場を最重要視する立場，左派は「自由市場は自動的に平等をもたらすものではないので国家による分配機能が必要だ」という立場へと分岐する。ロールズの規範理論は，この意味での左派の思想的支柱となり，「リベラリズム」（立場を指す名称としては「リベラル」）という言葉は，この立場を指すものとなった。

左派のリベラリズムも右派の新自由主義も，宗教権力や封建制に対する個人の自由を擁護する広義での「リベラリズム」（自由主義）であることに変わりはなく，「個人の自由と平等」が普遍的原理であることは自明の前提とされている。「自由や平等は不要」とは誰も言っていない。論点はそこに「国家が介入」すべきかどうかという点である。

政治哲学の分野でロールズの影響は大きかったが，現実政治においては，高度経済成長の終焉と不況が右派を大きく後押しすることになった。右派が大衆的な支持を獲得して優勢となり，英米ではサッチャーとレーガンという右派政権が長期的に政権を握った。

民主主義の多様化と比較福祉国家論

ただし世界中が右派の新自由主義に支配されていったわけではない。高度経済成長の終わりとともに，先進国はいくつかの異なる道筋に分岐していった。いわば資本主義・民主主義の内部に，多様性が生まれていったのである。

J・H・ゴールドソープら（Goldthorpe ed. 1984＝1987）は，これを「コーポラティズム（労使協調）型」と「デュアリズム（二元化）型」への分化と捉えた。違いは全国統一の労働組合の有無である。それがある国では，不況期に経営者団体と労働者団体とのあいだで，賃金を上げず（労働組合の妥協），解雇を抑えて雇用を維持する（経営者の妥協）交渉が成立した。これに対し，統一組合がない場合，代表者同士の交渉ができない。賃金を上げたい労働者と，整理解雇を進めたい経営者は敵対関係となり，結果として（正規）雇用自体が減少していく。

「労使協調」は北欧，ドイツとオーストリアで，「二元型」は主にアメリカ・イギリスで採用されていったとされる。後者が「二元型」と呼ばれるのは，この路線には膨大な「移民」の存在が前提となっていたからである。経営者は低賃金の移民労働力を活用でき，それは国民全体の雇用環境悪化に波及するので，

「二元型」では格差拡大が目立った。

　ゴールドソープの議論の延長に，デンマーク出身のG・エスピン＝アンデルセンが確立した「**比較福祉国家論**」がある。労働組合と移民のほか，国家による福祉の強弱，家族の再生産（出生率の減少）も視野に入れた，より詳細な資本主義の分類のこころみだ。

　彼によれば，70年代以後の先進国はすべて共通して，工業労働者の過剰，女性労働力の増加，サービス産業化という課題に直面することになった。昔ながらの工業部門は，途上国に生産設備が移転したことなどにより過剰（余り気味）になる。安定した工業労働者の減少は専業主婦の減少をともない，働く女性が増加する。その後に新しく雇用を生むのはサービス産業（「第三次産業」）だが，この部門，とくに接客など「対人」サービスには流動的で不安定かつ低賃金な職種が多く含まれる。以上を踏まえ各国の経済指標や労働統計を整理すると，大きく三種類の「福祉資本主義レジーム」が分類できる（Espin-Andersen 1999＝2000）。

1．「自由主義レジーム」：英米のアングロサクソン諸国
　　国家の福祉が弱く，雇用調整は市場に任せる。新自由主義の影響力が強い。女性も労働市場で競争し，男女平等率は高い。低賃金サービス労働は主に移民労働力が担う。
2．「保守主義レジーム」：ドイツ・フランスなど大陸ヨーロッパ
　　「伝統的な家族」（男性が主婦・子ども・老人を扶養）の維持を重視し，雇用は男性が優先される。サービス労働（家庭内の無給の家事労働を含め）は主に女性が担う。
3．「社会民主主義レジーム」：スウェーデン・デンマークなど北欧
　　国家の福祉が強く，雇用調整にも国家が介入する。市場に任せると不安定雇用を生んでしまうサービス労働（特に教育・介護）を公務員化した。私企業（市場競争）の労働を男性が，公的部門のサービス労働を女性が担うことが多い。（Espin-Andersen 1990＝2001）

　エスピン＝アンデルセン以後の比較福祉国家論は，雇用環境の保持，そして出生率回復の両面で最も成功したのは社会民主主義レジームであると論じる。対して最も失敗しているのは保守主義レジームで，女性の労働が生む経済効果

がなく，男性だけで育児費用を負担できない世帯が増えて出生率も回復しない。
　1990年代が世界的に新自由主義の影響力の拡大した時期と広く見られているように，3つのうち最も有力なモデルとして，とりわけ非西洋圏に取り入れられていったのが，自由主義レジームだったと言えよう。旧来の社会を否定し，いかにそれに近づけるかが「先進国化」のひとつの指標とまでされるようになった。しかし資本主義は単一ではなく，社会民主主義（強い福祉）という，忘れられがちな道もつねに再考されるべきだとエスピン＝アンデルセンはいう。

社会主義の終焉とグローバリゼーション
　1970年代の次の世界史的な変化の時期は，1990年前後に訪れた。1989年から91年にかけて，東欧の社会主義政権が続々と崩壊し，ついにソ連が解体されるに至って，共産主義が終焉したのである。資本主義（西）と共産主義（東）に分裂していたドイツも統一された。
　共産主義崩壊の過程で大きな問題となったのが「民族」である。バルカン半島，とくに旧ユーゴスラビアのボスニア・ヘルツェゴビナなどで大規模な民族対立が起きた。共産主義は民族（の伝統や文化）を重視しないため民族対立は上から抑制されていたが，体制が崩壊すると，覆い隠されていた民族対立が表面化し，いくつかの場所では「民族浄化」と呼ばれる深刻な虐殺（ジェノサイド）や，交戦状態に発展した。
　また共産主義圏はそれまで，面積としても人口としても巨大な「世界市場の外部」だったため，その崩壊は，いよいよ市場が文字通り世界大に拡大したことを意味した。その過程は平坦ではなく，長い時を経た市場メカニズムの再導入には大変な混乱がともない，ロシア・東欧その他の旧共産圏は現在でもその混乱の途上にある。
　その世界市場経済では，「金融自由化」が進展していった。金融部門の拡大，世界大の投資市場の発達，人の移動の活発化が，先進国と後進国を結びつける。先進国の内部では，人件費の安い途上国の労働力との競争が激しくなり，途上国に移転可能な工業に従事する労働者は苦境に立たされる。残る道は，途上国に模倣できない「創造的産業」を追求し続けることしかない。後進国は，つねに先進国からの投資を呼び込む努力を求められ，この努力は旧来の農業や農村共同体の崩壊と混乱をともなう。しかしそれを怠り，投資を受け取ることができない後進国は，貧困を免れなくなる。これがいわゆる「グローバリゼーショ

ン」の進展である。

D・ロドリックはグローバリゼーションが民主主義ひいては政治そのものの弱体化をもたらしたと述べている（Rodrik 2011＝2013）。民主主義の意思決定プロセスの維持，国家主権の保持，そしてグローバル市場経済への適応という三要素は，相互矛盾をきたすようになり，ふたつまでしか同時成立しなくなった。同様にC・ヘイも，福祉支出，課税水準，また国民教育など，本来は民主主義のプロセスにのっとり政治が責任をもって決定すべき事柄が，グローバル市場への適応のみを目的に決定されることに警鐘を鳴らす（Hay 2007＝2012）。

こうして「グローバリゼーション」と**民族主義ポピュリズム**」という，1990年代以後の政治の根本問題が露呈することとなった。大衆社会論の関心を受け継いだ，悲観的・批判的な見方からすれば，これは「個人の原子化」と「政治の弱体化」が，一国を超えて世界規模に拡大し，拡大する不安がしばしば「民族主義ポピュリズム」というプロパガンダに吸収されていくような世界と認識されるだろう。

現在のところ，これらふたつの問題に対しては，地域的国際協力という解が模索されている。1993年に発足したヨーロッパ連合（EU）は，二度の大戦への反省を踏まえた長い前史を持つが，国家間・民族間対立の克服だけを目指しているのではない。超大国アメリカを中心としたグローバリゼーションに，一国だけが直接対峙しても，決定権を奪われていくばかりであり，「グローバルな世界」と「自国」のあいだに，「政治の領域」を確保するためにこそ，政治・経済の地域的共同体が必要と考えられている。同様のこころみは東南アジア（ASEAN）をはじめ各地で模索されており，広く経済発展をすでに経験した地域として，このような協力メカニズムが公的に存在していないのは日本を含む北東アジアだけだと言っても過言ではない。しかし周知のようにEUの運営も困難を抱えており，各国内で統合に反対する右派の勢力が継続的に増大していて，予断を許さない。

5　討議と決定

政治とは「自由で平等な個人が集まって形成された共同体が，話し合い（討議）によって選択を行う」過程であると，本章冒頭において述べた。世界大戦とファシズム，フォーディズムの確立と崩壊，グローバリゼーションの進展と

いった歴史的推移のなかで，政治にはその都度新たな課題が突きつけられていった。

政治学・社会学のイシューは多様化し拡散した。しかし現代政治の根本的課題はおそらく，「グローバリゼーション」と「民族的ポピュリズム」の二軸にまとめられ，それぞれに対応して「福祉・社会保障」と，「多文化主義」という政策が求められていると言えよう。社会学の抱いてきた「中間集団」への関心はこの観点から再評価されるべきである。いまや国家すら，グローバリゼーションのなかではひとつの中間集団となったと言えなくもない。国家の内部にある「地域」「企業」，さらに「団体」や「交友関係」といった，多層的なレベルで，話し合い（討議）により決定を行うというプロセスをいかに確保するかが問われる。

ひとつのヒントとして近年，**社会関係資本**が注目を集めている。個人と個人の取り結ぶ「社会関係」は，個人にとってだけではなく，集団全体あるいは社会全体に利益をもたらしたりもたらさなかったりする（それが資本という意味である）。ではそれがいかなるメカニズムで分布し，その分布の仕方にどういう問題があるのか。R・D・パットナムに主導されるこの分野が指摘するのは，経済指標とまったく別個に，社会関係資本がその社会の安定性やメンバーの満足度，ひいては「民主主義の質」と密接にかかわっていることである（Putnam 2002＝2013）。この知見は政治科学にも参照され，さまざまな統計データから「民主主義の質」を計測するこころみも広く行われるようになった。ハーバーマスらの規範理論，政治科学，ミクロ社会学や比較福祉社会論など，これまで異質とされてきた多様な分野を橋渡しする議論としても重要である。

他方でしばしば指摘されるのは，社会関係資本においても，恵まれた層と恵まれない層とのあいだで格差が拡大していることだ。規範理論の言う通り，お互いを自由で平等な個人として尊重し，話し合う意志がなければ，われわれは共同体を作る必要がなくなってしまう。恵まれた層が一人勝ち（たとえば「納税」の拒否）を目指し，恵まれない層がまさしく「原子化」してポピュリストに煽動されていく，そうした世界が現実化することの危険性を，政治をめぐる社会学は繰り返し指摘してきた。現在，そうした危険性はすでに過ぎ去ったと，誰が断言できるだろう。「多層的な討議」を研究する必要性は，むしろかつてなく高まっている。

文献

Adorno, Theodor W. et al., 1950, *The Authoritarian Personality*, Harpor & Brothers.（＝1980，田中義久ほか訳『権威主義的パーソナリティ』青木書店。）

Bell, Daniel, 1973, *The Coming of Post-Industrial Society*, Basic Books.（＝1975，内田忠夫ほか訳『脱工業社会の到来』ダイヤモンド社。）

Dahl, R. A., 1961, *Who Governs ? Democracy and Power in an American City*, Yale University Press.（＝1988，河村望ほか訳『統治するのはだれか』行人社。）

Espin-Andersen, Gøsta, 1990, *The Three Worlds of Welfare Capitalism*, Polity Press.（＝2001，岡沢憲芙ほか訳『福祉資本主義の三つの世界』ミネルヴァ書房。）

Espin-Andersen, Gøsta, 1999, *Social Foundations of Postindustrial Economies*, Oxford University Press.（＝2000，渡辺雅男ほか訳『ポスト工業経済の社会的基礎』桜井書店。）

Foucault, Michel, 1974, "La vérité et les formes juridiques" (A verdade e as formas juridicas), trad. J. W. Prado Jr., Cadernos da P. U. C., no 16, juin 1974, 5-133.（＝2006，小林康夫ほか訳「真理と裁判形態」『フーコー・コレクション 6』筑摩書房，9-152。）

Friedman, Milton, 1962, *Capitalism and Freedom*, University of Chicago Press.（＝2008，村井章子訳『資本主義と自由』日経 BP 社。）

Fromm, Erich, 1941, *Escape from Freedom*, Holt, Rinehart and Winston Inc.（＝1951，日高六郎訳『自由からの逃走』創元新社。）

Goldthorpe, John H. ed., 1984, *Order and Conflict in Contemporary Capitalism*, Clarendon Press.（＝1987，稲上毅ほか訳『収斂の終焉』有信堂高文社。）

Habermas, Jürgen, 1961, *Strukturwandel der Öffentlichkeit*, Suhrkamp.（＝1994，細谷貞雄ほか訳『公共性の構造転換』未来社。）

Habermas, Jürgen, 1981, *Theorie des kommunikativen Handelns*, Suhrkamp.（＝1985，河上倫逸ほか訳『コミュニケイション的行為の理論』未来社。）

Hay, Colin, 2007, *Why We Hate Politics*, Polity Press.（＝2012，吉田徹訳『政治はなぜ嫌われるのか』岩波書店。）

Hobsbawm, Eric, 1994, *Age of Extremes : The Short Twentieth Century*, Michael Joseph.（＝1996，河合秀和訳『20世紀の歴史──極端な時代』上・下，三省堂。）

Katz, E. and Lazarsfeld, P. F., 1955, *Personal Influence*, Free Press.（＝1965，竹内郁郎訳『パーソナル・インフルエンス』培風館。）

Kornhauser, William, 1960, *Politics of Mass Society*, Routledge.（＝1961，辻村明訳『大衆社会の政治』東京創元社。）

Mills, C. Wright, 1951, *White Collar*, Oxford University Press.（＝1952，杉政孝訳『ホ

ワイト・カラー』創元新社。)
Parsons, Talcott, 1937, *The Structure of Social Action,* Free Press.（＝1976, 稲上毅訳『社会的行為の構造』木鐸社。)
Putnam, Robert D. ed., 2002, *Democracies in Flux,* Oxford University Press.（＝2013, 猪口孝訳『流動化する民主主義』ミネルヴァ書房。)
Rawls, John, 1971, *A Theory of Justice,* Harvard University Press.（＝2010, 川本隆史ほか訳『正義論』紀伊国屋書店。)
Rodrik, Dani, 2011, *The Globalization Paradox,* W. W. Norton.（＝2013, 柴山桂太・大川良文訳『グローバリゼーション・パラドクス』白水社。)
Schmitt, Carl, 1922, *Politische Theologie*.（＝1971, 田中浩訳『政治神学』未来社。)

第20章

グローバリゼーション

鈴木謙介

> **キーワード**
>
> 冷戦,新自由主義,流動性,シティズンシップ,リスク

1　グローバリゼーションとは何か

社会学的なグローバリゼーションの考え方

　グローバリゼーションという言葉じたいは人口に膾炙している。しかし,それがいったいどのような現象であり,また社会学的にはどのような課題があるのかについては,必ずしも明らかだとは言いがたい。

　まずは社会学におけるグローバリゼーションの考え方を簡単に紹介しよう。社会学という学問は,17世紀から18世紀にかけてヨーロッパで起きた近代化の流れを基本モデルとして,その過程で起きた社会の変化を明らかにすることを目指して生まれた。近代化は19世紀から20世紀にかけて西欧以外の社会でも起きるのだが,それは結果的に「近代化という普遍的な現象」を扱う学問が必要になるということでもあった。その意味で社会学は,近代化を扱う学問であると同時に,グローバリゼーションを対象とする学問でもある。

　そのため,多くの社会学理論ではグローバリゼーションを,この数十年のあいだに起きた固有の新しい現象だとは考えない。むしろ近代の初期から続いてきたことが,量的・質的な面で急加速したことによって新たな課題や変化を生じさせたと考える。デヴィッド・ヘルド(Held ed. 2000 = 2002)によると,それは以下の4つの特徴にまとめることができる。

1．社会的諸関係の拡張。社会における文化・経済・政治の過程が国民国家の境界線を超えて拡張し，あらゆる人々が幅広い連結ネットワークに組み込まれるようになり，個々の決定がグローバルに影響を与える。グローバルな気候変動や金融リスクなどがこれにあたる。
2．フローの強化。社会的諸関係の拡張と結びついた，国民国家を超えた相互作用と相互関連性のフローおよびネットワークの強化。たとえばコミュニケーション・ネットワークの普及によって，遠い世界の出来事を無視することができなくなるといったことである。
3．相互浸透の深化。距離があるかにみえた文化と社会が，グローバルな次元だけでなくローカルな次元でも，他の文化や社会と直面するようになる。たとえば私たちはハリウッド映画のストーリーを通じて，アメリカ社会のありようを日本にいながら受け止め，それに影響を受けるようになっている。
4．グローバルなインフラストラクチャ。国民国家の境界を越え，その外部に構築された相互作用のインフラストラクチャ。物理的なものだけでなく，たとえば日経平均株価やナスダックなどの株式市場の指数のような情報もこのなかに含まれる。

　ここで「拡張」「強化」「深化」といった言葉が使われていることからもわかるように，これらの現象は最近になってはじめて観察されるようになったものではない。むしろ貿易や国際移動にかんするデータを見ると，同様の動きは19世紀後半にも見られる。この立場からすると，国家を単位に考える「国際化」は，世界大戦の影響でナショナリズムが高まった20世紀半ばに特有の見方であって，歴史的にはむしろ一貫して世界のグローバリゼーションが進んできたことになる。
　とはいえ，やはり重要なのはこの30年ほどのあいだに起きた変化だ。以下，その変化を時系列で見てみよう。

2　1980年代
───地球規模の課題の出現───

「世界の私たち」という自己意識

　グローバリゼーションを具体的な出来事として捉えるなら，それは現代に特有のものではない。しかし「グローバルに考える」という社会の「自己意識」の水準で見れば，それが世界的に広がったのは明らかに第二次世界大戦後のことである。1963年にはバックミンスター・フラーが「宇宙船地球号」というコンセプトを提唱し，地球という有限な資源を包括的な視点から管理することの重要さを説いた (Fuller 1969)。

　1980年代になると地球環境をめぐる課題が顕在化したことで，「世界の私たち」という意識は具体的なものになった。1980年代半ばに発見された「オゾンホール」をめぐって交わされたモントリオール議定書 (1987年) や温室効果ガス削減を目指す京都議定書 (1997年) など，地球環境問題について世界各国が協調して対応しなければならないという認識が定着するのもこの時期からだ。

　地球環境にかんする問題を世界で共有することの意義について社会学の立場から分析したのがウルリッヒ・ベックだ (Beck 1986=1998)。チェルノブイリ原発事故の直後に刊行された『リスク社会』(邦訳では「危険社会」) において彼は，富の生産を優先してきた産業社会が，同時に**リスク**を生み出すようになったと指摘する。貧困問題が主たる課題である産業社会においては，リスクは相対的に小さく扱われ，富を増やすこととその分配が目標になる。しかしながら富がある程度行き渡り，また近代が生み出したリスクが，制御不能かつ甚大な影響を及ぼすものになると，人々は富の分配ではなくリスクの分配について考えなければならなくなるというのだ。このリスクは，国民国家単位で組織することができず，世界で共有されるものであるために「世界社会」というカテゴリーでしか対処できないというのが彼の主張だ。

　これまで特定の地域や国家の問題でしかなかったものを「世界の問題＝地球の人すべての問題」と捉えることができるようになるためには，それを共有するためのコミュニケーション環境が重要になる。1960年代に実用化された衛星生中継の技術は，それまで新聞などで文字としてしか伝えられることのなかった遠く離れた社会の出来事を，テレビ映像として眼前に再現することを可能に

した。そのことは結果的に,「いま私たちは世界で同時に同じ出来事を体験し,共有している」という感覚を,画面の前にいる人たちにもたらすことになった。マーシャル・マクルーハンが『グーテンベルクの銀河系』(1962＝1986)で予言したグローバル・ヴィレッジが現実のものとなりつつあったのだ。

ポスト冷戦体制への動き
　1980年代はまた,第二次世界大戦後の世界を支えた「冷戦」という構造が崩壊していく時期でもあった。1991年のソ連自体の解体と,なだれをうって進んだ冷戦構造の崩壊によって冷戦は自由と民主主義を掲げる西側の勝利に終わり,平和な時代の到来が期待された。
　ところが実際に起きたのは,湾岸戦争（1991年）,ソマリア内戦（1992年～）,ボスニア内戦（1992～1995年）,ルワンダ内戦（1994年～）,コソヴォ紛争（1996～1999年）という内戦・民族紛争の噴出だった。その背景には,冷戦構造の下で抑圧されていた対立が表面化したことや,ソ連解体にともなって流出した武器が武装勢力に渡ったこと,そもそもその武装勢力も冷戦時代にアメリカ・ソ連の支援によって生まれたことなどがある。単純に「冷戦が終わった」のではなく「冷戦構造が崩壊し,新たな不安定の時代が訪れた」とするのが妥当だろう。
　その一方,1992年に発足した**欧州連合**（EU）は,近代国家の権限の一部をより上位の存在に預け,国家統合を図る画期的なものだったといえる。しかしながら1998年に欧州中央銀行（ECB）が設立され,加盟国間の通貨統合は行われたものの,EUを超国家的な存在と位置づける基盤となる欧州憲法についてはフランスなどで批准が否決され,ポスト冷戦体制においてはやや不安定な位置づけの存在にとどまっている。奇しくも冷戦体制下に生まれた「世界の私たち」という自意識は,世界秩序の不安定化とともに,行き先を見失っているようにも見える。

3　1990年代
――自由化という不自由――

IMF/WTO体制から新自由主義へ
　ポスト冷戦体制がいわば「政治のグローバリゼーション」について考えるた

めの土台だとするなら、「経済／市場のグローバリゼーション」と呼ぶべき動きもある。この流れは1970年代ごろから顕在化したのだが、グローバリゼーションと結びつけて論じられるようになったのは1990年代だ。その主役となるのが**国際通貨基金**（IMF）と**世界貿易機関**（WTO）というふたつの国際機関だ。

IMF, WTO ともに共通するのは、第二次世界大戦の反省から世界の経済を安定的なものにすることを目指している点だ。だがその背景には、アメリカを中心とする資本主義陣営が、大戦後に独立した旧植民地が社会主義へと転換することを抑止するため「資本主義のなかの安定と発展」を必要としたという冷戦下の事情があったことには注意する必要がある。

さらに、IMF が各国に気前よく融資できた理由として、アメリカの経済が堅調だったこと、そして経済政策の中心的な理論がケインズ的な財政政策だったことがある。つまり、景気が悪いのであればたくさんお金を出して公共事業を行えばよい、という理念と、それがアメリカの国益にもかなうという政治的な事情が相乗りするかたちで、世界経済は営まれていたのだ。

ところがベトナム戦争にともなう戦費の拡大やオイルショックなどの経済環境の変化によって、まずアメリカが世界の経済を下支えする力を失う。さらにオイルショック後の不況期において、それまでの経済理論とは異なる「スタグフレーション（不況とインフレの並存）」という現象が見られるようになり、ケインズ的な財政政策の説得力が失われていく。こうした流れを受けて1970年代の世界経済は、政治的志向の強い安定から政治の手を離れた不安定な自由市場主義へと移行することになった（若田部 2009）。

こうした経済環境と政策の変化は、IMF や WTO の方針にも大きな影響を与えることになる。IMF の方針転換を厳しく批判するジョセフ・スティグリッツによると、世界銀行と IMF は1980年代以降、「構造調整融資」というかたちで、危機的な状態にある国の経済を立て直すかわりに、非常に強力な市場主義的改革を求めるようになったという（Stiglitz 2002 = 2002）。具体的には、自国の製品に外国と競争する力がつく前に市場を外国に対して全面的に開放させて先進工業国の製品と競わせるとか、金融引き締めによってインフレを抑制するといった構造改革だ。こうした政策を受け入れた発展途上国では、農業を含む国内産業が外国製品に押されて衰退し、それによって生じた失業に対しても対策が打てない状態に陥り、貧困化が進んだ。スティグリッツはそれを「小舟を荒波に送り出すようなもの」と表現している。IMF の方針を批判する論

者たちは，その背景に**新自由主義**（neo-Liberalism）という考え方があり，それはIMF，世界銀行，アメリカ財務省のあいだで確認された世界経済の運営方針，すなわち「ワシントン・コンセンサス」だと指摘する。デヴィッド・ハーヴェイによると新自由主義とは「『市場の公平性』こそが『倫理』であり，国家・社会の機能のすべて，人間の行為のすべてを導くことができる指針である，という教義」である（Harvey 2005 = 2007）。言い換えると，すべてを市場にゆだねておけばうまくいくという信念が新自由主義であり，その考え方に基づいて「改革」を進め，運営される社会が新自由主義体制だということになるだろう。

　新自由主義批判の中には，スティグリッツ自身が認めているように，グローバリゼーションのよい面をも否定しかねないものもあり，取り扱いには注意を要する。ただ1990年代にはスーザン・ストレンジのように，国家はもはや金融を含む国家を超える力に翻弄されており，その権威を喪失しているという主張も珍しくなかった（Strange 1996 = 1998）のであり，グローバリゼーションとはすなわち市場の力がグローバルに拡がり，相互に浸透しながら世界を動かすようになっていることなのだとみなす人も少なくない。

反グローバリゼーション運動と社会の変容

　当然のように，新自由主義的な構造改革によって貧困状態に陥った人々や，そのメカニズムを意識した人々は，グローバリゼーションに明確に反対の立場をとるようになった。それが大きなかたちとなって現れたのが，1999年のWTOシアトル会議における抗議行動である。自由貿易の新たな枠組みの協議を開始するはずだったこの会議は，インターネットを含むさまざまなルートから集まってきた多様な利害を代表する人々が一斉に抗議行動に出たことで注目を浴びた（野宮 2016）。そこには，グローバリゼーションがもたらす負の影響の広さが浮き彫りにされていたのだ。

　新自由主義を含むグローバリゼーションがもたらした不公正に抵抗するための運動を**グローバルな正義のための運動**（global justice movement）と呼ぶこともある。もちろん，そうした運動は一枚岩ではなく，たとえばスーザン・ジョージは「反グローバリゼーション」ではなく，「もうひとつの世界」を求めるための運動として「オルター・グローバリゼーション」という理念を提唱している（George 2004 = 2004）。いずれにしても，90年代に顕在化したグロー

バリゼーションの負の側面とそれへの対抗運動は，現在もなお世界の重要な課題であり続けている。

　研究の世界に目を向ければ，グローバリゼーションの影響が語られるようになってもしばらくは「グローバリゼーションは本当に起きているのか」ということが論点になっていた。というのも伝統的な国際貿易理論や貿易統計を見る限り，そこで起きているのは国家を超えるような動きではなく，国家と国家のあいだの交流が増えているだけだ，という懐疑的な見方が強かったからだ。

　デヴィッド・ヘルドはこうした人々を**伝統論者**と呼び，グローバリゼーションがこれまでにない大きな変化を世界にもたらしているとする**グローバル論者**に対置する（Held ed. 2000 = 2002）。その上で実際に起きているのは，彼が**変容論**と呼ぶような複雑なプロセスであるという。たとえばグローバル論者は，テレビ放送などを通じてアメリカの価値観が世界に拡散し，世界中がアメリカのようになってしまうと主張する一方で，伝統論者は，グローバルな放送の限界や制度的な規制の強さから，そうしたことは起きないと考える。しかしながら変容論者は，たしかに文化はある国から別の国に一方通行で波及することはないが，別の社会の文化が入り込むことで，それがある社会の文化と融合したり，もとの文化を変化させたりする可能性に注意を払うべきだと考えるのである。

　こうした見方が如実に表れたのが**マクドナルド化**をめぐる論争だろう。この概念を提唱したジョージ・リッツァによるとマクドナルド化とは，計算可能性や予測可能性を極度に高めた，マクドナルドに代表される合理化のシステムがグローバルに拡がる過程のことだ（Ritzer 2004 = 2008）。ところがジェームス・ワトソンらが行った調査によると，マクドナルドのシステムは東アジアの中でも社会によって違いがあり，一部ではメニューやファストフードの意味にも違いがあったという（Watson 1997 = 2003）。このことは，グローバリゼーションを変容論の立場から見ることの重要性を示唆している。

　総じて言えば，1990年代はグローバリゼーションの影響が誰の目にも明らかになった時代であり，また研究の面においても，それをどのように捉えるべきなのかが模索されていた段階だったということができるだろう。

4　2000年代
――テロ以後の国際秩序――

対テロ戦争と〈帝国〉

　しかしながら21世紀に入ると，初期のグローバリゼーションにかんする論点を根底から覆すような大事件がいくつも起きる。そのなかでも最大のインパクトを持っていたのは，2001年にアメリカで起きた同時多発テロだ。飛行機をハイジャックし，ニューヨークの世界貿易センタービルに突入させるというセンセーショナルな手法は，それが全世界に生中継されたことも含めて，まさに世界全体を「テロの時代」に巻き込むものだった。

　グローバル資本主義の中心であるアメリカに対して中東のテロ組織が攻撃を仕掛け，米軍が総力を挙げて報復するという事態は，ある意味では力関係の逆転のようにも見えた。それまで国家と国家の外交手段のひとつとして，国際法に則って行われることが原則だった「戦争」というものが，「対テロ戦争」というかたちで，ルールの通用しない相手に対して行われるものになったことも，そうした力関係の変化を示唆している。また，アル・カーイダが誕生する背景に，ソ連のアフガニスタン侵攻（1979～1989）に対抗するためにCIAが彼らに施した軍事訓練があったことは，ベックの言う「リスク社会」の特徴を彷彿とさせる。

　そのようにさまざまなかたちで権力や国家，戦争のあり方を見直すきっかけにもなった同時多発テロ事件と前後して注目された本がある。アントニオ・ネグリとマイケル・ハートの『〈帝国〉』（Negri and Hardt 2000＝2003）だ。この本では，グローバルな資本主義をコントロールする「帝国主義」に対して，多様性を保ちながらネットワークでつながった網の目状の権力が抵抗する力になり，それが新たな民主主義を生み出すと主張されていた。それだけを読めば，すでに生じていた反グローバリゼーション運動について理論的に分析したとも言えるし，イラク戦争の折に起きた世界的な反戦行動にも，同様の枠組みは適用可能だった。だが他方では「帝国主義に抵抗するネットワーク状の権力」に，テロリストを含めてはいけない理由も見当たらなかった（鈴木 2007）。すなわち，何が「グローバルな正義」にあたるのかを決めるための基準について，あらためて考える必要が生じたとも言えるのだ。

第20章　グローバリゼーション

グローバルな正義の場

　そもそも正義とは何か。19世紀から20世紀にかけて論じられた**社会正義**とは，大きな社会の中に明らかな不平等や差別があることを前提に，それを社会科学的な視点で解決していこうという理念から生まれたものだった（Miller 2007）。**グローバルな正義**について考えるということは，それを国家のレベルだけでなく，人類全体の問題として引き受けるということを意味する。その際，議論の焦点はふたつある。ひとつは「何がグローバルな正義と呼べるのか」を考えるという問い。そしてもうひとつは，国家の代表が集まる国際会議，金融などの市場のネットワーク，NPOによる国際的な活動などの広がりを背景にした，「グローバルな正義を論じるのにふさわしいのは誰なのか，またどのような場なのか」という問いだ。

　後者については，先進国を中心とする国家やその首脳陣だけが世界の問題を論じていても，なかなか正義の実現が進まないという問題がある。こうしたことから近年では，国際会議のアクターとして市民の団体を取り入れるべきだという主張も見られるようになってきた（Kaldor 2003=2007）。

　社会学で目立つ主張は，そのような「グローバルな問題にかかわる場」へ人々が積極的に関与することを推進しようとするものだ。そうした理念は**コスモポリタニズム**と呼ばれている。たとえばアンソニー・ギデンズは，90年代にブレア政権の政策理念となった「第三の道」を提唱した著書の中で，コスモポリタン国家のあり方を「イングランド人であり，イギリス人であり，ヨーロッパ人であり，さらにグローバル市民であるという意識を同時に持ち得る」ような，複数の帰属への寛容さとして論じている（Giddens 1998=1999）。またウルリッヒ・ベックも「グローバル化への応答として，互いに連携し，そのことによってナショナルなものを越えた地域的な主権とアイデンティティを展開する」場としての「トランスナショナルな国家」を挙げている（Beck 1997=2005）。

　21世紀に入り，テロと並んでグローバリゼーション研究に大きな影響を与えた出来事として，2008年のサブプライム・ローンの破綻に端を発する金融危機，いわゆる**リーマン・ショック**を挙げなければならない。これによってグローバルな金融のフローが，世界経済にとってのリスクであるだけでなく，不正義をもたらすものでもあることが意識されるようになり，いかにしてそれを正していくかが盛んに議論されるようになった。それだけでなく，市場の自由な取引

に任せておけば，いずれ効率的な資源分配が達成されるという経済学の主張に対しても，それが妥当する場面とそうでない場面があり，妥当しない場合においては政府が規制を行ったり，所得の再分配を行ったりする必要があるという意見も見られるようになってきた。

こうした流れからわかる通り，21世紀に入ってからのグローバリゼーション研究は，その影響がどのようなものであるかを論じる段階から，「正義」や「ガヴァナンス」といった価値判断を含むものにシフトしており，より広い研究分野に開かれるものになりつつある。

5　社会学の新たな課題

グローバリゼーションは，世界的なフローの拡大とそれによって引き起こされる相互浸透という現象によって特徴づけられる。それについて，一方には，そもそもフローの拡大や相互浸透は避けようのないものであり，負の側面はあってもそれ自体を否定するほどではないと考える立場がある。他方では，そもそもそうした相互浸透じたいをリスクとして拒否し，国民国家の内に閉じこもったり，あるいはよりローカルな単位での自律性を確保したりすることが望ましいとする考えもある。このように，「グローバリゼーションは，本当に人類にとって善いことなのか」が不明確になり，その正の側面と負の側面が鋭く対立するようになっており，それをめぐって社会学にも，以下のような課題が生まれている。

ナショナリズムとシティズンシップ
グローバリゼーションによる世界的なフローの拡大にともなって重大な問題となりつつあるのが，国家の中における「メンバーシップと平等」，すなわちシティズンシップをめぐるジレンマである。シティズンシップとは，共同体の構成員に認められる権利のセットであり，メンバーの中では同じ権利を有するものの，メンバーでないものにはその権利を認めないという排他的な性格を持つ概念だ。近代国家はこれまで，その権力を拡大させる一方で「同じ国の人々」に同じ権利を保障するというかたちでシティズンシップを認めてきたのだが，ヒトの移動の流動性が高まると，その国のメンバーでない人をどうするかという問題が生じてくる。外国で生活をしているとき，その人の生活にかん

する権利を保障するのは出身国であるべきか，それとも滞在国であるべきか。海外からやってきた移民の権利を滞在国はどこまで保障すべきか。ヒトの流動性の高まりは，否応なしにこうした問題を突きつける。

　この問題が深刻化しつつあるのが EU だ。もともと EU は戦後の経済成長で不足する労働力を補うために，域内・域外からの移民労働力を積極的に受け入れてきた。ところが1970年代以降の経済的な停滞期を経て，移民に対する社会保障や年金の問題が取りざたされるようになり，「海外の安い労働力が流入すれば自国民の雇用が危うくなる」との噂が広まる。こうした流れを受けるかたちで2005年にはフランスやオランダで EU 憲法の批准が否決された（宮島 2013）。現在の EU は，ユーロを通じた市場の面での統合をかろうじて保っているが，2009年のギリシャ通貨危機以後は，通貨統合にともなうリスクや負担に対する反対の声も聞かれるようになった。

　こうした現象は，グローバリゼーションによって顕在化した「コスモポリタニズムとシティズンシップの対立」であるといえる（Delanty 2000＝2004）。というのもシティズンシップは，すべての人間が生まれながらに有している「人権」を，政治共同体のメンバーに限り保障し，それが毀損される場合には国家が個人の自由を制約したり，個人を罰したりするというかたちで実現してきた理念だからだ。シティズンシップを保障すべきメンバーの流動性が高まると，誰が誰の権利を保障するのかも自明でなくなる。コスモポリタニズムとシティズンシップを両立させるためには，人権をたとえば「憲法」によって国家単位で保障するのではなく，国家を超えた政治機構で保障しなければならない。ヒトの移動がグローバルになるのであれば，そこで人権を保障する仕組みになるのは「世界政府」になるというのが，コスモポリタニズムの帰結だ。

　こうした理念に対して，近年では市民権を保障する範囲を明確に国家の中にとどめ，まずは自国民の権利の平等を保障すべきだという考え方が登場している。こうした考え方は政治思想の世界では「リベラル・ナショナリズム」と呼ばれている（Tamir 1993＝2006）。リベラル・ナショナリズムは単なる排外主義的なナショナリズムというよりは，政治共同体を維持するための条件としてのナショナリズムに着目する考え方だ。というのも近年の政治思想においては，有権者が「投票」という数に還元される手段だけでなく，より積極的な市民活動や市民間の対話を通じて政治参加することが理想とされるようになっているからだ（Kymlicka 2002＝2005）。市民としての協働や共生をシティズンシップの

条件と考えるリベラル・ナショナリズムは，その点でヒトの無制限な流動性を前提とするようなグローバリゼーションとは緊張関係にある。

流動性とリスクのジレンマ

　世界政府かナショナリズムかという極端な対立はあくまで理念的なものであり，現実には世界的なヒトの流動性を前提に，移民や旅行者の人権の扱いについて多国間での条約締結といった国際法の枠組みで保障していくことになると考えられる。だが近年では，そもそもそのような流動性を認めていくことが正しいのかという疑念すらも生じつつある。

　というのも，フローの増大じたいがリスクにもなり得るからだ。EUで問題になったような雇用の喪失にかんする不安は根強いが，それだけではない。21世紀に入って世界各地で起きているテロの中で目立つのは，イベント会場，観光地といったヒトの流動性の高い場所だ。つまり，流動性を必要とする領域において，その流動性ゆえにテロのリスクも呼び込むというジレンマがそこで起きているのだ。

　テロ以外にも，密輸や人身売買，旅行者を介した伝染病の拡大などのリスクもある。これらのリスクは，グローバリゼーションの意義そのものにも疑問を投げかけている。世界的に流動性を高め，ヒト・モノ・カネ・情報のフローが増大することを「いいこと」だとみなし，それをよりよくコントロールするためにグローバルなガヴァナンスが必要になるというのが従来の考え方だったが，そもそもグローバリゼーションは，本当にそのリスクに見合うほど「いいこと」であり，人類が進むべき道だと言えるのかが問われるようになっているのだ。

　むろん国家を越えたモノやサービスの貿易なしに生活や経済が成り立たなくなっていることは事実だ。つまりグローバルな流動性の恩恵を受けて生活している以上，私たちはそこから生じるリスクについても責任を負わねばならず，「いいとこ取り」をすることは許されない。

　ところが困ったことに，これらの「人工リスク」，つまり人の営みが生み出したリスクは，その原因も影響も平等に分布しているわけではない。飢饉や凶作によって，農産物の輸出を主たる産業にする国の生活は大打撃を受けるが，輸入側の先進国はかわりに輸出してくれる国を頼ることができる（Giddens 1999＝2001）。また，麻薬の輸出国の社会構造は地下経済に依存しており，密輸

を取り締まれば取り締まるほど，他に生活の手段がない人々がますます地下経済に依存することになるという例もある。グローバルなリスクに対処するためには，問題を「当事者となる国」だけに帰責させず，世界全体でリスクを減らす取り組みが必要になる。

文化とアイデンティティのゆらぎ

シティズンシップと同じくグローバルなリスクについても，現実的な解としては，二国間あるいは多国間での自由貿易協定などを結びながら協力してリスクの管理にあたり，少しずつその枠組みを拡大していくというものしかないだろう。ここで待ち受けるのが，シティズンシップやリスクのシェアを可能にする共同意識が，そもそもどこから芽生えるのかという問題だ。

衛星放送からインターネットに至るまで，グローバルに張りめぐらされた情報ネットワークが人々の目の前に「違う場所の出来事」を運んでくることが新鮮な体験だった時代には，遠い国の出来事がまるで自分の生活に関係の深い出来事であるかのように感じられることで，「世界の私たち」という意識を抱くことができた。ところがそうしたネットワークの広がりは他方で，世界のどこにいても「祖国の私たち」を感じさせるものにもなり得る。ワールドカップやオリンピックといった「世界大会」は，同時に強いナショナリズムの感覚をも刺激している。いわば民族や国家という概念が脱領土化された想像のものとしてグローバル化しつつあるのである（Appadurai 1996＝2004）。

ここには「私たち」意識がグローバルに拡大することで，かえって「世界のどこにいても，私たちは彼らとは違う」という認識が強まるという逆説がある。自分たちと彼らは異なる存在であり，また彼らが直接の原因となってリスクが生み出されるのであるならば，問題は両者をつないでしまうグローバリゼーションにある。

それじたいは国際政治や経済学を含めた社会科学全体の研究課題として，引き続き取り組まれるべきものだ。しかしながら現在の事態は，社会学にとっても大きな曲がり角を迎えているように思える。というのもすでに見てきたように，社会学におけるグローバリゼーション研究は，①世界的なフローの拡大は近代の本質的なメカニズムであり，②それにともなって文化的な混交を含むボーダレス化が進むことで，③世界の問題に共同して対処するコスモポリタンな市民が生まれるというシナリオを理想としてきたからだ。「多様性の中の共

生」とも言い換えることのできるこのビジョンは，現代の世界情勢の中で大きな挑戦を受けている。たとえばギデンズは，こうした問題について，単に文化的多様性を尊重するだけの多文化主義ではなく，多様性と社会的紐帯の維持を両立させる「文化間主義」という概念を提唱している（Giddens 2014＝2015）。

　多くの社会科学者がグローバリゼーションについて手放しでは礼賛しなくなりつつある21世紀において，社会学はグローバリゼーションをどう捉え，論じるのかという根本的な課題が突きつけられているのである。

文献

Appadurai, Arjun, 1996, *Modernity at Large : Cultural Demensions of Globalization,* University of Minnesota Press.（＝2004，門田健一訳『さまよえる近代──グローバル化の文化研究』平凡社。）

Beck, Urlich, 1986, *Risikogesellschaft auf dem Weg in eine andere Moderne,* Suhrkump.（＝1998，東廉・伊藤美登里訳『危険社会──新しい近代への道』法政大学出版局。）

Beck, Urlich, 1997, *Was ist Globalisierung ? : Irrümer des Globalisimus—Antworten auf Globalisierung,* Suhrkump.（＝2005，木前利秋・中村健吾訳『グローバル化の社会学──グローバリズムの誤謬：グローバル化への応答』国文社。）

Delanty, Gerard, 2000, *Citizenship in a Global Age : Society, Culture, Politics,* Open University Press.（＝2004，佐藤康行訳『グローバル時代のシティズンシップ──新しい社会理論の地平』日本経済評論社。）

Fuller, R. Buckminster, 1969, *Operating Manual for Spaceship Erath,* Southern Illinois University Press.（＝2000，芹沢高志訳『宇宙船地球号操縦マニュアル』筑摩書房。）

George, Susan, 2004, *Another World is Possible ! if …,* Verso.（＝2004，杉村昌昭・真田満訳『オルター・グローバリゼーション宣言──もうひとつの世界は可能だ！もし…』作品社。）

Giddens, Anthony, 1998, *The Third Way : The Renewal of Social Democracy,* Polity Press.（＝1999，佐和隆光訳『第三の道──効率と公正の新たな同盟』日本経済新聞社。）

Giddens, Anthony, 1999, *Runaway World : How Globalization is Reshaping Our Lives,* Polity Press.（＝2001，佐和隆光訳『暴走する世界──グローバリゼーションは何をどう変えるのか』ダイヤモンド社。）

Giddens, Anthony, 2014, *Turbulent and Mighty Continent : What Future for Europa ?,* Polity Press.（＝2015，脇坂紀行訳『揺れる大欧州──未来への変革の時』岩波

書店。)

Harvey, David, 2005, *A Brief History of Neoliberalism*, Oxford University Press. (= 2007, 渡辺治監訳『新自由主義——その歴史的展開と現在』作品社。)

Held, David ed., 2000, *A Globalizing World?: Culture, Economics, Politics*, Routledge. (= 2002, 中谷義和監訳『グローバル化とは何か——文化・経済・政治』法律文化社。)

Kaldor, Mary, 2003, *Global Civil Society: An Answer to War*, Polity Press. (= 2007, 山本武彦ほか訳『グローバル市民社会論——戦争へのひとつの回答』法政大学出版局。)

Kymlicka, Will, 2002, *Contemporary Political Philosophy: An Introduction*, 2nd ed., Oxford University Press. (= 2005, 千葉眞・岡崎晴輝ほか訳『新版 現代政治理論』日本経済評論社。)

Mcluhan, Marshall, 1962, *The Gutenberg galaxy: the making of typographic man*, University of Tronto Press. (= 1986, 森常治訳『グーテンベルクの銀河系——活字人間の誕生』みすず書房。)

Miller, David, 2007, *National Responsibility and Global Justice*, Oxford University Press. (= 2011, 富沢克ほか訳『国際正義とは何か——グローバル化とネーションとしての責任』風行社。)

宮島喬, 2013,「グローバリゼーションと EU のアイデンティティ——国民国家からいずこへ」宮島喬・船橋晴俊・友枝敏雄・遠藤薫編著『グローバリゼーションと社会学——モダニティ・グローバリティ・社会的公正』ミネルヴァ書房。

Negri, Antonio and Michael Hardt, 2000, *Empire*, Harvard University Press. (= 2003, 水嶋一憲ほか訳『〈帝国〉——グローバル化の世界秩序とマルチチュードの可能性』以文社。)

野宮大志郎, 2016,「サミット・プロテストの登場と発展」野宮大志郎・西城戸誠編『サミット・プロテスト——グローバル化時代の社会運動』新泉社。

Ritzer, George, 2004, *The McDonaldization of Society*, New Century ed., Pine Forge Press. (= 2008, 正岡寛司訳『マクドナルド化した社会——果てしなき合理化のゆくえ』早稲田大学出版部。)

鈴木謙介, 2007,『〈反転〉するグローバリゼーション』NTT 出版。

Stiglitz, Joseph E., 2002, *Globalization and its Discontents*, W. W. Norton. (= 2002, 鈴木主税訳『世界を不幸にしたグローバリズムの正体』徳間書店。)

Strange, Susan, 1996, *The Retreat of the State: the Diffusion of Power in the World Economy*, Cambridge University Press. (= 1998, 櫻井公人訳『国家の退場——グローバル経済の新しい主役たち』岩波書店。)

Tamir, Yeal, 1993, *Liberal Nationalism*, Princeton University Press. (= 2006, 押村高

ほか訳『リベラルなナショナリズムとは』夏目書房。)

若田部昌澄, 2009, 『危機の経済政策――なぜ起きたのか, 何を学ぶのか』日本評論社。

Watson, James L., 1997, *Golden Arches East: McDonald's in East Asia*, Stanford University Press. (＝2003, 前川啓治・竹内惠行・岡部曜子訳『マクドナルドはグローバルか――東アジアのファーストフード』新曜社。)

第21章

社会学の理論と方法

盛山和夫

> **キーワード**
>
> 方法論的個人主義，方法論的集合主義，理解社会学，機能主義，近代化論，構築主義，意味世界，市民社会論，社会関係資本論，社会学的切断

1 理論と方法をめぐる模索の歴史

個人と社会

　社会学の理論と方法をめぐる議論で最も古くかつ中心的なのが「個人と社会」という問題構図である。これはしばしば「個人が先か社会が先か」「社会名目論と社会実在論」「方法論的個人主義と方法論的集合主義」のような対立的な諸概念を用いて論じられてきた。たとえば「家族」を考えてみよう。多くの人（決してすべてではない）にとって，ものごころついたときから「家族」がある。父母がいて，ときには兄弟姉妹，あるいは祖父母がいたりする。そこでは「家族」という社会の「実在」は確かなものに思えるだろう。ところが，もしかすると父母が離婚して，兄弟姉妹も離ればなれに生活することになるかもしれない。そこにはもはやかつてあった「家族」は存在しない。かつては「実在」していたものが，いまでは「幻想」だったと思われるかもしれない。

　もともと家族や会社のような集団や社会は，生物学的ヒトとしての個人のような個体ではない。そうしたところから，「実在するのは個人だけで，社会は幻想だ」とする考えが生まれる。これが**社会名目論**である。実在論と名目論という対立概念は，もともとは「石」とか「犬」のような普遍概念に対応する実

体が存在するかどうかをめぐる中世哲学の論争に発しており，存在するのは個々の石だけであって普遍的な「石」は存在しないというのが名目論である。社会名目論は，個別のものである「個人」だけが存在して，「社会」は実体としては存在しないと考える。

それに対して，社会もまた実体として存在すると主張する社会実在論がある。その代表が，生物個体が脳，心臓，手足，血管，神経などの諸器官の有機的な結合からなっているように，社会もさまざまな機能を分担する制度や役割などからなっている有機体だと考える**社会有機体説**である。社会有機体説を代表するのは**社会進化論**として有名なスペンサーの社会学である。社会進化論は，適者生存の法則によって優れた個体が生き残っていくように（ただしこれは今日の生物進化論の考えとは異なる），競争を通じて社会が進化していくと考える。その進化とは，生物が初期の原生動物のように単純なものから高度な脊椎動物へと身体的な器官が複雑に分化していくのと同じような，社会の諸要素の高度な分化だと考えている。

方法論的個人主義と方法論的集合主義

社会学の勃興期にはたいへん大きな影響力を持っていた社会進化論も社会有機体説も，社会学が学問としてより緻密な実証性と理論性とを目指すようになるにしたがって，信憑性のない粗雑な理論だとみなされるようになっていく。ただし，学問としての社会学の成立を担ったデュルケムやジンメルも，ある意味では「社会実在論」を主張している。むろん，その論理は社会有機体説とはまったく異なる。たとえばデュルケムは社会学の研究対象は制度や規則のような**社会的事実**であって，それを「モノ（フランス語は chose）のように考察する」のが社会学だと論じている（Durkheim 1897＝1985）。

ジンメルは「社会名目論」の立場をとったと誤解されることが多いが，彼は，「個人だけが実在する」という（社会名目論的な）考えは「社会学から多くのものを奪う」とはっきりと批判している（Simmel 1917＝1966：16）。彼の主要概念のひとつは**心的相互作用**で，それは「社会というものは個人間の心的相互作用を通じていわば『創発的』なものとして実在するようになる」ということを意味している。

ヴェーバーは，社会名目論に近い。中期のヴェーバーは**理念型**の概念を用いて「歴史的個別事象の文化意義を解明する」ことが，社会学を含む文化科学の

探求目的だと考えていた（Weber 1904）。理念型とは，たとえば「資本主義」とか「プロテスタンティズムの倫理」などのような概念は実体そのものを指しているのではなくて，現象をある観点から理念的に構成したものだという考え方を表している。その後，晩年の『社会学の基本概念』では，「社会学とは**社会的行為を理解的に解明するものだ**」という**理解社会学**を定式化する一方で，国家や教会のような社会組織は「実体」として存在するのではなく，「（国家や教会の存在を主観的に想定した人びとによる）有意味に方向づけられた一定の性質をもつ社会的行為が経過するというチャンス」に依存してのみ存在するのだと述べている（Weber 1921＝1968：42-43）。つまり，真に実在するのは諸個人とその社会的行為であって，国家や教会，あるいは社会なるものは，一定の性質を持った社会的行為の集まりにすぎないというのである。

　ヴェーバーの方法は**方法論的個人主義**と呼ばれる。この概念はほぼ同時期に経済学者 J・シュムペーターによって立てられたもので，「個人の行為や属性から出発してマクロな社会現象を解明する」という探求戦略を表している。「方法論的」という形容詞がついているのは，規範的な個人主義（たとえば「個人の権利を尊重すべき」）と区別するためである。もっとも，正確に言えば，ヴェーバーは方法論的個人主義というよりは存在論的個人主義である。

　それに対して，デュルケムについては（方法論的）集合主義と呼ばれることがある（方法論的という形容詞はないこともある）。**集合主義**とは，「社会や制度，組織，ルールのような集合的なものが，個人には還元したり帰着することができない独立したものとして作用している」という考えである。

　今日では，個人と社会をめぐる以上のような対立を直接に議論することは少ないが，この問題は社会学にとどまらず，社会を対象とするすべての学問における探求のしかたにかかわっている。

機能主義

　一時期，社会学を席巻した理論的な立場に**機能主義**（functionalism）がある。機能主義とは，社会はさまざまな「機能」を担う諸要素からなっており，社会学的探求は「社会を構成するそれぞれの諸要素（たとえば制度や慣習や組織など）がどのような機能を果たしているかを解明することを目指す」と考えることをいう。もともとはデュルケム社会学にその萌芽があり，さらにマリノフスキーやラドクリフ＝ブラウンのような文化人類学者がいわゆる未開社会を研究する

中で発展させ，その後再び社会学でパーソンズやマートンなどによって展開された考えである。たとえばデュルケムは初期の『分業論』(1893年)において，近代産業社会における経済的分業の発展は人々をばらばらに孤立させるのではなくむしろ有機的に結びつける機能を持つとして**有機的連帯**の概念を提示した。あるいはマリノフスキーは，西欧人から見て奇妙に見える非西欧社会のさまざまな文化や制度や慣習には，それぞれの社会における人々の欲求を充足するという機能が存在すると主張した(『文化の科学的理論』1944年)。レヴィ=ストロースの『親族の基本構造』(1949年)にも，親族組織構造が社会的連帯に機能しているという観点が示されている。

「機能」とは「何か」のための機能であるので，機能という概念を用いると，その「何か」を明示的ないし暗黙裡に想定することになる。それが「社会」である。つまり，機能主義という考え方をとることは，「ひとつのまとまりあるものとしての社会」を自明のものとして提示することを意味していた。1950年代から60年代はじめにかけて，「機能」という働きを通じて「社会」を構成する諸要素がどのように関連しているかを解明し，それを通じて社会学の理論体系を構築しようという意気込みが大いに盛り上がった。

マートンは，順機能／逆機能や顕在機能／潜在機能などの概念区分を導入して機能分析の理論的整序をこころみた(『社会理論と社会構造』1957年)。しかし，何といっても，機能主義を**ホッブズ問題**(=秩序問題)への「解」のこころみと関係づけて社会学理論の根幹に置いたのがパーソンズである(『社会体系論』1951年)。彼は，社会が秩序だった過程をたどるためには一定の**機能要件**(functional prerequisite)が満たされなければならないとし，特定的には，社会の連帯や統合のためには，社会体系の利益に沿った制度化された役割期待の遂行に必要な「共通の価値パターンの分有」が機能要件だと主張した。

1970年代に入ると社会学における機能主義への期待は急速に弱まる。それは基本的に，「ひとつのまとまりある社会」を自明なものとして想定することへの懐疑が社会学者のあいだで広がっていったことを反映している。社会的な背景には，ベトナム戦争，学生叛乱，人種暴動，フェミニズム運動などがあり，それはまた第1章で述べた近代的なものの見直しをもたらした巨大な社会変動と関連していた。

2 社会学にはどんな理論があるか，もしくはあったか

　機能主義が衰退したあと，社会学には理論的立場やパラダイムをめぐって百家争鳴状態が出現した。主要なものだけでも，構築主義，現象学的社会学，エスノメソドロジー，フェミニズム，カルチュラル・スタディーズ，ポストコロニアリズム，合理的選択理論，社会システム論などがある。また，研究テーマや方法も多様化していった。それまでの家族社会学，農村社会学，都市社会学，産業社会学などに加えて，環境社会学，経済社会学，国際社会学，数理社会学，医療社会学，福祉社会学などの新しいハイフン（-）社会学が増えていっただけでなく，メディア，ジェンダー，障害者，セクシュアリティ，エスニシティ，社会運動，ボランティアといった対象領域が成立していき，さらには文化的再生産論，世界システム論，市民社会論，社会関係資本論などの新しい理論的こころみも現れてきた。

　本節では，伝統的なものも含めて，いくつかの主要な理論やパラダイムについて解説することにしよう。

マルクス主義と社会主義

　社会主義という思想は，社会学にやや先だって19世紀はじめに登場した。社会主義というのは，現実の資本主義経済で生じている貧困などの社会問題を解決して公正で平等な社会をつくることを目指し，市場メカニズムとは異なる共同的な仕組みや国家の介入を主張する思想である。

　さまざまに異なる社会主義思想の中で最も中心的なものがマルクス主義であった。その理論的核にあるのは，「諸悪の根源は，生産手段の私的所有にある」という考えである。生産手段というのは，土地，工場設備，生産機械，あるいは会社そのものなど経済的生産活動の基盤となるモノや組織のことで，今日の用語でも「生産財」とか「資本」と呼ばれ，その所有者が「資本家」である。マルクスは，資本主義経済のもとでは，労働者たちが労働を通じて生み出している経済的な価値はそのまま労働者に配分されるのではなく，生産手段を所有している資本家たちによって不当に「搾取」されるので，真に自由で平等な社会を実現するためには私的所有制度を廃絶しなければならないと考えた。この社会主義理論は，「人類の歴史は階級闘争の歴史である」という史的唯物

論や，疎外や物象化の概念を軸とする哲学や認識論と組み合わさった壮大な理論体系として展開され，19世紀末から20世紀前半にかけて世界の多くの知識人を魅了した。それは実際の革命運動を主導し，ロシア革命や中国革命を通じて，生産手段の私的所有を廃絶したソ連型の社会主義経済という雄大で悲惨な社会実験がもたらされたのである。

近代化論の興隆と衰退

　マルクス主義を含め，19世紀から20世紀にかけての社会思想の多くは「社会進化」や「歴史の発展段階」という問題に魅入られていた。古代・中世・近代という時代区分や，未開・野蛮と文明，進歩，あるいは革命といった観念が大きな意味を持っていたのである。

　第二次世界大戦のあと1950年代から60年代にかけて，マルクス主義に対抗する有力な理論とみなされたのが近代化論であった。それは中世以降の欧米の社会変化を，マルクス主義のように「封建制から資本主義を経て社会主義，そして共産主義へ」としてではなく，「前近代社会から近代社会へ」と捉え，「社会が近代化するための要因や条件は何か，そして近代化によって社会の構造や価値はどのように変化するか」といった問題を探求した。

　近代化や近代化理論（modernization theory）という言葉は戦後に広まったものだが，近代化の問題はコント以来の社会学に内在していた。東西冷戦時代に興隆した近代化論は，植民地から独立したばかりのアジアやアフリカの諸国がどのようにして（ソ連のような社会主義国ではなく西側のような）近代的国民国家を形成できるかという問題意識を色濃く反映していた。そこでは，経済学者W・W・ロストウの『経済成長の諸段階』（1960年）に代表される経済の発展や成長にかんする理論にも関心が寄せられたが，基本的にはヴェーバーの『プロテスタンティズムの倫理と資本主義の精神』（1904年）に見られる「近代社会とは何か」という問いがテーマであった。近代化論の主要な著作としては，S・N・アイゼンシュタット『近代化の挫折』（1966年），B・ムーア『独裁と民主政治の社会的起源』（1966年），T・パーソンズの二著（『社会類型——進化と比較』1966年と『近代社会の体系』1971年）などがある。日本では，明治以降の日本社会の歴史的変動をどう捉えるかをめぐってはマルクス主義の影響が非常に強かった中で，近代化論はそれに対抗しうる理論的枠組みとして歓迎された。

　しかし近代化論にも社会進化論と同様に，植民地主義や人種差別を正当化し

かねない西欧文明の優越意識が見え隠れしていた。社会理論におけるそうした（一部は無意識の）差別的観点が批判の俎上に上がるのはようやく1960年代に入ってからで、それにはいわゆる未開社会の知性を明らかにした人類学者 C・レヴィ＝ストロースの著作『今日のトーテミズム』(1962年) と『野生の思考』(Lévi-Strauss 1962＝1976) が画期的な役割を果たした。ほぼ同じ時期、M・フーコーの『狂気の歴史』(Foucault 1961＝1975) などによって西欧近代的な知への反省的な捉え直しが知識人層に広がっていきつつあった。そして60年代の終わりから70年代にかけて、泥沼のベトナム戦争と大学紛争をきっかけとするアメリカ的・近代的なものへの懐疑が若い世代に一挙に広がると、近代化論も急速に衰退していったのである。

自明視への疑い

　日本で出版される社会学の入門書には「常識を疑う」ことが強調されることがある。こうした社会学観は、広い意味での**構築主義**に属すいくつかの理論的な潮流を背景にしている。具体的には、ベッカーのラベリング論、バーガー＝ルックマンの構築主義、エスノメソドロジー、社会運動の構築主義、フーコー理論、脱構築などである。これらに共通する基本的な考え方は、「社会の制度、規則、風習、習慣、組織、集団、仕組みなどは、〈作られたもの＝構築されたもの〉であって、決して何らかの〈自然的な要因〉に基づいて形成されたものではない」ということである。

　それまでの社会理論の多くは、社会についても自然的ないし必然的な要因を想定する傾向があった。社会進化論は適者生存というある種の自然法則を基盤にしていたし、マルクス主義は「歴史法則」を想定していた。機能主義は、現に存在している制度や規則が「そのようなものとして存在する理由」を社会に対する機能という概念で説明しようとした。

　それに対して構築主義は、「制度や規則がそのようなものとして存在するのは、偶然的ないし恣意的な要因による」と主張する。たとえばベッカーは、マリファナ使用が「逸脱」であるのは、単に「逸脱だと社会的に定義されたからだ」とした (Becker 1963＝1978)。また、バーガーとルックマンは、「制度化は習慣化された行為」が「類型化される」ことで生じると論じている (Berger and Luckmann 1966＝1977：93)。

権力としての知

　1970年代以降の社会学には，「社会の仕組みや制度を規定しているのは，背後に隠れている権力的なものや階級的なものだ」という暗黙の想定がしばしば見られる。**隠れた権力構造理論**と言ってよい。もともとはマルクス主義にあった傾向だが，マルクス主義が失墜する中でもこの想定だけは広く拡散していった。たとえば，**フェミニズム理論**にはジェンダー差別を**家父長制**の概念で説明するものが多いが，家父長制というのはジェンダー差別を正当化したり作り出したりする権力的な仕組みとして「想定された」概念である。

　ほかにもさまざまな理論潮流やパラダイムが隠れた権力構造を前提にしている。**エスノメソドロジー**とその流れをくむ会話分析は，日常的世界がどのように秩序化されているかを解明しようとするが，その際，そこに「権力的なもの」を読み込もうとすることが少なくない。あるいは**カルチュラル・スタディーズ**は，労働者階層を中心とする人々の生活や行動に現れる文化を，階級的関係や権力的関係の文脈で捉えようとする。そうした研究志向は都市社会学や地理学の一部にも見られる。また，フーコーの**生政治**の概念や，**脱構築**で知られるフランスの哲学者デリダの「階層的二項対立」の概念も，権力的なものや階級的なものを暗示している（盛山 2000）。

　ブルデューの**文化的再生産論**（Bourdieu et Passeron 1970＝1991）も，文化資本，ハビトゥス，象徴権力，象徴闘争などの概念を用いて「客観的に存在している階級構造がいかにして正統的なものとして受け入れられ持続しているか」を説明しようとする理論であるが，その理論構図はまさに「隠れた権力的かつ階級的支配の構造」を解明するというものになっている。

　このブルデュー理論もそうだが，隠れた権力構造理論の多くは「権力的なものが〈言語〉や〈テキスト〉に埋め込まれており，〈真理〉や〈知〉がすなわち権力だ」という**権力としての知**論でもある。むろん，ふつうわれわれは真理とは客観的なものだと思っているので，この主張は常識には反する。たとえば「万有引力の法則は権力だ」などという主張はトンデモ科学でしかないだろう。しかし，科学論の分野でも，T・クーンの『科学革命の構造』（1962年）の影響や環境問題・公害問題における科学への批判などのもとで，科学的知識を絶対視しない観点が広がっていっていた。そして，フーコーの精神医学批判やサイード（『オリエンタリズム』1978年）のオリエンタリズム批判はまさに，それまで「客観的な知」だと思われていたものの「権力性」を明らかにしていったの

である。

　こうした「権力としての知」論は，構築主義とともに，1970年代以降の**ポストモダン**思想の重要な特徴をなしている。ポストモダンとは，リオタールがマルクス主義を念頭に置きながら「社会思想における大きな物語の消失」を意味して用いた概念であるが（Lyotard 1979＝1986），広く「近代的な知への懐疑」にかかわるさまざまな思想潮流を呼ぶ言葉になった。

　じつは，権力としての知という概念には一定の真実が含まれている。というのは，その根底にあるのは，①人は一般に知識を前提に行動するのだから，人は自らが真理だと思っている知識によって動かされており，そして②構築主義が主張するように，人々はしばしば制度や規範を自明視して（つまり，その存在が真理だとみなして）行動しているというふたつの論点で，これらは間違いではないからである。知識はそれを真理だと信じている人に対して権力的な作用を及ぼす。そのことは，たとえばマルクス主義を信じた人々が引き起こした政治，社会，労働の諸分野にわたるすさまじく巨大な運動エネルギーをみれば明白である。

　ただし，「権力としての知」という捉え方は，社会学に限らず学問にとって深刻な問題を引き起こす。なぜなら，もしこれが正しいなら，客観的で普遍的に正しい知識を探求するという学問そのものの価値に根本的な疑いが生じるからである。実際，ポストモダン的な科学論は科学そのものへの懐疑を表明していた。

　これは社会学の方法そのものにかかわる根源的な問題なので，これについてどう考えたらいいかは本章の最後であらためて説明することにしたい。

市民社会論と社会関係資本論

　社会学は，いかにして人々は秩序ある共同の社会空間を形成しうるかという，本来的には規範的で社会構想にかかわる問いを探求する。もともとこの問いは17世紀イギリスの思想家T・ホッブズに始まる近代の社会哲学，政治理論の中核をなしてきたもので，ロック，ヒューム，ルソー，カント，ヘーゲル，ベンサム，ミルなど，多くの思想家たちによって探求され続けてきたものでもある。この問題意識は政治学や経済学にも受け継がれているが，社会学は，政治権力や市場メカニズムによってではなく，人々の自発的な行為選択や志向を通じての共同性の成立に関心をおいているという特徴がある。

この問題への社会学研究としては初期パーソンズの『社会的行為の構造』（1937年）が有名だが，戦後社会学での展開を代表するのが『公共性の構造転換』（Habermas 1962＝1994）や『コミュニケーション的行為の理論』（Habermas 1981＝1985-87）のハーバマスで，その理論は**市民社会論**と呼ばれる。市民社会（civil society）とは通常は単に「市民たちからなる社会」というほどの意味だが，より特定的には，「国家という権力的なものがないところで自発的に成立する自由で平等な秩序ある共同社会」という特殊な意味が賦与されている。とくに，1989年の東欧革命とそれに続くソ連崩壊のあと，社会主義国家というきわめて権力的な体制が解体された後の高揚感の中で，そうした特殊な意味での「市民社会の可能性」が大いに論じられた。その先駆けとなったのがハーバマスである。比較的最近では，アメリカの社会学者J・アレクサンダーも『市民圏』（*The Civil Sphere*）（Alexander 2006）という著作で国家や市場からは独立した社会空間としての市民社会を論じている。

　他方，同じ問題意識は近年の**社会関係資本論**にも分かち持たれている。社会関係資本という言葉（＝social capital）そのものはブルデューが「個人的利益の達成に寄与するような個人的ネットワーク（いわゆるコネ）」を意味して用い始めたものだが，数理社会学者のJ・S・コールマンによって「人びとの自発的な協力行動を可能にするもの」という意味へと転換され（Coleman 1990＝2004・2006），さらに政治学者R・D・パットナムによるイタリア社会の実証研究（Putnam 1994＝2010）をきっかけとして，今日の社会科学の多くの領域で最大の関心を集めているテーマとなった。パットナムによって展開されたコールマンの意味での社会関係資本の概念は，（必ずしも政治権力を排除して考えてはいないが）「人々のあいだの基本的な共同性を支えるような市民意識や連帯や協力の基底的構造」を意味しており，どのような条件がそうした社会関係資本の醸成や増進に影響するかにかんする研究が盛んに行われているのである。

その他の主要理論

　現代の社会学理論として，ルーマンの**社会システム論**を無視することはできないだろう。社会学におけるシステム論的な考え方は経済学者でもあったV・パレートに始まり，戦後，サイバネティクスや経済学の一般均衡理論などの隆盛のなか，パーソンズの『社会体系論』（1951年）をきっかけに広まったもので，基本的に「社会は，内部の諸要素が有機的に関連し合って均衡を達成している

システムだ」と前提している。ここでのシステムには暗黙のうちに「内的に統合された」という意味が含まれていて、機能主義との親近性が高い。もっともルーマン理論（代表的著作は Luhmann 1984＝1993）については、システムの構成要素として個人や行為ではなく「コミュニケーション」や「意味」を想定していること、「機能分化」における「各下位システムの独立性」を強調していることなどから、均衡論的ではなく多元主義的で自由やシステム合理性といった価値を重視しているという解釈もある。

ドイツの理論社会学者としては、U・ベックもあげておきたい。ベックの名前は東日本大震災の後、『危険社会』（正確には『リスク社会』1986年）の著者として日本で広く知られるようになった。ただし、同書におけるベック理論の真髄は**リスク社会論**というよりは、科学への信頼にみち、階級と性別役割分業を前提とする身分社会である単純な近代社会から、階級のような伝統的大集団が衰退して**個人化**していく**内省（再帰）的な近代社会**への変容が起こっているとする後期近代社会論にある。

3　社会調査の意義と方法

何のための調査か

社会学の方法として、社会調査は大きな役割を担っている。たとえば介護問題の研究者であれば、介護の現場へ出かけたりそこで働く人たちにインタビューしたりすることが重要であるし、国際移民問題を研究しようと思ったら日本国内の外国人労働者のおかれている状況だけではなく、ヨーロッパやアメリカでの移民たちの生活状況を現地に出かけて知ることも必要である。

社会学は経験科学であり、経験的世界としての社会的世界を研究する。その主要な方法が社会調査である。社会調査は、社会学だけではなく、文化人類学、民俗学、そして社会心理学や政治学などにおいて重要な方法となっている。社会調査の特徴は、①実験とは違い、現実の社会生活の実態にかんするデータであること、②個人からの聞き取りや質問紙への記入を主な方法としていること、③多くの場合、生活の現場（住居、職場、地域など）における調査であること、である。ただし、広い意味での社会調査は必ずしもこの3点すべてが揃っていなくてもいい。たとえば②と③にかんして、以前から新聞記事や日記などの分析があり、最近ではIT機器やインターネットを通じて収集されるビッグデー

タの分析が盛んである。したがってゆるやかには「現実の社会生活の実態にかんするデータを収集して分析すること」を社会調査とみなしていい。

なお，英語では，直接的にデータを収集する作業に焦点を当てる場合にはsocial surveyと呼び，それに加えてデータ分析だけでなく研究全般を含めるときは social research と呼ぶ慣わしがある。

意味世界を探求する社会調査

社会調査が社会学の第一義的な方法だということは，社会学が「ミクロな現場性」，すなわち人々が体験するリアリティを重んじる学問であることを示している。

ここで，「しかし，代表的な社会調査といえば国勢調査や世論調査のように数多くの人からデータを集めて統計的に分析するもので，そこでは人々のリアリティ感覚など無視されるのではないか」という疑問が浮かぶかもしれない。この疑問は，量的調査と質的調査，あるいは統計的研究と事例研究など，よくある対立とかかわっている。いわゆる「科学的な方法」を重視したい人は「大量のデータを集めて統計的に分析する」ことが客観的な研究への道だと考え，その逆に「日常生活者のリアリティや主観性」にこそ真実が宿ると考える人は「数値化されたデータからはリアリティは消えている」と感じる傾向がある。

むろん，多くの社会学者はこれらを対立としてではなく補完的な方法として捉えているのだが，より具体的には次のように考えればいい（盛山 2004，2013）。

まず，第1章で触れたように，社会は人々によって意味的に構成されることで成立している。家族，国家，会社などの集団や組織，あるいは憲法，法律，規範，契約などの制度は，人々がそれらをどう理解しているかに依存し，人々の意識からその存在が消えれば消滅する。したがって社会を探求するということはまずもって人々の「意味づけのしかた」を解明することである。実際，社会調査では（世論調査を典型として）人々が社会的世界をどのように理解してどのような意見を持っているかにかんする問いが大きなウエイトを占める。現場での調査が重視されるのも，それが「意味づけのしかた」に接近するのにより効果的だからである。

ただし，このことから量的データの統計分析が不要だということにはならない。第一に，選挙や財政，あるいは貧困・格差がそうであるように，社会的現実はしばしば統計的な事実の上に成立しており，それを解明する上で統計的

方法は不可欠である。第二に,人々の意味づけのしかたそのものはさまざまな要因のもとで形成されている。それを解明してリアリティに迫る上では,個別の事例を分析することも重要ではあるけれども,要因やメカニズムを探る点で,大量のデータを統計的に分析する方法もしばしば有効である。

4　経験科学から構想の学へ

社会学的切断

　2節の「自明視への疑い」で述べたように社会的世界は人々の意味賦与や常識によって構成されているが,残念なことにそうした意味世界には自文化中心主義や偏見が潜んでいたりして,基本的に主観的なものであることは否めない。したがって社会学はいったん日常的生活世界における意味構成から自らを切り離し,より客観的で普遍的な地平において社会にかんする知識を作り上げることを目指すことになる。これは「常識を疑う」に近いが,正確には「探求における**社会学的切断**」と呼ぶことができる。

　たとえばヴェーバーが『プロテスタンティズムの倫理と資本主義の精神』(1904年)で展開している分析は社会学的切断の一例をなしている。すなわち,カルヴァン派の予定説が意図せざる結果として「世俗内禁欲」というエートス(生活様式)を生み出したという説明は,日常生活者としてのプロテスタント信者が信じている予定説の主観的な意味をいったん無視して,それが結果として世俗内禁欲という生活態度とさらにその帰結としての資本主義という経済活動を生み出したという,客観的レベルでの因果連関の分析になっているのである。

　あるいはデュルケムは『自殺論』(Durkheim 1897=1985)において,自殺者の主観的な動機についての資料は信頼できないし意味がないとして,それとはまったく別の地平で「個人主義的自殺」「集団主義的自殺」および「アノミー的自殺」という類型を立てている。そうすることで,自殺という現象とそれにかんする膨大な統計データをもとに,人々の精神的生活に影響を及ぼす社会的および社会構造的要因を解明していったのである。

　このように,人々の主観的意味世界を対象化し,いったん括弧にくくることによって,より客観的な地平において社会的世界を理解し組み立て直そうとするのが社会学的切断である。それは,社会学の経験科学としての側面を徹底し,主観に依存しない客観的で普遍的な知識を確立することを目指している。

「客観性」を目指すとは

　もっとも，ここにおいて，社会的世界が自然的世界とは違って「意味世界」であることに注意しなければならない。社会的事実を「モノのように〈考察する〉」(デュルケム)からといって，それは「モノとして存在する」ことではない。つまり，社会における諸事象は，自然的世界における水や石のような「客観的」な存在ではないのである。

　しかし，逆に，社会的世界が主観的な意味世界からなっているということから，社会学は真理とか客観性とかを探求しなくてもいいとか，探求することは不可能だとかいう風に結論づけるのは間違っている。なぜなら，社会学も含めてそもそも学問とは，時代と文化の違いを超えて妥当する客観的な真理を探求する知的な営みである。たとえ困難であっても，その目標を下ろしてしまったら，それはもはや学問ではない。学問とは，じつは最も純粋に「共同性」という理念に導かれるべき営みなのである。

　では，社会学はどのようにして客観性を探求できるのか。それには基本的にふたつの柱がある。第一が，まさに「経験科学」としての社会学という性質である。社会調査を通じて得られるデータ——それには，量的なものだけではなく了解に志向したヒアリングなどによる質的なものも当然含まれる——は，自然科学ほどの厳密な測定ではありえないものの，学問共同体で共有しうるレベルでの客観性を持つことは可能であり，そうしたデータをもとにして，いかなる知見が正しいかを合理的に議論することができるのである。

　第二の柱をなすのは，一見すると対照的だが，社会学が規範的な構想の提示を目指す学問だという性質である。規範的な探求はしばしば単に「主観的なもの」とみなされがちであるが，本当はそうではない。望ましい社会の状態を提示するとは，当該の学問共同体の中で対立する諸議論と対峙し，データ，理論，論理等を駆使して説得的に語るということである。それはまた，社会でともに生きる人々からなる社会空間における対話とコミュニケーションの素材となり，そこでの検討にさらされるということである。つまり規範的な構想の提示は，「客観的に妥当する」ことを目指すものでなければならないのである。

　学問とは，よりよい共有しうる知識を探求する営みである。たとえどんな困難があったとしても，社会学もまたそうした学問のひとつなのである。

文献

Alexander, Jeffrey C., 2006, *The Civil Sphere*, Oxford University Press.

Beck, Ulrich, 1986, *Risikogesellshaft : Auf dem Weg in eine andere Modern*, Suhrkamp Verlag.（＝1998，東廉・伊藤美登里訳『危険社会——新しい近代への道』法政大学出版局。）

Becker, Howard S., 1963, *Outsiders*, Free Press.（＝1978，村上直之訳『アウトサイダーズ』新泉社。）

Berger, Peter and Thomas Luckmann, 1966, *The Social Construction of Reality*, Doubleday & Co.（＝1977，山口節郎訳『日常世界の構成』新曜社；＝2003，山口節郎訳『現実の社会的構成——知識社会学論考』［新版］新曜社。）

Bourdieu, Pierre et Jean-Claude Passeron, 1970, *La reproduction : Elements pour une theorie du systeme d'enseignement*, Minuit.（＝1991，宮島喬訳『再生産』藤原書店。）

Coleman, James S., 1990, *Foundations of Social Theory*, Harvard University Press.（＝2004・2006，久慈利武監訳『社会理論の基礎』上・下，青木書店。）

Durkheim, Émile, 1895, *Les règles de la méthode sociologique*.（＝1978，宮島喬訳『社会学的方法の規準』岩波文庫。）

Durkheim, Émile, 1897, *Le Suicide : ètude de sociologie*.（＝1985，宮島喬訳『自殺論』中公文庫。）

Foucault, Michel, 1961, *Histoire de la folie à l'âge classique*, Gallimard.（＝1975，田村俶訳『狂気の歴史』新潮社。）

Habermas, Jürgen, 1962, *Strukturwandel der Öffentlichkeit : Untersuchungen zu einer Kategorie der bürgerlichen Gesellschaft*, Neuwied.（＝1994，細谷貞雄・山田正行訳『公共性の構造転換——市民社会の一カテゴリーについての探究』（第2版の訳）未來社。）

Habermas, Jürgen, 1981, *Theorie des Kommunikativen Handelns*, Suhrkamp Verlag.（＝1985-1987，丸山高司ほか訳『コミュニケーション的行為の理論』上・中・下，未来社。）

Lévi-Strauss, Claude, 1962, *La pensée sauvage*, Plon.（＝1976，大橋保夫訳『野生の思考』みすず書房。）

Luhmann, Niklas, 1984, *Soziale Systeme : Grundriß einer allgemeinen Theorie*, Suhrkamp.（＝1993，佐藤勉監訳『社会システム理論』上・下，恒星社厚生閣。）

Lyotard, Jean-Franrois, 1979, *La condition postmoderne*, Minuit.（＝1986，小林康夫訳『ポスト・モダンの条件——知・社会・言語ゲーム』水声社。）

Malinowski, Bronislaw, 1922, *Argonauts of the Western Pacific*, Routledge & Kegan Paul.（＝2010，増田義郎訳『西太平洋の遠洋航海者』講談社学術文庫。）

Putnam, Robert D., 1994, *Making Democracy Work : Civic Traditions in Modern Italy*, Princeton University Press.（＝2001，河田潤一訳『哲学する民主主義――伝統と改革の市民的構造』NTT出版。）

盛山和夫，2000，『権力』東京大学出版会。

盛山和夫，2004，『社会調査法入門』有斐閣。

盛山和夫，2013，『社会学の方法的立場――客観性とはなにか』東京大学出版会。

Simmel, Georg, 1917, *Grundfragen der Soziologie : Individuum und Gesellschaft.*（＝1966，阿閉吉男訳『社会学の根本問題――個人と社会』現代教養文庫（社会思想社）；＝1979，清水幾太郎訳『社会学の根本問題』岩波文庫。）

Weber, Max, 1904, *Die Objektivität sozialwissenschaftlicher und sozialpolitischer Erkenntnis.*（＝1998，富永祐治・立野保男訳，折原浩補訳『社会科学と社会政策にかかわる認識の「客観性」』岩波文庫。）

Weber, Max, 1921, "Soziologische Grundbegriffe," *Wirtschaft und Gesellshaft*, J. C. B. Mohr: I, 1-30.（＝1968，阿閉吉男・内藤完爾訳『社会学の基礎概念』角川文庫；＝1972，清水幾太郎訳『社会学の根本概念』岩波文庫。）

人名索引

あ 行

アイゼンシュタット, S.N.　328
青木秀男　167
安積遊歩（純子）　152, 164
渥美公秀　233
阿部彩　166
アリエス, P.　41
有賀喜左衛門　103
アルヴァックス, M.　230
アレクサンダー, J.　332
石井研士　259, 261, 264
石田仁　179
磯村英一　167
伊藤雅之　265
稲場圭信　267
井上順孝　264
イリイチ, I.　42, 195
岩田正美　172
ウィークス, J.　178
ウィリアムズ, R.　242, 244, 248
ウィルキンソン, R.G.　201, 202
ウィルソン, B.　256
ウィルヒョウ, R.　193, 195
ウィルモット, P.　37
ウィン, B.　217
ヴェーバー, M.　7, 8, 68, 69, 163, 255, 324, 325, 328, 335
上野千鶴子　163
ウェルマン, B.　58
ウォーカー, A.　162
ウォーカー, C.　162
ヴォーン, D.　218
ウォルツァー, M.　56, 150
江口英一　167
エスピン＝アンデルセン, G.　155
遠藤薫　249
オークレー, A.　42
大橋薫　167
大藪壽一　167
岡本亮輔　262, 266

落合恵美子　39
オリバー＝スミス, A.　224
オルソン, M.　116
オルテガ・イ・ガゼット　96
オング, W.　248

か 行

カーソン, R.　213
カサノヴァ, J.　256
風間孝　180
カステル, M.　106
片田敏孝　230
嘉田由紀子　212
加藤政洋　184
河口和也　180, 185, 186
カワチ, I.　202
ガンズ, H.J.　101
ギアツ, C.　134
キットラー, F.　248
ギデンズ, A.　24-27, 30, 159, 162, 216
クーン, T.　214, 330
クズネッツ, S.　66
グブリアム, J.　27, 28, 30
クラインマン, A.　196, 200
クリージ, H.　112, 116
グレイザー, B.G.　200
コーエン, A.　278
ゴールドソープ, J.H.　67, 68
コールマン, J.S.　332
ゴッフマン, E.　20, 27-29, 50, 198, 199, 202
コント, A.　5, 6, 14
コンラッド, P.　196

さ 行

サイード, E.W.　330
櫻井義秀　264
サザランド, E.　278
サス, T.　198
サッセン, S.　107
サミュエルソン, P.　154
サムナー, W.　6

ジェイコブズ, J.　106
シゲリスト, H.E.　195
島崎稔　104
島薗進　267
ジャゴーズ, A.　185
ジャザノフ, S.　217
シュナイダー, J.W.　196
シュムペーター, J.　325
シルバー, H.　163
新ヶ江章友　180
ジンメル, G.　7, 97, 324
菅磨志保　231
杉浦郁子　179
鈴木栄太郎　103, 104
鈴木広　104
ストラウス, A.L.　200, 201
ズナニエッキ, F.W.　9
スノウ, D.　120
スノー, ジョン　193
スペンサー, H.　6, 324
スミス, A.D.　136
スミス＝ローゼンバーグ, C.　183
スメルサー, N.　114
セジウィック, E.K.　178, 188
セルトー, M.　244
セン, A.　149
ソルニット, R.　228
ソローキン, P.　9

た 行

タウンゼント, P.　165
橘木俊詔　166
立岩真也　170
田中亜以子　184
谷口洋幸　186
田間泰子　184
タルド, G.　273
ダンカン, O.D.　70
チャーマッツ, K.　200
チョドロウ, N.J.　43
塚田穂高　265
対馬路人　258
ティトマス, R.　148
テニエス, F.　6, 7, 58, 157
デュルケム, É　7, 51, 57, 255, 274, 276, 277, 324-326, 335

デ・ラウレティス, T.　182, 185
デリダ, J.　330
ドゥオーキン, R.　149
トゥレーヌ, A.　117
ドーア, R.　88
トマス, W.I.　9
富永健一　74
鳥越皓之　212

な 行

西山茂　262
似田貝香門　104

は 行

バーガー, P.　12, 329
パーク, R.E.　9, 97, 132
ハーシ, T.　281
バージェス, E.　9, 98, 132
パーソンズ, T.　9-11, 33, 194, 200, 202, 326, 328, 332
ハーバーマス, J.　54-56, 332
パール, R.E.　105, 106
バーン, D.　171
バウマン, Z.　24-26
バダンテール, E.　41
パットナム, R.D.　58-60, 332
バトラー, J.　183
濱口桂一郎　4
バリー, M.　200
バルト, F.　131
パレート, V.　332
ハワード, E.　99
ピケティ, T.　65, 66
肥留間由紀子　179
フィッシャー, C.S.　58, 102
ブーアスティン, D.　245, 246
フーコー, M.　177, 178, 196, 198, 329, 330
ブース, C.　164
フェダマン, L.　183
フェノロサ, アーネスト・F.　6
福武直　103
藤目ゆき　184
舩橋晴俊　210
ブラウ, P.M.　70
フリードソン, E.　195, 202
ブルア, D.　215

ブルース, P. K. 202
古川誠 179
ブルデュー, P. 82, 330, 332
ブレイ, A. 178
フロイト, S. 34
ベッカー, H. 12, 198, 280, 329
ベック, U. 158, 215, 333
ヘブディジ, D. 247
ベンヤミン, W. 245
ホール, S. 243, 246
ホッブズ, T. 331
ホマンズ, G. C. 9-11
ホルスタイン, J. 27, 28, 30
ホワイト, W. F. 10, 101

ま 行

マートン, R. K. 9, 213, 214, 326
前川直哉 179
マクルーハン, M. 248, 249
マッキーヴァー, R. M. 57, 103
マッキノン, C. 42
マッケンジー, D. 208
マッツァ, D. 281, 282
マリノフスキー, B. 9, 325, 326
マルクス, K. 7, 67, 69
丸山里美 168
マンハイム, K. 214
ミード, G. H. 18
三橋順子 179
宮本太郎 171
ムーア, B. 328

メイヨー, G. E. 10
メルッチ, A. 112

や 行

山中弘 266
ヤング, M. 37
横塚晃一 170

ら・わ 行

ラドクリフ=ブラウン, A. R. 325
ラファエル, B. 228
リースマン, D. 22, 31
リオタール, J.-F. 331
リスター, R. 166
リッチ, A. 183
リップマン, W. 245
リンド, H. M. 9
リンド, R. S. 9
ルーカス, G. 154
ルーマン, N. 240, 332
ル・コルビュジエ 99
ルソー, J.-J. 3
ルックマン, T. 12, 256, 329
レイン, R. D. 198
レヴィ=ストロース, C. 326, 329
ロウントリー, S. 164
ローマー, J. E. 150
ロールズ, J. 149
ロストウ, W. W. 328
ロック, M. 218
ワース, L. 9, 100

事項索引

あ行

アーバニズム論　100
アーバン・マネージャー　106
アイデンティティ　26, 30, 118
　　――集団　137
　　――・ペグ　21, 26, 28, 29
　　――・ポリティクス　118, 137
　　自己――　26, 27
　　集合的――　118, 122
アイデンティフィケーション　119
アウトサイダー　218
青い芝の会　116, 169
赤線　184
アクティベーション　171
足湯　232
アソシエーション　57, 58, 60
新しい公共論　56
「新しい社会運動」論　117, 119
新しい歴史学　41
アノミー　8, 276, 291
アメリカナイゼーション　249
イエ　103
　　――連合　103
家制度　38
医学モデル　272
閾値問題　115
生きる力　84
イタリア犯罪学派　273
逸脱　103, 218, 274
　　――の常態化　218
一般化された信念　114
一般化された他者　20
一般緊張理論　282
イデオロギー　132
遺伝子組換え作物　216, 217
移動表　70
意味世界　197, 334-336
移民　99, 117
イラン革命　119
医療化　196, 203

印象操作　21
インターセックス　176
インターネット　246, 249
インナーシティ　106
インフォームド・コンセント　217
インペアメント　168
ヴェーバーの階級論　68
エイズ　180, 188
エートス　8, 335
液状化近代　24, 25
エスニシティ　70, 73, 74, 129, 182
エスニック集団　129
エスニック・リバイバル　129
エスノメソドロジー　200, 330
閲歴（career）　199
エトニー　136
エビデンス・ベイスド-メディスン（EBM）　197
エンコーディング／デコーディング　243, 246
援助交際　271
エンパワメント　150
オイルショック　213
欧州連合　310
オキュパイ・ウォールストリート　121
オタク　244, 249
オリエンタリズム　330
オン・ザ・ジョブ・トレーニング（OJT）　89

か行

会社人間　87
階級　67, 327
　　――意識　72
階層　67
　　――意識　72
　　――帰属意識　73
　　――構造　74
外部指向（他者指向）　23
下位文化　102
　　――仮説　58

非行—— 278
科学 208, 214, 215, 219
　——技術 208, 213
　——論争 215, 216
輝く都市 99
画一化 292
格差原理 149
学生叛乱 12
学歴社会 72
隠れた権力構造理論 330
家事 42
家族 33
　——機能の縮小と専門分化 36
　——主義 157
　——福祉 156
　——療法 29
　核—— 36
　拡大—— 36, 37
　近代—— 34, 40
　孤立核—— 45
　直系—— 36
　標準—— 44
　複合—— 36
価値付加プロセス 114
家長 38
学校経由の就職 85, 86
家父長制 330
カルチュラル・スタディーズ 243, 244, 246, 247, 330
カルト 264
過労死 92
過労自殺 92
環境保護運動 115, 117, 212, 216
環境問題 207, 209, 213
観察者の参与 237
監視社会 250
感受概念 111
官僚制 291
記憶 230
機械的連帯 7
機会の不平等 66
企業コミュニティ 87
企業別労働組合 88, 90
疑似イベント 245
疑似環境 245
技術決定論 209, 220, 242, 248

技術楽観論 209, 215
機能 10, 274, 275, 326
　——主義 275, 325, 326, 329, 333
　——分化 333
　——要件 10, 326
客我（me） 19
客観性 12, 336
ギャング本能説 275
救命・救助 225, 226
教育機会の不平等 75, 80-84
教育達成 71
共産主義 7
行政村 103
業績主義 81
共同子育て 45
共同性 1-3, 14, 150, 158, 331, 336
　——の破れ 4, 5
業務統計 281
儀礼 21
緊急社会システム 228
近代化 12, 108, 290, 307, 328
　——理論 328
　——論 133
近代家族 34, 40
近代社会 7, 8
緊張理論 276
クィア 118, 185, 186, 188
　——・スタディーズ 179, 185, 187
クールジャパン 249
クリエイティブ産業 243
グローバリゼーション 13, 301, 307
　反—— 312
グローバル・ヴィレッジ 310
グローバル化 76, 77
　経済の—— 91
グローバルな正義 315
　——のための運動 312
グローバル文化 249
グローバル論者 313
群集心理（論） 114
ケア 37
　——のきずな 43
　——の社会化 157
　こころの—— 232
ゲイ 182, 185
　——解放運動 115, 118

343

経験科学　333, 335, 336
経験学派　246
経済過程　104
刑事学モデル　272
経路依存　218
ケインズ経済学　148
ゲゼルシャフト　7, 58
結合型（bonding）　59
結節的機関　103
血友病　118
ゲマインシャフト　7, 58, 157
健康　191
　──格差　203
　──生成　203
原子化　97, 291
原初的紐帯　135
原理主義（fundamentalism）　256
権力　53
　──としての知　330
合意　98
行為体系　10
公害　111, 209, 213
郊外化　96
後期近代　11, 13
公共空間　50
公共圏　59, 297
公共財　51, 54, 105, 149
公共性　59, 61
公共性の構造転換　55
講組結合　103
公権力　53, 54, 57
公式統計　281, 284, 285
公衆衛生　193, 203
厚生経済学　149
構造機能主義理論　9
構造分析　105
構築主義　13, 130, 329
　──的社会問題論　280
公的保育　45
高度近代　24
高度サービス部門　107
公民権運動　115
合理化　291
功利主義　296
合理性　114
合理的選択理論　116, 119

国際通貨基金　311
国民国家　3, 146, 290, 316
国民性調査　258
国民の家　145, 146, 157
個人化　333
個人史の崩壊　200
個人的なことは政治的なこと　42
コスモポリタニズム　315
子どもの社会化　33
コーポラティズム　299
コミュニケーション　98
　──の二段の流れ　295
コミュニタリアニズム　150
コミュニティ　88, 98, 275
　──問題　58
　ペグ・──　26
コモンズ　210, 211
　──型福祉論　159
　──（共有地）の悲劇　159, 210, 213
コンセンサス会議　217
コンテンツ　240, 241, 244, 245, 247, 249, 251
コントロール理論　282
コンパクトシティ　95

さ　行

サード・セクター　52
災害サイクル　226
災害の記憶　230
災害ボランティアセンター　233
災害ユートピア　228
再帰性　24, 235, 237
再帰的近代　13, 24
再帰的プロジェクトとしての自己　25, 27
再分配　54, 60
　──の闘争　137
サウンドデモ　121
里子　41
里山　212
参加型モデル　217, 219
産業化　36, 97, 148
　──命題　70
参与観察　120
自営業　91
ジェンダー　34, 70, 73, 182, 183
　──差別　330
ジェントリフィケーション　107

市街地　95
視覚文化（ビジュアルカルチャー）　245
シカゴ学派　9, 100, 102, 103, 274, 275
時間的継続性への信頼　234
子宮頸がん　111
シグナリング論　71
資源動員論　115-117, 119, 121
自己　17, 18, 30
　――決定　152
　――の喪失　200
　――物語　27-29
市場　51, 52, 54, 55, 62
　――原理主義　154
　――志向型雇用システム　88
　――の失敗　149
　――メカニズム　149
自然　212, 213
慈善　147
自然科学　223-225, 227, 235
自然村　103
実証的　39
実践共同体　231
質的調査　83
シティズンシップ　316
ジニ係数　65, 166
支配の集団　133
自文化（民族）中心主義　12, 13
自閉化（involution）　112, 121
資本家階級（ブルジョアジー）　117
資本主義　7, 8
市民活動　229
市民社会　53, 56, 59-62, 229
　――論　56, 332
市民的公共圏　54-56, 59, 60
自明視　335
自明性への信頼　234
社会　45
　――移動　69, 70
　――運動　212
　――階級　117
　――階層論　69
　――階層と社会移動全国調査（SSM 調査）　74
　――解体論　100, 275
　――圏の交差　7
　――構築主義　212
　――事業　147
　――システム論　332
　――実在論　323, 324
　――情報学　246
　――進化論　6, 324, 329
　――正義　315
　――政策　147
　――制度　275
　――組織　275
　――地図　98
　――調査　333, 334
　――的原因　272
　――的行為　325
　――的資源　137
　――的事実　324
　――的性格　22
　――的世界　12, 14, 333, 335, 336
　――的選択　50
　――的ダーウィニズム　6
　――的ネットワーク　58
　――的排除　161, 162, 165, 166
　――的反作用　280
　――的閉鎖理論　163
　――的不平等問題　2
　――的文化の停泊地　102
　――的包摂　162, 171, 172
　――的連帯　163
　――統制　97
　――の正常性　274
　――福祉　147
　――保険　147
　――名目論　323, 324
　――モデル　169, 170, 172
　――有機体説　324
社会学
　――的介入　117
　――的性差　34
　――的切断　335
　――モデル　272
医療――　192, 193, 202
科学知識の――　214, 215
健康――　194
健康と病気の――　194, 197
災害――　235, 236
宗教――　255
精神医療の――　198

345

組織——　119
　　地域——　105
　　知識——　214
　　理解——　325
社会関係資本　58, 59, 202, 303
　　——論　60, 332
社会経済的地位　79-81, 84
　　——指標　69
社会主義　7, 148, 301, 327
社会保障　147
　　——給付費　154
　　——制度　145
社会民主主義　148
シャドウ・ワーク　42
宗教の私事化　256, 262, 267, 268
宗教の社会貢献　267
宗教の商品化　262
集合意識　274
集合行為　112
集合行動論　114, 115
集合財　115
集合主義　10, 325
集合的記憶　230, 243
集合的消費　105
自由からの逃走　291
自由主義　148
自由と平等　290, 298, 327
就職活動　86
終身雇用　89
住民運動　104
宗門人別改帳　39
重要な他者　20
受益圏／受苦圏　122, 210
主我（I）　19
出産退職　36
出生　39
　　——率の低下　44
主婦　42
障害学　169
障害者　168, 169, 219
　　——福祉　152
商業化　112
少産少死　40
少子化　44, 157
少子高齢化　91
　　——問題　76

情動　243
承認の闘争　137
職業威信スコア　67, 69
職能給　90
職能資格制度　90
職務給　90
女子進学率　35
女性運動　117
女性参政権　35
女性の地位　39
ショッピングセンター　106
所得格差　84
所得の再分配　51
ジョブ型雇用システム　89
自立生活運動　116
素人専門家　219
人口減少　95
新公衆衛生運動　201
人口転換理論　40
人種　128
　　——主義　131
新宗教　257, 262-264
　　——運動　120
新自由主義　154, 290, 312
親族集団　36
親族ネットワーク　45
親族の扶養義務　39
新卒一括採用　85, 86
人的資本　80
　　——論　71
心的相互作用　7, 324
シンボリック相互行為論　120
親密圏　251
信頼　216, 234
スティグマ　118, 151
スピリチュアリティ　265-267
住み分け　98, 100
スラム　101
スローフード運動　122
性科学　179, 183
成果主義　91
生活環境主義　212
生活周期　102
生活世界　56, 197
　　——の植民地化　297
正義　149, 296

正規雇用　4
生産力　103
政治過程　104
　——モデル　119
誠実な自己呈示　216
政治的機会構造　119
性自認　176, 181, 186-188
脆弱性　225
正常人口の正常生活　103
正常性バイアス（正常化の偏見）　227
生殖補助技術　43
成人のパーソナリティの安定化　33
精神分析理論　34
生政治　330
性的指向　186-188
性同一性障害　175, 176, 181
制度化　112, 113, 233
制度的アノミー論　283
性別違和　181
性別適合手術　175, 181
性別役割分業　12, 43
生命　218, 219
生来性犯罪人説　272
世界社会　309
世界都市　107
世界貿易機関　311
セクシュアリティ　121
セクシュアル・ハラスメント　42
セクシュアル・マイノリティ　175-177, 180-182, 187
世俗化　255, 256
世俗化論　256
世俗内禁欲主義　8
世代間移動表　70
世代内移動　71
絶対的貧困　165
セルフヘルプ・グループ　112
セレクティブ・サンクション　280
遷移地帯　98
専業主婦　209
潜在能力の平等　149
全制施設（total institution）　198
全体主義　295
選択　235
選択的誘因　116
選別主義　151

専門家　217
　——システム　216
　——支配　195, 202
専門分化　37
相互作用　274, 275
創造的復興　228
想像の共同体　250
相対所得仮説　202
相対的剥奪　114, 165
相対的貧困率　76, 165
ソーシャル・キャピタル　58
ソーシャルメディア　30
ソーシャルワーク　150
ソサエティ　98
ソシオ・メディア論　242
組織志向型雇用システム　88
率先避難者　231
ソフトパワー論　249
村落研究　102

た　行

第一次逸脱　280
第一波フェミニズム運動　35
対抗文化　265
第三の道　159, 315
大衆　97, 245-247
大衆社会　293
　——論　57, 114
大衆文化　244
大卒就職協定　86
大都市　97
第二次逸脱　280
第二の近代　11, 13, 24
第二波フェミニズム運動　36, 42, 115, 183, 296
多元的社会　295
多元主義　295
多元的自己　31
多産少死　40
多産多死　40
脱構築　13, 330
脱私事化（desecularization）　256, 257, 268
脱収容化（de-carcelation）　199
脱物質主義的な価値観　213
多文化主義　139
多様性　1, 2, 187, 319

価値観の―― 218
男女間格差 91
男女間不平等 73
男女雇用機会均等法 86
男性性 38
男性の育児参加 44
地域社会 211
　――構造 104
地域消滅 95
地位達成過程 70
地位達成モデル 70
地縁組織 104
秩序化のドライブ 233
秩序構想 14
秩序問題 326
中間集団 57, 62, 295
中心業務地区 98
中範囲の理論 9
中流意識論争 75
中流階級居住地帯 98
長期的雇用慣行 88, 89
長時間労働 92
通勤者地帯 98
帝国主義 314
ディスアビリティ 168
ディペックス（DIPEx） 197
データベース型消費 249
テクノクラート 117
テクノロジー 207
田園都市 99
伝統指向 23
伝統社会 291
伝統論者 313
同一労働同一賃金 88
動員構造 119
同化主義 131
同化と統合 139
討議 53-56, 59, 60, 62, 290, 297
道具的役割 34
同心円地帯理論 98
同性愛者 175, 178-180, 187
同性婚 182, 186, 187
同族結合 103
同族団 38, 103
道徳事業家 280
特定非営利活動法人（NPO法人） 229

匿名性 100
都市 96
都市化 36, 58, 97, 291
都市の下位文化理論 102
ドミナントストーリー 29
ドメスティック・バイオレンス 42
トランスジェンダー 175, 179, 181, 185, 187

な　行

内省（再帰）的な近代社会 333
内部指向（自己指向） 23, 25
ナチズム 114
ナラティブ 197, 203
　――・セラピー 197
　――・ベイスド-メディスン（NBM） 197
二次創作 244
二重構造論 71
日常生活者 13, 334
日常生活に対する「信頼」 234
日常生活の自明性 234
日常的生活世界 335
日本型福祉国家論 156
日本人の意識調査 259
日本的雇用慣行 87, 88, 89, 91
人間生態学 98
認知的解放 119
年功賃金制 88-90
脳死移植 218
農地改革 104
ノーマライゼーション 152
能力主義 296

は　行

バーミンガム学派 243
媒介過程 104
売春 271, 272
博物館の文法 230
橋渡し型（bridging） 59
パス解析 70
派生的な被害 209
パターナリズム 153, 217
発災 225, 226
パッシング 199, 202
ハビトゥス 82
パラダイム論 214

パレート効率性　149
反原発運動　115, 117, 122
阪神・淡路大震災　122, 223, 228-233
反精神医学　198
反WTOシアトル闘争　121
反復可能性の理念化　234
非営利＝サード・セクター　60
非営利セクター　52, 61
非営利組織　57
被害　209, 212
比較福祉国家論　300
東日本大震災　122, 228, 229, 231, 232
非契約的要素　51
非行下位文化　278
非正規雇用　4, 76, 87, 91
　　——者　86, 89
非通念性　102
ひとり親　44
批判学派　243, 246
非犯罪化　281
表出的役割　34
平等化　74
平等思想　3
病人役割　194, 202
漂流理論　281
貧困　44, 162, 164, 166
　　——線　164
　　——層　99
ファシズム　291
ファンダム　244
フィールドワーク　212, 215
夫婦同姓　39
フーリガン　114, 117
フェミニズム　34, 330
フォーディズム　213, 292
　　ポスト・——　298
不確実性　208
複合差別　163
福祉　146
　　——的支援　286
　　——における含み資産　156
　　——レジーム論　155, 300
福祉国家　84, 146, 153, 157, 293
　　——化　55, 59
　　——の危機　154
福島第一原子力発電所事故　122, 216, 218

複数の母親　43
複製技術　245
二人っ子　44
復旧　225, 226, 228
復興　225, 226, 228, 229
不平等　65
　　機会の——　66
　　教育機会の——　75, 80-84
　　結果の——　66
普遍主義　151
ブラック企業　92
フランクフルト学派　242, 246, 291
フランス環境学派　273
フリーター　17, 86, 87
フリーダム・サマー　120
フリーライダー　115, 116
ブルーカラー　85, 90
フレーム調整プロセス　120
分化　7
　　——的機会構造論　278
　　——的接触理論　278
文化　240
文化産業　242, 243
文化資本　72, 82
文化的コードへの挑戦　121
文化的再生産論　72, 82, 330
文化的多様性　13
文化的フレーミング　119, 120
分業　50, 57
ヘイトクライム　180
ベヴァリッジ報告　146, 148
ベーシック・インカム論　151, 171
ヘテロノーマティヴィティ　185, 187
変容論　313
防災　225, 226
　　——教育　230, 231
包摂　171, 172
　　社会的——　162
方法論的個人主義　10, 323, 325
方法論的集合主義　323
ホーソン実験　10
ホームレス　167, 168
ポストコロニアリズム　11
ポストモダン　331
母性　41
ホッブズ問題　326

ポピュラーカルチャー 247, 251
ホモソーシャル 178
ホモフォビア 178-180, 188
ボランティア 56, 60, 116, 120, 122
　──元年 233
ボランティア活動 52
　──の機能的側面 231
ホワイトカラー 85, 90
本質主義 130
ボンド理論 281

ま 行

マクドナルド化 313
マスコミュニケーション研究 245, 246
マスメディア 295
まちおこし 109
まちづくり 109, 231
マナ型福祉論 158
マルクス主義 117, 327-329
　──階級論 67, 68
ミーンズテスト 151
見えない宗教 256, 265
未婚化 44, 157
　強いられた── 44
緑の党 112
水俣病問題 209
民族 127, 128
　──主義 302
無作為抽出 219
無償労働 80
村の精神 103
メディア 240
　──研究 246, 247, 249
　──論 248
メンバーシップ型雇用システム 89
物語療法 29

や 行

やおい 244
薬害 111, 118, 121
　──HIV 118
役割 19
　──演技 21
　──取得 19
　病人── 194, 202
病経験 196, 200

病体験 203
病みの軌跡 201
唯物史観 7
有機的連帯 8, 326
有償労働 80
優生学 219
ユニークな結果 29
予言の自己成就 208
予定説 8, 335
寄り添い 233

ら 行

ライフコース分析 120
ライフスタイル運動 122
烙印（stigma） 198, 199, 202
ラディカル化 113, 117
ラベリング理論 198, 279-281, 329
リーマン・ショック 315
利益集団 112
離婚率 44
リスク 309
　──・コミュニケーション 227, 236
　──社会 215, 216, 220, 235-237, 333
理念型 324
理念的 1
リバタリアニズム 299
リベラリズム 298
　現代── 149
　古典的── 148
リベラル・ナショナリズム 317
良心的支持者（conscience adherent） 116
量的調査 83
累犯障害者 286
冷戦 310
歴史人口学 39
レズビアン 179, 182, 185
　──連続体 183
連帯性 150
労使関係 90
労働組合 90
労働者階級（プロレタリアート） 38, 117, 291
労働者住宅地帯 98
ローカル知（ナレッジ） 212, 217, 236
ロマンティックな友情 183

わ行

ワークショップ　120, 121
ワークフェア　171
ワーク・ライフ・バランス　91, 92
若者の未婚率の上昇　44
ワクチン　111, 112

A-Z

ACT UP（AIDS Coalition To Unleash Power）　121
CMC（Computer Mediated Communication）　250
CUDOS　214-216
disaster　223, 224
EGP 分類　68
HIV/AIDS　118, 120-122, 180
HPV（Human Papilloma Virus）　111, 112
ISSP 調査　259
JGSS 調査　259
LGBT　175, 176, 182, 186, 187
LGBTI　176
natural hazard　223, 224
NGO　52, 56, 229
NPO 法人（特定非営利活動法人）　52, 56, 61, 112
RAA　184
social work　146
SOGI　186
SOGIE　186
SSM 調査　67, 69, 74, 75
SSM 総合分類　67
STS　217

《執筆者紹介》（執筆順，＊は編著者）

＊盛山和夫（せいやま・かずお）第1章，第10章，第21章
    1948年　鳥取県生まれ
    1978年　東京大学大学院社会学研究科博士課程単位取得退学，博士（社会学）
    現　在　東京大学名誉教授
    主　著　『制度論の構図』創文社，1995年。
    　　　　『社会学とは何か――意味世界への探究』ミネルヴァ書房，2011年。

浅野智彦（あさの・ともひこ）第2章
    1964年　仙台市生まれ
    1994年　東京大学大学院社会学研究科博士課程単位取得退学
    現　在　東京学芸大学教育学部教授
    主　著　『増補「若者」とはだれか』河出書房新社，2015年。
    　　　　『現代若者の幸福』（共編著）恒星社厚生閣，2016年。

村田泰子（むらた・やすこ）第3章
    1972年　岡山県生まれ
    2003年　京都大学大学院博士後期課程修了，博士（文学）
    現　在　関西学院大学社会学部教授
    主　著　『社会学ベーシックス5　近代家族とジェンダー』（共著）世界思想社，2010年。
    　　　　『「母になること」の社会学』昭和堂，2023年。

筒井淳也（つつい・じゅんや）第4章
    1970年　福岡県生まれ
    1999年　一橋大学大学院博士後期課程満期退学，博士（社会学）
    現　在　立命館大学産業社会学部教授
    主　著　『仕事と家族』中公新書，2015年。
    　　　　『社会を知るためには』ちくまプリマー新書，2020年。

渡邊　勉（わたなべ・つとむ）第5章
    1967年　東京都生まれ
    2001年　東北大学大学院文学研究科後期課程単位取得退学，博士（文学）
    現　在　関西学院大学社会学部教授
    主　著　『現代の階層社会2　階層と移動の構造』（共著）東京大学出版会，2011年。
    　　　　「徴兵と職業経歴――SSM調査データによる徴兵と職業経歴の関連」『関西学院大学社会学部紀要』121，2015年。

長松奈美江（ながまつ・なみえ）第6章
- 1980年　大分県生まれ
- 2007年　大阪大学大学院人間科学研究科博士後期課程修了，博士（人間科学）
- 現　在　関西学院大学社会学部教授
- 主　著　『現代の階層社会1——格差と多様性』（共著）東京大学出版会，2011年。
『就労支援を問い直す——自治体と地域の取り組み』（共著）勁草書房，2014年。

新　雅史（あらた・まさふみ）第7章
- 1973年　福岡県生まれ
- 2008年　東京大学大学院博士課程単位取得退学
- 現　在　流通科学大学商学部専任講師
- 主　著　『商店街はなぜ滅びるのか』光文社，2012年。
『「東洋の魔女」論』イーストプレス，2013年。

本郷正武（ほんごう・まさたけ）第8章
- 1973年　栃木県生まれ
- 2004年　東北大学大学院文学研究科人間科学専攻社会学専攻分野博士課程後期修了，博士（文学）
- 現　在　桃山学院大学社会学部准教授
- 主　著　『HIV/AIDSをめぐる集合行為の社会学』ミネルヴァ書房，2007年。
「「良心的支持者」としての社会運動参加——薬害HIV感染被害者が非当事者として振る舞う利点とその問題状況」『社会学評論』62（1），2011年。

＊金　明秀（きむ・みょんす）第9章
- 1968年　福岡県生まれ
- 1996年　大阪大学大学院人間科学研究科博士後期課程単位取得退学，博士（人間科学）
- 現　在　関西学院大学社会学部教授
- 主　著　『在日韓国人青年の生活と意識』（共著）東京大学出版会，1997年。
「日本における排外主義の規定要因——社会意識論のフレームを用いて」『フォーラム現代社会学』第14号，2015年。

山北輝裕（やまきた・てるひろ）第11章
- 1979年　京都府生まれ
- 2007年　関西学院大学大学院社会学研究科社会学専攻博士課程後期課程単位取得満期退学，博士（社会学）
- 現　在　日本大学文理学部教授
- 主　著　『はじめての参与観察——現場と私をつなぐ社会学』ナカニシヤ出版，2011年。
『路の上の仲間たち——野宿者支援・運動の社会誌』ハーベスト社，2014年。

赤枝香奈子（あかえだ・かなこ）第12章
- 1971年　岡山県生まれ
- 2005年　京都大学大学院文学研究科博士後期課程研究指導認定退学，博士（文学）
- 現　在　追手門学院大学社会学部教授
- 主　著　『近代日本における女同士の親密な関係』角川学芸出版，2011年。
　　　　『セクシュアリティの戦後史』（共編著）京都大学学術出版会，2014年。

進藤雄三（しんどう・ゆうぞう）第13章
- 1954年　群馬県生まれ
- 1986年　京都大学大学院文学研究科博士後期課程中退，博士（社会学）
- 現　在　大阪公立大学非常勤講師
- 主　著　『医療の社会学』世界思想社，1990年。
　　　　『近代性論再考』世界思想社，2006年。

立石裕二（たていし・ゆうじ）第14章
- 1979年　千葉県生まれ
- 2008年　東京大学大学院人文社会系研究科博士課程修了，博士（社会学）
- 現　在　関西学院大学社会学部教授
- 主　著　『環境問題の科学社会学』世界思想社，2011年。
　　　　「環境問題において不確実性をいかに議論するべきか――福島第一原子力発電所事故後の放射線被曝問題を事例として」『社会学評論』66（3），2015年。

関　嘉寛（せき・よしひろ）第15章
- 1968年　北海道生まれ
- 2002年　大阪大学大学院人間科学研究科博士後期課程修了，博士（人間科学）
- 現　在　関西学院大学社会学部教授
- 主　著　『ボランティアからひろがる公共空間』梓出版社，2008年。
　　　　『東日本大震災と社会学』（共著）ミネルヴァ書房，2013年。

***難波功士**（なんば・こうじ）第16章
- 1961年　大阪市生まれ
- 1993年　東京大学大学院社会学研究科修士課程修了，博士（社会学）
- 現　在　関西学院大学社会学部教授
- 主　著　『社会学ウシジマくん』人文書院，2013年。
　　　　『広告で社会学』弘文堂，2018年。

白波瀬達也（しらはせ・たつや）第17章
　1979年　京都府生まれ
　2008年　関西学院大学大学院社会学研究科博士課程後期課程単位取得退学
　現　在　関西学院大学人間福祉学部教授
　主　著　『宗教の社会貢献を問い直す——ホームレス支援の現場』ナカニシヤ出版，2015年。
　　　　　『貧困と地域——あいりん地区から見る高齢化と孤立死』中公新書，2017年。

＊佐藤哲彦（さとう・あきひこ）第18章
　1966年　東京都生まれ
　1997年　京都大学大学院文学研究科中途退学，博士（文学）
　現　在　関西学院大学社会学部教授
　主　著　『覚醒剤の社会史——ドラッグ・ディスコース・統治技術』東信堂，2006年。
　　　　　『ドラッグの社会学——向精神物質をめぐる作法と社会秩序』世界思想社，2008年。

高原基彰（たかはら・もとあき）第19章
　1976年　川崎市生まれ
　2007年　東京大学大学院人文社会系研究科博士課程単位取得退学
　現　在　関西学院大学社会学部教授
　主　著　『不安型ナショナリズムの時代』洋泉社新書ｙ，2006年。
　　　　　『現代日本の転機』NHK出版，2009年。

鈴木謙介（すずき・けんすけ）第20章
　1976年　福岡県生まれ
　2004年　東京都立大学大学院社会科学研究科博士課程中退
　現　在　関西学院大学社会学部准教授
　主　著　『〈反転〉するグローバリゼーション』NTT出版，2007年。
　　　　　『ウェブ社会のゆくえ——〈多孔化〉した現実のなかで』NHK出版，2013年。

社会学入門

2017年4月20日　初版第1刷発行	〈検印省略〉
2023年12月20日　初版第6刷発行	定価はカバーに表示しています

編著者	盛　山　和　夫 金　　　明　秀 佐　藤　哲　彦 難　波　功　士
発行者	杉　田　啓　三
印刷者	坂　本　喜　杏

発行所　株式会社　ミネルヴァ書房
607-8494　京都市山科区日ノ岡堤谷町1
電話代表　(075)581-5191
振替口座　01020-0-8076

ⓒ盛山・金・佐藤・難波ほか, 2017　冨山房インターナショナル・坂井製本

ISBN 978-4-623-07911-7

Printed in Japan

よくわかる社会学	宇都宮京子 編	本体B5判2502頁
よくわかる宗教社会学	櫻井義秀・三木英 編著	本体B5判2204頁
よくわかる環境社会学	鳥越皓之・帯谷博明 編著	本体B5判2600頁
よくわかる医療社会学	中川輝彦・黒田浩一郎 編著	本体B5判2500頁
よくわかる観光社会学	安村克己／堀野正人／遠藤英樹／寺岡伸悟 編著	本体B5判2600頁
よくわかる教育社会学	酒井朗／多賀太／中村高康 編著	本体B5判2600頁
よくわかる産業社会学	上林千恵子 編著	本体B5判2600頁
よくわかる都市社会学	中筋直哉／五十嵐泰正 編著	本体B5判2800頁
よくわかる国際社会学	樽本英樹 著	本体B5判2408頁
よくわかるメディア・スタディーズ	伊藤守 編著	本体B5判2408頁

――― ミネルヴァ書房 ―――

http://www.minervashobo.co.jp/